COMENTARIOS
BÍBLICOS
CON APLICACIÓN

1PEDRO

del texto bíblico
a una aplicación
contemporánea

NVI

COMENTARIOS
BÍBLICOS
CON APLICACIÓN

1PEDRO

del texto bíblico
a una aplicación
contemporánea

SCOT MCKNIGHT

Vida®

La misión de Editorial Vida es ser la compañía líder en satisfacer las necesidades de las personas, con recursos cuyo contenido glorifique al Señor Jesucristo y promueva principios bíblicos.

COMENTARIO BÍBLICO CON APLICACIÓN NVI: 1 Pedro

Edición en español publicada por

Editorial Vida–2014
Miami, Florida

© 2014 por Scot McKnight

Este título también está disponible en formato electrónico

Originally published in the U.S.A. under the title:
        The NIV Application Commentary: 1 Peter
        Copyright © 1996 by Scot McKnight
Published by permission of Zondervan, Grand Rapids, Michigan 49530.
All rights reserved.

Editor de la serie: *Dr. Matt Williams*
Traducción: *Dorcas González Bataller y Pedro L. Gómez Flores*
Edición: *Loida Viegas Fernández*
Diseño interior: *José Luis López González*

ISBN: 978-0-8297-5961-7

CATEGORÍA: Comentario bíblico / Nuevo Testamento

IMPRESO EN LOS ESTADOS UNIDOS DE AMÉRICA
PRINTED IN THE UNITED STATES OF AMERICA

14 15 16 17 18 RRD 10 9 8 7 6 5 4 3 2 1

Para

Laura Elizabeth

y

Lukas Norman Matthew

Contenido

7

Introducción a la serie CBA NVI

12

Prefacio del editor

14

Prefacio del autor

16

Abreviaturas

18

Introducción a 1 Pedro

41

Bibliografía comentada

45

Texto y comentario sobre 1 Pedro

Introducción a la serie CBA NVI

Los comentarios bíblicos con aplicación, serie NVI son únicos. La mayoría de los comentarios bíblicos nos ayudan a recorrer el trecho que va desde el siglo XXI al siglo I. Nos permiten cruzar las barreras temporales, culturales, idiomáticas y geográficas que nos separan del mundo bíblico. Sin embargo, solo nos ofrecen un billete de ida al pasado y asumen que nosotros mismos podemos, de algún modo, hacer el viaje de regreso por nuestra cuenta. Una vez nos han explicado el *sentido original* de un libro o pasaje, estos comentarios nos brindan poca o ninguna ayuda para explorar su *significado contemporáneo*. La información que nos ofrecen es sin duda valiosa, pero la tarea ha quedado a medias.

Recientemente, algunos comentarios han incluido un poco de aplicación contemporánea como *una* de sus metas. No obstante, las aplicaciones son a menudo imprecisas o moralizadoras, y algunos volúmenes parecen más sermones escritos que comentarios.

La meta principal de los comentarios bíblicos con aplicación, serie NVI es ayudarte con la tarea, difícil pero vital, de trasladar un mensaje antiguo a un contexto moderno. La serie no se centra en la aplicación solamente como un producto acabado, sino que te ayuda también a pensar detenidamente en el *proceso* por el que se pasa del sentido original de un pasaje a su significado contemporáneo. Son verdaderos comentarios, no exposiciones populares. Se trata de obras de referencia, no de literatura devocional.

El formato de la serie ha sido concebido para conseguir la meta propuesta. El tratamiento de cada pasaje se lleva a cabo en tres secciones: *Sentido original*, *Construyendo puentes*, y *Significado contemporáneo*.

Sentido Original

Esta sección te ayuda a entender el significado del texto bíblico en su contexto del siglo I. En este apartado se tratan de manera concisa todos los elementos de la exégesis tradicional, a saber, el contexto histórico, literario y cultural del pasaje. Los autores analizan cuestiones relacionadas con la gramática, la sintaxis y el significado de las palabras bíblicas. Se esfuerzan asimismo en explorar las principales ideas del pasaje y el modo en que el autor bíblico desarrolla tales ideas.[1]

Tras leer esta sección el lector entenderá los problemas, preguntas y preocupaciones de los *primeros receptores* y el modo en que el autor bíblico trató tales cuestiones. Esta comprensión es fundamental para cualquier aplicación legítima del texto en nuestros días.

Construyendo Puentes

Como indica el título, en esta sección se construye un puente entre el mundo de la Biblia y el de nuestros días, entre el contexto original y el moderno, analizando tanto los aspectos circunstanciales del texto como los intemporales.

La Palabra de Dios tiene un aspecto circunstancial. Los autores de la Escritura dirigieron sus palabras a situaciones, problemas y cuestiones específicas. Pablo advirtió a los Gálatas sobre las consecuencias de circuncidarse y los peligros de intentar justificarse por la ley (Gá 5:2-5). El autor de Hebreos se esforzó en convencer a sus lectores de que Cristo es superior a Moisés, a los sacerdotes aarónicos y a los sacrificios veterotestamentarios. Juan instó a sus lectores a "someter a prueba a los profetas" de quienes enseñaban una forma de gnosticismo incipiente (1Jn 4:1-6). En cada uno de estos casos, la naturaleza circunstancial de la Escritura nos capacita para escuchar la Palabra de Dios en situaciones que fueron *concretas* y no abstractas.

No obstante, esta misma naturaleza circunstancial de la Escritura también crea problemas. Nuestras situaciones, dificultades y preguntas

---

1. Obsérvese que cuando los autores tratan el sentido de alguna palabra en las lenguas bíblicas originales, en esta serie se utiliza el método general de transliteración en lugar del más técnico (el que utiliza los alfabetos griego y hebreo).

no siempre están relacionadas directamente con las que afrontaban los primeros receptores de la Biblia. Por tanto, la Palabra de Dios para ellos no siempre nos parece pertinente a nosotros. Por ejemplo, ¿cuándo fue la última vez que alguien te instó a circuncidarte, afirmando que era una parte necesaria de la justificación? ¿A cuántas personas de nuestros días les inquieta la cuestión de si Cristo es o no superior a los sacerdotes aarónicos? ¿Y hasta qué punto puede una "prueba" diseñada para detectar el gnosticismo incipiente ser de algún valor en una cultura moderna?

Afortunadamente, las Escrituras no son únicamente documentos circunstanciales, sino también *intemporales*. Del mismo modo que Dios habló a los primeros receptores, sigue hablándonos a nosotros a través de las páginas de la Escritura. Puesto que compartimos la común condición de humanos con las gentes de la Biblia, descubrimos una *dimensión universal* en los problemas a los que tenían que hacer frente y en las soluciones que Dios les dio. La naturaleza intemporal de la Escritura hace posible que nos hable con poder en cualquier momento histórico y en cualquier cultura.

Quienes dejan de reconocer que la Escritura tiene una dimensión circunstancial y otra intemporal se acarrean muchos problemas. Por ejemplo, los que se sienten apabullados por la naturaleza circunstancial de libros como Hebreos o Gálatas pueden soslayar su lectura por su aparente falta de sentido para nuestros días. Por otra parte, quienes están convencidos de la naturaleza intemporal de la Escritura, pero no consiguen percibir su aspecto circunstancial, pueden "disertar elocuentemente" sobre el sacerdocio de Melquisedec ante una congregación muerta de aburrimiento.

El propósito de esta sección es, por tanto, ayudarte a discernir lo intemporal (y lo que no lo es) en las páginas del Nuevo Testamento dirigidas a situaciones temporales. Por ejemplo, si la principal preocupación de Pablo no es la circuncisión (como se nos dice en Gá 5:6), ¿cuál es entonces? Si las exposiciones sobre el sacerdocio aarónico o sobre Melquisedec nos parecen hoy irrelevantes, ¿cuáles son los elementos de valor permanente en estos pasajes? Si en nuestros días los creyentes intentan "someter a prueba a los profetas" con una prueba diseñada para una herejía específica del siglo I, ¿existe alguna otra comprobación bíblica más apropiada para que podamos cumplir hoy este propósito?

No obstante, esta sección no solo descubre lo intemporal de un pasaje concreto, sino que también nos ayuda a ver *cómo* lo hace. El autor del comentario se esfuerza en tornar explícito lo que en el texto está implícito; toma un proceso normalmente intuitivo y lo explica de un modo lógico y ordenado. ¿Cómo sabemos que la circuncisión no es la principal preocupación de Pablo? ¿Qué claves del texto o del contexto nos ayudan a darnos cuenta de que la verdadera preocupación de Pablo se halla a un nivel más profundo?

Lógicamente, aquellos pasajes en que la distancia histórica entre nosotros y los primeros lectores es mayor, requieren un tratamiento más extenso. Por el contrario, aquellos textos en que la distancia histórica es más reducida o casi inexistente demandan menos atención.

Una clarificación final. Puesto que esta sección prepara el camino para tratar el significado contemporáneo del pasaje, no siempre existe una distinción precisa o una clara división entre esta y la siguiente. No obstante, cuando ambos bloques se leen juntos, tendremos la fuerte sensación de haber pasado del mundo de la Biblia al de nuestros días.

Esta sección permite que el mensaje bíblico nos hable hoy con el mismo poder que cuando fue escrito. ¿Cómo podemos aplicar lo que hemos aprendido sobre Jerusalén, Éfeso, o Corinto a nuestras necesidades contemporáneas en Los Ángeles, Lima o Barcelona? ¿Cómo podemos tomar un mensaje, que se expresó inicialmente en griego y arameo, y comunicarlo con claridad en nuestro idioma? ¿Cómo podemos tomar las eternas verdades que en su origen se plasmaron en un tiempo y una cultura distintos, y aplicarlos a las parecidas pero diferentes necesidades de nuestra cultura?

Para conseguir estas metas, la presente sección nos ayuda en varias cuestiones clave.

En primer lugar, nos permite identificar situaciones, problemas o preguntas contemporáneas verdaderamente comparables a las que la audiencia original hubo de hacer frente. Puesto que las situaciones de hoy rara vez son idénticas a las que se dieron en el siglo primero, hemos de buscar escenarios semejantes para que nuestras aplicaciones sean relevantes.

En segundo lugar, esta sección explora toda una serie de contextos en los que el pasaje en cuestión puede aplicarse en nuestro tiempo. Buscaremos aplicaciones personales, pero también nos veremos estimulados a pensar más allá de nuestra situación personal, considerando cuestiones que afectan a la sociedad y la cultura en general.

En tercer lugar, en esta sección tomaremos conciencia de los problemas o dificultades que pueden surgir en nuestro deseo de aplicar el pasaje. En caso de que existan varias maneras legítimas de aplicar un pasaje (cuestiones en las que no exista acuerdo entre los cristianos), el autor llamará nuestra atención al respecto y nos ayudará a analizar a fondo las implicaciones.

En la consecución de estas metas, los colaboradores de esta serie intentan evitar dos extremos. El primero, plantear aplicaciones tan específicas que el comentario se convierta rápidamente en un texto arcaico. El segundo, evitar un tratamiento tan general del sentido del pasaje que deje de conectar con la vida y cultura contemporáneas.

Por encima de todo, los colaboradores de esta serie han realizado un diligente esfuerzo para que sus observaciones no suenen a perorata moralizadora. Los comentarios bíblicos con aplicación, serie NVI no pretenden ofrecerte materiales listos para ser utilizados en sermones, sino herramientas, ideas, y reflexiones que te ayuden a comunicar la Palabra de Dios con poder. Si conseguimos ayudarte en esta meta se habrá cumplido el propósito de esta serie.

Los editores

Prefacio del editor

Los periódicos y los programas de noticias hablan constantemente del tema de la libertad religiosa y de la relación entre iglesia y estado. A nivel global, surgen preguntas en todos los contextos: *¿Los cristianos en China son realmente libres? ¿Los cristianos de los países islámicos pueden evitar la persecución? ¿Cuál es el papel del protestantismo y del catolicismo en el conflicto de Irlanda del Norte?* En los EE.UU., las preguntas tienen que ver con el lugar de la oración en las escuelas públicas, con la protección de las minorías religiosas, y con la derecha cristiana en política. Es imposible ver las noticias en la televisión o leer el periódico (o pasear por cualquier librería) sin topar con el tema de la relación entre iglesia y estado.

Como bien explica Scot McKnight en su comentario de 1 Pedro, el énfasis actual en la relación entre iglesia y estado hace que esta carta del siglo I —y la sabiduría que en ella se recoge— sea hoy tan relevante. Al escribir este documento, Pedro tenía en mente esa relación. Es como si estuviera escribiendo a los cristianos del primer siglo que se preguntaban cómo sobrevivir siendo extranjeros y peregrinos en el Imperio romano, y también a los cristianos del siglo XX que intentan vivir vidas santas en una cultura secularizada y alejada de Dios. Las circunstancias que caracterizan a estas dos comunidades, separadas por un periodo de 1900 años, las sitúa en polos opuestos: los cristianos del siglo I no tenían privilegios políticos, sociales ni económicos, sino todo lo contrario. Y los cristianos norteamericanos del siglo XX son suficientes como para tener poder político, social y económico. Sin embargo, ambos grupos tienen mucho en común a la hora de pensar en cómo vivir vidas santas y perseverar en medio del sufrimiento.

No obstante, es importante ser conscientes de la diferencia existente entre las perspectivas que aparecen en nuestros libros y artículos, y la verdad atemporal que aparece en 1 Pedro. En los EE.UU., por ejemplo, cuando los medios de comunicación públicos hablan tanto del ámbito nacional como el internacional, siempre se acercan a estas cuestiones desde el punto de vista de los derechos humanos y de la legalidad. Aunque los autores comprendan la dimensión religiosa de estas controversias, no tienen más elección que hablar de las políticas de las Naciones Unidas sobre los derechos humanos y la libertad religiosa, de la "pared de separación entre iglesia y estado" de Thomas Jefferson, de la posición que varios políticos adoptan sobre las cuestiones políticorreligiosas de la actualidad, y de la composición ideológica del Tribunal Supremo, el estamento que tiene la última palabra sobre este tipo de cuestiones.

Aunque estos criterios son importantes para los cristianos de hoy, resulta instructivo ver que Pedro no se aproxima a estas cuestiones desde el punto de vista de los derechos humanos y la legalidad. Él lo hace desde la perspectiva de nuestra relación con Dios. Nos dice que los cristianos no sobreviven en un ambiente hostil gracias a los procesos legales contra los perseguidores, sino a la perseverancia; no sobreviven al imponer un estilo de vida por medio de la ley, sino al vivir vidas santas con impacto sobre aquellos que los observan; no sobreviven destruyendo a los incrédulos mediante "frases con gancho" o ataques verbales indirectos, sino respetándolos aun mientras damos testimonio de las verdades del evangelio.

Para Pedro, las cuestiones del lugar, los derechos y la actitud tienen más que ver con sentirse en casa en una tierra extranjera y temporal que con la cuestión jurídica de los derechos de propiedad; tiene mucho más que ver con el esfuerzo que supone la realidad de las responsabilidades familiares y el amor entregado que con el simplista "todos nos llevamos bien" del relativismo; tiene muchísimo más que ver con mirar este mundo a través de la promesa y la esperanza cristiana que con la acumulación de ventajas materiales. Esa perspectiva espiritual/teológica de 1 Pedro la convierte en un recurso imprescindible para los cristianos que intentan encontrar su lugar en el mundo moderno en el que vivimos. Esa es la perspectiva que Scot McKnight nos presenta, con tanta habilidad, en este comentario, para que todos podamos aplicarla a nuestra realidad.

Terry C. Muck

Prefacio del autor

Esta extraordinaria carta de Pedro me ha acompañado en todas las transiciones importantes de mi vida académica. La primera clase que di, en Trinity Evangelical Divinity School, en el curso 1980—81, siendo aún estudiante, consistió en unas reflexiones dispersas basadas en esta carta; y la primera clase que impartí, ya como profesor, en esa misma institución fue una asignatura que finalizaba con una panorámica detallada de 1 Pedro. Y, por último, cuando tomé la decisión de aceptar el puesto de Profesor Karl A. Olsson de Estudios Religiosos en North Park College, estaba estudiando 1 Pedro y escribiendo este comentario. Siempre recordaré esta carta al evocar esas etapas de mi vida. Espero no haber hecho un flaco favor a su autor apostólico.

Esta serie de comentarios es muy útil para la transición de la sociedad del siglo I a la sociedad actual. Su valor radica en que tiene muy en cuenta las estrategias que nosotros, como cristianos, utilizamos para conseguir que un texto antiguo sea relevante hoy. Cuando el lector pasa de la primera sección (Sentido original) a las dos siguientes (Construyendo puentes y Significado contemporáneo), es como si un mundo se abriera, igual que lo hace el significado del texto. No soy tan ingenuo como para pensar que la segunda y la tercera sección sean Palabra de Dios; eso queda reservado para la primera. Así, las secciones dos y tres no son más que el intento humano de procurar que la Palabra hable a nuestra situación, y esto implica aplicarla a nuestro contexto. Si mi contexto es diferente al tuyo, te pido que al seguir mis reflexiones pienses qué puedes aprender sobre la aplicación y que intentes, como yo lo he hecho, ser fiel a la Palabra antigua mientras intentas aplicarla a tu contexto y tu situación actual.

El mensaje de 1 Pedro trata de cómo deben vivir los cristianos en un ambiente hostil, sin limitarse a sobrevivir, sino de manera a tener un impacto positivo y duradero en dicho ambiente. Nuestros hijos, Laura Elizabeth y Lukas Norman Matthew, se encuentran en momentos de transición. Laura está acabando la secundaria y pronto irá a estudiar a Wheaton College; Lukas está acabando el primer año de secundaria.

Para mi esposa y para mí, las situaciones que ellos viven nos retan a ver cómo se relaciona el evangelio de Jesucristo con un ambiente suburbano constantemente cambiante. Le pido a Dios que mis hijos aprendan de esta breve carta a vivir como cristianos en los nuevos contextos en los que se van a encontrar, como lo hemos hecho Kris y yo. En señal de nuestras oraciones, les dedico este libro.

Una vez más, quiero dar las gracias a Trinity por el ambiente académico y pastoral que me ha ofrecido en estos últimos once años. Confío en que este libro sirva de homenaje a lo que Trinity ha sido para mí. Mientras escribo este prefacio, durante un periodo sabático, añoro el compañerismo del Departamento de Humanidades de North Park College y la comunión de mi iglesia Evangelical Covenant Church. De nuevo quiero expresar mi gratitud a Terry Muck, nuestro editor, y especialmente a Jack Kuhatschek, no solo por concebir la idea de esta serie de comentarios, sino por la meticulosa revisión que ha hecho de mi manuscrito. Una y otra vez hizo sugerencias que me ayudaron a entender mejor a Pedro y nuestro mundo. Frank Thielman, autor del comentario a Filipenses de esta misma serie, leyó cuidadosamente un borrador de este manuscrito e hizo aportaciones muy valiosas. Por último, quiero dar las gracias a mi querida esposa, Kris, que crea un hogar donde el matrimonio está lleno de gozo y de significado a la vez. En nuestros paseos diarios por el lago Butler cerca de nuestra casa, con frecuencia le suelto de repente las últimas ideas que he tenido, y, al regresar del paseo, casi siempre tengo algo más que añadir a mis escritos. Sin duda, ella ha enriquecido mi comprensión de 1 Pedro.

Scot McKnight

North Park College

Abreviaturas

ABD	*Anchor Bible Dictionary*
AJS	*American Journal of Sociology*
BAGD	Bauer, Arndt, Gingrich, Danker, *A Greek-English Lexicon of the New Testament*
BDF	Blass, Debrunner, Funk, *A Greek Grammar of the New Testament*
CCCSG	Christian College Coalition Study Guides
CT	*Christianity Today*
DCA	*Dictionary of Christianity in America*
DPL	*Dictionary of Paul and his Letters*
EDNT	*Exegetical Dictionary of the New Testament*
FCGRW	First-Century Christianity in the Graeco-Roman World
GNTE	Guides to New Testament Exegesis
HAR	*Hebrew Annual Review*
JBL	*Journal of Biblical Literature*
JETS	*Journal of the Evangelical Theological Society*
JTS	*Journal of Theological Studies*
KJV	King James Version
LBLA	La Biblia de las Americas.
LCC	Library of Christian Classics
LEC	Library of Early Christianity
NIDNTT	*New International Dictionary of New Testament Theology*
NIV	New International Version
NVI	Nueva Versión Internacional
NRSV	New Revised Standard Version
NTS	*New Testament Studies*
QD	Quaestiones disputatae
RSV	Revised Standard Version
SBG	Studies in Biblical Greek
SSNTMS	Society for the Study of the New Testament Monograph Series

TDNT	*Theological Dictionary of the New Testament*
TNTC	Tyndale New Testament Commentary
TynBul	*Tyndale Bulletin*
WTJ	*Westminster Theological Journal*

Introducción

Mientras escribo esta introducción, los cristianos de todo el mundo se están posicionando en contra de su cultura, de su sociedad, de su comunidad local con sus correspondientes líderes, del "mundo" tal como ellos lo perciben. Leen los periódicos, siguen la retransmisión de las últimas noticias, asisten a sesiones de negocios y de poder, investigan la tendencia de los expertos, se reúnen para debatir; todo ello, en un esfuerzo por discernir qué ocurre en su sociedad y poder vivir de una forma más responsable, para exponer mejor el evangelio, para poder luchar contra las tendencias preocupantes y alarmantes. A su manera, todos ellos intentan seguir a Jesús y vivir la vida cristiana.

Lo que varía de forma considerable es la manera en que los cristianos lo están haciendo. Consideremos, por ejemplo, estas diferentes situaciones:

- los liberacionistas de Latinoamérica, armados con su evangelio de la liberación, responden a las injusticias sociales llegando, si es necesario, a la violencia.

- la "no acción" de los pacifistas y quietistas de las viejas órdenes de los menonitas o los *amish*, "armados" con su evangelio de la paz y su vida de santidad, dispuestos a sufrir e incluso morir, si la sociedad estima necesario forzarlos a abandonar su interpretación de la vida piadosa.

- las acciones agresivas de la "Coalición Cristiana" (parte de la cual era anteriormente la "Mayoría Moral") o la nueva derecha conservadora de la política estadounidense, armados con los argumentos históricos de preservación de la cultura americana, la ética judeocristiana y la libre empresa, analizando la cultura y asaltando los medios de comunicación con sus trepidantes observaciones sobre el liberalismo, el secularismo y el pluralismo rampantes.

- la postura de los cristianos en países recientemente liberados de la opresión de gobiernos comunistas y socialistas, como Polonia y Rumanía, que intentan posicionarse en medio de una cultura que cambia con tanta rapidez que las ideas varían de una semana a otra. Solo saben que son cristianos, pero desconocen cómo encajan y cómo encajarán cuando las estructuras gubernamentales empiecen a estabilizarse.

- la actividad normal de los cristianos de las democracias occidentales quienes, sin una postura ideológica extrema, se limitan a existir dentro de la sociedad e intentan vivir ante Dios con una conciencia limpia, siendo testigos de la salvación de Dios en Cristo, viviendo honradamente en sus comunidades, y esforzándose por agradar a Dios en todo lo que hacen, aunque a veces también estén confusos en cuanto a cómo vivir.

Esta visión es meramente somera de las diferentes situaciones en las que los cristianos se encuentran hoy. Podríamos seguir hablando con más detalle sobre los cristianos de China, Indonesia, Corea del Norte o Japón. Todas las culturas plantean a los creyentes retos diferentes, retos que marcan la presentación del evangelio y obligan a los cristianos a examinar sus estrategias.[1]

Una preocupación siempre presente en la historia de la iglesia ha sido cómo responder a la siguiente pregunta: "¿Cómo deberíamos vivir entonces?".[2] ¿Debemos seguir el activismo de Martin Luther King Jr., que dirigió los famosos boicots y las marchas por los derechos civiles? ¿Debemos seguir el modelo utópico de las comunidades

---

1. Encontrará un estudio de varias posiciones cristianas sobre cómo los cristianos interactúan con la sociedad en M. Noll, *One Nation Under God? Christian Faith and Political Action in America* (San Francisco: Harper & Row, 1988); sobre perspectivas evangélicas más recientes ver A. Cerillo, Jr., y M. W. Dempster, *Salt and Light: Evangelical Political Thought in Modern America* (CCCSG 3; Grand Rapids: Baker, 1989); ver también S. Bruce, *The Rise and Fall of the New Christian Right: Conservative Protestant Politics in America 1978—1988* (Oxford: Clarendon, 1990). Sobre el problema de una falta de reflexión seria sobre política entre los evangélicos, ver M. Noll, *The Scandal of the Evangelical Mind* (Grand Rapids: Eerdmans, 1994), 149-75; ver también 221-28. T. Sine, *Cease Fire* (Grand Rapids: Eerdmans, 1995) es un análisis excepcional tanto de la izquierda políticamente correcta como de la derecha política. H. Richard Niebuhr, *Christ and Culture* (Nueva York: Harper and Row, 1951) es un clásico sobre la iglesia y la sociedad.

2. La frase que usamos aquí proviene del título de Francis Schaeffer, ¿Cómo debemos vivir entonces? Auge y declive del pensamiento y la cultura occidental (http://www.clie.es/pa/wp-content/uploads/2010/01/viviremos.pdf).

huteritas? ¿Debemos seguir la actividad agresiva de la Mayoría Moral de los años 80?[3] ¿De qué forma deberíamos los cristianos interactuar con la sociedad? Para vergüenza de muchos cristianos contemporáneos, muchos ni siquiera se hacen la pregunta, aunque el activismo apasionado siempre ha tenido alguna base teórica; y el activismo apasionado no ha faltado.

Por ejemplo, en el mundo evangélico estadounidense de hoy la mayoría son republicanos, porque se asume que ese partido representa la visión cristiana.[4] Una visión tan superficial no permite que salgan a la luz muchas preguntas y cuestiones que merecen una reflexión cuidadosa y un debate cristiano exhaustivo.[5] En la misma línea, la mayoría de esos cristianos creen que las cuestiones son simples y que las respuestas las podemos encontrar fácilmente en la Biblia. Sin embargo, ese tipo de confianza ingenua no es lo que ha caracterizado los debates sobre la relación entre la iglesia y la sociedad que han tenido lugar a lo largo de la historia de la iglesia.

La historia de la iglesia ha visto tres respuestas teológicas principales a la pregunta de cómo los cristianos tienen que interactuar con la sociedad y la cultura. La primera, *una contracultura del separatismo*, fue la que adoptaron a partir de la Reforma Radical varias ramas de los anabaptistas, incluidos los menonitas, los *amish* y los huteritas.[6] El fundamento de esta perspectiva está en las enseñanzas y el estilo

---

3. Schaeffer está detrás de una parte del activismo cristiano conservador: *Manifiesto cristiano*, de 1982 (encontrado en castellano aquí: http://cristianismofull.blogspot. com.es/2011/11/francis-schaeffer.html).

4. Ver esp. M. Noll, *Scandal*, 149-75. Ahora han entrado en escena nuevas cuestiones y plataformas, pero no es difícil recordar cuando muchos cristianos conservadores votaban a los demócratas; ver también Sine, *Cease Fire*.

5. Ver el ensayo de Os Guinness, "Mission in the Face of Modernity", en *The Gospel in the Modern World: A Tribute to John Stott*, ed. M. Eden, D. F Wells (Downders Grove, Ill.: Inter-Varsity, 1991), 85-107; J. Wallis, *The Soul of Politics: A Practical and Prophetic Vision for Change* (Maryknoll, N. Y.: Orbis, 1994).

6. Sobre esta cuestión, ver C. J. Dyck, "Anabaptist Tradition and Vision", en DCA, 58-59; W. R. Estep, *The Anabaptist Story* (Grand Rapids: Eerdmans, 1975), esp. 179-202; el escritor más representativo de los anabaptistas de hoy en cuanto a la relación entre iglesia y estado es John Howard Yoder. Ver esp. su libro *The Politics of Jesus: Vicit Agnus Noster* (2a ed.; Grand Rapids: Eerdmans, 1994); *The Christian Witness to the State* (Institute of Mennonite Studies Series Number 3; Newton, Kans.: Faith and Life, 1964).

de Jesús, un fundamento que tristemente no se tiene en cuenta en muchas de las reflexiones sobre la relación entre la iglesia y la sociedad.[7] Aunque solo en contadas ocasiones se aíslan en comunas apartadas, estos cristianos han defendido que la iglesia es una institución que no debería permitir la interferencia del estado en sus asuntos ni en su gobierno. De ahí que los anabaptistas no solo prohíban la interferencia del gobierno, sino que también rehúsen participar en muchos aspectos de la sociedad, sino en casi todos. Esto condujo, de forma natural, a situaciones de separación extrema, aunque, por ejemplo, numerosos menonitas participan hoy mucho más en actividades políticas y sociales, si bien a su manera. Pero lo que deberíamos destacar es que esta visión nace de un grupo que ha tenido la experiencia práctica de vivir la visión alternativa de Dios para su pueblo y el beneficio teórico de una reflexión constante sobre estas cuestiones desde el ángulo político y teológico.

Aunque esta postura separatista ha sido radical y poco frecuente, la mayoría de los cristianos en la historia de la iglesia, y sobre todo desde el desarrollo de la Revolución Industrial con la consiguiente secularización de la sociedad, ha participado procurando *llevar la sociedad cristiana a la sociedad secular*, argumentando que si es la voluntad de Dios para el cristiano, ciertamente lo es para toda la sociedad. Esto se ha denominado "la perspectiva reformada" de la relación entre la iglesia y el estado.[8] Aquí encontramos una postura que pasa de la ética cristiana individual a la ética política colectiva usando todas las vías apropiadas en su sociedad (desde la agitación de las bases hasta disposiciones legislativas contundentes). La historia de la política en los EE.UU. ha estado marcada por este tipo de maniobras: desde el activismo cristiano para prohibir el alcohol hasta los intentos de bloquear la enseñanza del evolucionismo ateo de las escuelas públicas, desde la lucha contra el conflicto armado internacional al bloqueo de las

---

7. Ver especialmente J. H. Yoder, *The Politics of Jesus*; ver también R. J. Sider, *Christ and Violence* (Scottsdale, Pa.: Herald, 1979); J. Wallis, *The Call to Conversion: Recovering the Gospel for These Times* (San Francisco: Harper & Row, 1981).

8. Anteriormente, Juan Calvino, *Institución de le Religión Cristiana* (FELiRe: Fundación Editorial de Literatura Reformada: http://www.iglesiareformada.com/Calvino_Institucion.html), 4.20; ver también N. Wolterstorff, *Until Justice and Peace Embrace* (Grand Rapids: Eerdmans, 1983); a un nivel más popular, Schaeffer, *Manifiesto Cristiano*.

clínicas abortistas, y, sobre todo, los intentos recientes de presionar a los principales políticos a través de los mítines políticos.[9]

Una tercera perspectiva, que rara vez cuenta con una fuerza política importante, es la visión luterana de que hay *dos esferas*, la esfera del reino de Dios como encontramos en la iglesia, y la esfera del estado.[10] La política luterana defiende que la relación entre Dios y su *pueblo* (la iglesia) y la relación entre Dios y el *mundo* son dos tipos diferentes de relación. La estrategia de Dios para la sociedad es diferente de la que tiene para la iglesia. Como parte del evangelicalismo durante casi treinta años, puedo afirmar sin temor a equivocarme que la mayoría de evangélicos, aun sin saberse luteranos, adoptaban una postura en la que veían que dos impulsos diferentes gobernaban a la iglesia y al estado; pero, en la actualidad, ha habido más activismo político que en los últimos cuarenta años. Este ha llevado a muchos hacia una orientación más reformada. Me pregunto, sin embargo, si este cambio de postura no se habrá dado como resultado de una reflexión teórica o de algún otro tipo de motivación (¿económica?). Noll afirma: "Si existe, en realidad, una diferencia entre Dios en cuanto al individuo y entre Dios en relación con el mundo, entonces nos encontramos ante una cuestión importante: no hemos sabido ver las diferencias estructurales y sistemáticas entre la visión moral personal y la exhaustiva campaña pública".[11]

El problema de Pedro

No es mi intención proponer una alternativa ni resolver las diferencias entre los cristianos en cuanto a los debates académicos y públicos sobre cómo deberían involucrarse en la sociedad. Pero uno de los

---

9. Francis Schaeffer con su libro ¿Cómo debemos vivir entonces? es un clásico ejemplo de esto; sin embargo, no quiero que el lector piense que esta perspectiva es exclusiva de la nueva derecha conservadora de los EE.UU. actuales. Esta perspectiva reformada se halla tanto en el centro de la política conservadora como en el de la política liberal: la importación de la ética personal, ya sea cristiana o no, a la esfera política es el punto de unión de los dos extremos de los que estamos hablando.

10. Encontrará un profundo análisis de esta perspectiva en Mark Noll, *One Nation*. El libro de Noll describe con todo detalle las debilidades de la "perspectiva reformada" (pp. 158-166) y propone la forma en la que la Biblia debería usarse en la argumentación política (pp. 167-181). Recomiendo este libro porque es un buen lugar por donde empezar para iniciar un debate sobre este tema.

11. Noll, *One Nation*, 27.

primeros documentos cristianos que reflexiona sobre la relación del cristiano con el estado es la primera carta de Pedro. Lo que sí defiendo es que al estudiar esta carta podemos aprender algunas lecciones perdurables. De hecho, el problema del que hemos estado hablando en la sección anterior podría llamarse "el problema de Pedro": a la luz de la relación de los cristianos con el gobierno romano que controlaba toda Asia Menor, ¿cómo deben vivir los cristianos en días de Pedro? Cualquier lectura de 1 Pedro pone al descubierto ese tema. Empieza ya en el primer versículo: "Pedro, apóstol de Jesucristo, a los elegidos, *extranjeros dispersos...*". El propósito de Pedro está totalmente claro: los creyentes en Asia Menor deben vivir vidas santas y honradas (1:14-16, 18, 22; 2:1, 5, 9, 11-12, 15, 20; 3:6, 15, 17; 4:1-6), deben soportar el sufrimiento (1:6-8; 2:18-25; 3:13-17; 4:1-6, 12-19; 5:8-9, 10), deben vivir de acuerdo a las estructuras sociales (2:13-17, 18-25; 3:1-6, 7, 8-12) y deben ser respetuosos con los extranjeros (2:11-12).

Podríamos caer en la tentación de pensar que la respuesta al problema de Pedro era simple: vivir vidas santas, ser buenos ciudadanos, participar en la sociedad, soportar el sufrimiento y no causar problemas. Y podríamos caer en la tentación de seguir esta solución simplista sugiriendo que así es como nosotros, los cristianos, deberíamos relacionarnos con la sociedad actual (viviendo vidas santas, soportando el sufrimiento, y no causando problemas). Pero está claro que eso es demasiado simplista, y no conozco más que a unos pocos cristianos que adoptan una postura tan quietista frente a la sociedad. No, este procedimiento simplista no nos sirve.

En primer lugar, los esquemas sociales de los tiempos de Pedro son considerablemente diferentes a los nuestros. Las tres visiones que he descrito más arriba, por ejemplo, son propuestas realizadas en diferentes momentos de la historia de la iglesia, elaboradas en situaciones sociales totalmente diferentes a las que existían en el Asia Menor del siglo I. De hecho, *podríamos decir que situaciones sociales diferentes requieren estrategias diferentes para vivir en la sociedad.* Por ejemplo, una minoría acosada, que sufre físicamente en manos de un gobierno anticristiano despiadado, no pensará en "llevar sus virtudes" a la actividad política, del mismo modo que una mayoría cristiana dominante tampoco pensará mantenerse fuera de la actividad política y gubernamental cuando el mismo gobierno está pidiéndole sus votos y sus aportaciones. Más gráficamente, los cristianos que tienen pleno derecho en Washington D.C., Bonn, Edimburgo o Ginebra pensarán de la sociedad y de la influencia que pueden ejercer los cristianos en la sociedad de una forma completamente diferente a los cristianos privados de derechos civiles en Bogotá, Moscú, Saigón o el Cairo. Pero es fundamental que cada uno de ellos se sumerja en las profundidades del testimonio que encontramos en las Escrituras sobre la acción de Dios en la historia de su pueblo y de cómo este último se ha relacionado con el mundo que lo rodeaba.

Nuestro objetivo es estudiar 1 Pedro para subrayar las propuestas del apóstol para "la vida cristiana en una sociedad moderna". Para completar esta tarea son necesarios tres procedimientos: (1) Debemos estudiar el texto antiguo y determinar cuál es el sentido original del texto de Pedro; (2) debemos reflexionar en el modo en que nosotros, los cristianos de hoy, debemos trasladar ese sentido a nuestra realidad, estableciendo puentes entre ambos contextos; y (3) quiero sugerir el significado contemporáneo del sentido original. Empezaremos mirando cómo era el mundo de Pedro y el de sus lectores.

El mundo de Pedro

La situación social

Los destinatarios de la carta de Pedro estaban "dispersos por el Ponto, Galacia, Capadocia, Asia y Bitinia", regiones que correspondían a provincias romanas del noroeste de Asia Menor (la actual Turquía). Algunos han sugerido que el orden en el que se mencionan estas provincias refleja aquel en el que la carta iba a viajar (empezando por la región del norte, siguiendo hacia el sur a Galacia y Capadocia, y regresando después hacia Bitinia, cruzando la provincia de Asia). Podemos estar seguros de que la carta se llevó a las principales ciudades de estas provincias, urbes que se estaban desarrollando y creciendo al ritmo que marcaba el Imperio romano.

Aunque es posible que las citas del Antiguo Testamento (p. ej., 1:16, 24; 2:3, 6, 9-10, 12) y la forma en que se habla de Israel (1:1 ["los elegidos"]; esp. 2:9-10) podrían indicar que los lectores eran anteriormente miembros del judaísmo no cristiano,[12] estoy convencido de que los destinatarios eran, sobre todo, gentiles que probablemente habían tenido algún tipo de relación con el judaísmo a través de las sinagogas locales y otras formas de judaísmo.[13] Por ello, su vida anterior es una vida en la ignorancia (1:14), heredada de sus antepasados (1:18). La expresión "antes ni siquiera era [mi] pueblo" (2:10) apunta en la misma dirección, de igual modo que su anterior estilo de vida pagano (4:2-4). No obstante, es probable que para estos gentiles paganos el camino al cristianismo incluyera una visita a la sinagoga local, donde se les enseñaba la Torá y el modo de vida de los judíos. Eso explicaría la facilidad con la que Pedro hace referencia al Antiguo Testamento. También es probable que algunos de los cristianos conversos fueran de raza y herencia judía.

Algo claramente interesante de los destinatarios es que aunque procedían de un trasfondo gentil, Pedro les habla como si fueran el pueblo de Israel. Es decir, en un sentido han "sustituido" a la nación de Israel como pueblo de Dios y son ahora el nuevo y verdadero Israel. Desde el principio hasta el final de la carta, Pedro describe a la iglesia usando términos que se han usado para definir a Israel. Son los "elegidos" y los "dispersos" (1:1) y el "sacerdocio santo" (2:5). Más destacable es 2:9-10: "Ustedes son linaje escogido, real sacerdocio, nación santa, pueblo que pertenece a Dios [...]; antes ni siquiera erais pueblo, pero ahora sois pueblo de Dios; antes no habíais recibido misericordia,

---

12. Un error fundamental en mucha de la literatura popular contemporánea es la asunción de que ser judío equivale a no ser cristiano. Aunque debemos respetar las diferencias entre el judaísmo y el cristianismo, es un hecho que el cristianismo inicial surgió del judaísmo, y los primeros cristianos eran judíos y a la vez cristianos. Así, cuando en este libro yo use "judaísmo" y "judíos" me refiero al "judaísmo no cristiano" y a "judíos que no creían en Jesús como el Mesías", a menos que el contexto deje claro que me estoy refiriendo a "judíos cristianos" y a su "judaísmo mesiánico". Ver J. D. G. Dunn, *The Partings of the Ways Between Christianity and Judaism and Their Significance for the Character of Christianity* (Filadelfia: Trinity Press International, 1991); C. A. Evans y D. A. Hagner, eds., *Anti-Semitism and Early Christianity: Issues of Polemic and Faith* (Minneapolis: Fortress, 1993).

13. Sobre esto, ver M. Green, *La evangelización y la Iglesia primitiva*, 4 vols. (Ed. Certeza); en cuanto al contexto judío, ver S. McKnight, *A Light Among the Gentiles: Jewish Missionary Activity in the Second Temple Period* (Minneapolis: Fortress, 1991).

pero ahora ya la habéis recibido". Este es el lenguaje de cumplimiento y de reemplazo.[14]

Así, en general podemos concluir que los destinatarios de Pedro eran un grupo formado por gentiles que se habían convertido al cristianismo, que probablemente habían sido prosélitos del judaísmo o, al menos, temerosos de Dios. Dos términos más nos ayudan a conocer la naturaleza de sus condiciones sociales: *"extranjeros* y *peregrinos* en este mundo"* (2:11-12). Aunque la carta revela que entre los receptores los hay tanto "libres" (2:16) como "esclavos" (2:18-20), mujeres cuyos esposos no son cristianos (3:1-6), y matrimonios cristianos (3:7), los términos *extranjeros* y *peregrinos* podrían ser los más reveladores en lo que a su situación social se refiere.

Es verdad que muchos comentaristas, a veces sin reflexionar mucho sobre las diferentes opciones, interpretan estas dos palabras como una metáfora de la vida cristiana en esta tierra, mientras aguardamos la verdadera patria celestial.[15] Pero la obra de J. H. Elliott ha demostrado que estos dos términos se refieren tanto a su situación social como a su situación espiritual (si no *más* a su situación social).[16] Elliott afirma, pues, que los destinatarios de la carta de Pedro eran un grupo de gente socialmente marginada que antes de su conversión al cristianismo ya eran "residentes extranjeros" y "residentes temporales". Dicho de otro modo, estos dos términos describen la condición social de los lectores de 1 Pedro: son trabajadores privados de sus derechos que trabajan en los márgenes de una sociedad que mayoritariamente los excluye, pero que encontraron el sentido de su existencia en la familia cristiana.

Si la teoría de Elliott es razonable, y creo que lo es, no significa que el Nuevo Testamento no contenga el tema del "peregrinaje", pues es

---

14. J. R. Michaels, *1 Peter*, presta mucha atención a este tema en su comentario; ver el resumen que aparece en las pp. xlix-lv (al leerlo, el lector apreciará que veo más teología de reemplazo que Michaels).

15. Un ejemplo es mi anterior colega W. A. Grudem, *1 Peter* (TNTC; Grand Rapids: Eerdmans, 1988), 48-49, 114-15.

16. Ver su obra *Home for the Homeless: A Social-Scientific Criticism of 1 Peter, Its Situation and Strategy*, 2a ed. (Minneapolis: Fortress, 1990), esp. 21-100; ver también el resumen en su entrada en "Peter, First Epistle of" en *ABD*, 5:273-74. Los que deseen interactuar con todas las evidencias deberán leer todo el libro de Elliott. No sé de ninguna obra que haga un análisis completo del examen que Elliott hace de estos términos y de su significado social.

uno de los temas centrales al hablar de la vida cristiana en la carta a los Hebreos. Pero surgen dos preguntas: "¿Se enseña esta cuestión en 1 Pedro?" y "¿Los términos arriba mencionados reflejan dicho tema?". Tenemos que contestar estas preguntas antes de continuar. Empezaremos por los términos *extranjeros* y *peregrinos*. Estos vocablos[17] hacen referencia respectivamente a un estatus social, a "un residente sin derechos de ciudadano" y a "un residente temporal". Ese tipo de desplazamiento social no es algo nuevo en la historia de Israel. De hecho, a veces se daba como resultado de la propia acción de Dios (*cf.* Gn 15:13). En el Imperio romano, estos términos se usaban para el grupo de extranjeros residentes que ocupaba un lugar especial en la escala social: por debajo de los ciudadanos y por encima de los esclavos y los foráneos.[18]

> Legalmente, a estos extranjeros se les restringía con quién se podían casar, la posesión de tierras o la herencia de propiedades, votar y participar en ciertas asociaciones, y se les imponían impuestos más altos y formas más severas de castigo civil. Apartados de la sociedad que los acogía por su falta de raíces sociales, por su origen étnico, por su idioma y su cultura, y por sus lealtades políticas y religiosas, se les solía ver como una amenaza para el orden establecido y el bienestar general. Estos forasteros sociales estaban constantemente expuestos a la sospecha por parte de los ciudadanos locales, a la calumnia proveniente de la ignorancia, y a la discriminación y la manipulación.[19]

Dicho de otro modo, el sentimiento de destierro de esas personas las llevó a un "nuevo hogar": la iglesia, la familia de Dios, en la que encontraron protección y aceptación social. Al interpretar estos dos términos en clave social y no tanto en clave espiritual o metafórica no pretendo decir que el mensaje de 1 Pedro sea completamente social, y que no es espiritual. De hecho, ocurre al contrario. Estos "don nadies" sociales descubrieron que Dios, en su gracia, los había escogido como miembros de su gran familia (una casa espiritual). Además,

---

17. La palabra griega que traducimos "extranjero" es *paroikos*; la que traducimos "peregrino" es *parepidemos*.
18. La palabra griega que traducimos "foráneo" es *xenos*.
19. J. H. Elliot, "Peter, First Epistle of", 273.

encontramos una clara analogía con el "sentimiento de desarraigo" que experimentamos en medio de la sociedad, sea espiritual o social, y con el "sentimiento de sentirnos en casa" que experimentamos en la familia de Dios. Más aún, es importante que la iglesia de Jesucristo encuentre las brechas sociales y a aquellos a los que estas se han tragado, y les lleve el evangelio de la aceptación de Dios, mostrándoles que la verdadera familia divina trasciende las barreras sociales que la sociedad construye y hace caso omiso de ellas. La iglesia tiene que mostrarse como la familia donde todos pueden ser aceptados.

Ciertamente, Elliott mismo dice que los términos que hemos estado comentando pueden ser tanto sociales (personas privadas de derechos) como metafóricos (vida en la tierra mientras esperamos el hogar celestial), pero defiende que aún así la realidad social es el tema central. Y yo me sumo a esa percepción. Es decir, la descripción metafórica del pueblo de Dios deriva de la situación de marginación social en la que viven. Creo que Elliott ha ofrecido pruebas suficientes, y un buen número de académicos que han estudiado 1 de Pedro están de acuerdo con él.[20] En lo que sigue, haré uso de su tesis de que los conversos a Cristo en Asia Menor eran personas socialmente desfavorecidas, y que uno de sus grandes descubrimientos fue que en la familia de Dios recuperaban sus derechos.

Autoría y fecha

Los comentarios como este suelen incluir una sección sobre la autoría y la fecha original del libro. Muchos lectores están cansados de este procedimiento, y con razón, porque con frecuencia esas secciones recorren viejos caminos sin aportar una visión fresca del asunto. En un comentario como el nuestro es necesario ofrecer un fundamento lógico de por qué nos detenemos en estas cuestiones. El argumento básico sería el siguiente: nuestro comentario cree que la historia es importante para la interpretación; solamente por esa razón la autoría y la fecha son una información que puede resultar importante. Si podemos determinar estas dos cuestiones, entonces tendremos una visión clara de la realidad histórica y del mundo que subyace en el texto.

---

20. Ver la lista sobre los estudios académicos en su obra *Home for the Homeless*, xxvi-xxxii. Ver también más abajo, el comentario de 1:1-2.

El fundamento de esta serie de comentarios es que uno debe trasladar el mensaje del pasado a nuestro presente, usando diferentes estrategias para comunicar el mensaje de entonces de un modo relevante. Esta observación está basada en la asunción de que el texto antiguo forma parte de un contexto histórico, cultural, social y religioso que tenemos que tener en cuenta para entender bien el mensaje del libro. A lo largo de este comentario, el lector encontrará referencias a textos antiguos, a evidencias del mundo de Pedro, y a observaciones sobre las condiciones sociales y culturales que necesitamos entender bien para así comprender lo que Pedro está diciendo. Sobre esta cuestión, se suele citar una famosa frase, originalmente en alemán: "Willst den Dichter Du verstehen, musst in Dichters Lande gehen". Atribuida a Goethe, esta frase dice: "Si quieres entender a un autor, tienes que ir a su tierra". Estoy totalmente de acuerdo. Así, al final de esta sección sobre el mundo de Pedro, nos detenemos para considerar el tema de la autoría y la fecha de 1 Pedro.

Dado que la carta empieza diciendo que Pedro la escribió, cualquiera que niegue la autoría del apóstol debe ofrecer evidencias creíbles.[21] No creo que esta sea una presuposición fuera de lo normal. Es, simplemente, una cuestión metodológica: si el texto dice que Pedro escribió la carta, quien diga lo contrario tiene que probarlo. Si no hay pruebas sólidas de que no fue él, entonces aceptamos su autoría como algo sólido. No obstante, no defiendo como si de una presuposición se tratara que en la Biblia no encontramos obras pseudónimas, pues puede haber diferentes razones para escribir algo de forma pseudónima. Por otro lado, si uno defiende que Pedro sí escribió la carta, también debe aportar pruebas de que esto es así. Un buen sitio por dónde empezar

---

21. Es decir, si una carta afirma que un autor concreto la escribió (en este caso, Pedro), solo se puede cuestionar dicha afirmación si hay evidencias convincentes de lo contrario. En este caso, se deben presentar pruebas de que en la iglesia primitiva se escribieron cartas pseudónimas (y así fue), y que esta carta encaja en esa categoría. En cuanto a todo esto, ver D. G. Meade, *Pseudonymity and Canon* (Grand Rapids: Eerdmans, 1987); K. Aland, "The Problem of Anonymity and Pseudonymity in Christian Literature of the First Two Centuries", *JTS* 12 (1961): 39-49; B. M. Metzger, "Literary Forgeries and Canonical Pseudepigrapha", *JBL* 91 (1972): 3-24. Un clásico conservador es D. Guthrie, "Epistolary Pseudepigraphy", Apéndice C en su obra *New Testament Introduction*, 4a ed. (Downers Grove, Ill.: InterVarsity, 1990), 1011-28.

(aunque solo sirva para comenzar) es ver el principio de la carta y su supuesto autor.

Aparte del nombre al principio del libro, hay otros elementos que confirman que Pedro es el autor del mismo. (1) El autor ha visto los sufrimientos de Jesús (2:21-24; 5:1). (2) Las similitudes entre las enseñanzas de Jesús y 1 Pedro hablan de un autor que pasó tiempo con Jesús (*cf.* Lc 12:35 y 1P 1:13; Lc 11:2 y 1P 1:17; Mt 5:16 y 1P 2:12; Lc 6:28 y 1P 3:9; Mt 5:10 y 1P 3:14). (3) También hay similitudes entre los discursos de Pedro en Hechos y 1 Pedro (*cf.* Hch 5:30, 10:39 y 1P 2:24; Hch 2:23 y 1P 1:20).[22] (4) Asimismo, podríamos mencionar la idea sugerida por algunos de que la teología y la organización de la iglesia que encontramos en 1 Pedro son tempranas, lo cual encaja con lo que este apóstol habría enseñado.

No obstante, algunos han argumentado que el estilo griego de 1 Pedro es demasiado pulido; que, para ser de Pedro, está demasiado bien escrito.[23] Como dice en Hechos 4:13, "al ver la osadía con la que hablaban Pedro y Juan, y al darse cuenta de que eran gente *sin estudios* ni preparación, quedaron asombrados y reconocieron que habían estado con Jesús". ¿Podría un hombre "sin estudios" como Pedro escribir una carta tan bien escrita en griego? Es cierto que es un argumento con sentido, pero no es incontestable. De hecho, en Hechos encontramos evidencias de que, para no tener estudios (¿quizá solo se refiere a que no tenía estudios rabínicos?), Pedro era un hombre muy elocuente. Y esta elocuencia es evidencia suficiente para decir que Pedro sí puede ser el autor de esta epístola. Además, algunos dicen que 1 Pedro 5:12 deja entrever que contó con la ayuda de Silas, quien podría haber pulido las ideas de Pedro. Resumiendo, aunque el mayor obstáculo

---

22. Encontrará una lista más larga de paralelismos en John Drane, *Introducing the New Testament* (San Francisco: Harper & Row, 1986), 437.

23. Entre los argumentos que da, encontramos (1) las afinidades con *1 Clemente* (96 A.D. aprox.); (2) la aparente extensión del evangelio por toda Asia Menor, lo que hace necesario que hubiera pasado tiempo suficiente para que se diera una extensión así; (3) el cambio de actitud hacia el gobierno, pues dicen que hay un cambio visible entre Romanos 13 y 1 Pedro, y (4) el uso tardío del término "Babilonia" (5:13), dado que los otros usos de esta descripción metafórica de Roma solo los encontramos después del año 70 A.D. (fecha posterior a la supuesta muerte de Pedro).

para aceptar la autoría de Pedro[24] tiene bastante peso y por eso hemos de considerarlo, el resto de pruebas irrefutables apuntan a que Pedro es, claramente, el autor. En este comentario damos, pues, por sentado que Pedro[25] es el autor de esta carta.[26]

Si podemos argumentar razonablemente que Pedro sí es el autor, entonces esta carta fue escrita antes del año 64 o 65 A.D., que fue cuando Pedro murió como mártir a manos de Nerón. A la luz del gran número de referencias al sufrimiento y la persecución que aparecen en 1 Pedro, sostenemos que Pedro escribió esta carta cerca del comienzo de la persecución de la iglesia por parte de Nerón, quizá entre el año 62 y 65. Ciertamente, la actitud conciliadora de Pedro hacia el estado (2:13-17) y su optimismo sobre la vida cristiana sugieren que la carta se escribió al principio de la persecución neroniana, y que fue una estrategia inicial para sobrellevar los serios problemas que el estado les estaba causando. Incluso nos atreveríamos a decir que si Pedro hubiera esperado cinco años más para escribir la carta, habría sido considerablemente diferente. (¡Y Pedro no podría haberla escrito!).

Por tanto, escribiendo esta carta en la primera mitad de la década de los 60, Pedro, a través del mensajero (o coautor) que lleva la carta, Silas, anima a una serie de pequeñas iglesias esparcidas por el noroeste de Asia Menor afirmando su identidad cristiana (la familia de Dios), exhortándoles a amarse los unos a los otros, y explicándoles la tensión aparentemente inevitable que se genera al ser cristiano en una sociedad que no mira las innovaciones religiosas con tolerancia.

---

24. He enseñado 1 Pedro en griego en el Seminario Trinity desde 1981, y puedo asegurar que el tema del estilo de Pedro confunde mucho a los estudiantes.

25. J. Jeremias: "Los que hoy en día defienden que 1 Pedro no fue escrita por Pedro tienen por delante una tarea nada fácil" (*New Testament Theology: The Proclamation of Jesus* [Nueva York: Charles Scribner's Sons, 1971], 307 n. 4).

26. Encontrará un estudio en mayor profundidad en D. Guthrie, *New Testament Introduction*, 762-81 (que responde a los que critican la visión tradicional); Michaels, *1 Peter*, lv-lxvii. Encontrará una defensa elocuente y equilibrada a favor de una fecha posterior y de la no autoría de Pedro en Elliott, "Peter, First Epistle of", 276-78.

El mensaje de Pedro

El mensaje esencial de Pedro se puede organizar en tres categorías diferentes: (1) la salvación, (2) la iglesia y (3) la vida cristiana.[27] La carta de Pedro es una exhortación (5:12) dirigida a unos cristianos desprovistos de derechos sociales, una exhortación a vivir firmemente delante de Dios con fidelidad, santidad y amor. Esta firmeza y constancia pueden acarrear sufrimiento, pero una comprensión adecuada de la persecución les permitirá enfrentarse a ella y avanzar de forma fiel. No obstante, el fundamento de su fidelidad proviene de una comprensión profunda de la salvación que tienen, y Pedro la describe de forma gráfica al principio de su carta.

La salvación

Pedro usa una multitud de palabras para describir lo que les ha ocurrido a los que han entrado a formar parte de la familia de Dios. En particular, se inspira en las imágenes cúlticas del templo con sus rituales y adoración. Han sido rociados con sangre (1:2), han sido rescatados (1:18-19), han sido purificados (1:22), han probado al Señor (2:3), han sido sanados (2:24), y han sido presentados ante Dios (3:18). También se inspira en el lenguaje relacionado con la familia cuando habla de su nuevo nacimiento (1:3, 23; 2:2, 24; 3:7, 18), su herencia (1:4-5) y su bendición (3:9). Los dos términos usados con mayor frecuencia son "salvación" (1:5, 9, 10; 2:2; 3:20-21; 4:18) y "gracia" (1:10, 13; 3:7; 5:5, 10, 12).

En la sección introductoria de la carta (1:3-12) podemos ver que esa comprensión de la salvación es el fundamento de su exhortación ética a ser fieles en medio de la persecución, pues ambos temas se entrelazan. En ella, Pedro alaba a Dios por la salvación y la esperanza futura de los receptores de la carta, un futuro que Dios mismo ha asegurado, y se goza en su sufrimiento porque sabe lo que hará en ellos mientras esperan la salvación final, una salvación ya anunciada mucho tiempo atrás. La interacción de estos dos temas —¡hasta el punto de darle al texto una complejidad sintáctica importante!—, subraya lo unidos que están ambas cuestiones para el apóstol.

---

27. Ver G. E. Ladd, *Teología del Nuevo Testamento* (Viladecavalls: Clie, 2002), 775-785.

En 2:18-25 podemos ver una relación similar entre el sufrimiento y la salvación: Pedro exhorta a los esclavos a no rebelarse contra sus amos, aunque sean injustos, porque, después de todo, Jesús
sufrió del mismo modo y confió en Dios. Pero la descripción que
Pedro hace de Jesús, el Gran Ejemplo, acaba en la descripción de
su obra salvífica (2:24-25). De forma similar, en 3:18-22, el ejemplo de Jesús se describe con referencia a su obra de salvación. Y la
oración final de Pedro, que hábilmente combina la exhortación ética y la salvación de Dios en la cual está arraigada, encaja a la perfección: "El Dios de toda gracia que os llamó a su gloria eterna en
Cristo, os restaurará y os hará fuertes, firmes y estables" (5:10).

La iglesia[28]

Como dijimos más arriba, la iglesia (término que Pedro no utiliza)
reemplaza a Israel como receptor del favor de Dios, y es su nuevo y
verdadero pueblo (ver el comentario de 2:8). Pedro ha escaneado el
Antiguo Testamento en busca de vocabulario sobre el nuevo pueblo
de Dios. Después de describir a los destinatarios de la carta como los
"elegidos" (1:1), el apóstol en el capítulo 2 utiliza toda una serie de
imágenes: "piedras vivas" (2:5), "casa espiritual" (2:5), "sacerdocio
santo" (2:5), y, además de eso, son "linaje escogido, real sacerdocio,
nación santa, pueblo que pertenece a Dios [...], pueblo de Dios [...]
[habéis recibido] misericordia" (2:9-10).

Aparte de lo que acabamos de citar, algunos estudiosos asegu-
ran que la imagen más clara que Pedro usa para referirse a la iglesia es *la familia de Dios*.[29] La iglesia es una "casa espiritual" (2:5) o
la "familia de Dios" (4:17). Como en otras cartas del Nuevo Testamento, las indicaciones para los diferentes grupos de personas están
agrupadas siguiendo la estructura de la familia (2:11-3:12) revelan-
do, pues, que Pedro ve a la iglesia como la familia de Dios. Dios

---

28. Ver el completo análisis histórico de P. D. Hanson, *The People Called: The Growth
    of Community in the Bible* (San Francisco: Harper & Row, 1986), que desafortun-
    adamente no incluye una sección sobre 1 Pedro; P. S. Minear, *Images of the Church
    in the New Testament* (Filadelfia: Westminster, 1975); D. Watson, *I Believe in the
    Church* (Grand Rapids: Eerdmans, 1978), 51-175; H. C. Kee, *Who Are the People of
    God? Early Christian Models of Community* (New Haven: Yale Univ. Press, 1995),
    esp. 124-29.
29. Ver J. H. Elliott, *Home for the Homeless*, 165-266; "Peter, First Epistle of", 275-76.

es el Padre (1:2, 3, 17), que hace nacer de nuevo (1:3) a los hijos de Dios (1:14; 2:2), quienes se relacionan como hermanos (2:17; 5:9) que se aman profundamente (1:22; 3:8). Este nuevo hogar debía de tener un gran significado espiritual y psicológico para los cristianos "extranjeros" de Asia Menor, porque era en la familia de Dios donde encontraban aceptación social y alimento espiritual. Dicho brevemente, encontraron un lugar que podían llaman "hogar".

Pedro deja tan solo un pequeño rastro en cuanto a la iglesia como *organización*. Las iglesias están dirigidas por los apóstoles que dan pautas a los "ancianos" (5:1-4), quienes, como Pedro ordena, dirigen las iglesias con prudencia y con amor. Aunque es probable que estas iglesias se encuentren para celebrar la Santa Cena, solo se menciona el rito del bautismo (3:21).[30]

La vida cristiana[31]

Anclada en la salvación que los creyentes encuentran en Cristo a través del nuevo nacimiento (1:3), la vida cristiana es una manifestación inevitable de dicha salvación. Las exhortaciones en 1 Pedro están fundamentadas en esta experiencia. Así, después de describir la salvación y sus privilegios (1:3-12), Pedro exhorta a sus lectores a que practiquen la esperanza (1:13), la santidad (1:14-16), el temor ante Dios (1:17-21), el amor (1:22-24) y el crecimiento (2:1-8). La palabra clave en 1:13 es "por tanto" o "por eso". Tenéis la salvación: *por tanto*, buscad esas virtudes cristianas. Para Pedro, la ética aparte del fundamento de la salvación no es posible, porque una vida moral siempre es la otra cara de la salvación. Como dijo Wolfgang Schrage: "Sin nuevo nacimiento, no hay nueva obediencia. Sin esperanza, no hay ninguna base para la vida cristiana".[32]

---

30. Algunos han argumentado que la mayor parte de 1 Pedro es una "liturgia bautismal", pero esta teoría ya no cuenta con muchos seguidores. Ver el debate en F. L. Cross, *1 Peter: A Paschal Liturgy* (Londres: Mowbray, 1954); F. W. Beare, *1 Peter*, 25-28, 220-26 (a favor de que 1:3-4:11 es un discurso bautismal); J. N. D. Kelly, *Epistles of Peter and Jude*, 15-20 (en contra de esa teoría). Sobre posibles alusiones al bautismo, ver W. A. Grudem, *1 Peter*, 40-41.
31. Ver R. Schnackenburg, *The Moral Teaching of the New Testament*, trad. J. Holland-Smith y W. J. O'Hara (Nueva York: Seabury, 1965); W. Schrage, *The Ethics of the New Testament*, trad. D. E. Green (Filadelfia: Fortress, 1988), 268-78.
32. Schrage, *Ethics*, 271.

El *contexto social* de la vida cristiana es crucial en 1 Pedro: los receptores de la carta están privados de muchos derechos sociales y han encontrado en la familia de Dios su verdadero hogar. Han sufrido persecución debido a su posición social y también a su orientación espiritual, y las exhortaciones de Pedro se centran en que soporten el sufrimiento injusto, como Jesús hizo (1:6; 2:18-25; 3:13-17; 4:1-6, 12-19: 5:8-10).[33] Sin duda alguna, el contexto social de los receptores marca la carta de Pedro de tal forma que el apóstol tiene que cambiar notablemente su mensaje para ser sensible a una situación en la que los cristianos no lo tienen fácil socialmente hablando.

La perspectiva de Pedro sobre la vida cristiana es que los cristianos tienen que *vivir para la salvación que está por venir*, otra indicación del contexto social de esta familia de Dios. Él, que juzga justamente (1:7, 9, 17; 2:12, 23; 3:12; 4:5, 17-19), recompensará a los que aguanten con fidelidad el sufrimiento por su causa (1:7, 13; 4:13, 14). Después de todo, solo son residentes temporales en el grupo social en el que están (1:1); esta es la clave para entender que tienen que vivir para el futuro. Mientras caminen en la fe (1:5, 8-9, 21; 2:6-7; 5:9), la esperanza (1:3, 13, 21; 3:5; 15) y el gozo (1:6, 8; 4:13), pueden estar seguros de que Dios los protege (1:5). Su *grupo social principal* es la iglesia, la familia de Dios, en la que se tienen que amar los unos a los otros (1:22, 2:17; 3:8-12; 4:8-9; 5:13), ser humildes (3:4, 15; 5:6), someterse los unos a los otros (3:1-7; 5:1-4, 5), y servirse los unos a los otros (4:10-11). Por encima de todo, tienen que ser sensibles a la hora de comunicarse los unos con los otros (2:1; 4:7-11).

Para Pedro existe una clara orientación ética: la familia de Dios tiene que ser *santa y pura*. Los creyentes han de obedecer a Dios (1:2, 13, 22), tienen que ser santos porque Dios es santo (1:14-16, 18, 22; 2:1-2, 5, 9, 11-12, 15, 20; 3:6, 15, 17; 4:1.6), y vivir vidas justas (2:24; 3:13; 4:18). Esa santidad servirá como prueba convincente para quienes no son de la familia de Dios (2:11-12, 13-17; 18-25; 3:1-6); así, sus vidas son un medio de evangelización (2:12, 15; 3:1-6, 16), aunque deban ir acompañadas del testimonio verbal (1:12, 25; 2:9; 3:15; 4:6).

---

33. Ver L. Goppelt, *Theology of the New Testament. Volume 2: The Variety and Unity of the Apostolic Witness to Christ*, trad. J. E. Alsup, ed. J. Roloff (Grand Rapids: Eerdmans, 1982), 174-75.

❧

Por tanto, diremos que la carta de Pedro es una exhortación a resistir de forma santa el sufrimiento, porque los cristianos a los que escribe han experimentado la salvación de Dios y porque él les ha prometido que esa salvación será completa cuando regrese. Como han recibido la salvación y Dios los ha capacitado para vivir una nueva vida, tienen que orientar sus vidas hacia la revelación futura de Cristo, amar a sus hermanos, y llevar una vida santa.

Bosquejo de 1 Pedro

La mayoría de bosquejos de los libros del Nuevo Testamento son más precisos y organizados de lo que, al parecer, encontramos en ellos al hacer un estudio riguroso.[34] Además, los bosquejos siempre son un reflejo de un juicio subjetivo que no se muestra comprensivo con otros igual de esmerados. El siguiente bosquejo nos servirá de guía para avanzar por la epístola; no obstante, deseo de todo corazón que aquellos que estudien 1 Pedro reflexionen ellos mismos sobre su estructura.

Saludos (1:1-2)
I. Exhortaciones basadas en la salvación (1:3–2:10)
   A. Salvación (1:3-12)
   B. Exhortaciones (1:13–2:8)
      1. Esperanza (1:13)
      2. Santidad (1:14-16)
      3. Temor (1:17-21)
      4. Amor (1:22-24)
      5. Crecimiento (2:1-8)
   C. El pueblo de Dios (2:9-10)
II. Exhortaciones para distintos grupos sociales (2:11–4:11)

---

34. Así, N. Brox dice: "Cuando uno lee 1 Pedro sin interrupción (de hecho, fue escrita para ser leída de ese modo), al lector le queda una impresión realmente vaga en cuanto a su forma y sus contenidos" (*Der erste Petrusbrief*, 15; la traducción es mía); también, A. Schlatter, citado en L. Goppelt: "No se puede encontrar el plan determinado [del autor], porque nunca lo tuvo" (*1 Peter*, 15). Ver el debate de C. H. Talbert, "Once Again: The Plan of 1 Peter", en *Perspectives on First Peter*, ed. C. H. Talbert (National Association of Baptist Professors of Religion Special Studies Series 9; Macon, Ga.: Mercer Univ. Press, 1986), 141-51.

A. Principios generales de las exhortaciones (2:11-12)
B. Directrices para los grupos sociales (2:13–3:12)
  1. Gobierno (2:13-17)
  2. Esclavos (2:18-25)
  3. Esposas (3:1-6)
  4. Esposos (3:7)
  5. La familia de Dios (3:8-12)
C. Directrices para el sufrimiento (3:13–4:6)
  1. La buena conducta lleva a la victoria (4:7-11)
  2. La limpieza lleva a la vida (4:1-6)
D. Directrices para la familia de Dios (4:7-11)
III. Exhortaciones para la iglesia (4:12–5:11)
A. El privilegio de sufrir (4:12-19)
B. Consejo para los líderes (5:1-5)
C. Humildad y resistencia (5:6-9)
D. Doxología (5:10-11)
Conclusiones (5:12-14)

La importancia de Pedro

Aplicar 1 Pedro a nuestro contexto no resulta tan sencillo como parece. Si asumimos que la carta (1) fue escrita para los que estaban marginados socialmente (fuera por la razón que fuera); (2) para animarlos a soportar la persecución y a vivir vidas de amor y de santidad, porque (3) formaban parte de la familia de Dios y (4) su salvación estaba protegida por Dios hasta el día de la revelación de Cristo, probablemente podemos afirmar que los dos primeros aspectos de este mensaje son totalmente irrelevantes para la mayoría de los lectores occidentales. Además, la seguridad de que nuestra salvación está protegida por Dios aparece en un contexto de sufrimiento, haciendo que también sea difícil de aplicar hoy.

Sin embargo, hablar de personas privadas de sus derechos (ya sea por su condición social o por su orientación espiritual) es limitar el mensaje de Pedro; en mi país, EE.UU., la mayoría de cristianos quedarían excluidos. Durante más de una década me he visto semanalmente con un grupo de unos doce estudiantes, y nunca han sacado el tema de la persecución o del sufrimiento por causa de la fe. Por otro lado, en una de las primeras clases que enseñé en el Seminario Trinity, cuando hablé de la "irrelevancia" de algunos de los elementos principales de la carta de Pedro, dos de mis estudiantes, uno de Yugoslavia (que estaba pastoreando más de una docena de iglesias) y otro de Indonesia, me explicaron que en sus países 1 Pedro era el libro del Nuevo Testamento más popular entre los cristianos.

Debo admitir que en los EE.UU. nunca he conocido a un cristiano que me haya dicho que 1 Pedro fuera su libro favorito, o que estuviera entre sus preferidos. La mayoría de cristianos disfrutan mucho con Salmos y Proverbios; a muchos les encanta Filipenses y 1 Juan; a los rebeldes les gustan textos claramente contraculturales como las enseñanzas de Jesús (especialmente el Sermón del Monte); los de mente académica y con interés teológico prefieren Romanos; los carismáticos, Hechos; y los pragmáticos, Santiago. Pero pocos son los que alzan la mano en la escuela dominical y le piden al profesor que les hable más de 1 Pedro. ¿Por qué? La respuesta es simple. Mucho de su contenido se centra en aspectos de la vida cristiana que están lejos de la experiencia de la mayoría de cristianos de occidente: sufrimiento y marginación social.

¿Significa eso que deberíamos buscar de forma activa el sufrimiento? La forma de buscarlo sería otra cuestión (¿deberíamos ser más ofensivos en nuestra presentación del evangelio o menos agradables?), pero está claro que nuestra tarea no es buscar el sufrimiento. Sin embargo, para que la carta tenga sentido para nosotros no hace falta tener que estar sufriendo. Supongo que sería saludable aprender sobre el sufrimiento para estar preparados si llegara una época en la nos tocara sufrir a los cristianos de occidente. Pero esta conclusión es absurda. Tenemos que admitir que el contexto de sufrimiento que se escribe en la carta hace que sea más distante para nosotros que para nuestros hermanos y hermanas que están sufriendo. No obstante, no deberíamos dejar de pensar de qué modo son relevantes para nosotros los pasajes sobre el sufrimiento. Esto es lo que intentaré hacer en este comentario.

¿Qué decir de la falta de derechos? ¿Deberíamos desear estar en esa situación para que 1 Pedro tenga más sentido para nosotros? Yo diría que aunque esta carta está dirigida a personas privadas de derechos sociales, no busca animar a que se viva en esa situación. El autor no alaba a las clases bajas ni a los desposeídos, ni alaba la gloria de los campesinos y el proletariado al estilo tolstoyano.[35] No habla de forma sentimental de la belleza de la pobreza o la opresión. Ni tampoco anima a los cristianos de Asia Menor a ir en busca de los inconformistas. Dicho de otro modo, la intención de Pedro no es animar a los creyentes a que se conviertan en inconformistas o que critiquen a las clases altas, a los poderosos y a los ricos. La suya no es una religión de desheredados, aunque su mensaje esté claramente dirigido a ellos. Lo que ocurre es que *esa era la condición* de los creyentes a los que escribe, y Pedro *explica cómo deberían vivir en esa condición a la luz de la salvación futura que Dios les ha preparado.*

Y claro está, uno de los aspectos fundamentales de su enseñanza es inculcar a sus lectores *una identidad cristiana verdadera.*[36] Quiere que sus lectores entiendan, aprecien, y se apropien de la relación especial que tienen con Dios (como resultado de la salvación) y de la nueva relación que tienen con los demás en la familia universal de Dios. Dicho de otro modo, Pedro no quiere que sus lectores se centren en la marginación social que están sufriendo o en la persecución a causa de su fe; quiere que vean que, a pesar de lo que ocurre, Dios los ama, los protege, y les ha prometido que cuando llegue el final, serán vindicados y glorificados. En consecuencia, pueden alegrarse ahora deleitándose, por inexplicable que parezca, en la bondad de Dios (1:8-9). Así, Pedro quiere que sus lectores entiendan quiénes son ante Dios para que en la sociedad puedan ser lo que realmente son.

Es evidente que los demás elementos del mensaje de Pedro son claramente relevantes: vivir una vida de amor y santidad; encontrar en la iglesia a la familia de Dios; y apreciar la protección divina. Todos ellos son tan relevantes hoy como lo eran entonces, aunque cambie el

---

35. En la mitad de su vida, Leo Tolstoi, el famoso novelista e idealista ruso, se convirtió al idealismo cristiano. A partir de ese momento renunció a sus posesiones (aunque vivía en una finca enorme) y a los derechos de sus libros (aunque su mujer y su familia los recuperaron), y empezó a vestirse como un campesino. A parte de la rareza de su personalidad y de su genialidad, este apego sentimental hacia los campesinos trajo mucha aflicción a su matrimonio. Ver el estudio de W. L. Shirer, *Love and Hatred: The Troubled Marriage of Leo and Sonya Tolstoy* (Nueva York: Simon & Schuster, 1994).

36. Un buen libro sobre esta cuestión es D. Keyes, *Beyond Identity: Finding Your Self in the Image and Character of God* (Ann Arbor, Mich.: Servant, 1984).

contexto social. Por tanto, 1 Pedro se dirige a una situación diferente a la nuestra, pero tiene mucho que ofrecer a nuestro contexto social.

La cuestión a la que se enfrentaban los cristianos en Asia Menor es bien simple: ¿Cómo deberíamos vivir en este contexto de exclusión social y de persecución? ¿Deberíamos escapar de ello aislándonos aún más? ¿Deberíamos apartarnos de la sociedad? ¿Deberíamos dar la espalda a nuestro mundo? ¿Deberíamos denunciar a la sociedad con tonos proféticos y poéticos? ¿Cómo deberíamos vivir? La carta de Pedro es una ventana que nos permite ver una situación que arroja luz sobre nuestro mundo; recoge las primeras luchas que la iglesia tuvo con la sociedad. Esta carta ha dado forma a la conversación que continúa hoy sobre este tema, y, al analizarla, cosecharemos una gran recompensa.

Bibliografía comentada

En este comentario, he intentado limitarme a estudios que también están al alcance de la mayoría de los lectores. Por tanto, he intentado omitir citas de obras académicas y de obras en idiomas que no sea el inglés. Por otro lado, he intentado compensar esa omisión citando continuamente los comentarios principales para ahorrarles a los lectores el trabajo de buscar diferentes perspectivas sobre un tema o pasaje en cuestión. En cuanto a las obras sobre 1 Pedro, mis favoritas son las siguientes: las de Beare (que ya había leído estando en el seminario), Selwyn (cuya obra me marcó cuando enseñé 1 Pedro por primera vez), Goppelt (que fue el primer comentarista alemán que consulté) y Michaels (el estudio más completo y reciente). También fue muy útil leer la exposición de Marshall. Más allá de los comentarios bíblicos, el libro de Elliott es muy profundo y sus tesis principales difícilmente refutables. Se ha escrito mucho y bien sobre 1 Pedro, y estoy muy agradecido por todos los comentarios que he tenido el privilegio de leer.

Beare, F. W. *The First Epistle of Peter: The Greek Text with Introduction and Notes*.3a edición. Oxford: Basil Blackwell, 1970. Una exégesis reveladora y sugerente. Este comentario está escrito para aquellos que tienen conocimientos de griego; no obstante, con algo de esfuerzo, quienes no los tengan también pueden beneficiarse de sus reflexiones. Beare acepta la teoría de que la carta tiene sus raíces en un contexto bautismal. A lo largo de todo el comentario va comparando las ideas de Pedro con las de Pablo.

Best, E. *1 Peter*. NCB. Grand Rapids: Eerdmans, 1971. Buen trabajo. Best siempre tiene en una mano el texto, y, en la otra, la vida de iglesia. La única pega es que cuenta ya con unos cuantos años.

Bigg, C. *A Critical and Exegetical Commentary on Epistles of St. Peter and St. Jude*. ICC. Edimburgo: T. and T. Clark, 1902. Durante seis décadas fue el comentario definitivo de 1 Pedro. Por esa razón, Bigg ha dado forma a la conversación que sigue viva hoy día. Uno es reticente a dejar atrás a los buenos amigos.

Y Bigg siempre ha estado a mi lado. No obstante, para acercarse a esta obra sí hace falta conocer bien el griego.

Brox, N. *Der erste Petrusbrief*. EKKNT 21. Koln: Benziger/Neukirchener, 1979. Un comentario exhaustivo, completo, crítico. Tiene en consideración todas las teorías recientes sobre 1 Pedro y sobre el desarrollo de las creencias y las prácticas de los cristianos de la iglesia primitiva. Útil para aquellos que puedan leer en alemán. Merece ser traducido a otros idiomas. Brox es el académico más importante en lo que a pseudoepigrafía se refiere.

Clowney, E. *The Message of 1 Peter*. The Bible Speaks Today, ed. J. R. W. Stott. Downers Grove, Ill.: InterVarsity, 1988. Una exposición muy amena del mensaje de 1 Pedro. Clowney intenta sintetizar el mensaje de Pedro con los grandes temas de la Biblia. Es una pena que no haya hecho una lectura atenta del trabajo de Elliott.

Cranfield, C. E. B. *The First Epistle of Peter*. Londres: SCM, 1950. Desgraciadamente, esta lúcida exposición elaborada por un brillante experto en el Nuevo Testamento es muy difícil de obtener. Contiene tesoros tanto exegéticos como homiléticos, aunque es evidente que ya tiene unas cuantas décadas.

Davids, P. H. *The First Epistle of Peter*. NICNT, ed. G. D. Fee. Grand Rapids: Eerdmans, 1990. Una sólida exégesis de 1 Pedro, con ensayos introductorios realmente útiles. Los ensayos de Davids sobre teología son realmente de gran utilidad para el expositor.

Elliott, J. H. *A Home for the Homeless: A Social-Scientific Criticism of 1 Peter, Its Situation and Strategy*. Minneapolis: Fortress, 1990. Un análisis académico sobre el significado de 1 Pedro en su contexto social en Asia Menor. Este comentario es especialmente útil por el estudio que hace de la expresión "extranjeros y peregrinos".

Goppelt, L. *A Commentary on 1 Peter*. Ed. F. Hahn. Traducción J. E. Alsup. Grand Rapids: Eerdmans, 1993. Comentario profundo escrito por un brillante teólogo alemán de la generación anterior (publicado originalmente en 1978). Aunque fuertemente influenciado por el debate sobre 1 Pedro en Europa, el comentario de Goppelt es extremadamente útil para el lector paciente de cualquier otro contexto. Ocasionalmente relaciona elementos de 1 Pedro con los descubrimientos de los Manuscritos del Mar Muerto.

Grudem, W. *1 Peter*. TNTC. Grand Rapids: Eerdmans, 1988. Una buena exposición de 1 Pedro, con un énfasis especial en el estudio de las palabras y en sintetizar los temas teológicos en su contexto más amplio. Grudem ofrece una extensa nota adicional donde trata el texto especialmente difícil sobre la predicación de Cristo a los espíritus (1P 3:18-22).

Kelly, J. N. D. *The Epistles of Peter and Jude*. Black. NTC. Londres: Adam & Charles Black, 1969. Un comentario brillante escrito por un especialista en patrística. Una y otra vez, Kelly ofrece observaciones aclaradoras sobre el mensaje y la importancia de la teología de Pedro. En cierta medida, está influenciado por la teoría bautismal sobre los orígenes de 1 Pedro, y con frecuencia encuentra en los escritos cristianos tempranos unos paralelismos bastante convincentes.

Martín Lutero. *Comentario de Pedro y Judas*. Las observaciones que el reformador hace de 1 Pedro, aunque no tan profundas como su exégesis de Romanos o Gálatas, son muy útiles. Este comentario es difícil de utilizar, porque Lutero no hizo una distinción entre la explicación del texto y la aplicación para sus iglesias. Pero eso es lo que hace que Lutero sea Lutero.

Marshall, I. H. *1 Peter*. InterVarsity, 1991. Un lúcido comentario, accesible, que hace un buen análisis del texto, y también una aplicación del mensaje al contexto actual. Actualmente, Marshall es el "veterano" de los eruditos evangélicos de Gran Bretaña.

Michaels, J. Ramsey. *1 Peter*. WBC 49. Waco, Tex.: Word, 1988. Este es el mejor comentario académico que tenemos hoy. Es exegético, exhaustivo, y rico en bibliografía. Michaels es precavido en cuanto a la relación entre los cristianos de Pedro y el pueblo judío.

Selwyn, E. G. *The First Epistle of St. Peter. The Greek Text, with Introduction Notes, and Essays*. Londres: Macmillan, 1961. Un comentario magistral, solo para aquellos que dominen el griego. Durante años, era el único comentario serio en inglés, aunque ahora hay comentarios más completos como los de Michaels y Goppelt. Sigue siendo útil para el lector observador; sus ensayos siempre serán de utilidad.

1 Pedro 1:1-2

Pedro, apóstol de Jesucristo, a los elegidos, extranjeros
dispersos por el Ponto, Galacia, Capadocia, Asia y Bitinia,
² según la previsión de Dios el Padre, mediante la obra
santificadora del Espíritu, para obedecer a Jesucristo y ser
redimidos por su sangre: Que abunden en vosotros la gracia
y la paz.

El saludo[1] que aparece al principio de la carta es uno de los saludos iniciales más ricos de todas las cartas del Nuevo Testamento. En él encontramos tanto calor pastoral como profundidad teológica. Mientras que los saludos de otras cartas están más orientados a la cristología (Ro 1:1-7), la salvación (Gá 1:1-5), la iglesia (1Co 1:1-3), o simplemente son una sencilla salutación (p. ej., Ef 1:1-2; Col 1:1-2; 1Ts 1:1-2 1Ti 1:1-2), la salutación de Pedro incluye una descripción intrigante de los destinatarios de la carta y también una explicación teológica de cómo llegaron a ser cristianos. Aunque los saludos de Pablo suelen ir marcados por la necesidad de defenderse, como nadie cuestiona la naturaleza apostólica de Pedro él se limita a mencionar su título a modo de humilde recordatorio de la autoridad que le ha sido conferida (*cf.* 1P 1:1; 5:1). Como ocurre en otras cartas del Nuevo Testamento,[2] los temas que aparecen en los saludos iniciales se convierten en los temas centrales de la carta: la condición del pueblo de Dios y la salvación que Dios le ofrece. La carta de Pedro suele catalogarse junto a otras epístolas antiguas parenéticas (exhortatorias).[3]

---

1. Del latín *salutio* ("salute").
2. Sobre las cartas, ver S. K. Stowers, *Letter Writing in Greco-Roman Antiquity* (LEC 5; Filadelfia: Westminster, 1986); W. G. Doty, *Letters in Primitive Christianity* (Filadelfia: Fortress, 1973); S. McKnight, "More Than Mere Mail", *Moody Monthly* 88/89 (mayo 1988): 36-38. Ver también el resumen de D. E. Aune, *The New Testament in Its Literary Environment* (LEC 8; Filadelfia: Westminster, 1987), 158-225; S. K. Stowers, "Letters (Hebrew; Aramaic; Greek and Latin)", *ABD*, 4:282-93.
3. Ver Stowers, Letter Writing, 91-152. Stowers hace una categorización de las cartas de exhortación y consejo ("Letters of Exhortation and Advice"): parenética (exhortación y disuasión), consejo, protréptica (exhortación a un estilo de vida),

En el mundo antiguo, las cartas empezaban con el nombre del autor y cualquier descripción que fuera necesaria (en este caso: "Pedro, apóstol de Jesucristo"), los destinatarios y la descripción que correspondiera (aquí: "a los elegidos...") y el saludo pertinente (aquí: "que abunden en vosotros la gracia y la paz"). El inicio consta, pues, de tres partes. Y Pedro desarrolla la parte de los destinatarios dividiéndola, a su vez, en tres partes más: los creyentes en Asia Menor son lo que son (1) "*según* el conocimiento previo de Dios el Padre", (2) *a través de* la obra santificadora del Espíritu", (3) "*para* obedecer a Jesucristo y ser rociados por su sangre". Las palabras en cursiva marcan cada parte de la descripción de estos creyentes, y cada una de ellas está asociada a una de las personas de la Trinidad.

El remitente. En muchos sermones y libros se ha descrito a Pedro como alguien impetuoso e impulsivo, pero sabemos demasiado poco sobre él para saber si esa caracterización psicológica es acertada o no. Lo que sí sabemos es que era un pescador de la costa norte de Galilea; que Jesús lo llamó para que lo siguiera (*cf.* Lc 5:1-11); Jn 1:35-42); que llegó a ser el líder de los apóstoles (Mt 10:2); que fue el primero en percibir que Jesús era el Mesías (Mt 16:17-19; Mr 8:27-33); que intentó caminar sobre el agua (Mt 14:28-31); que negó a Jesús (Lc 22:21-23, 31-34, 54-71); que fue restaurado (Jn 21:15-19); que fue uno de los principales líderes de la iglesia que se formó después de Pentecostés (Hch 2–5); que recibió una preciosa visión sobre la unidad del pueblo de Dios (Hch 10–11); que fue liberado milagrosamente de prisión (Hch. 12:1-17) y que su ministerio llegó hasta Roma (*cf.* Hch 12:18-19; 15; Gá 2:7-8; 1Co 1:12; 9:5; 1P; 2P). Sabemos que el ministerio de Pedro en Roma fue muy amplio, tanto que los católicos romanos fundamentan su iglesia en él; y también sabemos que dicho ministerio ha sido causa de división entre católicos y protestantes.[4]

---

reprensión, amonestación, reproche y consolación. Pero vamos desencaminados si pensamos de forma reduccionista y decimos que 1 Pedro solo presenta una de esas características. Aunque claramente parenética, también contiene otros métodos de exhortación y consejo.

4. Ver O. Cullmann, *Peter: Disciple-Apostle-Martyr: A Historical and Theological Study*, trad. F. V. Filson (Filadelfia: Westminster, 1953); O. Karrer, *Peter and the Church: An Examination of Cullmann's Thesis* (QD 8; Nueva York: Herder and Herder, 1963); R. E. Brown, K. P. Donfried y J. Reumann, *Peter in the New Testament: A Collaborative Assessment by Protestant and Roman Catholic Scholars*

A la hora de interpretar esta carta es muy importante ver el giro de ciento ochenta grados que Pedro hace en cuanto al tema de la muerte de Jesús: parte del rechazo (Mt 16:22) y la negación (Lc 22:54-71), pasa por la restauración (Jn 21) hasta llegar a la predicación de la muerte y la vindicación de Jesús (Hch 2) y a considerar esta muerte como el paradigma definitivo de la existencia cristiana (1P 2:18-25). En toda la carta podemos observar la trayectoria de la conversión de este apóstol: un Pedro que encontró el secreto de la vida en la muerte y la resurrección de Jesús. Otra característica de su vida fundamental para entender su carta es que su nombre original era "Simón" y que si pasó a ser "Cefas" (o "Pedro") solo fue por el llamamiento especial que Jesús le hizo.[5] El cambio de nombre refleja la predicción que Jesús hace del papel que Pedro tendría en el desarrollo de la iglesia primitiva: Simón sería un "fundamento", una "piedra" (*petros*) sobre la cual se levantaría la iglesia. Y es a la luz de esta idea que Pedro desarrolla la metáfora de los cristianos como "piedras vivas" (2:4-8).

Pedro era un "apóstol de Jesucristo". Un apóstol[6] era alguien a quien Jesús llamaba personalmente y le daba un ministerio especial en la fundación de la iglesia; como consecuencia de ese llamado, el apóstol representa a aquel que lo envía, igual que un embajador representa a un presidente. Pedro, como los demás apóstoles, fue un representante personal de Jesús, y el modo en el que la gente respondía ante él reflejaba el modo en el que respondía a Jesús (*cf.* Mt 10:40-42). No obstante, vemos que Pedro no usa su autoridad como arma, sino que menciona su título al principio para después utilizar, con toda humildad, el poder de la retórica y la persuasión. Hasta 5:12 no volvemos a ver su autoridad, aunque sí es cierto que está presente entrelíneas cuando escribe órdenes y prohibiciones. De hecho, Pedro se identifica con los líderes de varias iglesias (5:1).[7] Sin embargo, "la carta no debe verse como opiniones piadosas de un

---

(Minneapolis: Augsburg/Nueva York: Paulist, 1973); C. P. Thiede, *Simon Peter: From Galilee to Rome* (Exeter: Paternoster, 1986).

5. "Cefas" es una palabra aramea cuya traducción al griego es "Pedro".

6. Ver K. H. Rengstorf, "ἀπόστολος", *TDNT*, 1:407-47; J. A. Bühner, "ἀπόστολος", *EDNT*, 1:142-46; H. D. Betz, "Apostle", *ABD*, 1:309-11; P. W. Barnett, "Apostle", *DPL*, 45-51.

7. C. E. B. Cranfield, *First Peter*, 12: "Así que en esta carta la palabra 'apóstol' es esencialmente una palabra sumamente humilde, porque no dirige la atención al

amigo que quiere nuestro bien, sino que debemos ver en sus palabras la autoridad de quien habla de parte del Señor de la iglesia".[8]

Los destinatarios. La ubicación geográfica de las iglesias de Pedro no es tan importante como los términos que usa para describir su condición social y espiritual: "A los elegidos de Dios,[9] extranjeros[10] en el mundo, dispersos[11] por el Ponto, Galacia, Capadocia, Asia y Bitinia, elegidos según el conocimiento previo de Dios el Padre, mediante la obra santificadora del Espíritu, para obedecer a Jesucristo y ser rociados por su sangre" (*N. de la T.* Hemos hecho una traducción literal del Comentario en inglés). Más adelante, me referiré en varias ocasiones a la siguiente traducción, que es mi traducción: "A los residentes temporales elegidos,[12] que están dispersos por...".

Ser "elegidos" quiere decir recibir la gracia de Dios; ese beneficio es el resultado de la iniciativa de Dios, no la nuestra.[13] Dicho de otro

---

apóstol, sino a aquel de quien es apóstol; no dirige la atención al enviado, sino a aquel que lo envía".

8. P. Davis, *La Primera Epístola de Pedro,* 38.

9. De hecho, "de Dios" no está en el texto griego original; pero la palabra está implícita. Al añadir palabras como esta puede ocurrir que la expresión adquiera un énfasis que no sea el más preciso. En este caso, al añadir "de Dios" se pierde el énfasis socio-eclesial.

10. En el texto griego, las palabras que traducimos por "elegidos" y "extranjeros" aparecen en el mismo caso (dativo) y su relación es tan estrecha que no queda claro cuál es el sustantivo y cuál adjetivo. Entonces, ¿es "elegidos extranjeros" o "extranjeros elegidos"? La NIV inglesa ha decidido que "extranjeros" es un adjetivo y "elegidos" un sustantivo. Además, ha añadido "en el mundo" como una interpretación del término "extranjeros" de forma que el *único significado posible* sea una referencia a su condición espiritual. Pero como dije en la Introducción, este término probablemente se refiere a su condición social. Así, aunque diría que esa traducción es tolerable, creo que los traductores han ido demasiado lejos haciendo que solo haya un único significado. Cuando los términos son ambiguos, lo mejor es dejarlos ambiguos en lugar de intentar ser más específico de lo que el autor mismo ha sido.

11. En griego, *diaspora*.

12. Me gusta más el término "residentes temporales" que "extranjeros" porque el primero refleja más la idea de "residencia temporal lejos del hogar". Otro término válido sería "exiliados". El término "elegidos" es el sustantivo y el adjetivo que traducimos por "que residen temporalmente" está colocado después a modo de transición hacia "dispersos por...". Ver Michaels, 1 Peter; "residentes elegidos" es la expresión escogida en Grudem, *1 Peter*, 47-48.

13. Este tema ha sido motivo de división entre los teólogos; encontrará la visión calvinista en A. A. Hoekema, *Saved by Grace* (Grand Rapids: Eerdmans, 1989),

modo, Dios nos ha llamado a su amor y a su gracia, ha causado nuestra fe por la obra regeneradora del Espíritu Santo, y pide nuestra lealtad (*cf.* Jn 15:16; Ro 8:28; 1Co 1:9; Ef 4:1, 2Ts 2:14; 2Ti 1:9; 1P 1:15; 2:4, 6, 9, 21; 3:9; 5:10). Ser uno de los elegidos de Dios es una fuente de gozo y consuelo (pues sabemos que la voluntad de Dios no puede ser anulada), y de exhortación y demanda (porque sabemos que Dios está obrando en nosotros y capacitándonos para hacer su voluntad).

El significado de "extranjeros y peregrinos": un breve estudio. Las iglesias de Pedro no solo disfrutaban de un estatus especial con Dios; Pedro usa otro término que resulta de gran ayuda para entender la posición social de los lectores de su carta. En la Introducción ya comenté que el término "peregrinos" (o "residentes temporales") puede ser una metáfora de su residencia temporal en la tierra mientras esperan la salvación final —lo que llamamos la temática del peregrinaje— o una referencia literal a la posición social que tenían en sus comunidades. Es importante hacer un alto en el camino para realizar un breve estudio de este término y de otro similar, "extranjeros" (2:11) así como de la temática del peregrinaje en esta carta. El estudio de todos estos términos nos dará una mayor comprensión de lo que Pedro quiere decir, y nos ayudará a evitar el error de centrarnos en un solo término sin tener en cuenta su contexto más amplio.

En primer lugar, observamos que la inercia nos lleva a interpretar estos términos de forma metafórica. Los comentarios y los escritos académicos más utilizados interpretan que 1 Pedro 1:1 y 2:11 describe el peregrinaje cristiano en la tierra. Muchos comentaristas asumen esta interpretación sin más,[14] y no dejan espacio para las argumentaciones

---

68-92; L. Berkhof, *Teología Sistemática* (Libros Desafío), 109-25, 415-22, 454-79 de la edición en inglés (*Systematic Theology*, 4a ed.; Grand Rapids: Eerdmans, 1972); encontrará la visión arminiana en J. R. Williams, *Renewal Theology: Salvation, the Holy Spirit, and Christian Living* (Grand Rapids: Zondervan, 1990), 13-33. A nivel pastoral, Williams nos ayuda a corregir errores y malentendidos potenciales de esta importante doctrina.

14. Un claro ejemplo de ello es P. Davids, *La Primera Epístola de Pedro*. A pesar de escribir su comentario cuando las ideas de Elliott sobre "extranjeros y peregrinos" ya habían sido publicadas, cuando se estaba debatiendo mucho sobre el tema, y cuando la teoría de Elliot empezó a ganar más apoyo, Davids no menciona la cuestión en ninguna parte de su comentario. Simplemente asume que los términos son metafóricos. Ver también el estudio de B. W. Winter, *Seek the Welfare of the*

de aquellos que están en contra de la interpretación convencional.[15] No puede haber progreso en la interpretación si nos limitamos a repetir las interpretaciones habituales; lo que hay que hacer es mirar las diferentes evidencias y ver lo que dicen. Si llegamos a una conclusión que no es la convencional, puede que nos estemos liberando de restricciones innecesarias, aunque también podría ser que nos estuviéramos equivocando. Pero esos son los riesgos de investigar las posibles interpretaciones.

En segundo lugar, no hay duda de que el sentido literal de estos términos hace referencia a personas que están en condiciones sociales específicamente desfavorables. La palabra griega que traducimos "extranjeros" (*paroikos*) alude a personas que residen en un sitio dado, pero que no cuentan con la protección legal ni los derechos que sí tienen los demás ciudadanos; la palabra griega que traducimos "peregrinos" (*parepidemos*) hace referencia a personas que residen en un lugar donde solo se quedan durante un breve periodo de tiempo (residentes temporales).[16] Este es, pues, el sentido literal de esos dos términos; cuando se usan de forma metafórica (en los pocos casos en los que ocurre), enfatizan, en un sentido no-literal, el hecho de estar temporalmente en un lugar o de ser vistos como extranjeros.

En tercer lugar, vemos que *lo necesario es determinar si hay evidencias de que estos términos en cuestión se usan aquí de forma metafórica*. Las buenas metáforas se extraen de la realidad, del ir y venir de la vida cotidiana. Aquí tenemos dos términos extraídos de la percepción que tenemos de los rangos sociales y de la forma en que se estructura la sociedad. Sin embargo, uno de los principios básicos de la interpretación nos recuerda que debemos interpretar las palabras de forma literal a menos que haya algo en el contexto que apunte a un uso metafórico. Por ejemplo, interpretar que el término "esclavos" en 1 Pedro 2:18 no se refiere a una condición social, sino que alude a nuestras "mentes esclavizadas" y que se nos está exhortando a someternos a la

---

City: Christians as benefactors and Citizens (FCGRW; Grand Rapids: Eerdmans, 1994), 12.

15. Elliott, *Home for the Homeless*, xxviii-xxx (análisis del debate reciente).
16. Encontrará una lista muy exhaustiva de las posibles traducciones de estos términos en J. H. Elliott, *Home for the Homeless*, 39-41.

razón, es ir demasiado lejos.[17] La pregunta que tenemos que hacernos es, pues, bien sencilla: ¿hay aquí evidencias de un uso metafórico ya sea por el tipo de literatura que estamos examinando,[18] o en el contexto inmediato?

En su libro magistral sobre lenguaje e interpretación,[19] G. B. Caird propone cuatro pruebas para discernir cuándo una palabra o expresión se está usando metafóricamente. (1) A veces el autor bíblico dice de forma explícita que una expresión en particular es metafórica, como cuando se usa el comparativo "como"; cuando verbaliza que se trata de una alegoría (Gá 4:24) o cuando va acompañado de algún complemento que deja claro que no se está haciendo referencia al significado literal (Mt 5:3, "pobres en espíritu"; Ef 2:14, "muro de enemistad"; 1P 1:13, "lomos de la mente"[20]). (2) A veces es imposible entender una expresión de forma literal. Por ejemplo, los creyentes de Asia Menor no eran, literalmente, "un sacerdocio real" (2:9), sus líderes no "pastoreaban rebaños de ovejas" (5:2), y "los hermanos en todo el mundo" que estaban sufriendo no eran hermanos de sangre, sino espirituales (5:9). (3) Para que algo sea literal, tiene que haber cierto grado de correspondencia entre la expresión que se utiliza y la realidad; si el grado de correspondencia es muy bajo, lo más probable es que se trate de una metáfora. Así, del mismo modo en que existen pocas probabilidades de que Pedro estuviera en "Babilonia" (5:13), también es muy poco probable que Jesús aparezca en su segunda venida vestido de pastor (5:4). (4) A veces la expresión se utiliza tanto y de forma tan intensa que es fácil detectar un uso metafórico. Cuando Pedro habla de

---

17. Filón de Alejandría, un filósofo judío del siglo I, lo hizo con las narrativas del Antiguo Testamento. Encontrará una introducción en W. Schürer, *The History of the Jewish People in the Age of Jesus Christ* (175 B.C. —135 A.C.), ed. rev. G. Vermes, F. Millar y M. Goodman (Edimburgo: T & T. Clark, 1987), 809-89.

18. Es decir, es normal encontrar metáforas en la literatura apocalíptica (como el Apocalipsis) o en la poesía (como los Salmos o el Cantar de los Cantares); sin embargo, la narrativa y las epístolas no suelen contener tantas metáforas. Cuando leemos una carta, automáticamente buscamos el sentido literal de los términos de naturaleza personal. No obstante, eso no excluye el uso de metáforas.

19. G. B. Caird, *The Language and Imagery of the Bible* (Filadelfia: Westminster, 1980), 183-97.

20. En la NVI aparece, a pie de página, una nota que indica que el original dice, literalmente, "ceñidos los lomos de vuestra mente".

la iglesia en 2:4-8, las metáforas arquitectónicas saltan tanto a la vista que uno se pierde entre la mezcla de metáforas (ver también 2:9-10).

A la luz de este breve análisis, podemos preguntarnos si los términos "extranjeros y peregrinos" incumplen alguna de estas claves. En primer lugar, no hay ninguna mención explícita en 1 Pedro en cuanto a que las referencias en 1:1, 17 y 2:11 deban entenderse de forma metafórica. En 1:1, los destinatarios son "extranjeros. [...], dispersos por" la diáspora; ningún complemento sugiere que el sentido no sea literal. Ya que dice "esparcidos por", expresión que introduce una descripción geográfica literal, se entiende que "extranjeros" también tiene un sentido literal.[21]No obstante, las otras dos referencias son más ambiguas. En 1:17 dice: "vivid con temor reverente mientras seáis peregrinos".[22] Si los destinatarios de la carta están de veras aislados socialmente (por la razón que sea), esta traducción puede ser literal y tiene sentido; si, por el contrario, pertenecen a una élite social, tendríamos aquí el tema del peregrinaje. Pero no hay evidencia alguna que sugiera que nos encontremos ante una metáfora. Aunque sí podría haber algo de ambigüedad si pensamos en el contraste entre la vida "ahora" (no "aquí" o "en este mundo") y la vida "en el futuro" (1:20-21). Este sí *podría* ser ese complemento capaz de convertir la palabra "peregrinos" en metáfora. Por último, el uso de "como a" ("como a extranjeros y peregrinos") en 2:11 sí podría verse como evidencia del uso consciente de una metáfora. Pero hay un problema. ¿"Como a" significa (1) "os ruego, como si fuerais extranjeros y peregrinos" o (2) "os ruego, porque literalmente sois extranjeros y peregrinos"?[23] El texto no

---

21. Por esa razón no estamos de acuerdo con las traducciones que añaden "por el mundo". Aportan un matiz inexistente en el texto original. En el contexto no hay ninguna evidencia que lleve a pensar en un sentido metafórico, sino todo lo contrario.

22. Literalmente, "vivid la duración de vuestra residencia temporal con temor". La palabra "aquí" o la expresión "en el mundo" que algunas traducciones añaden, responden a que algunos traductores creen que Pedro está tratando el tema del peregrinaje.

23. Después de un análisis de las expresiones comparativas "como" o "como a" en 1 Pedro, no llegamos a una conclusión clara. Cuando el sustantivo de la expresión comparativa es literal, el orden "verbo/sustantivo" seguido de "como" aparece en 13/14 ocasiones (*cf.* 2:12, 13, 15, 16 [2 veces]; 3:6, 7; 4:10, 11, 12, 15 [2 veces], 16; 5:3). Sin embargo, encontramos también el uso claramente metafórico de "como a" tanto con un orden como con el otro (*cf.* 1:14, 19, 24 [2 veces]; 2:2, 5, 16, 25; 3:7; 5:8). En el caso de 2:11, el orden favorecería un poco más el sentido literal.

nos da ninguna clave para determinar cuál de estos sentidos escoger. Por tanto, concluyo que en 1 Pedro no hay evidencias inequívocas de que estos dos términos se hayan utilizado de forma metafórica (aunque sí haya alguna).

Las otras tres pruebas son irrelevantes para los casos que estamos analizando. Todas las referencias que estamos considerando podrían ser literales. Las evidencias en 1 Pedro no permiten decir que el grado de correspondencia entre la condición de los lectores y los términos utilizados sea bajo. Y Pedro no los utiliza en exceso ni desarrolla ninguna simbología a partir de ellos. Las pruebas para detectar una metáfora no nos ofrecen, pues, ninguna evidencia clara de que la expresión "extranjeros y peregrinos" deba entenderse como metáfora. No estoy diciendo que sea imposible o erróneo interpretar estas expresiones metafóricamente, pero sostengo que es una lectura altamente convencional según la interpretación moderna y tiene poco con lo que defenderse.[24] Por ello, diremos que estamos ante una expresión literal. Las evidencias nos llevan a pensar que las expresiones en 1 Pedro son literales, y que describen la posición social de los lectores.

Por último, ¿la situación literal de "extranjeros y peregrinos" de aquellos lectores es anterior a su conversión al cristianismo, o una causa de esta? Es decir, ¿sufrían exclusión social a causa de su fe, o ya eran el blanco de ataques, y, al convertirse a la fe cristiana, se convirtieron sencillamente en un blanco más fácil? Si no vamos a adentrarnos en una discusión extensa, lo mejor es concluir que no hay evidencias (en 1 Pedro) de que convertirse al cristianismo en Asia Menor supusiera un descenso de clase social (aunque estoy seguro de que eso ocurría con frecuencia);[25] y en la epístola tampoco hay muestras de que esos creyentes hubieran ocupado una posición elevada y de poder antes de su conversión. Cuando Pablo habla de la posición que tienen en la vida (p. ej., "esclavos" y "esposas" o "esposos") no

---

24. Tampoco existe evidencia alguna, fuera de estos términos, en cuanto a que el autor de 1 Pedro desarrolle el tema del peregrinaje; diremos, por tanto, que en la introducción de la carta, donde solían aparecer los temas centrales de la misma, no aparece el tema del peregrinaje. Sin embargo, en toda la carta sí veremos que sus receptores estaban socialmente marginados.

25. Es posible, aunque tampoco queda claro, que 1 Pedro 4:4 indique cierto tipo de ostracismo social; no obstante, eso no implica necesariamente que los cristianos pasaran a una posición social más baja.

hace ninguna mención a otras vocaciones o roles. Uno sospecha que esas descripciones probablemente prevalecen, porque no contaban con otra postura más fuerte.

Así, este grupo de iglesias estaba compuesto casi en su totalidad por personas procedentes de las clases esclavas, de las clases desprovistas de derechos.[26] No obstante, deberíamos sostener que la razón por la cual los creyentes eran literalmente "extranjeros y peregrinos" es doble: (1) Socialmente, eran personas marginadas y (2) y también eran rechazados por su fe por lo que, como mínimo, esto agravaba sus pésimas condiciones sociales.

Asimismo, su falta de hogar se convertía de forma natural en una imagen de su condición espiritual. No solo eran marginados por su condición social; también los marginaban por su compromiso con Jesús, por su determinación a llevar una vida santa, y por su asociación a un grupo de personas sin derechos, es decir, la iglesia. Por tanto, esta descripción habla de un grupo de personas pobres, que trabajaban duro, y que estaban desprovistas de derechos, pero que por la gracia de Dios habían encontrado vida en Cristo y comunión en la familia de Dios. Así en 1:1-2, Pedro está hablando tanto de su condición espiritual ("elegidos") como de su situación social ("residente temporal" en la diáspora[27]). El evangelio de salvación en Cristo se instaló fuertemente en Asia Menor entre los marginados y desprovistos de derechos, y dio

---

26. Aunque estamos especulando, sugerimos que la tentación de "ser tiranos" (5:3) es aún más fuerte para aquellos que nunca han estado en una situación de poder. No obstante, si el estudio de Winter es acertado, 2:14-15 podría indicar la presencia de personas lo suficientemente ricas como para ser benefactores en aquella sociedad; ver su *Seek the Welfare of the City*, 25-40. Pero no hay evidencias ni de que se reunieran en las casas de los ricos ni de que fueran tantos como para decir que solo podían caber en la casa de alguien de una riqueza considerable. Lo único que sabemos a ciencia cierta es que eran grupos pequeños y que se reunían en casas.

27. Lo que tenemos aquí es una perspectiva judía de la geografía: todo aquel que vive fuera de Judea está "en la diáspora". En las cartas de Pedro no hay ninguna indicación de que la palabra diáspora ("dispersos") sea una metáfora del mundo y de que el verdadero hogar de sus destinatarios fuera el cielo. En Juan 7:35 la palabra se usa claramente con un sentido geográfico (*cf.* también Hch 8:1, 4; 11:19; todo el Antiguo Testamento), aunque se usa de forma metafórica en Santiago 1:1 (opinión no compartida por todo el mundo). Comoquiera que sea, lo que parece bastante claro es que este término no se convirtió en una descripción cristiana común para referirse a la ubicación de un cristiano de la iglesia primitiva en el mundo.

a Pedro y a la iglesia primitiva una importante perspectiva sobre el ministerio y la teología.

La experiencia de estos creyentes. Los creyentes de la diáspora, socialmente marginados, tienen identidad (1) "*según* la previsión de Dios el Padre"; (2) "*mediante* la obra santificadora del Espíritu"; (3) "*para* obedecer a Jesucristo y ser redimidos por su sangre". Tenemos que detenernos en cada una de estas expresiones. Primero, observa que cada una de ellas describe, de forma diferente y desde el ángulo de un solo miembro de la Trinidad,[28] la compleja naturaleza de la conversión.

Según la NVI, estos cristianos de la diáspora han sido elegidos[29] "según la previsión de Dios el Padre". Esta y otras expresiones como esta son motivo de discusión teológica. ¿La elección de Dios (y la predestinación) *se basa* en que él sabe que ciertas personas creerán (lo que da una gran importancia a la decisión humana)?[30] ¿O es el conocimiento previo de Dios el factor determinante en la elección de algunas personas? Si estas dos opciones fueran las únicas opciones, preferiríamos la segunda: el conocimiento previo de Dios es más que presciencia (saber antes de tiempo), ya que es eficaz, activo y determinante.[31]

No obstante, no queda del todo claro que "según" se restringa solamente al sustantivo "elegidos". De hecho, con la cantidad de palabras y la descripción adicional de los receptores como "extranjeros" que aparecen entre "elegidos" y "según", algunos estudiosos han sugerido que "según" complementa todo lo que va antes: por tanto, Pedro es un

---

28. Que el orden sea Padre, Espíritu, e Hijo podría estar reflejando el orden de su experiencia.

29. La NIV en inglés traduce *kata* (1:2), "según": "que han sido escogidos según...". La expresión "que han sido escogidos" es una inferencia legítima de la palabra "elegidos" de 1:1, y es útil debido al gran número de palabras entre "elegidos" y "según".

30. También añadiría que si la elección se basa en el conocimiento que Dios tiene de los que creerán, entonces la elección como categoría apenas tiene sentido. (A esta perspectiva a veces se le ha llamado "elección condicional"). ¿Por qué diríamos que Dios ha elegido a alguien que ya le ha elegido a él? ¿Qué tipo de elección sería esa? Otra opción es la que se basa en la experiencia: cuando los seres humanos descubren que, en Jesucristo, sus vidas tienen ahora un sentido fundamentado, infieren que su experiencia está precedida por la obra de Dios. En este caso, la elección describe su experiencia de la obra de Dios en sus vidas.

31. Ver también J. R. Michaels, *1 Peter*, 10-11.

apóstol de Jesucristo *y* los cristianos de la diáspora son elegidos *y* extranjeros por toda Asia Menor *según el conocimiento previo de Dios el Padre*.[32] Además, que el versículo 2 parezca una fórmula (tres preposiciones y referencias al Padre, al Espíritu y al Hijo) podría sugerir que estamos ante una fórmula litúrgica, por lo que la intención del autor no sería definir "elegidos", sino que estaría simplemente escribiendo de un modo formal, litúrgico, casi de forma inconsciente.[33] Aunque no es fácil tomar una determinación en un espacio tan reducido, siempre que entendamos ese "conocimiento previo" como algo determinante (y no solo como confirmación de la elección humana) y siempre que veamos que "elegidos" queda descrito por la frase sobre los extranjeros en la diáspora, probablemente la mejor opción sea interpretar que las tres proposiciones del versículo 2 acompañan y complementan al sustantivo "elegidos".

En segundo lugar, los creyentes en Asia Menor son lo que son "por la obra santificadora del Espíritu". Tanto el razonamiento teológico como la experiencia espiritual confirman que Dios nos lleva a creer a través de la obra convincente y regeneradora del Espíritu. El proceso de santificación, una palabra extraída del Antiguo Testamento (del tabernáculo y de la adoración en el templo)[34] se da porque Dios aparta a su pueblo y su Espíritu obra siempre la voluntad divina en la tierra. Desgraciadamente, la teología popular enseña que la santificación es algo que ocurre *después* de la conversión y la justificación; primero uno es justificado y luego, a lo largo de toda la vida y una vez en la gloria, es santificado. Esta no es la comprensión bíblica de *santificación*. Este término hace referencia a tres aspectos de la existencia cristiana: la separación inicial del pecado (clara en 1:2; *cf.* Hch 20:32; 26: 18; 1Co 1:2, 30; 6:11; 2Ts 2:13), el duro trabajo de crecer en santidad a lo largo de la vida (Ro 8:13; 2Co 3:18; 7:1; 1Ts 5:23; Heb 12:10, 14), y el acto final de Dios cuando haga a su pueblo santo completamente santo por toda la eternidad (Ef 5:25-27).[35] Por tanto, aquí Pedro

---

32. Ver también W. A. Grudem, *1 Peter*, 50.
33. L. Goppelt, 1 Peter, 70-72, hace unas alusiones interesantes a fórmulas litúrgicas en Qumrán.
34. Ver H. Seebass y C. Brown, "Holy, etc.", *NIDNTT*, 2:223-32, esp. 224-28.
35. En cuanto a todo esto, ver esp. P. Toon, *Justification and Sanctification* (Westchester, Ill.: Crossways, 1983); *Born Again: A Biblical and Theological Study of Regeneration* (Grand Rapids: Baker, 1987); A. A. Hoekema, *Saved by Grace*,

se refiere casi exclusivamente a la primera dimensión de nuestra santificación: a la obra misericordiosa de Dios de convertir a pecadores en hijos suyos. Más adelante, el apóstol enfatiza el proceso de por vida de la santificación (*cf.* 1:14-16, 22; 2:1-2, 9-10; 11-12; 4:3-4).

En tercer lugar, los destinatarios son quienes son con un propósito: "para obedecer a Jesucristo y ser rociados por su sangre" (o "para obedecer y ser rociados con la sangre de Jesucristo).[36] Estos creyentes han sido elegidos por Dios *para que puedan ser obedientes*, es decir, para que puedan responder a la demanda del evangelio y lleguen a ser hijos de obediencia (1:14) e hijos de Dios puros (1:22).[37] El uso de la palabra "obediencia" para la respuesta inicial a la demanda del evangelio aparece en otros lugares del Nuevo Testamento (*cf.* Ro 1:5; 6:16; 15:18; 16:26; 2Co 7:15; 10:6; 2Ts 1:8; 1P 1:22 con 2:8; 4:17). Y estas personas habían sido elegidas para poder ser rociadas con la nueva sangre del pacto establecido por la muerte de Jesús (*cf.* Éx 24:3-8; Heb 9:18-21; 10:22; 12:24).[38]

192-233. La distinción radical entre la conversión y la subsiguiente santificación es, probablemente, la razón por la cual Leon Morris nunca ha examinado este término en sus numerosos estudios sobre la expiación (¡pero *cf.* Heb 10:29!).

36. La expresión en griego es literalmente "para obediencia y rociamiento de sangre de Jesucristo". Algunos han sugerido que mientras "de sangre" va con "rociamiento", "de Jesús" va con "obediencia"; así, la expresión tiene forma de quiasmo (se repite algo en orden inverso, es decir, A B B A). Otros han sugerido que aquí se mencionan dos metas: la obediencia de la conversión y el rociamiento de la sangre de Jesús (consagración). De nuevo, la NVI tiene poca fuerza. "Obediencia" se usa aquí para hacer referencia a la respuesta inicial al evangelio (como en Hch 6:7; Ro 1:5; 16:26; ver también 1P 1:14, 22, 23-25) y es más que la obediencia a Jesucristo posterior a la conversión; el rociamiento es, claramente, un rociamiento con la sangre de Jesucristo. Sintácticamente, lo mejor es decir que, en este contexto, "Jesucristo" va exclusivamente con el rociamiento.

37. Ver la excelente discusión de J. R. Michaels, *1 Peter*, 11-12. Obsérvese que "obediencia" precede a "rociamiento"; eso confirma que se está hablando de la obediencia de la conversión. Ver también J. N. D. Kelly, *Peter and Jude*, 43-44; E. Best, *1 Peter*, 71; L. Goppelt, *1 Peter*, 74; N. Brox, *Der erste Petrusbrief*, 58; P. Davids, *La Primera Epístola de Pedro*, 48-49 (de la versión en inglés).

38. Ver J. R. Michaels, *1 Peter*, 12-13. Otros creen que tenemos aquí otros temas: el rociamiento del bautismo (F. W. Beare, *First Peter*, 77), la bendición del pacto del perdón (E. G. Selwyn, *First Peter*, 120-21; L. Goppelt, *1 Peter*, 74-75, con un contexto bautismal), o una purificación posterior a la conversión (W. A. Grudem, *1 Peter*, 52-54). Grudem dice que no se refiere a la entrada en el pacto, porque el término "rociamiento" aparece después de "obediencia", pero su argumento se

Resumiendo, vemos que para Pedro, la obra divina de la elección ha llevado a la *conversión* a aquellos extranjeros de Asia Menor desprovistos de derechos. Las tres proposiciones del versículo 2 son predominantemente una referencia a la conversión, a la acción de Dios para salvar a esas personas. Dios los llamó los hizo santos, espiritualmente hablando, y esta elección los llevó a obedecer el llamado de Dios y a recibir el perdón bajo el nuevo pacto. Aunque las dos primeras enfatizan la obra de Dios, la última expresión hace hincapié en la respuesta del creyente.[39]

El saludo mismo. Como ocurre en otras cartas del Nuevo Testamento, el autor saluda a los destinatarios siguiendo tanto la costumbre grecorromana ("gracia") como la judía ("paz"). Sobre todo, bajo la influencia de los primeros cristianos y de la teología judía, estos dos términos no solo transmiten amabilidad, sino que apuntan a que dicha amabilidad está fundamentada en la obra misericordiosa y pacificadora de Dios.

Construyendo Puentes

Para el lector occidental actual no sería normal tomar una carta escrita en la Antigüedad, por ejemplo una carta de Plinio a Calpurnia Hipulla (sobre su reciente enlace matrimonial), y aplicarla en el presente (asumiendo las ideas de Plinio sobre el matrimonio). Entonces, ¿por qué sí lo hacemos con la Biblia? ¿Cómo es que podemos tomar una carta de Pedro, un apóstol de Jesucristo del siglo I, dirigida a cristianos de Asia Menor que sufrían exclusión social, y asumir que también está escrita para nosotros? Aunque no pretendo decir que tal maniobra sea sencilla o que tengamos que hacerlo alegremente, sin ningún tipo de reflexión, sí creo que lo que Pedro escribió es tan útil para nosotros como el Antiguo Testamento lo fue para Pablo y sus lectores (*cf.* 1Co 10:6, 11).

Mi hipótesis sobre la utilidad de las Escrituras se basa en tres fundamentos. (1) *Bíblico.* Pablo enseña que Dios nos dio el registro de su obra en medio de su pueblo para que fuera de utilidad a todos sus

---

desmorona si vemos el término "obediencia" como un término relacionado con la conversión.

39. El tema de la salvación sigue en 1:3-12.

hijos en cualquier época (cp. 2Ti 3:16-17). (2) *Antropológico*. Puesto que todos estamos hechos a imagen de Dios, lo que era bueno para el pueblo de Dios también es bueno para nosotros ahora. La arrogancia occidental es la que nos hace pensar que hemos evolucionado tanto que ahora podemos mirar a las personas de la Antigüedad por encima de los hombros. Para confirmar lo idénticos que somos a ellos solo tenemos que leer Proverbios o una de las comedias o tragedias griegas: veremos que lo que los enojaba y emocionaba es lo mismo que nos enoja y nos emociona ahora. (3) *Eclesiológico*. Los miembros de la iglesia de Cristo, independientemente de la época a la que pertenezcan, son uno. Aunque reconocemos las diferencias entre nuestro mundo y el suyo, la iglesia del primer siglo abarca a nuestros antepasados en la fe. Y aunque aplicaremos la Biblia de forma diferente debido a los cambios que han tenido lugar y a las diferencias culturales, siguen siendo nuestros antepasados espirituales, que nos han legado la fe entregada a los santos de Dios una vez y para siempre.

No obstante, estos fundamentos no pretenden decir que "todo sigue igual"; esa es una afirmación muy ingenua. Hay que hacer ajustes. La mayoría de nosotros, si no todos, no vivimos en Asia Menor (y, de todos modos, esa zona ha cambiado muchísimo); probablemente no sufrimos exclusión social (al menos no en la misma medida que los cristianos del siglo I). Sin embargo, lo que ha quedado escrito se escribió para los cristianos de cualquier época.

Llegados a este punto, debemos mirar con más detenimiento el concepto petrino de *exclusión social*. Los cristianos de Asia Menor sufrían exclusión social bien porque (1) eran extranjeros o residentes temporales, o (2) porque habían abrazado el cristianismo "uniéndose" así a una religión marginada. A la hora de aplicar este sentido original de exclusión social se puede hacer en diferentes direcciones. Podríamos colocarnos en una situación social menos que deseable, buscando la exclusión social. Es cierto que en la historia de la iglesia encontramos a personas que así lo entendieron; pero por noble que fuera su deseo de seguir a Jesús, está claro que eso no es lo que Dios espera de nosotros, pues en la Biblia vemos que quiere que le sigamos desde la situación en la que estemos (1Co 7:17-24).[40] Ese tipo de aplicación es rígida, forzada y exageradamente literal. Los cristianos de Asia Menor no buscaban los lugares más bajos de la sociedad, y nosotros tampoco deberíamos hacerlo.

Otra forma de aplicar esa situación de exclusión social es servir a los marginados. Creo que esta es una *implicación* válida de lo que Pedro dice, *pero no es lo que el apóstol dice.* Si leemos sus dos cartas, vemos que en ningún momento anima a los cristianos a buscar, encontrar y convertir a los marginados sociales. Por noble que ese ministerio sea, no es lo que Pedro tiene en mente cuando llama a sus lectores "extranjeros y peregrinos".

La mayoría de cristianos cree que el ministerio entre los marginados (las víctimas del SIDA, los pobres, los sin techo, los inmigrantes, los refugiados, etc.) es una consecuencia lógica de la propia naturaleza del evangelio (es para todos) y de que todos estamos hemos a imagen de Dios. En tanto los lectores originales de 1 Pedro eran marginados sociales, por extensión, en esta carta encontramos el modelo de una iglesia que ministra a los marginados. Para entenderlo mejor, imaginemos que incluimos las palabras "refugiados cubanos cristianos". La carta no es, pues, principalmente una exhortación a ministrar a los refugiados cubanos, sino que es una carta dirigida a los refugiados cubanos con la esperanza de que puedan aprender de Pedro a vivir *como refugiados cubanos* en el medio en el que están. Aun siendo cierto que la carta no es una exhortación a trabajar entre ese grupo de gente, de forma natural y por extensión interpretaremos el mensaje de la carta en esa dirección.

En mi opinión, si el sentido original de exclusión social es acertado, la aplicación principal debe ir en otra dirección, pues lo verdaderamente importante es establecer nuestra identidad en base a quiénes somos en la familia de Dios, y no a quiénes somos según la percepción social. En esta carta, Pedro intenta ver cuál es el sentido de la situación social en la que se encuentran sus lectores en ese momento, a

---

40. Ver J. A. Bernbaum, S. M. Steer, *Why Work? Careers and Employment in Biblical Perspective* (CCCSG 2; Grand Rapids: Baker, 1986); ver también G. Agrell, *Work, Toil and Sustenance: An Examination of the View of Work in the New Testament, Taking into Consideration Views Found in Old Testament, Intertestamental, and Early Rabbinic Writings* (Lund: Håkan Ohlssons, 1976).

la luz de su nueva situación social en la familia de Dios. Debido a que son miembros de ella, su situación social como marginados no tiene ningún peso si tenemos en cuenta quiénes son realmente, o quiénes son a los ojos de Dios, o quiénes son si pensamos en lo que Dios va a hacer en la historia. Aunque socialmente son extranjeros y peregrinos en Asia Menor, aunque dentro del Imperio romano son personas excluidas, sin hogar y sin ningún tipo de poder, en la familia de Dios se les incluye como ciudadanos, como parte de la realeza (2:9-10) y están en casa o en su hogar. Para hacer una buena aplicación, analogía o apropiación de la expresión "extranjeros y peregrinos" tendremos que ir en la dirección de la identidad real, de la conciencia del nuevo grupo al que pertenecemos, en la dirección de la cohesión.

Si el segundo sentido de la exclusión social es correcto (excluidos por ser cristianos), entonces tenemos que explorar otras vías. En este caso, el mensaje de Pedro sería que independientemente de la situación social en la que se encuentren los creyentes, siguen siendo parte de la familia de Dios, y el medio fundamental para soportar la presión y la persecución por parte de la sociedad es verse como pueblo de Dios, al que él está preparando para su reino definitivo (*cf.* 1:3-12). Pero esto supone un problema para los cristianos de occidente, porque cuando aceptan el evangelio y deciden seguir a Jesucristo y obedecerle, no son perseguidos sino que siguen siendo aceptados por nuestra sociedad, que todavía se puede definir como más o menos cristiana. ¿Qué tiene que decir esta carta a los cristianos que son obedientes, pero que no están siendo perseguidos?

La primera observación es muy importante, y la cuestión es que casi nunca se menciona en los círculos cristianos: esa dimensión de exclusión social que encontramos en 1 Pedro no es aplicable, porque son muchos los cristianos que viven obedeciendo al Señor y que no sufren exclusión social. Eso quiere decir, inevitablemente, que algunas cosas de las que aparecen en esta carta no son tan importantes para ese grupo como para los que sí están siendo perseguidos. No obstante, una segunda observación nos hace ver que los cristianos de occidente, que viven obedeciendo a Dios, experimentarán en algún momento de sus vidas algún tipo de exclusión social, aunque no llegue al nivel de persecución abierta. Lo que estamos haciendo aquí es ampliar el sentido de lo que significa "ser excluidos por ser cristianos". Aunque no podemos asociar un tipo de exclusión social (persecución; *cf.* 1:6; 4:1-6, 12-18) con el otro (p. ej., no ascender en tu carrera profesional), son dos caras de la misma moneda; y es que, dondequiera que estén los cristianos, saben que en un momento u otro su fe puede poner en peligro algún elemento o dimensión de sus vidas (ya sea a nivel físico, material, social, etc.).

En este apartado sobre aplicar esta carta a nuestro mundo actual, tenemos que detenernos para tener en cuenta algunas consideraciones más. Hacer una aplicación de la carta no quiere decir imitar a Pedro de forma exacta. Por ejemplo, la carta de Pedro no significa que debamos escribir cartas a grupos de cristianos ni tampoco que hayamos de empezar nuestras cartas del mismo modo que el apóstol. Después de todo, en el Nuevo Testamento no hay dos cartas idénticamente iguales. Tampoco significa que tengamos que buscar a los marginados sociales y ministrarles. Ni que debamos ir a Asia Menor o dividir nuestros ministerios en cinco áreas (así como Pedro escribió a las iglesias de cinco provincias). Pedro no escribió para darnos un patrón de ministerio cristiano, aunque está claro que podemos aprender mucho de este gran líder del cristianismo. Uno de los peligros de canonizar las epístolas de la iglesia primitiva, como 1 Pedro, es convertirla en un modelo hecho para nosotros. Es sabio analizarla y aplicar lo aplicable, pero leerla de forma literal y simplista es perjudicial.

Aplicar la Biblia a nuestros días puede resultar difícil, porque uno de los problemas a la hora de usar hoy el Nuevo Testamento y también a lo largo de la historia de la iglesia es lo que los sociólogos han llamado "reificación".[41] Este término significa convertir las relaciones y las observaciones humanas en leyes rígidas, deshumanizadas e inmutables. Aunque es un hecho que el agua que hierve poco a poco se convierte en vapor y, al final, toda ella se transforma en gas (esta es una ley natural), esto no quiere decir (al menos no en el mismo sentido) que tratar a los demás con amor hará que ellos nos traten con

---

41. Podéis encontrar una breve discusión en P. Berger, T. Luckmann, *The Social Construction of Reality: A Treatise in the Sociology of Knowledge* (Nueva York: Doubleday/Anchor Books, 1967), 89-92; A. Giddens, *The Constitution of Society: Outline of the Theory of Structuration* (Berkeley: Univ. of California Press, 1984), 25-26 esp. 179-180.

amor. "Reificamos" o cosificamos el amor y las relaciones cuando sugerimos que el amor siempre engendra amor (aunque según el diseño original de Dios así debería ser). "Reificamos" los principios de crianza cuando los convertimos en ley, como hizo un predicador que escuché hace poco. Según él, si enseñamos a nuestros hijos a amar a Dios, tenemos la garantía de que lo amarán, porque así lo dice Proverbios 22:6: "Instruye al niño en el camino correcto, y aun en su vejez no lo abandonará".

"Reificamos" una nacionalidad o raza cuando generalizamos, cuando le atribuimos una cualidad estática que "siempre es verdad": los irlandeses son apasionados, los escoceses son tozudos, los estadounidenses son escandalosos y los italianos son expresivos. "Reificamos" a los pastores cuando esperamos que todos sean iguales; "reificamos" a los líderes políticos cuando esperamos que todos realicen las mismas funciones. "Reificamos" el papel de padre cuando, porque es padre, no le pide perdón a sus hijos; "reificamos" el rol de los hijos cuando los padres nunca tienen en cuenta sus sentimientos y sus ideas (porque, después de todo, no son más que niños); "reificamos" el rol de madre cuando pensamos que las madres no pueden trabajar fuera del hogar. En cuanto al tema de la mujer en el ministerio, no es difícil ver que la iglesia (aun en el siglo XX) ha "reificado" el papel que la mujer tenía en el siglo I (una proyección moderna de lo que la mujer era tanto en Judea como en la diáspora) y lo ha convertido en normativo para el día de hoy. Los *amish* han "reificado" la vestimenta que se estilaba en el siglo XVIII en Europa central. Y podría seguir dando un sinfín de ejemplos.

La "reificación" también se da en el mundo de la teología y la interpretación, por no hablar de la aplicación. Para ilustrarlo, tomaremos dos ejemplos de nuestro pasaje. Primero, con frecuencia los intérpretes creen que en el versículo 2 aparecen tres momentos de la conversación: la llamada de Dios a través de su conocimiento determinante, la obra regeneradora del Espíritu, y la muerte del Hijo que garantiza nuestra salvación. "Reificamos" este texto cuando decimos que este es el "orden de la salvación" que Dios sigue siempre y de forma inmutable para obrar en la personas. Tanto es así que a veces pensamos que alguien que de repente empieza a obedecer a Jesucristo, pero no ha comprendido la obra regeneradora del Espíritu, no se ha convertido en realidad y debe dar un paso atrás para seguir el orden correcto; es decir, debe regresar al paso de la obra regeneradora para ser un converso de verdad.[42]¡Una simple mirada rápida a 1:3 es suficiente para ver que Pedro asocia la regeneración con el Padre y con el Hijo! Está claro que Pedro no "reifica" los términos ni las categorías de las que está hablando. Los pastores y los predicadores deberían revisar sus notas para ver cuántas veces han "reificado" un texto convirtiéndolo en un sistema duro y absoluto. Debemos tener en cuenta todo el contexto de la Biblia, y ver si hay otros textos que anulan esas categorías absolutas que a veces subrayamos.

Un segundo ejemplo en estos versículos puede verse en las extrapolaciones que a veces se han hecho de la expresión "a los elegidos de Dios" (1:1). El tema de la elección es importante en la Biblia y para la teología de la historia de la iglesia; además, para muchos cristianos, la elección de Dios es fundamental para su contentamiento. Pero lo que quiero destacar aquí es que la "reificación" de esta categoría del pensamiento cristiano ha sido la causante de que la fe de muchos cristianos se tambaleara, a veces, hasta el punto de abandonarla. Una doctrina de la elección "reificada", sacada de contexto y plantada en tierra de ideas estériles y de una teología insensible, puede ser muy dañina para el evangelio y la experiencia cristiana. Cuando nuestra comprensión de la elección no tiene en cuenta la perspectiva bíblica de la responsabilidad humana, la estamos malinterpretando y pervertimos el mensaje del evangelio. Dios nunca "fuerza" a los incrédulos a creer en contra de su voluntad. Aunque la elección es algo bien cierto, no se trata de un acto de Dios insensible y sin diálogo; el mensaje bíblico siempre entiende que el ser humano participa y responde a Dios

---

42. A. A. Hoekema, *Saved by Grace*, da un paso adelante dentro de la teología reformada cuando reconoce que el proceso de salvación es complejo y no consecutivo; ver su explicación en las pp. 11-27. En la página 16 explica acertadamente: "No debemos pensar que las diferentes fases de la salvación son una serie de pasos sucesivos, y que cada una de ellas sustituye a la anterior, sino que debemos verlas como aspectos simultáneos del proceso de salvación que, una vez dados, continúan existiendo las unas junto a las otras". El debate que Hoekema recoge sobre el cristiano "carnal" en oposición al cristiano "espiritual" nos ofrece también más ejemplos de "reificación" del pensamiento de Pablo. Los autores con los que está en desacuerdo son para nosotros un ejemplo de aquellos que, en ocasiones, "reifican" ciertas afirmaciones bíblicas y las convierten en sistemas que no son completamente bíblicos.

de forma libre. Cuando la elección se vuelve "abusiva" y "violenta" con la voluntad humana ya no es bíblicamente correcta, sino que se convierte en un ejemplo de "reificación".

Una interpretación de la Biblia precisa y correcta siempre procura interpretar las palabras y las ideas en su contexto inmediato y en su contexto más amplio, y tener en cuenta todos los elementos necesarios para prevenir una mala interpretación.[43] Para evitar la "reificación" cuando nos disponemos a interpretar un texto, necesitamos: (1) sensibilidad contextual para llegar a una interpretación lógica y teológicamente de acuerdo con toda la Biblia y la verdad general, y (2) flexibilidad para hacer una aplicación que tenga en cuenta las circunstancias sociales cambiantes y el desarrollo de nuestra propia comprensión.

La "reificación" es una categoría importante para aquellos que interpretan la Biblia. "Reificamos" los textos bíblicos sobre todo cuando estamos inmersos en un debate acalorado defendiendo los puntos que creemos importantes. El calvinista y el arminiano se han excedido en el énfasis que han puesto sobre ciertos puntos, al igual que los dispensacionalistas y los teólogos del pacto cuando debaten entre sí. Con frecuencia, el intérprete equilibrado es el que hace una interpretación más bíblica, pero también el que parece no encajar en ninguna categoría sistemática. Por tanto, la "reificación" debería verse como una categoría al servicio de una ideología. La teología bíblica siempre está dispuesta a dejar de lado el juicio o la opinión para que el testimonio bíblico llegue e influya con toda su fuerza.

A la hora de trasladar el mensaje de 1 Pedro a nuestro mundo, ha sido clave examinar lo que el autor quería decir con "exclusión social" y qué sentido tiene para nosotros en nuestra situación. En mi opinión, la exclusión social de los cristianos en Asia Menor se vio intensificada por su conversión a Jesucristo, pues está claro que no los asesinaban solo por su clase social (aunque es posible que las personas de esa clase social no

---

43. Se ha dicho muchas veces que los seguidores de Calvino fueron más calvinistas que su maestro. Esto es un ejemplo de cómo la gente "reificó" las ideas de Calvino y las convirtió en "leyes de teología" duras e inflexibles.

tuvieran los derechos que otro tipo de ciudadanos sí tenían). En este
caso, la expresión "exclusión social" hace referencia sobre todo a un
estatus social (personas sin hogar). No obstante, a continuación exa-
minaré las implicaciones de interpretar "extranjeros y peregrinos"
viendo dicha exclusión social como resultado de haberse convertido
en seguidores de Jesús.

En el mundo occidental, si hay un grupo que sufre algún tipo de "exclusión social" es el formado por los cristianos temerosos de Dios que
están en los campus universitarios. Todo el mundo sabe que la mayor
parte de las principales universidades de occidente fueron creadas sobre todo para preparar a los clérigos para las tareas del ministerio. Así
ocurrió con las universidades estadounidenses. Por supuesto, no faltó
alguna que otra lucha denominacional, disputas sobre el papel de la
universidad en una cultura floreciente, y un acalorado debate sobre
la relación entre las disciplinas "sagradas" y "profanas". A pesar de
todos estos debates, la formación de nuestro sistema universitario se
determinó por las necesidades religiosas.

Además, es muy probable quela mayoría de los lectores sepan que
la historia de EE.UU. está marcada por una división devastadora de la
comunidad protestante, la llamada controversia entre el fundamenta-
lismo y el modernismo, lo que ha hecho que durante décadas estas dos
comunidades no hayan tenido apenas relación. La teología tradicional
empezó a tener serias dificultades para sobrevivir en las universidades
estadounidenses. Dado que los fundamentalistas, en general, se reclu-
yeron en seminarios e institutos bíblicos, los modernistas asumieron
el papel de liderazgo en las universidades. Y el resultado de esta historia es un sistema universitario que no ha contado con el pensamiento
creativo de los cristianos conservadores, y un evangelicalismo que
cree que la vida intelectual no es de provecho para las iglesias, y que
no merece que los cristianos devotos la tomen en serio.[44]

---

44. Estos dos libros cubren diversos aspectos de lo que aquí se comenta: M. Noll, *The
Scandal of the Evangelical Mind* (Grand Rapids: Eerdmans, 1994); G. M. Marsden,
The Soul of the American University (Nueva York: Oxford Univ. Press, 1994). El
cristianismo en Inglaterra no sufrió el mismo tipo de polarización, y, como resultado,
muchos estudiantes estadounidenses han ido y aún van a Gran Bretaña para hacer el
doctorado (como yo mismo hice). Sobre esta cuestión, ver M. Noll, *Between Faith
and Criticism: Evangelicals, Scholarship, and the Bible in America*, 2a ed. (Grand
Rapids: Baker, 1991), 62-90, 91-121; A. McGrath, *Evangelicalism and the Future*

Ahora, unas palabras a nuestras universidades y a los evangélicos que están en esos campus. Esté justificado o no, la realidad es que la fe cristiana tradicional contemporánea no tiene cabida en las universidades estadounidenses. No estoy hablando de los ministerios entre estudiantes, como InterVarsity (*N. de la T.* InterVarsity está afiliada a la misma organización internacional que los Grupos Bíblicos Universitarios en España y que muchos movimientos estudiantiles en Centroamérica y Latinoamérica: la CIEE o Comunidad Internacional de Estudiantes Evangélicos), ni de las iglesias que hay en los campus, como la Oxford Bible Fellowship en Miami University (Oxford, Ohio), pues están teniendo un claro impacto. Estoy hablando de la intolerancia, casi fascista en ocasiones, con las ideas religiosas conservadoras que merecen tener un espacio en el mundo de las ideas y en los debates de ámbito intelectual. Se supone que la universidad es un lugar donde se debaten *todas* las ideas.[45] Una estadística alarmante que indica esta enorme (y trágica) polarización es la ausencia casi total de teólogos conservadores en las universidades estadounidenses y el hecho de que casi siempre estén en los seminarios o institutos evangélicos protestantes.

La consigna de las universidades estadounidenses ya no es la verdad; parece que el lema hoy es el pluralismo o la tolerancia. De hecho, la triste historia de muchas universidades estadounidenses es que las ideas tradicionales están fuera de lugar (aunque estén bien fundamentadas y sean perfectamente adaptables a la cultura actual), mientras que lo que vale son las ideas nuevas (aunque sean radicales e ilógicas). La educación se convierte en adoctrinamiento, en la enseñanza de las ideas de los recientes grupos de interés. Cierto es que esas ideas tienen que oírse, pero no a expensas de todas las demás ideas o a expensas de la búsqueda de la verdad.[46] Me permito reiterarme (y no lo hago para complacer a ciertos grupos de interés): es importante estar

---

of Christianity (Downwers Grove, Ill: InterVarsity, 1995), donde el autor habla de forma optimista, aunque realista, sobre la viabilidad del evangelicalismo.

45. Ver J. Pelikan, *The Idea of a University: A Reexamination* (New Haven, Conn.: Yale Univ. Press, 1992).

46. Un libro prenetrante sobre este tema es D. D'Souza, *Illiberal Education: The Politics of Race and Sex on Campus* (Nueva York: The Free Press [Macmillan], 1991). Ver también el estudio de Tom Oden, basado en su propia experiencia: *Requiem* (Nashville, Tenn.: Abingdon, 1995); ver también W. H. Willimon y T. H.

expuestos a todas las opiniones, y dispuestos a alterar nuestros programas y currículos a medida que aprendemos y crecemos; y, por otro lado, es desastroso pensar que los libros nuevos son mejores que los clásicos, a menos que sean realmente buenos (el tiempo dirá, aunque no haríamos mal de tener en cuenta la opinión de los expertos).

Como dije más arriba, los cristianos que defienden la verdad y que creen que la Palabra de Dios ofrece una perspectiva integradora de todas las disciplinas verán que la universidad es un camino difícil, de principio a fin. Con frecuencia se sentirán excluidos, social, moral e intelectualmente. Probablemente los tachen de dinosaurios oscurantistas y les sea muy difícil presentar su perspectiva en el mercado de las ideas. Además, también sabemos que los estudiantes cristianos que se muestran en contra de las relaciones sexuales esporádicas, el uso indisciplinado del tiempo, las drogas y el alcohol no gozarán de mucha aceptación, igual que las iglesias a las que Pedro escribió (4:4). Ese tipo de estudiantes gozarán de menos aceptación social y serán marginados por la mayoría, porque para ellos esas actividades son la esencia del ocio del fin de semana. Hablo desde la experiencia de diez años de consejería y de conversaciones sobre la vida con estudiantes que han vivido esa experiencia por toda Norteamérica.

Creo que la situación de nuestros estudiantes (así como del personal de la facultad y de los que aspiran a puestos en la universidad) es similar a la situación a la que se enfrentaban los cristianos de Asia Menor. Eran marginados sociales por seguir a Jesús, entre otras cosas.[47]¿Cuál es el mensaje de Pedro para nuestros estudiantes que experimentan ese tipo de marginación? El mensaje es doble: (1) Mantener un estilo de vida santo y lleno de amor, y (2) encontrar su identidad en ser parte de la familia de Dios, y no de una sociedad que no los acepta. Deberíamos notar que Pedro no les dice que sean ásperos, esquivos y arrogantes ni que se aparten, dejando de relacionarse con los demás. A lo que los insta es a vivir vidas santas en medio de esa sociedad que los rechaza, siempre dispuestos a responder dando razón de la esperanza

---

Naylor, *The Abandoned Generation: Rethinking Higher Education* (Grand Rapids: Eerdmans, 1995).

47. Aquí no dispongo de espacio para explorar aplicaciones de una naturaleza estrictamente social. Sí lo haré en el comentario de 2:11-12, más adelante.

que tienen (3:15). Les recuerda que sus vidas son un testimonio de la gloria de Dios (2:11-12).

Además, Pedro les explica que su familia, su grupo social, es la iglesia, no la sociedad. Es ahí donde tienen que buscar la aceptación. Deberían ver que son parte de un movimiento mundial, la casa de Dios, la iglesia, que está siendo perseguida en todo el mundo. Lo que esto significa para los estudiantes universitarios cristianos es que deben buscar la comunión con otros cristianos que puedan ser de apoyo en sus necesidades espirituales y sociales, mientras siguen fielmente integrados en sus campus como testigos del amor de Dios en Cristo.

Entonces, ¿qué nos dice este saludo inicial de 1 Pedro sobre *la relación del cristiano con la sociedad*? Fundamentalmente nos muestra la perspectiva general que el apóstol tiene de los cristianos que sufren exclusión social. Según Pedro, *el grupo principal de esos cristianos es la familia de Dios* ("los elegidos de Dios"), *y el grupo secundario, la sociedad.* Pedro no se dirige a ellos llamándolos "los marginados sociales", sino que los denomina "los elegidos de Dios"; su posición social queda completamente absorbida por su llamamiento espiritual. También, sus comentarios a lo largo de toda la carta tienen que ver con su identidad cristiana y con la familia cristiana (la iglesia) y con *cómo debían vivir como cristianos dentro del entorno social en el que estaban.*

Ante la creciente incursión de los cristianos en política en el mundo occidental, sobre todo en los EE.UU., los dos consejos de Pedro nos vienen muy bien: (1) actuad como cristianos, de una forma cristiana, y (2) entended que vuestra identidad está en vuestra iglesia, no en vuestro grupo social. Podríamos desarrollar estos dos puntos extensamente, pero aquí solo haremos unas breves observaciones.

(1) En cuanto al tema de la conducta cristiana, creo que el activismo cristiano puede ser tanto bueno como malo. Es positivo que los cristianos estén intentando influir en la sociedad con los valores del reino. La política democrática, donde gana el que más votos recibe, es extremadamente valiosa para expresar los derechos de la mayoría y para que se oigan las voces de las minorías. Me alegra mucho que los cristianos se estén moviendo, y no me refiero solo a la nueva derecha evangélica o la izquierda radical evangélica (como Jim Wallis). Me

alegro de que ambos están intentando impactar en la comunidad con el mensaje de un cristianismo bíblico, aunque a veces se dan excesos y malos entendidos. Sin embargo, me estremezco cuando oigo de gente que asesina a "doctores abortistas" en nombre de Cristo y cuando veo en televisión eslóganes llenos de odio y resentimiento. Es grotesco. Lo que me gusta de la política occidental es que, si una posición concreta se hace oír lo suficiente, se hace un lugar en el debate público. Y lo que no me gusta es que haya gente que dice ser seguidora de Jesús y, en nombre de Cristo, actúa de una forma que no es digna del evangelio.[48]

Además, los cristianos no tenemos "respuestas bíblicas" definitivas para todas las cuestiones. La arrogancia y la seguridad que encontramos con demasiada frecuencia en los "políticos cristianos", aunque sí dejan clara cuál su la posición personal, sirven poco para el avance del evangelio. Del mismo modo en que no tenemos respuestas definitivas sobre los impuestos, tampoco tenemos contestaciones absolutas sobre los asuntos que conciernen a los conflictos internacionales. No obstante, aunque sí tenemos respuestas definitivas sobre el racismo y los derechos civiles, no tenemos (a mi juicio) respuestas absolutas sobre el capitalismo y el estado del bienestar. El problema es que mucha gente defiende que su postura es *la* perspectiva cristiana sobre el asunto, ya sea la izquierda radical o la derecha capitalista.[49]

(2) Independientemente de quién gane o cuál sea la posición de la mayoría, el cristiano no puede rendirse. A pesar de la intensidad del problema, sigue estando en manos de Dios porque es un elegido suyo, y su identidad descansa, en primer lugar, en que forma parte de la iglesia de Dios. Puede que Pedro desarrollara esta idea porque no

---

48. Ver especialmente T. Sine, *Cease Fire* (Grand Rapids: Eerdmans, 1995).
49. Encontrará una breve introducción a esos debates en R. G. Clouse, *Wealth and Poverty: Four Christian Views of Economics* (Downers Grove, Ill.: InterVarsity, 1984); J. A. Bernbaum, *Economic Justice and the State: A Debate Between Ronald H. Nash and Eric H. Beversluis* (CCCSG 1; Grand Rapids: Baker/Washington, D.C.: Christian College Coalition, 1986); C. M. Gay, *With Liberty and Justice for Whom? The Recent Debate Over Capitalism* (Grand Rapids: Eerdmans, 1991); F. Schaeffer, *Is Capitalism Christian? Toward a Christian Perspective on Economics* (Westchester, Ill.: Crossway, 1985). Tom Sine cuestiona acertadamente el fenómeno por el que muchos evangélicos han asumido y defienden que el evangelio es igual al capitalismo y al libre mercado; ver su libro *Cease Fire*.

encontró otro motivo de consuelo. En Asia Menor, los marginados sociales no tenían ningún tipo de representación ni mucho menos acceso a la política. Así que la perspectiva que recoge en esta carta es duradera y penetrante. ¿Dónde descansa nuestra identidad? ¿En que somos estadounidenses o canadienses, o en que somos cristianos? ¿Nuestro consuelo viene de ser irlandeses, escoceses, ingleses, alemanes, italianos, rusos o sudafricanos, o entendemos que nuestras raíces están en Cristo y que formamos parte del nuevo pueblo de Dios, la iglesia? Pedro exhorta a sus iglesias a encontrar su identidad en que son los elegidos de Dios, y en que pertenecen a un grupo social que tiene un gran privilegio. ¿Encontramos nosotros esa misma identidad?

1 Pedro 1:3-12

¡**A**labado sea Dios, Padre de nuestro Señor Jesucristo! Por su gran misericordia, nos ha hecho nacer de nuevo mediante la resurrección de Jesucristo, para que tengamos una esperanza viva ⁴ y recibamos una herencia indestructible, incontaminada e inmarchitable. Tal herencia está reservada en el cielo para vosotros, ⁵ a quienes el poder de Dios protege mediante la fe hasta que llegue la salvación que se ha de revelar en los últimos tiempos. ⁶ Esto es para vosotros motivo de gran alegría, a pesar de que hasta ahora habéis tenido que sufrir diversas pruebas por un tiempo. ⁷ El oro, aunque perecedero, se acrisola al fuego. Así también vuestra fe, que vale mucho más que el oro, al ser acrisolada por las pruebas demostrará que es digna de aprobación, gloria y honor cuando Jesucristo se revele. ⁸ Vosotros lo amáis a pesar de no haberlo visto; y aunque no lo veis ahora, creéis en él y os alegráis con un gozo indescriptible y glorioso, ⁹ pues estáis obteniendo la meta de vuestra fe, que es vuestra salvación.

¹⁰ Los profetas, que anunciaron la gracia reservada para vosotros, estudiaron y observaron esta salvación. ¹¹ Querían descubrir a qué tiempo y a qué circunstancias se refería el Espíritu de Cristo, que estaba en ellos, cuando testificó de antemano acerca de los sufrimientos de Cristo y de la gloria que vendría después de éstos. ¹² A ellos se les reveló que no se estaban sirviendo a sí mismos, sino que os servían a vosotros. Hablaban de las cosas que ahora os han anunciado los que os predicaron el evangelio por medio del Espíritu Santo enviado del cielo. Aun los mismos ángeles anhelan contemplar esas cosas.

Sentido Original Pedro había aprendido en la sinagoga y de otros judíos piadosos cómo orar. La típica oración judía, llamada la *Shemoné Esré* ("Las dieciocho bendiciones") era una serie de "bendiciones de Dios". Así, cuando Pedro empieza a orar, lo hace siguiendo la costumbre judía.[1]

---

1. Sobre la oración judía, ver J. H. Charlesworth, M. Harding y M. Kiley, *The Lord's Prayer and Other Prayer Texts from the Greco-Roman Era* (Valley Forge, Pa.: Trinity Press International, 1994), que cuenta con una extensa bibliografía. Ver

Sintácticamente hablando, nuestro pasaje es una sola frase muy extensa. Aunque este tipo de frases tan largas (¡diez versículos!) pone nerviosos a los profesores de lengua, la sintaxis de Pedro es muy elegante y expresa de forma muy bella y profunda la grandeza del tema del que está hablando: la salvación. Podemos segmentar la estructura de la frase de la siguiente manera: Pablo bendice al Padre por el *nuevo nacimiento* que ofrece a los que son suyos (3a), *el cual* lo lleva a hablar de la majestuosa esperanza que tienen: la *salvación final* (vv. 3b-5); esa *expectación de la salvación final* los lleva a alegrarse, a pesar del sufrimiento, al pensar en el día final de *Jesucristo* (vv. 6-7); a ese *Jesucristo*, lo aman y en él confían, mientras con alegría esperan ese día final de *salvación* (vv. 8-9); esa *salvación* era la que los antiguos profetas de Israel observaban y anhelaban, aunque no llegaron a ver su cumplimiento (vv. 10-12). Las palabras que hemos puesto en cursiva muestran que una idea lleva a una digresión más amplia sobre la misma, que a su vez lleva a más y más digresiones, todas recogidas en una única frase y en una gloriosa doxología.

Más gráficamente, en el siguiente esquema vemos tanto el amplio alcance de estos versículos como su estructura compuesta de digresión tras digresión:

1. Expresión de alabanza (vv. 3-5)
2. Digresión sobre el gozo a pesar del sufrimiento (vv. 6-7)
3. Digresión sobre el amor y el gozo por el anticipo del final (vv. 8-9)
4. Digresión sobre la búsqueda profética de la salvación (vv. 10-12)

Así, nuestro pasaje es esencialmente un elogio al Padre que desemboca en un elogio mayor por la gozosa expectativa de la salvación, porque esa expectativa sostiene a los cristianos que están sufriendo, y por el privilegio que tienen los cristianos de ser quienes disfrutan de esa salvación después de milenios de expectación. ¡La mejor forma de expresar todo esto es hacerlo casi sin respirar, en una sola frase!

---

también E. Schürer, *The History of the Jewish People in the Age of Jesus Christ*, ed. G. Vermes (Edimburgo: T. & T. Clark, 1973—1987), 2.423-463. La *Shemoneh Esreh* o *Shemoné Esré* aparece en las pp. 454-63. Ver también E. P. Sanders, *Judaism: Practice and Belief. 63 BCE-66 CE* (Filadelfia: Trinity Press International, 1992), 195-208.

Pedro comienza con el tema de la salvación, porque la conversión/ salvación ya ha aparecido como fundamento de su saludo inicial (1:1-2). En aquellos versículos, se centró en tres dimensiones del gran proceso de la salvación: el conocimiento previo de Dios, la obra santificadora del Espíritu Santo, y el pacto de Jesucristo, el Hijo de Dios, que genera en nosotros obediencia. Con esta salvación en mente, Pedro coloca la condición social de sus lectores (es decir, la exclusión social) dentro del gran plan de Dios. Luego hablará de ética y estilo de vida, pero, antes de eso, es imprescindible dejar claro el fundamento. El fundamento es la salvación de Dios, y ese es el único fundamento sobre el que Pedro construye la vida de la iglesia.

Aunque en el mundo occidental, desde la Ilustración, se ha dado la tendencia de reducir el cristianismo a una moralidad y a una ética (sobre todo en los EE.UU. a través del aumento de la moralidad jeffersoniana y de la ética del protestantismo liberal del amor tolerante), Pedro no va a dejar que la ética aparezca en el escenario central hasta haber hablado de la salvación, que es el fundamento de la conducta. El apóstol bendice a Dios por la salvación; y entonces puede decir que, a la luz de esa salvación, hemos de vivir vidas santas (ver 1:13-2:10).

Expresión de alabanza (vv. 3-5). Quizá es más fácil ver la sintaxis y la lógica de estos versículo con un esquema como el siguiente (la traducción es mía, para lograr que el esquema sea lo más sencillo posible).

Bendito sea el Dios
y   Padre de[2] nuestro Señor Jesucristo
          quien nos dio el nuevo nacimiento
                (1) según su gran misericordia
                (2) para una esperanza viva a través de la resurrección de Jesucristo de entre los muertos
                (3) para una herencia indestructible, incontaminada e inmarchitable

---

2. La expresión "Padre de" dio pie a la herejía conocida como el arrianismo, que defendía que Dios el Padre creó al Hijo y que, por tanto, el hijo no es eterno. Pero esta expresión describe que la subordinación del Hijo al Padre es por elección, no por esencia.

la cual [herencia] está guardada en los cielos para vosotros por el poder de Dios

mediante la fe en la salvación preparada
para ser revelada al final de los tiempos.

Como puede verse, la frase no es una frase compleja, porque es una
expresión de alabanza a Dios, y esa expresión está dirigida al Dios *y*
Padre. Él merece alabanza, porque nos ha dado un nuevo nacimiento.
Ese nuevo nacimiento es el resultado de su misericordia, que da lugar
a una esperanza viva; esta aparece definida[3] como una herencia. Dicho
de otro modo, Pedro bendice al Dios y Padre por la salvación y sus
múltiples beneficios.

Al nuevo nacimiento que Dios ha dado a Pedro y a sus lectores,
cambiando así su estado ante él (2:24; 3:18, 21; Tito 3:5) y su estilo de
vida ante los demás (1P 1:22-23), los teólogos lo llaman *regeneración*.
Es parte de la amplia obra de la regeneración cósmica (Mt 19:28) que
tiene su clímax en la realidad gloriosa final (Ap. 19-22). Así, a través
de la obra renovadora de Jesús como resultado de su resurrección, la
nueva vida que la iglesia recibe a través de él es parte de esa magnífica
acción que llamamos la nueva creación. Además, para la enseñanza
del Nuevo Testamento es fundamental ver esta obra de creación como
una obra del Espíritu Santo (Jn 16:7-11), aunque aquí Pedro no mencione esa dimensión (pero *cf.* 1P 1:2, 12; 3:18; 4:6).[4]

Pedro dice a los lectores que pueden beneficiarse de ese nuevo nacimiento gracias a la "misericordia" de Dios.[5] *Misericordia* es esa compasión que Dios muestra por los seres humanos a pesar de su pecado
y por su total incapacidad de deshacer sus errores; él les permite ser

---

3. Algunos creen que los sintagmas preposicionales son elementos coordinados: "para
   una esperanza viva", "para una herencia" y "para salvación". Sin embargo, creo
   que es mejor verlo como elementos consecutivos: "para una esperanza viva", que
   existe porque tenemos un "para una herencia", que está condicionada por la fe "en
   esa salvación final".

4. Ver esp. P. Toon, *Born Again: A Biblical and Theological Study of Regeneration*
   (Grand Rapids: Baker, 1987).

5. La sintaxis va ligada a los énfasis. Literalmente dice: "Alabado sea el Dios y Padre
   [...] quien, según su gran misericordia, nos dio el nuevo nacimiento". La inclusión
   de "según su" entre "quien" y "nos dio" es una estructura clásica que pone el énfasis
   en la importancia de la conexión entre la misericordia de Dios y el regalo del nuevo
   nacimiento. "Según su" habla claramente de la base del nuevo nacimiento.

parte de un pueblo especial que cuenta con su favor (v. 20). Ese nuevo nacimiento desencadena una serie de sucesos que forman parte del plan divino de redención: su misericordia da lugar al nuevo nacimiento, y este produce una "esperanza viva".[6] Esta orientación hacia el futuro que Dios traerá a través de Cristo aparece en esta carta una y otra vez (p. ej. 1:3, 13, 21; 3:5, 15). No es tanto que los creyentes ahora están "llenos de esperanza", sino que tienen una "esperanza" fija, una visión clara de lo que Dios hará por ellos en el futuro.[7]

La cadena de sucesos continúa: no solo el nuevo nacimiento da lugar a una "esperanza viva", sino que esta se basa en "una herencia indestructible, incontaminada e inmarchitable" (1:4). Los hijos de Dios, que han recibido el nuevo nacimiento, pueden esperar una herencia[8] especial porque son hijos de Dios. Esa herencia es su salvación completa (1:3, 4, 5, 6-9) y la vida eterna en el reino de Dios, donde disfrutarán de la adoración, la alabanza y la bendición dirigidas al Padre, al Hijo y al Espíritu. Esta herencia está reservada para los hijos de Dios en el cielo, guardada por su poder (1:5). La única condición que pone a sus hijos es que deben tener fe (1:5); ningún autor bíblico garantiza la salvación final si no hay fe. Esta fe es fe en "la salvación[9] que se ha de revelar en los últimos tiempos". Resumiendo, el nuevo nacimiento da lugar a una esperanza viva cuya base es una herencia que está guardada por la fe en esa salvación final.

Digresión sobre el gozo a pesar del sufrimiento (vv. 6-7). De forma abrupta, Pedro empieza a hablar del gozo que los creyentes que sufren

---

6. "Viva" podría referirse a su esperanza "viva", en contraste con las esperanzas "muertas" del paganismo o, más probablemente, a su esperanza "viva" ahora que han recibido una "nueva vida" en Cristo (ver J. R. Michaels, *1 Peter*, 19).

7. Así, su "esperanza" es su "salvación" (1:5) y su "herencia" (v. 4). El uso de la palabra "esperanza" no significa que haya un elemento de duda, como ocurre en castellano cuando decimos "Espero que Dios me acepte".

8. Pedro define la "herencia" como "indestructible, incontaminada e inmarchitable". F. W. Beare lo expresa de forma muy bella, siguiendo el "alfa privativa" de la construcción griega: "La muerte no puede con esta herencia intocable, el maligno no puede con esta herencia incorruptible, el tiempo no puede con esta herencia inmarchitable" (*1 Peter*, 83-84).

9. Sintácticamente hablando, "en la salvación" (lit. "para salvación") puede ir con "nos dio el nuevo nacimiento" (1:3), con "guardada", o con "fe". La proximidad con la última apunta a que es la mejor opción.

tienen cuando consideran ese día final: "Esto[10] es para vosotros gran motivo de alegría" (1:6). Es decir, contemplar la salvación y el clímax que está por venir genera gran gozo[11] en los corazones de los creyentes, un gozo tan grande que les permite soportar el sufrimiento. El *problema* al que se enfrentan estos creyentes de Asia Menor es que están sufriendo "diversas pruebas" (1:6), aunque sea tan solo "por un tiempo". Pero Pedro quiere que vean el propósito de su sufrimiento, para que "vuestra fe, que vale mucho más que el oro, que es perecedero y se acrisola al fuego, al ser acrisolada por las pruebas demostrará que es digna de aprobación, gloria y honor cuando Jesucristo se revele" (1:7). Mientras que el oro perece cuando es probado por el fuego, la fe de los creyentes sobrevivirá al fuego de la persecución, demostrando en el día final que es auténtica. Como Santiago en Santiago 1:3, Pedro ve el sufrimiento como una situación de la que los creyentes pueden aprender, y a través de la cual pueden crecer.

Estos versículos reflejan el mensaje central de Pedro: empieza con un énfasis teológico alabando a Dios por los grandes beneficios de la salvación, pero luego hace una pausa pastoral para mostrar que, aunque en el presente están sufriendo diferentes tipos de pruebas, los cristianos de Asia Menor pueden estar muy contentos por ese día final de salvación. Pueden alegrarse, porque sobrevivirán a esas pruebas y llegarán a la gloriosa situación de la salvación. Esta pausa es una digresión pastoral, y, como han hecho muchos pastores a los que he escuchado, lleva a su vez a una nueva digresión.

Digresión sobre el amor y el gozo por el anticipo del final (vv. 8-9). Como sus lectores serán aprobados delante de Dios[12] en el día en que Jesucristo se revele, Pedro vuelve a la relación presente de esos

---

10. Aquí surge una pregunta sobre la sintaxis: "esto" podría ir con "salvación", pero una conexión así sería gramaticalmente forzada ("salvación" es femenino mientras que "esto" es masculino o neutro); también podría ir con "Dios" de 1:3, pero que el referente esté tres versículos más arriba y que no haya ninguna indicación de que sea así es bastante inusual; y también podría ir con todo el segmento 1:3-5 o con "últimos tiempos". Sintácticamente hablando, esta última opción es la más probable.

11. Sobre este verbo, ver J. N. Kelly, *Peter and Jude*, 53; P. Davids, *La Primera Epístola de Pedro*, 55 de la versión en inglés.

12. Una paráfrasis de "sea hallada en [gr. *eis*] alabanza, gloria y honra cuando Jesucristo se revele" (v. 7).

creyentes con Jesús. Su *respuesta en ese momento* es que aman a Cristo a pesar de no haberlo visto; además, aunque creen en él sin haberlo visto, están llenos de "un gozo indescriptible y glorioso" (1:8).[13] Pedro ve esa respuesta al Señor como algo tan contundente que lo describe como la inauguración[14] de su salvación final: "pues estáis obteniendo la meta de vuestra fe, que es vuestra salvación" (1:9).

Digresión sobre la búsqueda profética de la salvación (vv. 10-12). Ahora llega una digresión más, estimulada esta vez por la mención que Pedro hace de "la salvación de vuestras almas" (v. 9). El apóstol explica que esa salvación, que los cristianos en Asia ya disfrutan y esperan alcanzar, es la misma salvación que los profetas de antaño (*cf.* Mt 13:17) buscaron pero que nunca encontraron. Lo que Pedro pretende es demostrar el privilegio que supone para sus contemporáneos disfrutar de la salvación, el privilegio que es vivir D.C. en lugar de A.D.

Así, Pedro empieza con la *búsqueda profética* (1:10). Para enfatizar la diligencia y la intensidad de los profetas de antaño,[15] usa dos términos: "estudiaron y observaron"[16] (en el versículo 11 añade una palabra relaciona con el segundo término). Su pasión, supieran o no lo que realmente anhelaban sus corazones, era la gracia que los cristianos de Asia encontraron en Cristo.

---

13. A veces, las exhortaciones del Nuevo Testamento usan como fundamento el vívido contraste entre "fe" y "vista" (ver Jn 20:29; Ro 8:24-25; 2Co 5:7; Heb 11:1, 7, 8-10, 13-16, 39-40).

14. Algunos traducen todos los verbos de 1:8-9 en tiempo futuro: "os alegraréis [...] cuando obtengáis". Pero Pedro no solo evitó usar aquí el tiempo futuro eligiendo el tiempo presente, sino que probablemente lo hizo porque quería enfatizar la naturaleza inaugural de la experiencia cristiana. En el presente, los creyentes pueden experimentar un anticipo del futuro. Sobre "obtener" y qué correspondencia hay entre la obediencia terrenal y la decisión celestial, ver 1 Pedro 5:4; *cf.* también 2Co 5:10; Ef. 6:8; Col 3:15). Aquí, obviamente, el estado final de la gente está determinado por su amor fiel y su aguante en medio del sufrimiento.

15. No parece que Pedro esté pensando en ningún profeta en particular; la expresión que usa hace referencia a toda la tradición profética judía.

16. Las dos palabras griegas son *ekzeteo* y *exeraunao*. La primera significa "buscar activamente" y la segunda "investigar concienzudamente" (como cuando, por ejemplo, el personal militar invasor registra de casa en casa; ver Josefo, *G.*, 4.654). Ver Salmo 119:2 (donde la Septuaginta usa esos dos términos para describir a los que buscan al Señor en obediencia); Juan 5:39; 7:52.

El versículo 11 nos dice *el tema* de la búsqueda de los profetas.[17] Hablaban de la salvación final de Dios y de los juicios que precedían a ese día final. No sabían el tiempo ni bajo qué circunstancias ocurrirían esos sucesos, pero investigaban sobre esas cuestiones.[18] Pedro escribe que quien los llevó a buscar fue "el Espíritu de Cristo, que estaba en ellos", y en última instancia, estaban investigando "los sufrimientos de Cristo y de la gloria que vendría después de éstos". Dado que tenemos tantas profecías judías que no exponen estos hechos de una forma clara, lo que más sentido tiene es pensar que aquí Pedro no está explicando los detalles concretos de esas profecías, sino que está diciéndoles a sus lectores a dónde apuntaban las visiones de los profetas judíos.

Independientemente de lo intenso de su búsqueda y de lo profundo de su visión, Pedro insiste en que aquellos profetas, como Juan el Bautista después de ellos, solo desempeñaron un papel preliminar en el plan de Dios (1:12). Estaban preparando al mundo y al pueblo de Dios para un tiempo futuro, y, según Pedro, ese tiempo futuro ya ha llegado (*cf.* 2:10, 21, 24, 25; 3:6, 9). Ese es el gran privilegio de los creyentes de la era de la iglesia: poder disfrutar de la inauguración de la salvación de Dios en Cristo. Es tan grande, que hasta los ángeles miran hacia abajo para poderlo ver,[19] del mismo modo en que los invitados de una boda estiran la cabeza buscando a la novia aunque aún no haya llegado. Aquí no se menciona a los ángeles para invitarnos a especular sobre su actividad, sino para que nos demos cuenta de los privilegios de la salvación; ni los profetas ni los ángeles experimentan lo que la iglesia tiene y disfruta.

Construyendo Puentes

Este texto contiene al menos cuatro temas que podríamos explorar: la alabanza y la adoración a Dios, la esperanza cristiana, el sufrimiento, y el privilegio de la salvación. En esta sección, contemplaremos el sufrimiento, y en el apartado de "Significado contemporáneo" nos centraremos en el tema de la

---

17. Sobre esto, ver W. A. Grudem, *1 Peter*, 69-70,
18. Ver toda la discusión de J. R. Michaels, *1 Peter*, 41-43; y encontrará una visión un tanto diferente en Grudem, *1 Peter*, 74-75.
19. Sobre este verbo, ver F. J. Hort, *1 Peter*, 62-64; J. R. Michaels, *1 Peter*, 49.

salvación. No obstante, aunque intentemos separar estos dos temas, no podemos separarlos de forma completa. Para Pedro, los cristianos estaban sufriendo, porque en sus vidas se reflejaba el resultado de la salvación, y su vida cristiana chirriaba en medio de una sociedad pecadora. Por tanto, entendemos que el sufrimiento se deriva de la salvación. Bien entendido y aplicado, es la estela que deja la nave de la salvación.

Un punto de partida obvio para la aplicación es analizar el sufrimiento de los creyentes de Asia Menor, y las instrucciones de Pedro sobre cómo percibir y soportar ese sufrimiento, y entonces comparar ese punto con la ausencia de sufrimiento en el occidente posmoderno. Empezaré sosteniendo que esa *ausencia* de sufrimiento se debe, en parte, a la falta de valentía por parte de la iglesia para desafiar a nuestro mundo contemporáneo con el mensaje de la cruz y para vivir según las enseñanzas de Jesús con un rigor y fidelidad. Aunque la Biblia no diga que todo cristiano de cualquier época va a sufrir, Pablo sí dice que "serán perseguidos todo los que quieran llevar una vida piadosa en Cristo Jesús" (2Ti 3:12). No digo que se trata de una predicción absoluta y aplicable a todas las épocas, pero sí creo que es un principio general dada la naturaleza del mundo caído en el que vivimos, una afirmación al estilo de las que encontramos en Proverbios. Por tanto, podemos decir que los que vivan fielmente en este mundo incrédulo encontrarán oposición tanto por sus ideas como por su estilo de vida.

Sí, hay excepciones. Imaginemos una sociedad muy cristianizada (por ejemplo, algunas comunidades de los EE.UU. a principios del siglo XIX), donde la mayoría de los familiares y amigos que uno tenía eran hombres y mujeres piadosos y rectos. En una sociedad así uno podía vivir una vida piadosa y no ser perseguido. Pero para la mayoría de lectores de este libro, no es el caso.

Dicho de otro modo, estoy afirmando que, aunque probablemente no esté tan presente en nuestras vidas como lo estaba en tiempos de Pedro, el sufrimiento debería estarlo de algún modo. Es verdad que la nuestra es una era de tolerancia y pluralismo. Estas dos virtudes hacen que la persecución no esté a la orden del día tanto como en otros lugares. Además, en nuestra sociedad occidental no existe un fervor religioso tan vivo como para que haya sociedades que, ante ideas y prácticas desconocidas, respondan de una forma más rápida e incluso física. Pero aun así, el contraste entre la creencia en el evangelio y el compromiso a vivir una vida santa de la comunidad, y el rechazo del evangelio y la permisividad que reinan en nuestra sociedad *debería generar más chispas* de las que genera. Creo que una de las razones por las que hay tan pocas chispas es porque, con demasiada frecuencia, la llama del compromiso y de la inquebrantable confesión de la verdad del evangelio está a fuego muy bajo, como si la iglesia creciera mejor si se hierve a fuego lento.

Nosotros mismos somos el problema, somos una de las razones por la que es difícil aplicar esta característica de 1 Pedro a nuestra realidad. Por tanto, no deberíamos acusar al texto de ser totalmente irrelevante; tenemos que acusarnos a nosotros mismos de estar aletargados y dormidos. Sin embargo, también *tenemos que reconocer que Pedro escribió en una cultura y en una época diferentes*. La Asia Menor del siglo I estaba formada por grupos de personas y grupos religiosos totalmente diferentes a los de hoy en día. Con el paso del tiempo y el cambio de la sociedad, es decir, el desplazamiento a las ciudades con una cultura capitalista (modernización), la desintegración de los centros teológicos como fuente de significado y moralidad (secularización), y la multiplicación de opciones, ninguna de ellas superior a las demás (pluralización), hay buenas razones para decir que nuestra cultura y la de Pedro son diferentes y, por tanto, su mensaje sobre el sufrimiento tendrá que sufrir algunas adaptaciones.[20]

Si realmente nuestra era es más tolerante y si en algunos lugares la iglesia de Cristo tiene más prominencia en la sociedad de la que forma parte, entonces admitimos que los tiempos han cambiado. Las iglesias de Pedro no disfrutaban de tolerancia ni de prominencia. Por tanto, no podemos esperar la misma cantidad ni el mismo grado de sufrimiento como el que encontramos en esta carta. En el mundo occidental no

---

20. No obstante, añadiré que una comparación del rol que la iglesia tenía en la sociedad en tiempos de Pedro con el papel que las nuestras tienen muestra que no hay tanta diferencia. Más diferencia hay entre el rol de la iglesia en días de Pedro y el de la iglesia en los pueblos católicos de Italia o Escocia en la revolución postindustrial. Esas comunidades tenían grandes iglesias en el centro del pueblo o ciudad, que a su vez tenían un lugar prominente en la vida de la comunidad, mientras que en tiempos de Pedro y en nuestros días la sociedad no permite que las iglesias disfruten de ese estatus y esa centralidad.

se puede matar a los cristianos simplemente por creer que Jesús es
Señor o por vivir de acuerdo a sus enseñanzas. Podemos proclamar el
evangelio abiertamente y vivir vidas piadosas sin temor a sufrir. Sin
embargo, en tiempos de Pedro, a los cristianos sí los podían matar por
creer en Jesús y por llevar una vida santa.[21]

Lo que no tenemos que hacer en este contexto es *desmitificar las
condiciones del sufrimiento*. Como queremos hacer una interpretación
fiel y no queremos deshonrar los escritos de la iglesia primitiva, una
iglesia que estaba sufriendo, diciendo que "no hablan del tema del
sufrimiento", sino de "vivir una vida fiel". Además, si trivializamos el
significado del sufrimiento, no somos sensibles al sufrimiento de los
creyentes en otros lugares del mundo (y a lo largo de la historia de la
iglesia). Entonces, ¿cómo lo hacemos? Más de una vez he oído cómo
alguien trivializa un pasaje sobre el sufrimiento aplicándolo al estrés
psicológico que supone prepararse para un examen, o al desgaste emocional que produce una reunión con el jefe. O aplicándolo a momentos
de "mala suerte", como pichar una rueda en medio de las vacaciones,
o estar lejos cuando muere un ser querido. O, mucho peor, aplicándolo a la derrota en un evento deportivo, o a no ascender en el trabajo.

Aunque no quiero minimizar lo que significa el estrés, o la tragedia
de perder a un ser querido, esos sucesos no son equivalentes al sufrimiento que experimentó la iglesia primitiva. Aun reconociendo las diferencias entre nuestro mundo y el de Pedro, no tenemos el derecho de
trivializar el sufrimiento de aquella iglesia haciendo analogías baratas
y concluyendo que estamos sufriendo por fidelidad al Señor. Pedro
estaba hablando del impacto que la salvación tenía sobre la gente, y de
cómo una vida cambiada (y un estatus cambiado) iba a contracorriente
de la cultura en la que vivía.

Por tanto, si queremos aplicar este mensaje a nuestra realidad y hacerlo de forma fiel, lo que tenemos que hacer es buscar *analogías de
experiencias que se correspondan de forma significativa con el sufrimiento del siglo I*. ¿Cómo hacerlo? Ocurra lo que ocurra, se podrá

---

21. Para entender el contexto de 1 Pedro es necesario leer sobre el Imperio romano
en tiempos de Nerón. Ver F. Hooper, *Roman Realities* (Detroit: Wayne State Univ.
Press, 1979), 380-91; encontrará un análisis más extenso en M. Grant, *Nero:
Emperor in Revolt* (Nueva York: American Heritage, 1970). Ver también W. H. C.
Frend, *Martyrdom and Persecution in the Early Church* (Oxford: Blackwell, 1965).

llamar "sufrimiento" *solo si la oposición viene por ser cristiano*. Esta es la razón por la que el tema del sufrimiento y el de la salvación van de la mano. Los pinchazos ocurren porque los objetos punzantes existen y los neumáticos delgados también; no tiene nada que ver con ser cristiano. En la vida, a la gente buena y temerosa de Dios también le pasan cosas malas, pero no son necesariamente fruto de la persecución. Sí lo son aquellas cosas que le ocurren a alguien como resultado de la oposición de otras personas, si la oposición se debe a su posición firme a favor del evangelio de salvación y a la decisión de proclamar el evangelio con palabras y con hechos. Por extensión, a veces los cristianos sufren persecución en un ámbito concreto (digamos, por ejemplo, en el ámbito político) por identificarse con el evangelio de Jesús. Es decir que definirse como cristiano en el ámbito personal puede provocar la persecución en otro ámbito.[22]

Recientemente pasé algún tiempo con un joven atleta que había tenido algunas malas experiencias en el instituto con sus "viejos" amigos. Tenía un historial de alcohol y drogas a sus espaldas, pero en el último año de la secundaria se había convertido al cristianismo. Su conversión tuvo un impacto inmediato en él, tanto, que enseguida se quedó aislado. Después de los partidos, ya no le invitaban a las fiestas; durante los partidos, ya no le daban las mismas oportunidades de tirar a canasta; y en los pasillos del instituto, ya no era popular ni entre las chicas ni entre sus amigos. Me vino a ver en busca de consuelo. Yo le expliqué que en parte estaba sufriendo oposición, y que no debía responder con un discurso vengativo ni debía alimentar la amargura. De forma dolorosa, empezó a ver que el compromiso con Cristo puede acarrear sufrimiento. Aquí tenemos un ejemplo de alguien a quien le ocurren "cosas malas" *por ser cristiano*. Si hubiera respondido con una actitud arrogante y ofensiva, y esas cosas hubieran seguido ocurriendo, ya no podríamos llamarlo sufrimiento (2:20). Pero cuando hay oposición como resultado de devoción y fidelidad a Jesús, entonces podemos establecer analogías con los cristianos perseguidos a los

---

22. En el ámbito político he visto a conservadores oponerse a cristianos más liberales aun cuando el grupo liberal estaba haciendo lo correcto y de manera noble; sospecho, por tanto, que la oposición se ha generado a otro nivel. De igual modo, he visto a grupos liberales oponerse a afirmaciones políticas conservadoras simplemente porque la oposición también se ha generado a otro nivel.

que Pedro escribe y escuchar los consejos que les da (aun teniendo en cuenta las diferencias).

Significado Contemporáneo

Uno de los temas principales de Pedro es la salvación, y esa salvación es la que ha llevado a los creyentes de Asia Menor a experimentar el sufrimiento. No solo vimos ese tema en 1:1-2, sino que vuelve a aparecer varias veces en 1:3-12. Quiero que nos detengamos en dos dimensiones de este tema: *la necesidad de la salvación* y *la negación de la necesidad de la salvación que muchos expresan hoy*.

Nuestro mundo es tan pluralista que hablar de *la necesidad de la salvación* se ha convertido en algo anticultural. Además, nos hemos dejado llevar siguiendo ministerios que son significativos socialmente y dejando a un lado el tema de la salvación. La centralidad de la salvación, una doctrina cardinal de la fe cristiana, es ofensiva para nuestra cultura. Y como resultado, la predicación de la salvación a menudo va acompañada de sufrimiento. Por eso la necesidad de volver a centrarnos en el mensaje de salvación nace, en parte, de nuestro miedo a cierta forma de persecución cultural.

El *pluralismo* es el resultado de las fuerzas secularizadoras y modernizadoras. Estas fuerzas borraron de nuestras vidas los valores y la teología que, de algún modo, unían las diversas ramas de conocimiento y conducta en Occidente. Como resultado, quedan opciones pero no verdades. Además, las convicciones religiosas fueron trasladadas de la vida pública a la esfera de lo privado, donde uno puede creer lo que quiera sin interferencias, debate o prejuicio. Pero esas opiniones y ese apego no son para la esfera pública, porque el discurso público está dominado por la tolerancia. Una de las máximas del pluralismo es que "todos las religiones llevan al mismo Dios y al cielo". Aunque sería ingenuo pensar que el pluralismo religioso es la única faceta del pluralismo que existe hoy, sí es la faceta principal a la que se enfrentan los lectores de la Biblia en la actualidad.[23]

---

23. Otros dos elementos importantes del pluralismo moderno son el materialismo y el naturalismo. Encontrará una buena evaluación en J. R. W. Stott, *El cristiano contemporáneo*.

El segundo problema que afronta hoy el mensaje de Pedro es *la negación generalizada de la necesidad de la salvación,* es decir, que nuestra sociedad contemporánea no ve la necesidad de la salvación. Hablar, pues, de esa necesidad es ser un anticuado. Esa negación se basa en la creencia de que la gente es esencialmente buena, quizá marcada por algunas enfermedades y la victimización; no hay esa visión de las personas como pecadoras delante de Dios, necesitadas de gracia divina y de restauración. Por eso, hablar en nuestra sociedad de la necesidad de salvación para poder acercarnos a Dios es hablar un lenguaje que nuestra cultura simplemente no escucha. Aunque han pasado siglos desde que Pedro escribió esta carta, el mensaje de salvación sigue sonando extraño. Ya era así entonces, y eso fue causa de sufrimiento en tiempos de los primeros cristianos; y también lo es hoy.

¿Cómo encaja el mensaje de salvación del que Pedro habla en medio de todo esto? En primer lugar, hemos de ver cómo describe Pedro la salvación. Es un "nuevo nacimiento" (1:3) que quienes han recibido al Espíritu Santo por la proclamación del evangelio (1:12) ya han experimentado y lo están integrando en sus vidas a un nivel inaugural (1:9); es además "esperanza viva" (1:3), una "herencia" (1:4) y "salvación" que también es futura (1:5). Pedro nos dice que los profetas antiguos estudiaron y observaron esa salvación y que sus componentes eran la muerte de Jesús y la gloria que tendría después (1:10-12). Dicho de otro modo, para Pedro, la salvación era los beneficios que los creyentes han encontrado, encuentran, y encontrarán por medio de la fe en la obra de Jesucristo y el bendito Espíritu Santo. Y esta salvación es una experiencia *solo* para aquellos que ponen su fe y obediencia en Jesucristo (1:2, 14, 21). Así, este mensaje es un mensaje exclusivista: solo hay salvación en Cristo, y solo es para aquellos que confían en él y le obedecen.

La iglesia es una comunidad exclusiva y privilegiada,[24] porque es una comunidad salvada. No es una organización social, estructurada

---

24. Los cristianos del siglo I, como Pedro, experimentaron el privilegio de la salvación que Cristo trajo de un modo diferente a cómo lo experimentaron los cristianos de épocas posteriores. Ellos habían vivido en la era anterior al Espíritu Santo, y en la era del Espíritu Santo. En consecuencia, eran bien conscientes del privilegio que tenían, mucho más conscientes que nosotros. Sin embargo, gracias a la imaginación y a la lectura de la Biblia de una forma histórica, podemos contemplar (como los

para ofrecer a sus participantes oportunidades de interacción social. No está creada para eso; en absoluto. Está formada por un grupo de personas llamadas por Dios a confiar en él, a obedecerle, y a identificarse y trabajar con el mismo llamado a confiar y obedecer. Hoy, cualquier iglesia que no se defina en estos términos no ha entendido lo que significar estar "en la iglesia". De principio a fin, la iglesia desea la salvación a través de Cristo y de la obra del Espíritu Santo. Predica que la salvación empieza con un "nuevo nacimiento", continúa por medio del ministerio del evangelio, y tiene su clímax en el día final cuando se revele la alabanza, el honor y la gloria. Ya sea por miedo a sonar dogmática, o por el anhelo de ser respetada, cualquier iglesia que niegue el llamado a anunciar la salvación solo a través de Cristo está rechazando la misión número uno que Dios le ha dado.

Podríamos empezar diciendo que anunciar este mensaje en nuestros días requiere de muchas agallas, al igual que en tiempos de Pedro. Pero esa es nuestra tarea a la hora de ver el significado que este texto tiene para nuestros contemporáneos. El texto de Pedro habla de la salvación, por lo que nosotros tenemos que pensar cómo proclamar la salvación en nuestro contexto. Nuestro primer problema es que nos preocupa qué dirán los demás, si nuestro mensaje es o no agradable; vamos, que nos importa nuestra reputación, y si seremos aceptados o no. "Y nos identificamos con todo tipo de 'amigos' y todos los absolutos mueren o por falta de interés o por lo que es o no es socialmente aceptable".[25]

Pero ese flirteo con nuestra cultura no es el camino para llevar a las personas al banquete de bodas con el Cordero o de atraer al mundo (de hecho, solo hará que no nos tengan ningún respeto). Una predicación llena de compasión es profundamente eficaz, mientras que sugerir a la gente de forma tímida y temerosa que consideren el evangelio solo hace que nos encasillen en uno de los tantos compartimentos del sistema pluralista. Tenemos que pedirle a Dios que nos dé la valentía de proclamar su verdad con determinación y amor, y de anunciar su verdad a una sociedad que está ahogada por tantas opciones. Como

---

ángeles) como entendían ellos ese enorme privilegio, y apreciar aún más el privilegio histórico que nosotros tenemos.

25. D. F. Wells, *No Place for Truth*, 75.

alguien que está en un restaurante abrumado por la cantidad de opciones que hay en el menú, y que al final frustrado le dice al camarero: "¿Cuál es la especialidad del chef?", así tenemos que anunciar la bondad de Dios que ha revelado a Cristo a aquellos que están aturdidos por el menú pluralista que nos sirve la sociedad.

Este miedo a los demás y nuestra falta de compromiso a la verdad de la Escritura han llevado a algunas iglesias de hoy a no tener una "confesión teológica" o una "base de fe" o "lista de creencias" que sus miembros tienen que suscribir para poder formar parte de la iglesia en cuestión. Y, sin embargo, la iglesia es el lugar en el que se proclama la salvación. Cierto es que la historia de los debates doctrinales recoge muchas discusiones sobre cuestiones secundarias que dividieron iglesias y denominaciones. Pero por el afán de que no se nos asocie con una doctrina exclusivista, podemos perder las doctrinas centrales que definen a la iglesia. Tenemos que defender "aquello que los cristianos creemos",[26] y luego, aferrarnos a ello. La salvación es el centro de lo que los cristianos creemos.

Un segundo problema es que los cristianos, la iglesia, y las organizaciones cristianas se apartan con facilidad del objetivo de llevar a las personas a los pies de Jesús en aras de contribuir al bienestar de la sociedad. No estoy diciendo que los servicios sociales no son importantes, pues son esenciales para la salud de nuestra sociedad. No estoy diciendo que enseñar a otras naciones los principios de la agricultura o el uso de la tecnología no sea útil, pues es indiscutible que es una buena ayuda. No estoy diciendo que ofrecer ayuda psicológica no sea fundamental para la gente que está emocionalmente herida, pues la psicología es una ayuda para nuestros ministerios. Lo que estoy diciendo es que los servicios sociales nunca son un sustituto del proceso de la salvación, sino que son las consecuencias de la salvación. Centrarse en las consecuencias dejando a un lado la causa (la salvación)

---

26. Ese, de hecho, es el título de un libro de texto sobre teología de A. F. Johnson y R. E. Webber, *What Christians Believe: A Biblical and Historical Summary* (Grand Rapids: Zondervan, 1989), que, en opinión de muchos, presenta "una teología que recoge la unidad que tenemos en torno a lo esencial, y que a la vez deja lugar a la diversidad en cuanto a cuestiones secundarias" (ix). No se me ocurre mejor forma de educar a los jóvenes teólogos que ofrecerles una teología compartida por la iglesia en general.

tergiversa el mensaje y arruina a la iglesia. Además, la historia de la iglesia demuestra que cuando los cristianos pierden el equilibrio en este aspecto, el mensaje de la salvación es lo que siempre se pierde.

Tenemos el ejemplo de YMCA/YWCA. Durante un tiempo fueron organizaciones claramente cristianas, creadas para llevar a hombres y a mujeres a la fe, enseñarles teología y ofrecerles comunión. Pero sucumbieron ante el espíritu de la obra social, y ahora la letra "C" (Asociación *Cristiana* de Hombres/Mujeres Jóvenes) ya no tiene ningún significado.[27] Aquí hablo de desviarse del camino que Pedro construyó hace mucho tiempo, el camino de la salvación en Cristo, que podemos relacionar con nuestro deseo de sufrir por el evangelio. La relación entre la salvación y el sufrimiento, que vemos tan claramente en las iglesias a las que Pedro escribe, es algo que debemos seguir teniendo en cuenta en la iglesia hoy, incluso si ahora no experimentamos el mismo tipo de oposición al evangelio.

La historia de la iglesia en los Estados Unidos ha sido testigo de una clara falta de habilidad a la hora de mantener el equilibrio entre la predicación de la salvación y la obra social. Los evangélicos en general se han centrado en lo primero, mientras el protestantismo liberal se ha centrado en lo segundo; quizá los únicos que han logrado mantener el equilibrio en este sentido han sido los católicos. Por la historia que arrastramos, algunos podrían interpretar que mis palabras son una crítica más al llamado evangelio social. No es esa mi intención, pues creo firmemente que el mensaje de salvación lleva consigo, y de forma inevitable, un anhelo de transformación social. Pero las tareas no son idénticas y la prioridad de la Biblia es claramente el mensaje de la salvación. La carta de Pedro nos recuerda, una vez más, la centralidad del ministerio de la salvación a través de Cristo para la iglesia.

La palabra "centralidad" es muy importante. Cuando pensamos en compartir el mensaje de la salvación con el mundo, estaría bien que no usáramos la metáfora de una línea de producción (que tanto nos gusta a los del sistema capitalista), y que en su lugar empleáramos un gráfico de círculos concéntricos en el que el centro

---

27. Ver C. H. Hopkins, *History of the Y.M.C.A in North America* (Nueva York: Association Press, 1951); he obtenido la referencia de G. M. Marsden, *The Soul of the American University* (Nueva York: Oxford, 1994), esp. 343.

o núcleo es la salvación, los radios los diferentes ministerios, y el anillo exterior nuestra sociedad. La salvación es central y se mantiene en el centro, independientemente del orden de nuestra actividad. Pero el momento en el que un radio se separa del centro, la vida de la salvación ya no puede llegar a nuestra sociedad.

Nuestro mundo, con sus líneas pluralistas, merece oír la claridad del mensaje de Pedro. Lo merece, y lo necesita, porque es el mundo de Dios y porque él envió a su Hijo allí para que este conozca la verdad, esa verdad que puede liberarnos y darnos un fundamento para encontrar un sentido en medio de nuestra cultura. Puede ocurrir que, al igual que las iglesias a las que Pedro escribe, nos toque sufrir por defender el mensaje de salvación, pero, como quiera que sea, hemos sido llamados a proclamar la salvación de Dios.

1 Pedro 1:13-25

Por eso, disponeos para actuar con inteligencia; tened dominio propio; poned vuestra esperanza completamente en la gracia que se os dará cuando se revele Jesucristo. ¹⁴ Como hijos obedientes, no os amoldéis a los malos deseos que teníais antes, cuando vivíais en la ignorancia. ¹⁵ Más bien, sed santos en todo lo que hagáis, como también es santo quien os llamó; ¹⁶ pues está escrito: «Sed santos, porque yo soy santo». ¹⁷ Ya que invocáis como Padre al que juzga con imparcialidad las obras de cada uno, vivid con temor reverente mientras seáis peregrinos en este mundo. ¹⁸ Como bien sabéis, vosotros fuisteis rescatados de la vida absurda que heredasteis de vuestros antepasados. El precio de vuestros rescate no se pagó con cosas perecederas, como el oro o la plata, ¹⁹ sino con la preciosa sangre de Cristo, como de un cordero sin mancha y sin defecto. ²⁰ Cristo, a quien Dios escogió antes de la creación del mundo, se ha manifestado en estos últimos tiempos en vuestro beneficio. ²¹ Por medio de él creéis en Dios, que lo resucitó y glorificó, de modo que vuestra fe y vuestra esperanza están puestas en Dios.

²² Ahora que os habéis purificado obedeciendo a la verdad y tenéis un amor sincero por los hermanos, amaos de todo corazón los unos a los otros. ²³ Pues habéis nacido de nuevo, no de simiente perecedera, sino de simiente imperecedera, mediante la palabra de Dios que vive y permanece. ²⁴ Porque:

«todo mortal es como la hierba,
y toda su gloria como la flor del campo;
la hierba se seca y la flor se cae,
²⁵ pero la palabra del Señor permanece para siempre».

Y ésta es la palabra del evangelio que se os ha anunciado.

Sentido Original

Pedro empezaba esta carta alabando al Dios que había regalado una salvación tan grande a los cristianos de Asia Menor. La reflexión sobre esta salvación ahora le lleva al cuerpo de esta carta: una exhortación sobre cómo vivir en aquella sociedad como cristianos oprimidos y excluidos. El orden que utiliza sigue un patrón que encontramos a lo largo de toda la Biblia: la teología da lugar a la ética. Es decir, las creencias sobre Dios y las experiencias con él sostienen las creencias sobre lo que está bien y lo que está mal. En 1:13, Pedro dice; "Por eso" o "Por tanto", es decir, puesto que habéis recibido los grandes beneficios de la salvación, entre los cuales están un nuevo nacimiento, una esperanza viva, una herencia segura, deberíais ser diferentes en cuanto a la forma de vivir. El tema de esta sección, 1:13–2:10 (y de otras implicaciones que irán apareciendo hasta el final de la carta), es que *la salvación marca una diferencia en la vida del cristiano*.

Esta parte en concreto (1:13-25) no es un texto elaborado en el que se desarrolla una idea (como tantas veces encontramos en las cartas de Pablo), sino que reúne una serie de reflexiones éticas sobre el impacto que la salvación debe tener en la vida del creyente. Pedro exhorta a sus lectores en cuatro ámbitos, y las cuatro exhortaciones encuentran su base en la salvación. (1) Los exhorta a tener *esperanza* (1:13), exhortación que se basa en la salvación de la que habla del 3 al 12 (*cf.* "por eso"). (2) Los exhorta a que vivan en *santidad* (1:14-16), exhortación que se basa en que son "hijos obedientes", una expresión que señala a su conversión (ver más adelante), y en el carácter de Dios (1:15-16), (3) Los exhorta a *temer a Dios* (1:17-21), exhortación que se basa en su nueva relación con Dios: pueden dirigirse al Juez del Universo diciéndole "Padre", v. 17, y han sido redimidos por la preciosa sangre del Cordero de Dios (vv. 18-21). (4) Los exhorta a *amarse unos a otros* (1:22-25), exhortación que se basa en su purificación (1:22) y en su regeneración (1:23-25).

Por tanto, esta sección contiene una serie de reflexiones sobre ética cristiana dirigidas a creyentes que viven en una sociedad incrédula, pero también es una profunda reflexión sobre el fundamento de la ética cristiana. Pedro no hace esta reflexión para dárselas de teólogo ni porque le guste hacer especulación doctrinal. En medio de la batalla para salvar vidas humanas, Pedro sabe (por su conocimiento de las Escrituras y por las enseñanzas de Jesús) cómo basar sus exhortaciones en el carácter y en la obra de Dios, y eso es lo que hace. Dicho de otro modo, no son consejos sin fundamento que Pedro espera que gusten a sus lectores; son ética *teológica*. Cada una de esas directrices éticas (esperanza, santidad, temor de Dios, amor) merece más espacio del que les podemos dedicar aquí. Por ello, he intentado ofrecer al lector otras fuentes donde podrán seguir ahondando en estos temas.

Primera exhortación: Esperanza (1:13)

La exhortación de Pedro a tener esperanza consta de tres partes: dos imágenes que preparan al lector para el verbo principal, "poned vuestra esperanza".[1] La primera imagen o metáfora es fascinante: "Disponeos para actuar con inteligencia" o "Preparad vuestras mentes para la acción" son contextualizaciones de la imagen que aparece en el texto original: "Ceñid los lomos de vuestra mente".[2] Esta imagen está sacada de la vestimenta antigua (y aún actual en algunas partes de Oriente Medio). Los hombres llevaban una "camisa" exterior que les cubría hasta los tobillos; no era nada cómoda para trabajar ni para hacer movimientos rápidos. Por eso, cuando tenían que hacer alguna de estas acciones, se la subían y se la metían en el cinturón, y así estaban "ceñidos para la acción" (cf. 1R 18:46; Jer 1:17; Lc 17:8; Jn 21:18; Hch 12:8). Al añadir "de vuestras mentes", Pedro aplica esta imagen a la conducta mental (ver Lc 12:35).[3] Así, las traducciones que hablan de preparar las mentes para la acción han captado la idea de la imagen original. C. E. B. Crandfield sugiere que traduzcamos "remangad vuestras mentes" o "quitaos el abrigo de vuestras mentes".[4] Teniendo en cuenta la obsesión que hay en la actualidad por estar en forma, podríamos decir: "Haced un calentamiento de vuestras mentes, para que se puedan mover ágilmente". A la luz del énfasis que Pedro hace en la esperanza en 1:2-12, y de que esta imagen está subordinada al

---

1. Esta frase se puede traducir literalmente de la siguiente manera: "Por tanto, ciñendo los lomos de vuestra mente, estando completamente sobrios, poned vuestra esperanza...". Dado que "poned vuestra esperanza" es el único verbo con sujeto, lo lógico es entender que las otras dos proposiciones están subordinadas al verbo principal, y que son imágenes de la idea que encontramos en este. Dicho de otro modo, "disponeos para actuar con inteligencia" y "tened dominio propio" son imágenes o metáforas de "poned vuestra esperanza". Ver la explicación de L. Goppelt, *1 Peter*, 107-9. Sin embargo, hoy, muchos comentaristas creen que son proposiciones imperativas; ver las explicaciones de D. Daube, "Participle and Imperative in 1 Peter", en E. G. Selwyn, *1 Peter*, 467-88; J. N. D. Kelly, *Peter and Jude*, 67-68.
2. Ver la NVI, y la versión inglesa NIV.
3. Ver también Job 38:3; Ef 6:14.
4. C. E. B. Crandfiel, *First Peter*, 32.

verbo "poned vuestra esperanza", esta actividad mental conlleva percibir este mundo como transitorio y orientarse en torno a la esperanza futura que se materializará en el día de Jesucristo (ver 1:13b).[5] Pedro quiere que sus iglesias estén más aferradas al mundo que está por venir, que a este.

La segunda imagen es "tened dominio propio".[6] Esta imagen está sacada de la fea realidad de la borrachera; los borrachos no pueden controlarse ni pueden controlar su cuerpo. La expresión de Pedro es metafórica,[7] porque los creyentes tienen que estar totalmente en sintonía con los planes de Dios a lo largo de la historia, de modo que eso los lleva a poner su esperanza en el futuro y a vivir a la luz de ese día. Las personas que miran al futuro y quieren vivir completamente a la luz de la voluntad de Dios no quieren que el pecado u otras distracciones les empañen la vista (*cf.* 4:7; 5:8; 1Ts 5:6, 8; 2Ti 4:5).

Los cristianos deben tener la mente preparada y estar totalmente centrados en los planes de Dios; es decir, deben "poner su esperanza completamente[8] en la gracia que se les dará cuando se revele Jesucristo". Para Pedro es fundamental vivir a la luz del futuro, así que hacemos un brevísimo resumen de su teología en cuanto a este respecto, para tener en cuenta el contexto. Aunque los creyentes ya han empezado a disfrutar de la salvación de Dios (1:9), esta solo será completa en el futuro (1:5). Cuando Jesús se revele (1:7, 13; 4:13), Dios va a evaluarnos (1:7, 9, 17; 2:12, 23; 3:12; 4:5-6, 17-19). Después del

---

5. Hay comentaristas que entienden que aquí se habla de todo (o casi toda) actividad mental, y usan este texto para hablar de la importancia de la teología, la exégesis, el estudio bíblico, o de pensar bíblicamente sobre lo que ocurre en la sociedad. Pero en este texto no hay una exhortación a preparar nuestras mentes en ese sentido *general*. Ver la explicación que aparece en J. R. Michaels, *1 Peter*, 54-55; también L. Goppelt, *1 Peter*, 108-9; N. Brox, *Der erste Petrusbrief*, 74-75.

6. En griego, el participio va seguido de un "completamente". No está claro si "completamente" es un complemento de lo que le precede ("tened un dominio propio total") o de lo que le sigue ("poned vuestra esperanza completamente"). A la luz de la preferencia que Pedro tiene por poner los adverbios que acaban en "*os*" después del verbo con el que van (ver 1:22; 2:19, 23; 5:2 [4x]), creemos que es más adecuado traducir "tened un dominio propio total". Así lo piensan también F. J. A. Hort, *1 Peter*, 65; F. W. Beare, *1 Peter*, 96; J. R. Michaels, *1 Peter*, 55; I. H: Marshall, *1 Peter*, 51.

7. Es muy poco probable que Pedro esté diciendo que sus lectores deban ser abstemios.

8. Ver la nota 6.

juicio, los seguidores de Jesús que hayan sido fieles serán partícipes de su gloria (5:1, 4), y recibirán toda la recompensación de la gracia (1:17, 4:13, 14). Pedro anima a sus lectores a ver la historia tal como Dios la ha planeado. Aunque ahora sufran de forma injusta en manos de gente malvada, un día Cristo volverá y establecerá la justicia. Y por eso, los cristianos tenemos que vivir a la luz de ese día de gracia. Si pensamos que disfrutar ahora de Jesús y de la comunión en la familia de Dios ya es bueno (2:3), ¡imaginemos cómo será en el futuro! ¡Ahora alabamos a Dios por cosas que entonces conoceremos en toda su gloria! (*cf.* 1:3-12).

Segunda exhortación: Santidad (1:14-16)

Los versículos 14-16 empiezan con una suposición sobre la salvación (v. 14a), lanzan un llamamiento a la santidad (vv. 14b-15), y luego vuelven una vez más a esa suposición sobre la salvación (v. 16). La expresión "como hijos obedientes" nos lleva de nuevo al fundamento de la ética en la salvación. La obediencia mencionada en 1:2 como respuesta de los creyentes ante el evangelio (*cf.* también 1:22) es claramente una expresión de la conversión. Como en el debate moderno el término *obediencia* describe el comportamiento de los conversos tras la conversión, nos cuesta entender el significado que ese término tiene aquí.[9]

La exhortación a la santidad empieza con una frase negativa ("no os amoldéis a los malos deseos que teníais antes, cuando vivíais en la ignorancia"), subordinada[10] a la frase afirmativa que le sigue ("sed santos en todo lo que hagáis, como también es santo quien os llamó"). Del mismo modo en que Pablo animó a los romanos a no conformarse a este mundo (Ro 12:2), Pedro anima a sus lectores a no conformarse a los deseos que dominaban sus vidas antes de pasar a formar parte de la familia de Dios. Como ahora son hijos de obediencia (1:14a), deben ser santos como Dios lo es. Podemos asumir que, aquí, Pedro tiene en mente la similitud que debe haber entre los hijos y sus padres.

---

9. J. N. D. Kelly, *Peter and Jude*, 67; J. R. Michaels, *1 Peter*, 56-57; P. Davids, *1 Peter*, 67.

10. Una vez más, el verbo de la frase negativa es un participio; en mi opinión, no es imperativo (también lo cree así D. Daube, "Participle and Imperative in 1 Peter", 482); así, la frase negativa funciona como una idea subordinada al mandato de ser santos.

Dios, que es diferente a todo lo que los israelitas habían visto o verían, es completamente santo (Éx 3:5; 15:11; Lv 20:26; Sal 99; Os 11:9; *cf.* Lc 4:34; Jn 6:69; Ap 1:16-17). Porque había establecido una relación especial con Israel, esperaba que su pueblo reflejara su naturaleza, incluida santidad (Éx 19:6; Col 1:2). Los que vivían de acuerdo con los mandamientos y la voluntad de Dios eran considerados santos, porque eran moralmente excelentes (*cf.* Lv 20:7-8; Hab 1:12-13).[11] La conexión que se establece aquí es doble: los cristianos deben ser santos, porque han sido transformados (1:14a) y porque son hijos de un Dios completamente santo (1:15-16). De hecho, Pedro comienza y concluye la exhortación a la santidad describiendo a Dios como santo (1:15a-16). No se me ocurre ninguna otra sección de la Biblia donde se entrelace tanto la exhortación ética y el fundamento teológico de la ética como en estos tres versículos.

Tercera exhortación: Temor a Dios (1:17-21)

Aquí, el hilo del pensamiento enfatiza de nuevo el fundamento de la ética. Pedro empieza con el fundamento para vivir en el temor de Dios (1:17a), luego exhorta a sus lectores a vivir de ese modo (1:17b), y finalmente reflexiona de nuevo sobre el fundamento para vivir en ese temor, esta vez relacionándolo con la redención de la que disfrutan sus lectores (1:18-21).

En pocas palabras, Pedro dice que si los creyentes llaman Padre al que juzga de forma imparcial, incisiva y honesta, entonces deben procurar vivir temiendo a ese Dios, porque es completamente santo y juzgará justamente. La idea de Dios como Juez está detrás de muchas de las exhortaciones a obedecer que aparecen en la Biblia. Además, si hay un Dios, si el Dios de Israel y Jesús son el único Dios verdadero, y si Dios es completamente santo, lo lógico es que ese Dios tenga que juzgar antes de permitir que alguien se presente ante él. No puede tolerar ningún pecado, pues este es repulsivo para su santidad. El Dios de la Biblia es el Juez de todos (*cf.* Gn 18:25; Sal 75:7; Hch 12:23; Apocalipsis) y, como dice Pedro, "está preparado para juzgar a los

---

11. Encontrará un breve estudio sobre la santidad de Dios en J. R. Williams, *Renewal Theology. Volume 1: God, the World and Redemption* (Grand Rapids: Zondervan, 1988), 59-63; y en N. Snaith, *The Distinctive Ideas of the Old Testament* (Nueva York: Schocken, 1964), 21-50.

vivos y a los muertos" (1P 4:5) en un juicio que empieza "por la familia de Dios" (1P 4:17). Ese juicio es según sus obras, porque estas son el resultado lógico de su relación con Dios (Mt 16:27; 25:31-46; Ro 2:6-11; 14:9-12; 1Co 3:10-15; 2Co 5:10).[12] Como dijo Stephen Travis: "En el juicio final, Dios destaca y ratifica la decisión que cada ser humano tomó durante su vida en cuanto a tener, o no, una relación con él".[13]

Saber que Dios es juez y que juzga de forma totalmente justa[14] nos lleva a vivir con temor reverencial ante él, un temor sano, causado por el asombro ante su grandeza (*cf.* 2:17, 18; 3:2, 15; ver Pr 1:7; Mt 10:28; 2Co 5:11; 7:1; Ef 5:21; Fil 2:12; 1Ti 5:20; Heb 4:1; 10:31).[15] Hablamos de ese conocimiento constante que el hijo de Dios tiene (1P 1:14) de que todo lo que piensa o hace queda bajo la mirada de la santidad y el amor de Dios. Y cuando su amor santo examina nuestros pensamientos y nuestras acciones, entonces vivimos a la luz de su carácter y en su temor, independientemente de nuestras condiciones sociales.[16] Ese temor no es terror ni ansiedad, sino una sana respuesta del ser humano ante un ser completamente diferente, Dios, y es una señal de salud espiritual y de gratitud. A ese Juez santo, ahora le llamamos "Padre", término que habla de cercanía, de amor, pero también de respeto y sumisión. Es decir, aunque ahora llamamos a Dios "Padre" (*cf.* 1:14), como Jesús enseñó (Mt 6:9), no debemos dejar que esa

---

12. Ver J. I. Packer, *El conocimiento del Dios Santo* (Vida, 2006); W. A. Grudem, *Teología Sistemática* (Vida, 2007).

13. Stephen H. Travis, *Christian Hope and the Future* (Downers Grove, Ill.: InterVarsity, 1980), 121. El último capítulo es un buen resumen de la enseñanza sobre el juicio que encontramos en el Nuevo Testamento.

14. La palabra griega es *aprosopolmptos*, que habla de recibir a una persona sin favoritismos, independientemente de lo que esa persona en cuestión te pueda ofrecer (Dt 10:17; 2Cr 19:7; Ro 2:11; Ef 6:9; Col 3:25). *Cf.* Santiago 2:1 donde se describe la característica opuesta, inherente al ser humano.

15. Sobre el temor, ver esp. M. Lutero, *Comentario de 1ª y 2ª Pedro y Judas*; J. N. D. Kelly, *Peter and Jude*, 71; L. Goppelt, *1 Peter*, 111-13; P. Davids, *1 Peter*, 70-71. Ver también J. Murray, *Principles of Conduct* (Grand Rapids: Eerdmans, 1957), 229-42.

16. La expresión "mientras seáis peregrinos en este mundo" tiene el sentido que encontramos en 1:1 y 2:11. Como ya vimos en la introducción y en el comentario de 1:1, este término podría describir de forma literal la condición social de los lectores de la carta (interpretación que hemos adoptado en este comentario) o una descripción metafórica de "la vida en la tierra".

familiaridad con Dios nuble su santidad, pues él es justo y su juicio también lo será.

Hemos visto que el temor al Juez nos lleva a una vida de obediencia. Pero Pedro añade otra razón para vivir en obediencia: la naturaleza de la redención (1:18-21). La *vida anterior* de los lectores de esta epístola era una "vida absurda que heredasteis de vuestros antepasados". Lo que había sido la tradición venerable, ahora se considera "absurda" (*cf.* Jer 10:15; Hch 14:15; Ro 1:21; 8:20; 1Co 3:20; Ef 4:17); así, queda claro que era necesaria una nueva tradición, una arraigada en Jesús y en el testimonio apostólico.[17]

Los creyentes han sido *redimidos* de esta vida anterior; es decir, han sido comprados por precio: la sangre de Jesucristo.[18] La situación del ser humano es la ofensa moral (Ro 1:18-3:20; Ef 1:7; Col 1:14), la pecaminosidad y la esclavitud a esa condición (Ro 7:1-6; Gá 3:13; 4:5; Tito 2:14; 1P 1:18); el precio pagado es la muerte expiatoria del Hijo de Dios (Mr 10:45; Ro 3:21-26; 5:1-11; Gá 3:13; 4:4-5; 2Co 5:21; Tito 2:14). Como resultado, ahora pertenecemos de nuevo a Dios y somos sus siervos, libres del pecado y de la muerte (Ro 6; 8; 1Co 6:19-20; 7:22-23; Gá 5:1). Puesto que sabemos que hemos sido redimidos por la preciosa sangre de Cristo, deberíamos estar agradecidos a Dios por la nueva familia a la que pertenecemos y vivir con temor y santidad ante él.

La reflexión sobre la redención que Cristo logró lleva a Pedro a seguir reflexionando en la persona de Cristo: "Cristo, a quien Dios escogió antes de la creación del mundo, se ha manifestado en los últimos tiempos en vuestro beneficio" (1:20). Además, este mismo Cristo es el agente de nuestra fe y esperanza en Dios (1:21).

---

17. Sobre esto, ver esp. W. C. van Unnik, "The Critique of Paganism in 1 Peter 1:19", en *Neotestamentica et Semitica: Studies in Honour of Matthew Black*, ed. E. E. Ellis y M. Wilcox (Edimburgo: T. & T. Clark, 1969), 129-42; J. R. Michaels, *1 Peter*, 64-65.

18. Sobre la *redención*, una metáfora extraída de mundo del comercio, ver L. L. Morris, *The Atonement: Its Meaning and Significance* (Downers Grove, Ill.: InterVarsity, 1983), 106-31; J. R. W. Stott, *La cruz de Cristo* (Colombia: Ediciones Certeza, 1996). Sobre la sangre, el estudio definitivo es de A. M. Stibbs, *The Meaning of "Blood" in Scripture* (London: Tyndale, 1948); pero ver también L. L. Morris, *The Apostolic Preaching of the Cross* (Gran Rapids: Eerdmans, 1965), 112-28.

Cuarta exhortación: Amarse unos a otros (1:22-25)

La exhortación final de Pedro está enraizada de nuevo en el "antes y después" de la conversión: puesto que habéis sido purificados, amaos los unos a los otros, porque habéis nacido de nuevo. El *fundamento* del amor del que Pedro habla es que "ahora habéis sido purificados obedeciendo a la verdad y tenéis un amor sincero por los hermanos" (1:22). Su purificación se ha realizado, porque han sido rociados (*cf.* 1:2; también, Éx 19:10; Hch 21:24; 26; 1Jn 3:3), y respondieron a Dios obedeciendo a la verdad del evangelio (1P 1:2, 14).[19] El resultado de obedecer a la verdad fue que entraron en el reino del amor fraternal.[20]

De forma casi redundante, Pedro exhorta a sus lectores a "amarse de todo corazón los unos a los otros" (1:22). La palabra que traducimos "de todo corazón" (que también aparece en 4:8) habla del esfuerzo necesario para amar así, de su profundidad, y de su duración (hasta el final). Es una palabra que normalmente se asocia con las características de la oración: fervor, constancia, esfuerzo (*cf.* Lc 22:44; Hch 12:5).[21] Pedro espera que sus iglesias estén llenas de personas que se amen las unas a las otras de ese modo, que intentan entenderse, que dan a las demás el beneficio de la duda, y que aman a aquellos que no pertenecen a la comunidad con ese mismo amor. Pero, como Howard Snyder dice:

> Hoy, la iglesia está sufriendo una crisis de comunión [...]. En un mundo de grandes instituciones impersonales, a veces la iglesia parece otra institución más, grande e impersonal [...]. En la iglesia institucionalizada, es muy difícil encontrar esa calurosa cercanía entre las personas que hace que las caretas se caigan, que la honestidad prevalezca, y que abunde el sentido de comunicación y comunidad

---

19. Ver J. R. Michaels, *1 Peter*, 74-75; L. Goppelt, *1 Peter*, 125-26; P. Davids, *1 Peter*, 76.
20. La sintaxis de la expresión griega *ein philadelphian anupocriton* indica que el amor fraternal fluye de su purificación.
21. F. J. A. Hort, 1 Peter, 90-91: "Hacer algo no a la ligera y con indiferencia, sino con esfuerzo".

más allá de lo meramente humano. En resumen, es difícil encontrar la comunión del y en el Espíritu Santo.[22]

Pedro quiere iglesias llenas de personas que se amen las unas a las otras y donde la intimidad entre ellas sea el resultado inevitable de haber sido hechas santas por la gracia de Dios.

Pedro regresa de nuevo al fundamento[23] del amor de los receptores de su carta: su regeneración (1:23). El nuevo nacimiento les ha otorgado una nueva semejanza —semejanza a un Dios de amor— y una nueva familia, con la característica y la capacidad de amarse los unos a los otros. Ese nuevo nacimiento ha sido posible gracias a una semilla "imperecedera"; como la preciosa sangre de Jesús (1:19), esa semilla estaba arraigada en el Dios vivo (1:23), porque su efecto es eterno (1:24-25a), les dio el fundamento definitivo para amarse los unos a los otros de todo corazón. El ser humano y las cosas creadas por él son como la hierba, porque un día perecerán y desaparecerán. Pero la Palabra de Dios, plantada en los cristianos, es eterna y crece en ellos para darles una existencia eterna. De hecho, esa semilla eficaz es la Palabra de Dios que escucharon en el evangelio que les fue predicado (1:25b).

Resumiendo, Pedro exhorta a los cristianos de Asia Menor a trabajar en su salvación construyendo una vida ética cuya raíz esté en la salvación que Dios les ha regalado y en el carácter santo y amoroso de Dios. La ética, pues, es una parte de la teología, no algo que añadimos a la teología en momentos en los que urge algo de práctica. Las decisiones éticas, de hecho, son extensiones lógicas de la teología. Sin una teología sólida, es decir, una que refleje el carácter y las acciones de Dios, no hay fundamento para la ética. Si esta no se fundamenta en la teología cristiana, no es más que una opción más en nuestro ambiente pluralista, arrojada a los vientos de los cambios culturales.

Construyendo Puentes

Las directrices éticas generales, como las que aparecen en nuestro pasaje, son fáciles de aplicar, pero algunas condiciones culturales pueden hacer que las aplicaciones

---

22. Howard Snyder, *The Problem of Wineskins*, 89-90.
23. En 1:22 y 1:23, para enfatizar que su conversión es completa se usa el tiempo perfecto, un tiempo usado para indicar el estado de las cosas.

específicas sean más difíciles. Por ejemplo, a alguien que ha tenido un padre violento le costará mucho vivir "en el temor del Padre". O alguien que ha crecido oyendo constantemente amenazas sobre el juicio de Dios probablemente se sienta muy incómodo al leer este pasaje. Por tanto, tenemos que ser sensibles al contexto de nuestros oyentes, ponernos en su piel y pensar qué significarán para ellos estas directrices. Para que entiendan y experimenten la fuerza de una directriz en cuestión, es probable que tengamos que explicarla en mayor profundidad.

No obstante, lo que es fundamental para aplicar directrices éticas generales, es reflexionar sobre el *fundamento* de la ética. Creo que las tertulias de la televisión son fascinantes, aunque algo cómicas en ocasiones. La mayoría de las veces se adentran en cuestiones éticas, ya sea la homosexualidad, los maridos maltratadores, los tatuajes, perder peso, o las confrontaciones con el jefe. Lo que es increíble es la facilidad con la que los presentadores y los invitados van del dilema moral a la postura ética sin pararse a reflexionar cómo han llegado a esa conclusión y por qué pueden tomar esa decisión. La frase típica es: "Si no hace daño a nadie, entonces...". Y siempre hay alguien que sugiere que la ética se basa en "hacer el bien en la sociedad". Apelar a una fuente de autoridad como por ejemplo la Constitución Estadounidense genera desprecio, y apelar a una relevación específica (como la Biblia o el Corán) solo sirve para que a uno le tachen de fundamentalista. Como mucho, en caso de ser necesario cuestionar el estado de las cosas, dirán que lo que la sociedad de hoy necesita es volver a "los viejos ideales" o a "los valores de antes". Cualquiera que sea el tema de debate, los presentadores escogen hablar de dilemas éticos, y la audiencia está sedienta de respuestas a los problemas de la vida. ¿Pero de dónde obtendrán respuestas que satisfagan su sentido de lo que está bien y de lo que está mal, y que les proporcione un fundamento sobre el que construir?

Detrás de la reflexión ética que se hace en la televisión y en los demás medios se esconde la creencia de que el ser humano es bueno en esencia (o al menos en la esperanza de que eso sea así). Lo que siempre se dice es que si trabajamos duro, si nos disciplinamos, descubriremos que somos capaces de hacer un mundo mejor. Y en ese momento, como la explosión de una bomba, alguien interrumpe al presentador para dar la noticia de que un niño de diez años ha sido asesinado por los miembros de su propia banda, que no eran mucho mayores. Cualquier teoría ética basada en que el ser humano es inherentemente bueno y, si se le educa, empezará a comportarse de una forma ética, es tan creíble como que el ratoncito Pérez existe. Entonces, ¿de dónde extraen su ética los presentadores, que no dejan de ser representantes de la audiencia? La respuesta es que basan su ética en el consenso y en lo que más racional parece para la mayoría de la gente. Pero parece imposible sugerir que hay absolutos morales aplicables a todas las personas.

Centrémonos ahora en el "consenso" como estrategia para determinar la ética. Simplemente tenemos que preguntar: "¿El consenso *de quién*?". ¿Tenemos en cuenta a los expertos en ética, a los pastores, a la gente normal, a los grupos de intereses específicos? ¿A quién preguntamos? ¿No estamos haciendo ciencia-ficción cuando imaginamos que hay un consenso? ¿Y qué de la "gente racional"? Hay "gente racional" que discrepa de otra "gente racional". No se ponen de acuerdo sobre temas como el aborto, la intervención en países extranjeros, el sistema sanitario, los servicios de bienestar ni sobre ningún tema que ha sido politizado. Todos estamos de acuerdo en que el asesinato está mal, pero nos negamos a prohibir la venta del uso de armas "en nombre de la libertad individual". Todos estamos de acuerdo en que fumar tabaco es perjudicial para la salud, tanto para la salud del fumador como para la del no fumador, pero no es posible llegar a un entendimiento ético y prohibir el acto de fumar porque viola la libertad individual. Yo no tengo fe en que la "gente racional" sea capaz de acordar un código ético que respete la libertad individual y que, a la vez, sea moralmente sensato.

Trágicamente, las personas que más están influyendo en nuestra cultura en cuanto a la moral son las que se niegan a participar en una reflexión seria sobre cómo tomar decisiones éticas, porque ese tipo de reflexión sacaría a la luz la superficialidad de sus decisiones éticas. También desenmascararía el miedo que, en el fondo, muchos tienen: que no hay forma de tomar decisiones éticas aplicables a todos aparte de la creencia en una revelación definitiva o en un Dios único. Si el consenso humano no existe, y si la racionalidad humana tampoco soluciona la cuestión, las opciones que quedan son vivir a expensas del oleaje del relativismo y su vaivén (afortunadamente para nosotros, hay un sentido compartido de que algunas cosas son buenas), o ponernos en las manos del Dios que se ha revelado.

Y es ahí donde Pedro se pone, en las manos de un Dios que se ha revelado, cuyo carácter y palabras trazan el curso de la ética y la moral.[24] La ética en un contexto cristiano *no empieza, por extraño que parezca, con la creencia en la bondad del hombre, sino con la creencia en su depravación*. Por ello —dice Pedro—, sus lectores han sido rescatados de la esclavitud de las tradiciones vacías (1:18), han recibido una vida nueva y una nueva esperanza (1:3-5), y han sido purificados (1:22); estas dos últimas cosas dan por sentado que necesitaban ser librados de la situación opuesta: desesperanza y suciedad moral. El ser humano necesita reparación, restauración y regeneración.

Pedro continúa explicando que Dios les ha regalado una nueva vida, y que esa convicción es *el fundamento de la ética cristiana*. Hasta no haber recibido la vida de Dios y participado de su carácter (*cf.* 2P 1:4), no podemos hacer la voluntad de Dios como él quiere que hagamos. La conversión y la participación de la naturaleza de Dios, a través de la conversión, son los únicos fundamentos de la ética cristiana. John Murray, un teólogo brillante, dijo acertadamente: "Elimina de las Escrituras la santidad, la justicia y la verdad trascendentes de Dios, y su ética se desintegra".[25]

Así, para aplicar en nuestro contexto la ética que encontramos en esta carta, hemos de tener en cuenta las verdades fundamentales de las que el apóstol habla: la naturaleza de Dios, la naturaleza pecaminosa del ser humano, la necesidad de la revelación divina, y la necesidad

---

24. Ver F. A. Schaeffer, *Dios está presente y no está callado* (Logoi). Ver también W. C. Kaiser, Jr., *Toward an Old Testament Ethics* (Grand Rapids: Zondervan, 1983), 139-51.

25. Murray, *Principles of Conduct*, 202. Todo el capítulo, titulado "The Dynamic of the Biblical Ethic", expone de forma muy completa lo que estoy defendiendo aquí en cuanto al fundamento de la ética cristiana. Ver también las diferentes entradas en C. F. H. Henry, ed., *Baker's Dictionary of Christian Ethics* (Grand Rapids: Baker, 1973).

de la salvación.[26] Si intentamos aplicar la ética de Pedro, dejando a un lado las verdades fundamentales en la que se basa, estaremos construyendo un edificio que se desmoronará. Pedro deja claro que para que el pueblo de Dios viva como tal en nuestro mundo, la salvación es imprescindible. "El proceso de redención [...] es la única respuesta a nuestra depravación total".[27] O, como C. S. Lewis pregunta con ese estilo inimitable: "¿De qué sirve decirle a un barco cómo navegar para no colisionar si, de hecho, tiene el timón estropeado y no se puede manejar?". Continúa diciendo: "Por medio de la ley, no lograremos que los hombres sean buenos; y sin hombres buenos, no hay una sociedad buena. Por eso, el siguiente paso es pensar en la segunda cosa: la moral en individuo".[28]

Al pensar en la aplicación de este pasaje de 1 Pedro, vemos lo mucho que tiene que decir en el ámbito de los sistemas éticos y en cuanto a cómo tomar decisiones éticas. El acercamiento de Pedro es teológico, y el cristiano que quiera seguirle basará sus decisiones éticas en la naturaleza de Dios y en su Palabra.

El análisis que acabamos de hacer habla de la importancia que tiene para nosotros hoy el marco teórico que Pedro establece. Aquí, continuaremos con ese análisis y luego pasaremos a un tema claramente relacionado: la importancia de vivir para el futuro y a la luz de ese porvenir. Parte de la ética basada en la naturaleza de Dios y en su Palabra revelada consiste en vivir a la luz del juicio de Dios, porque asumimos vivir a la luz de su carácter santo, que es el fundamento de su juicio final.

En los Estados Unidos, cuya historia está claramente marcada por el cristianismo, Thomas Jefferson fue quien redujo la fe cristiana a un sistema moral. Basó su sistema moral en la literatura clásica, en la creencia en la bondad innata del ser humano y en el instinto de hacer el bien que el Creador ha puesto en nosotros, y en la comprensión

---

26. Ver cómo C. S. Lewis llega a las mismas conclusiones en *Mero Cristianismo* (Rialp, 2009).
27. Murray, *Principles of Conduct*, 202.
28. C. S. Lewis, *Christian Behaviour* (Nueva York: Macmillan, 1952), 72.

ilustrada de la razón.²⁹ Así, la ética de los seguidores de Jefferson es un reflejo de la tendencia europea hacia la moralidad racional. Su ética racional o instintiva se convirtió en la esencia del protestantismo liberal que ya marcó la mayor parte del siglo XX. La siguiente ecuación refleja la comprensión que hay en la mayoría de sociedades occidentales: un cristiano es alguien bueno y amable; una persona buena y amable es cristiana. Según la Biblia, la primera parte de la ecuación es cierta, mientras que la segunda no lo es necesariamente. El problema de la moralidad racional es que no hace distinción entre el cristianismo y la ética racional.

No obstante, no vamos a hablar aquí de la historia de la ética estadounidense ni de los ideales de Jefferson, sino que nos vamos a centrar en el *fundamento* de la ética. ¿Dónde empezar para definir el bien moral?³⁰ Simplificándolo mucho, el fundamento de la ética se encuentra en nosotros (p. ej., en la razón, en la intuición, en la naturaleza, en el instinto moral, en la conciencia), o fuera de nosotros (p. ej., en la revelación divina, en un código ético ya establecido, en la Constitución). La ortodoxia cristiana enseña que *la ética fluye de la salvación* y que el ser humano, por sí mismo, no puede discernir la voluntad de Dios (en cuanto a la salvación personal, la ética personal o el orden social). Conocemos la voluntad de Dios, porque en su gracia se ha revelado y nos ha hecho saber su voluntad principalmente a través de la Biblia. Y lo mismo ocurre con nuestro conocimiento de la ética: sabemos distinguir entre lo que está bien y lo que está mal, porque Dios nos lo enseña en su Palabra, empezando por la ley mosaica y culminando en las enseñanzas de Jesús y el testimonio apostólico.

Hace poco, salí rápido del trabajo y pasé por casa a por el equipo de golf para disfrutar de lo que pensaba que sería una de las últimas tardes agradables del año. En los campos de golf no suelen dejarte jugar solo, así que imaginé que me pondrían con otros jugadores. Una vez allí, me uní a dos caballeros afroamericanos. Un poco de conversación fue suficiente para descubrir que uno de ellos era trabajador social, y

---

29. Ver N. E. Cunningham, Jr., *In Pursuit of Reason: The Life of Thomas Jefferson* (Nueva York: Ballantine, 1987); C. B. Sanford, *The Religious Life of Thomas Jefferson* (Charlottesville, Va.: Univ. Press of Virginia, 1984), espacio.35-55.
30. Ver R. E. O. White, "Ethical Systems, Christian", en *Evangelical Dictionary of Theology*, ed. W. A. Elwell (Grand Rapids: Baker, 1984), 372-75.

el otro, pastor de una iglesia. Después de unos cuantos hoyos saqué el tema de la violencia urbana, esperando generar un debate ético: "¿Cuál creéis que es la solución a los problemas que hay en las zonas marginales de la ciudad?". Tony, el primero en hablar, dijo: "¡La Palabra de Dios! En uno de los últimos pasajes del Antiguo Testamento [Mal 4:6] dice que en los últimos días Dios hará volver el corazón de los padres hacia los hijos. A menos que los corazones cambien, no hay esperanza para las zonas marginales". Y a continuación hizo una observación sorprendente sobre nuestra "política oficial ": "Todo el dinero y los programas del mundo no cambiarán los corazones de las personas".

No podía estar más de acuerdo con la solución que proponían: la salvación. También les di la razón en cuanto a que el compromiso con la salvación como parte central de los problemas éticos no nos exime de ayudar a las personas que están en situaciones sociales desfavorecidas. Will, el otro hombre, dijo de forma tajante: "No me malinterpretes. Esos niños no han elegido nacer en ese mundo, y nosotros no podemos elegir abandonarlos a su suerte. Pensando en ellos, hemos de tener un buen sistema de servicios sociales". A mi entender, estos dos hombres ilustran el testimonio del pueblo de Dios en la historia de la iglesia. La ética empieza con la salvación, pero no podemos descuidar nuestros deberes sociales.

¿Pero qué ocurre cuando mucha gente en la sociedad no cree en la salvación en Cristo? ¿Creemos que hasta que toda la socicdad no sea cristiana no podremos hacer nada en el campo de la ética? Claro que no. Pero Pedro no conoce otro fundamento para la conducta que Dios espera que el de la salvación y la vida en Cristo. De hecho, justo en este punto, muchos cristianos han comprometido su fe. Nuestro mundo es un mundo pluralista, lo que significa que el discurso público tiene que ser tolerante con otros planteamientos sobre el fundamento de la ética. Pero los cristianos no deben transmitir que la ética del cristianismo se puede descubrir a través de la razón (como se intentó en los siglos XVIII y XIX) o de la legislación. La motivación real para la ética solo proviene de la obra y de la gracia de Dios, y una vida que le agrada a él encuentra su plan de acción en las páginas de la Biblia. Aunque tenemos que tolerar opiniones diferentes a las nuestras, también tenemos que aprender a no hacer concesiones en cuanto al fundamento sobre el que estamos asentados. Por el deseo de ser influyentes o de ser aceptados, con demasiada frecuencia hemos adoptado el nivel del discurso público como el único para el debate ético.

Los cristianos queremos que la sociedad adopte la ética bíblica, pero nuestra sociedad suele ir en contra de ella. Entonces, la única forma de defender la ética cristiana en la sociedad es a través del discurso público. Y eso demanda tolerancia. Pero sobrellevar otras formar de pensar no significa aceptarlas (igual que el materialista no tiene por qué aceptar la visión cristiana) ni permitir que estas arruinen el fundamento de la ética cristiana. No podemos guardar silencio sobre nuestro fundamento, porque ese silencio lleva a la erosión. Así que involucrémonos en política, en la sociedad; pero no escondamos por qué hacemos lo que hacemos.

El desarrollo histórico de la ética pública en los EE.UU. no es ningún misterio. En el discurso público, aunque uno sí podía declararse cristiano, siempre existía la necesidad impuesta de no ser "sectario" y "denominacional". Con el tiempo, esto llevó a una pérdida total del fundamento (la ética bíblica). Hoy en día, la ética pública está en declive, caracterizada por sentimientos antirreligiosos, por el secularismo, y por una tolerancia total hacia todos, menos hacia los que creen en el mandato divino. Los efectos corrosivos del pluralismo no solo han afectado al debate ético en general; también ha tenido sus efectos en el mundo evangélico.[31] Para frenar esa erosión, los cristianos deben construir de nuevo los fuertes muros de la teología y la ética tanto dentro de la iglesia como en la interacción con nuestra cultura.

Otro tema que aflora en esta sección de 1 Pedro es el de *vivir a la luz del futuro y para ese futuro*; lo que Pedro llama *esperanza*. Esta se basa en la santidad de Dios. Pedro quiere que los creyentes vivan a la luz del juicio divino, un juicio que al mismo tiempo es esperanza para los cristianos que esperan ser vindicados. Ese juicio satisface nuestro anhelo de que se acabe la injusticia.

---

31. Ver esp. J. D. Hunter, *Evangelicalism: The Coming Generation* (Chicago: Univ. of Chicago Press, 1987); D. F. Wells, *No Place for Truth: Or Whatever Happened to Evangelical Theology?* (Grand Rapids; Eerdmans, 1993).

Aunque la esperanza es una directriz ética, su parte dentro de la ética es diferente, porque no se manifiesta tanto en la conducta, sino en la actitud y la disposición. La persona que vive para el futuro hace cosas concretas (por ejemplo, vivir con amabilidad hacia todo lo que la rodea), pero es la orientación la que lleva a un sistema de control y equilibrio con amor. Los que viven para el futuro no se miran los pies, sino que tienen los ojos puestos en el horizonte. De ahí viene su actitud frente a este mundo y su brevedad. No podemos acabar, pues, sin analizar esta idea de vivir para el futuro.

Dos son los énfasis principales que Pedro pone de manifiesto en cuanto a esta actitud de vivir para el futuro. (1) Debemos vivir a la luz del justo juicio que Dios hará de nuestras vidas (*cf.* 1:17; 4:5, 17), y (2) debemos vivir esperando el gozo de la salvación final (1:6-9; 2:23; 4:11, 19). Estas actitudes *deberían guiar toda nuestra conducta ética.* Cada paso que damos y cada movimiento que hacemos deben hacerse a la luz de lo que Dios piensa. No se trata de una forma perversa de legalismo, del mismo modo que el deseo de complacer a mi mujer Kris tampoco lo es. El anhelo de agradar a Dios es la motivación más noble que hay en esta vida; rechazarlo por miedo a caer en el legalismo significa no haber entendido que ahora somos de la familia de Dios. Tener esta perspectiva de nuestro propio futuro debería marcar todos los ámbitos de nuestra vida. Y vamos a mencionar tres de ellos.

Esta orientación futura debería dar forma a nuestra actitud ante el *materialismo*. El mundo occidental es un mundo cómodo, especialmente cuando lo comparamos con lugares como el antiguo Zaire o la antigua Yugoslavia. Y aunque lo bueno y lo correcto es que los cristianos de los países ricos compartan lo que tienen con el resto del mundo, lo cierto es que seguirán viviendo de forma cómoda. Sin embargo, tenemos que observar este tema desde otro ángulo. Las cosas materiales como nuestras casas, nuestros coches, los aparatos tecnológicos, el ocio y el deporte del que disfrutamos, las segundas residencias, o los viajes a las partes más exóticas del mundo son cosas muy tentadoras. Pero el gozo y el placer que ellas producen en nosotros (que conste que con los deportes, yo me emociono como el que más) fácilmente pueden desviar nuestra atención de vivir bajo la mirada de Dios a la luz de su juicio final y pueden llevarnos a anhelar un gozo que solo se experimenta cuando nuestra salvación está completa. En nuestra cultura materialista, necesitamos que Dios, en su gracia, nos ayude a desear lo que está más allá de nuestros días y de nuestra cultura, y precisamos una visión renovada de la grandeza de la salvación y de la gloria de Dios. Sin duda, esa visión nos llevará a moderar nuestras compras y a reorganizar nuestros horarios para poner lo más importante en primer lugar.

Entender nuestro presente a la luz del futuro de Dios también tendrá un impacto *sobre la forma en la que planificamos nuestras vidas*. En mi opinión, demasiados cristianos dedican mucho tiempo a planificar el futuro, sobre todo en lo referente a seguros, inversiones y jubilación, y no consideran ese futuro a la luz de los imprevistos o de la providencia de Dios. No quiero sonar como un asceta que cree que planificar el futuro está mal, porque eso no es ni bíblico, ni sabio. Pero estoy hablando de la actitud y de la *preocupación*. Los pastores que planifican su ministerio a la luz de unos beneficios seguros; los líderes de instituciones cuyos planes solo están sujetos a la aparente viabilidad o éxito y no a la voluntad de Dios y a su verdad; los evangelistas que solo piensan en las iglesias donde el éxito y las ganancias están aseguradas. Todos ellos son culpables del pecado de planificar sin tener en cuenta el juicio final de Dios y la belleza de la salvación final. Planificar el futuro es de sabios, pero preocuparse en exceso puede mostrar una falta de fe en que Dios tiene el futuro bajo control.

Tengo un amigo al que le llueven invitaciones de todas las partes del país para predicar y enseñar. Con frecuencia le preguntan "por sus honorarios". Su respuesta es siempre la misma: "Por favor, decidme el tema o algunas pautas para la predicación, el tipo de oyentes que habrá, y las fechas, y oraré para ver si Dios quiere que asuma este compromiso, porque un día tendré que responder ante él". Y luego añade: "Aceptaré lo que me queráis dar, porque no predico por dinero. Predico para anunciar las buenas nuevas de Cristo, para servir a Dios, y para fortalecer a la iglesia". Esa es la actitud de alguien centrado en el futuro, actitud que nos lleva a hacer planes siempre con esa visión de futuro.

Por último, *nuestra salud* también debería estar sujeta a los planes de Dios para la historia. Aquí me vienen algunas ideas a la mente.

Aunque no está mal estar en forma y físicamente fuerte, algunas motivaciones para estar en forma sí son erróneas. No somos inmortales, y da igual lo duro que trabajemos para estar en forma: un día moriremos. Sin embargo, algunas personas se esfuerzan por estar en forma por miedo a la muerte. Pero el cristiano no puede moverse por este temor, sino por el gozo ante la expectativa de la comunión con Dios. Sin embargo, sí deberíamos querer estar en forma para servir a Dios mejor (y más tiempo), y de forma más energética. Esto nos lleva de nuevo a pensar en la situación de los lectores de la epístola de Pedro. Los creyentes estaban sufriendo por obedecer a Cristo, y Pedro los anima a que no se preocupen por el sufrimiento y a que vivan a la luz de la vindicación final que Dios efectuará, que es como Jesús vivió (2:18-25; 3:18-22). Pedro les muestra cómo pueden adoptar una actitud totalmente diferente hacia el sufrimiento: confiando en Dios, anhelando la manifestación final de la gloria de Dios, y, mientras tanto, disfrutando de la comunión con su pueblo que compensa por todo lo que han perdido por seguir a Cristo.

Acabo mencionando una conversación que tuve con mi hijo Lukas cuando tenía catorce años. Habíamos asistido a un partido de un equipo local, y la vulgaridad del entrenador y de su equipo se había hecho más que notoria. Cuando subimos al coche para volver a casa, saqué el tema y le pregunté a Lukas si él se había dado cuenta. Claro que lo había advertido. Lo que era divertido para aquel equipo y para algunos de los espectadores, a mí me producía tristeza. Y lo que le dije a Lukas aquel día no solo es aplicable a la vulgaridad que habíamos presenciado, sino a cualquier decisión moral que tomemos: "Tú y yo podemos hablar como nos plazca. Pero tenemos que ser conscientes de que un día compareceremos ante el Dios santo y tendremos que justificar las cosas que hemos dicho y la forma en la que hemos hablado. Eso debería hacernos pensar antes de abrir la boca, y transformar la forma en la que hablamos". Eso es vivir a la luz del futuro.

✿

Resumiendo, en este breve pasaje y sus cuatro exhortaciones encontramos columnas firmes sobre las que construir la ética cristiana. Pedro nos ofrece al menos tres fundamentos para determinar si una acción está bien o mal. (1) ¿Se ajusta al carácter de Dios? (2) ¿Es el resultado natural de una vida que se ha beneficiado de la salvación de Dios? (3) ¿Sobrevivirá al escrutinio de Dios en el día final, cuando nos permita comparecer ante su gloriosa presencia?

1 Pedro 2:1-10

Por lo tanto, abandonando toda maldad y todo engaño, hipocresía, envidias y toda calumnia, ² desead con ansias la leche pura de la palabra, como niños recién nacidos. Así, por medio de ella, creceréis en vuestra salvación, ³ ahora que habéis probado lo bueno que es el Señor. ⁴ Cristo es la Piedra viva, rechazada por los seres humanos pero escogida y preciosa ante Dios. Al acercaros a él, ⁵ también vosotros sois como piedras vivas, con las cuales se está edificando una casa espiritual. De este modo llegáis a ser un sacerdocio santo, para ofrecer sacrificios espirituales que Dios acepta por medio de Jesucristo. ⁶ Así dice la Escritura:

> «Mirad que pongo en Sión
> una piedra principal escogida y preciosa,
> y el que confíe en ella
> no será jamás defraudado».

⁷ Para vosotros, los creyentes, esta piedra es preciosa; pero para los incrédulos,

> «la piedra que desecharon los constructores
> ha llegado a ser la piedra angular»,

⁸ y también:

> «una piedra de tropiezo y unan roca que hace caer».

Tropiezan al desobedecer la palabra, para lo cual estaban destinados.

⁹ Pero vosotros sois linaje escogido, real sacerdocio, nación santa, pueblo que pertenece a Dios, para que proclaméis las obras maravillosas de aquel que os llamó de las tinieblas a su luz admirable. ¹⁰ Antes ni siquiera erais pueblo, pero ahora sois pueblo de Dios; antes no habíais recibido misericordia, pero ahora ya la habéis recibido.

Sentido Original

Una vez más, el estilo de Pedro de entrelazar temas, exhortar y luego mencionar el fundamento en el que se basa la exhortación, y desviarse del tema para cubrir otras ideas importantes, impide a muchos lectores encontrar aquí una secuencia lógica. Esta sección

continúa lo que inició en 1:13, donde Pedro ha destacado las manifestaciones prácticas de la salvación y la esperanza. Aquí tenemos la
quinta (2:1-3) y la sexta exhortación (2:4-5), junto a dos digresiones
más.

El pasaje empieza con *una exhortación a desear la palabra de Dios*
(2:1-3), que proviene de la mención que Pedro hace en 1:23-25 de la
palabra predicada.[1] Esta unidad incluye la exhortación propiamente
dicha (2:1-2a), su propósito (2:2b), y su fundamento (2:3). Luego,
Pedro exhorta a los cristianos a *construir con sus vidas una casa espiritual* (2:5), una exhortación que descansa sobre la base de lo que dice
en 2:4, que aquel al que se acercan fue rechazado por los hombres,
pero aceptado por Dios. Ese tema lleva a Pablo hacer una digresión en
2:6-8 para desarrollar el tema del rechazo y la aceptación. Por último,
Pedro lleva la digresión más allá y establece un contraste entre el grupo de los que rechazan (*cf.* 2:7b-8) y la propia iglesia (2:9-10). El grupo que acepta (*cf.* 2:7a) es, pues, el complemento de la digresión que
encontramos en 2:9-10. Y es ahí, con una digresión sobre la naturaleza
de la iglesia, donde Pedro acaba la primera gran sección de esta carta.

Quinta exhortación: desead la Palabra (2:1-3)

"Por lo tanto", dice Pedro, refiriéndose a que sus lectores han nacido
de nuevo mediante la palabra del Dios vivo (1:23), "desead con ansias
la leche pura de la palabra" (2:2).[2] No se refiere a los estudios bíblicos
en grupo ni al estudio bíblico personal, o a ir a la iglesia y a la escuela
dominical, o acudir a un seminario bíblico. Se refiere a la naturaleza

---

1. De hecho, 2:1 es una repetición de las exhortaciones y comentarios en 1:22-23,
   pero en 2:1 las ideas están expresadas en negativo. En 1:22-23 se les exhortaba a
   tener "un amor sincero por los hermanos" y a amarse "de todo corazón los unos
   a los otros"; aquí se les dice que abandonen todo aquello que hace que el amor
   sea imposible. Eso apunta a que el crecimiento del que habla en 2:2 deber ser un
   "crecimiento en grupo", y no un "crecimiento individual"; además, eso encaja mejor
   con la exhortación que aparece en 2:4-5, donde habla del desarrollo como conjunto.
2. El texto griego de 2:1-3 está compuesto por un participio introductorio
   "abandonando" (NVI), que está subordinado al verbo principal "desead" que no
   aparece hasta 2:2. "Como niños recién nacidos" describe *la forma* en la que deben
   "desear"; "por medio de ella" describe el propósito de ese deseo, y "ahora que" (2:3)
   describe el fundamento de ese deseo. Por tanto, "desead la leche espiritual pura" es
   la exhortación principal de esta sección.

espiritual de su deseo,[3] que contrasta con los deseos carnales de antes (*cf.* 1:18; 2:11). Así como la "palabra" por medio de la cual recibieron el nuevo nacimiento (1:3) era del Dios que vive y permanece (1:23), la palabra que tienen que desear también es espiritual.[4] "Leche espiritual pura" alude a las cosas que nutren y hacen crecer a la comunidad cristiana:[5] el conocimiento Dios, la oración, la instrucción en el evangelio, la obediencia fiel, y escuchar la palabra predicada.[6] El deseo por el alimento espiritual es el deseo de cualquier iglesia que quiere conocer al Señor y vivir a la luz de su voluntad.

Ese deseo va de la mano de querer "abandonar toda maldad y todo engaño, hipocresía, envidias y toda calumnia" (2:1), problemas que aparecen en las asambleas cristianas cuando no hay deseo por las cosas espirituales. En la literatura cristiana temprana era común hablar de "despojarse" de vicios y "vestirse" de virtudes (*cf.* Ro 13:12-14; Gá 3:27; Ef 4:22-24; Col 3:8-12; Heb 13:1; Stg 1:21).[7] Esta imagen nos habla de malos hábitos que hay que abandonar, y buenas costumbres que hay que adoptar y desarrollar. En este pasaje, Pedro menciona solo los primeros.

---

3. Sobre este término, que denota un deseo intenso, ver Ro 1:11; 2Co 5:2; 9:14; Fil 1:8; 2:26; 1Ts 3:6; 2Ti 1:4; Stg 4:5. Ver M. Craig Barnes, *Yearning: Living Between How It Is and How It Ought To Be* (Downers Grove, Ill.: InterVarsity, 1991); Agustín de Hipona, *Confesiones*, 1.1.

4. En el campo académico ha habido mucho debate en torno a la palabra "espiritual". La palabra griega no es el término que Pablo suele usar, *pneumatikos*, sino *logikos*. J. N. D. Kelly prefiere "leche pura de la palabra", que es lo que aparece en la NVI (*Peter and Jude*, 85), mientras que F. J. A H. Hort prefiere el sentido más clásico de "racional" (*1 Peter*, 100-102); no obstante, actualmente, la amplia mayoría de eruditos prefiere "espiritual" (ver, p. ej., F. W. Beare, *1 Peter*, 115; L. Goppelt, *1 Peter*, 131; J. R. Michaels, *1 Peter*, 86-89).

5. Ver esp. J. R. Michaels, *1 Peter*, 88-89. Sobre el término "leche" en la literatura cristiana temprana, ver L. Goppelt, *1 Peter*, 129-30.

6. Sin embargo, pensar en el estudio bíblico personal es un anacronismo; aquellos cristianos no tenían copias de la Biblia y solo contaban con los sermones y los archivos locales. Tiene más sentido pensar que aquí se está hablando del alimento espiritual que los cristianos reciben de diferentes formas. Si mi teoría sobre los lectores de esta carta es acertada, que están privados de derechos, lo más probable es que no supieran leer.

7. Sobre esto, ver la discusión de E. G. Selwyn, *1 Peter*, 393-406; pero ver también J. R. Michaels, *1 Peter*, 83.

Los buenos hábitos vienen al desear leche espiritual pura, "como niños recién nacidos" (2:2). Aunque algunos interpretan que los lectores de 1 Pedro eran cristianos inmaduros que necesitaban que el apóstol los exhortara a desear cosas espirituales, lo más probable es que Pedro se esté refiriendo a *la forma en la que deben desearlas*. Su deseo por el alimento espiritual debería ser como el de los recién nacidos por la leche. Cuando una iglesia anhela y ansía el alimento espiritual, no pierde el tiempo en disputas causadas por las muestras de hipocresía o las comunicaciones engañosas.[8]

Pedro les dice a sus lectores que si anhelan el alimento espiritual, "creceréis en vuestra salvación" (2:2). Pedro no está pensando aquí en el "crecimiento numérico en la iglesia", sino que habla de que crezca el deseo por el alimento y el crecimiento espiritual. Como John Stott dijo en el Congreso de Lausana: "Confesamos que a veces hemos perseguido el crecimiento numérico de la iglesia a expensas de la profundidad de la iglesia, dejando al evangelicalismo sin alimento cristiano".[9] Esto no hace que la iglesia crezca, sino al contrario: es un impedimento para su crecimiento.

Ese crecimiento espiritual va en la dirección de la "salvación", y, para Pedro, es una salvación futura (1:5; 9-10). Así, lo que Pedro tiene en mente aquí es básicamente la "esperanza" de aquellos creyentes y quizá también su vindicación final.[10] Es decir, si anhelan el alimento espiritual, crecerán en esa salvación final que Dios está reservando para ellos, mientras siguen en el camino de la fe (1:4-5).

---

8. El significado de este versículo debe distinguirse de lo que Pablo dice en 1Co 3:2 y de lo que el autor de Hebreos afirma en Hebreos 5:12-14. La confusión viene, porque estos dos autores usan la metáfora de beber leche. Pedro tiene en mente el deseo de un bebé que quiere leche, mientras que Pablo habla de la inmadurez del creyente que solo bebe leche, como hacen los bebés; y el autor de Hebreos está pensando en algo similar a lo de Pablo: la leche es el primer alimento que los cristianos beben, y luego maduran hasta llegar a comer carne. En 1 Pedro 2 nada sugiere que la leche sea el alimento de los cristianos inmaduros; lo que Pedro hace es enfatizar el deseo de los bebés y le pide a Dios que sus lectores tengan ese mismo deseo por las cosas espirituales.

9. Ver J. R. W. Stott, *Let the Earth Hear His Voice*, 7.

10. J. R. Michaels, *1 Peter*, 89. Es muy poco probable que el término "salvación" signifique aquí "madurez cristiana" (W. A. Grudem, *1 Peter*, 96).

El *fundamento* de todo esto es que "habéis probado lo bueno que es el Señor" (2:3). El salmista exhortaba a sus lectores a "probar y ver que el Señor es bueno" (Sal 34:8). Pedro usa ese texto para explicar que el fundamento del deseo espiritual es que los creyentes ya han probado el alimento espiritual y saben que es bueno y delicioso.[11] Dado que el Señor satisface espiritualmente (de nuevo, una alusión a la conversión como fundamento de la ética; *cf.* Mt 11:25-30), sus lectores deben centrar sus vidas en el alimento y el crecimiento espiritual, porque a través de ese tipo de desarrollo es como alcanzarán la esperanza de su salvación.

Sexta exhortación: edificad una casa espiritual (2:4-5)

Un grupo de cristianos que anhelan el alimento espiritual irá formando parte de una casa espiritual. Al acercarse a Jesús, aquel que es bueno forma parte de la edificación de una casa espiritual. En estos dos versículos, Pedro presenta dos temas diferentes que elabora de la siguiente forma: (1) la doble respuesta a Cristo en sus ministerios tanto en la tierra como en el cielo (aceptación o rechazo, que trataremos en mayor profundidad cuando comentemos 2:6-8), y (2) la naturaleza espiritual de la iglesia (que desarrollaremos más al comentar 2:9-10).

Pedro exhorta a los creyentes a edificar una casa espiritual: "También vosotros sois como piedras vivas, con las cuales se está edificando una casa espiritual". Es preferible traducir "se está edificando" por "edificaos".[12] Las iglesias en Asia Menor tienen que verse como "piedras vivas", conectadas a la "Piedra viva" (2:4), y deben unirse (1:22–2:3) para poder convertirse en una casa espiritual. Es decir, en lugar de ser tan solo un grupo de marginados sociales, tienen que encontrar su identidad y cohesión en su relación espiritual con la Piedra viva. De hecho, Pedro dice que la iglesia es una "casa espiritual", es decir, el templo de Dios. Presumiblemente, ve ese templo como el sustituto del antiguo templo y como la nueva morada de Dios.

---

11. La palabra que traducimos "bueno" es *chrestos* y podría ser un juego de palabras, pues Mesías en griego es muy similar: *christos*.

12. C. Bigg, *Peter and Jude*, 128. La mayoría de estudiosos hoy entiende este verbo como indicativo; ver p. ej., J. R. Michaels, *1 Peter*, 100. Yo estoy de acuerdo con Bigg, porque encaja en una serie de imperativos (1:13, 15, 16, 17, 22; 2:2) y este sería el clímax ya que está en tiempo presente. Pedro tiene la costumbre de preparar el terreno para los imperativos mediante el uso de participios (*cf.* 1:13, 15-16, 22; 2:1-2).

La conexión espiritual que los lectores de 1 Pedro tienen con la Piedra viva es el fundamento de la casa espiritual que están edificando: "Al acercaros a él, la Piedra viva, rechazada por los seres humanos pero escogida y preciosa ante Dios", estableceréis esa conexión (2:4). Pedro tiene en mente los efectos de desear la leche espiritual pura; es decir que el deseo por el alimento espiritual es otra forma de animarlos a acercarse a Cristo para encontrar satisfacción espiritual.

Lo que Pedro dice aquí de Jesucristo es fundamental no solo en cuanto a su comprensión de Jesús mismo, sino a su comprensión de la vida cristiana. Fue rechazado por los hombres, pero escogido por Dios, del mismo modo en que sus lectores estaban siendo rechazados por los hombres. Más adelante los exhorta a mirar más allá de ese rechazo presente y a vislumbrar el último capítulo de esa historia, que será el capítulo en el que Dios los vindicará (ver 2:18-25; 3:18-22; 4:1-6). Esta reflexión sobre Cristo la desarrollaremos más cuando comentemos 2:6-8.

El *impacto* de la casa espiritual que están edificando es que se convierten en "un sacerdocio santo, para ofrecer sacrificios espirituales que Dios acepta por medio de Jesucristo" (2:5). El énfasis metafórico del ministerio que ellos tienen pone de manifiesto tanto la amplitud de la imagen como la falta de claridad en cuanto a lo que significa. ¿Qué es exactamente un sacrificio espiritual? La gran variedad de posibilidades nos impide defender una única respuesta. Lo más adecuado es pensar en algo como la lista de conductas típicas de las iglesias cristianas tempranas (p. ej., 4:7-11).[13]

Digresión sobre Cristo, el Mesías rechazado y aceptado (2:6-8)

Como hemos dicho arriba, estos versículos suponen un paréntesis de las exhortaciones que forman el centro de esta sección (1:13—2:10). Esta digresión tiene que ver con los temas de 2:4-5, especialmente lo que aparece en 2:4: el que fue rechazado por los hombres, pero considerado precioso por Dios. Al relacionar este tema con un texto del Antiguo Testamento (Is 28:16), Pedro deja claro que este tema ya había sido anunciado mucho tiempo atrás por el profeta Isaías.

---

13. Acertadamente, Ramsey Michaels lo describe como alabanza y como conducta a la vez; *1 Peter*, 101-2.

Primero, Pedro *cita* el texto:

> «Mirad que pongo en Sión
> una piedra principal[14] escogida y preciosa,[15]
> y el que confíe en ella
> no será jamás defraudado».[16]

De una sección en la que se habla de la obra soberana de Yahvé en la historia, a pesar de las apariencias (Is 28:1—37:38), Pedro extrae unos versículos de la primera profecía sobre Efraín. Los líderes de Israel han recibido grandes promesas, simbolizadas por la piedra puesta en Sión,[17] pero han optado por la desobediencia, la apatía y la indulgencia. Las promesas de Dios están fundadas en la ciudad misma, pero, como muestra el contexto, el pueblo no confía en Dios. Por tanto, la justicia divina los arrasará, llevando a cabo su "extraña obra" [juicio] (28:16-29). Así, los versículos en los que Pedro se basa hablan de la promesa de Dios de proveer una salvación, pero esa salvación no es aceptada por el pueblo.[18] Lo que Pedro ve en Isaías es una situación análoga a lo que ocurre con los contemporáneos de Jesús; del mismo modo en que los líderes de Israel rechazaron lo que Dios les ofrecía por medio de la piedra puesta en Sión, también la gente[19] en tiempos de Pedro rechaza a aquel que es precioso delante de Dios.

Deberíamos observar que, aunque la cita de Pedro solo es una palabra profética extraída del contexto de Isaías ("piedra"), a la hora de

---

14. La palabra que aparece aquí es la misma que encontramos en 2:4, solo que allí va acompañada del adjetivo "viva". La "piedra" o "piedra principal" de Isaías 28:16 se ha convertido en una "piedra viva" al cumplirse en Cristo. Sobre esto, *cf.* J. R. Michaels, *1 Peter*, 92 (bibliografía), 103-7.
15. Estas expresiones se corresponden con las palabras que se usan en 2:4.
16. La expresión "no será jamás defraudado" es una lítotes, figura retórica en la que se niega lo contrario de aquello que se quiere afirmar. Por tanto, "no será jamás defraudado" equivale a decir "recibirá gran gloria".
17. La expresión podría referirse a la ciudad (Is 2:2-4), a las promesas hechas a la familia de David (Sal 2:6; 118:22), o a Dios que es la piedra de Sión (Is 8:14). Lo que está claro es que la "piedra" se convirtió en un símbolo mesiánico (*cf.* Sal 118:22; Zac 3:9), y así es como Pedro la ve.
18. Sobre este texto, *cf.* Alec Motyer, *Isaías* (Andamio, 2005).
19. Pedro no está hablando solamente de la respuesta que los judíos dieron a Jesús cuando estuvo entre ellos. Su visión es más amplia, y se refiere a cómo todo tipo de gente está respondiendo a Jesús, ya sea en Roma o en Asia Menor. Ver también J. R. Michaels, *1 Peter*, 105.

aplicarla el apóstol tiene en cuenta todo el contexto. Aunque las palabras se pueden entender de forma positiva, está claro que Pedro ve en esta palabra de las Escrituras un contexto más amplio que muestra que la expresión propiamente dicha ha de entenderse según el sentido trágico que tiene en el texto veterotestamentario: Dios ha puesto la Piedra, pero los que caminan en Sion tropiezan con ella.

Luego, Pedro *aplica el texto* a la respuesta que la gente de su tiempo da a Jesús, ya sea en Asia Menor o incluso más allá (2:7-8). Para los que responden con fe ("para vosotros los creyentes"), la Piedra es "preciosa", del mismo modo que es "preciosa" para Dios (2:4).[20] Pero la respuesta de fe no la elabora hasta 2:9-10; ahora la atención de Pedro se centra en los incrédulos (2:7b-8). Y lo que hace es citar otros dos pasajes sobre la "piedra": Salmo 118: 22 e Isaías 8:14. Es decir, a la luz de estos dos textos interpreta de forma mesiánica esa Piedra viva puesta en Sión. A partir del Salmo 118:22, Pedro argumenta que Jesús ha llegado a ser mucho más que una piedra rechazada; ha llegado a ser "la piedra angular".[21] En cuanto a Isaías 8:14, Pedro se basa en un pasaje donde hay que temer a Yahvé, al Todopoderoso, porque será tanto para Israel como para Judá una piedra de tropiezo que hará que los hombres caigan. Para Pedro, la respuesta que los incrédulos dan a Cristo es la misma que Israel y Judá dieron a Yahvé, y por eso él se convirtió en una fuente de juicio, en lugar de salvación.

De este esbozo que acabamos de hacer se desprenden algunas observaciones. (1) La tragedia es que aquellos que pensaban que Jesús no era más que objeto del ridículo descubrirán que, aunque lo rechazaron, él se ha convertido en el pináculo de la casa de Dios (1P 2:7). (2) Está claro que Pedro tiene en mente la respuesta de sus contemporáneos a la predicación de la palabra, porque "tropiezan al desobedecer la palabra" (2:8b); "la palabra" hace referencia a la predicación del evangelio por parte de la iglesia y de Pedro mismo (*cf.* 1:12, 25; 2:9; 3:1; 4:17). (3) Nada de esto sorprende a Dios. Los que conocen las Escrituras saben que eso es "para lo cual estaban destinados". La

---

20. Muchos prefieren otra traducción (p. ej., W. A. Grudem, 1 Peter, 104-5), que vendría a decir: "Por tanto, para vosotros los que creéis hay honor".

21. La "piedra principal" es la primera piedra que se pone y que forma los ángulos y el fundamento de la estructura, mientras que la "piedra angular" es la última piedra que se pone en un edificio, que se convierte en la piedra culminante.

acción de Dios de designar a Jesús como la Piedra viva se ha convertido en honor para los creyentes y en juicio para los incrédulos; ese fue el plan de Dios, y todo ocurre según su voluntad.[22]

Digresión sobre la iglesia, el grupo que ha aceptado a Jesús (2:9-10)

Pedro se desvía una vez más de sus exhortaciones para desarrollar una idea que aparece de forma implícita en 2:4, y se menciona al principio de 2:7: la fe de los cristianos, y los resultados de esa fe. A diferencia de los incrédulos, que tropiezan con la piedra, los cristianos son el verdadero pueblo de Dios que da continuidad a los propósitos divinos que empezaron con Abraham y Moisés. Este es el pasaje veterotestamentario que más claramente asocia las expresiones que se utilizaban en el Antiguo Testamento para hablar de Israel con la iglesia del Nuevo Testamento. Pedro usa cuatro expresiones para describir a esta, seguidas de una declaración sobre su propósito. Y a continuación, añade una descripción más de la iglesia.

Cuatro descripciones de la iglesia. Como no es posible hacer un análisis detallado de cada uno de estos términos, ofrecemos aquí algunas observaciones generales.[23] Es importante recordar que se trata de descripciones veterotestamentarias de Israel (*cf.* Éx 19:6; Is 43:20-21), que ahora se aplican a la iglesia de Jesucristo y dan lugar a la importante enseñanza de que la iglesia es el cumplimiento y la continuación de Israel. Los propósitos de Dios en Israel no quedaron frustrados por el rechazo de los incrédulos ni por la crucifixión de Jesucristo; en absoluto, pues él ya había planeado ese suceso como piedra principal del nuevo pueblo de Dios que surgiría después de esa crucifixión y vindicación.

Menciono de pasada que estos cuatro términos no describen a los cristianos de forma individual, sino que describen a la iglesia como conjunto. Esta categoría fundamental es una "piedra de tropiezo" para los cristianos contemporáneos de Occidente, cuya cultura les

---

22. Ver J. R. Michaels, *1 Peter*, 107; ver también una explicación más teológica en W. A. Grudem, *1 Peter*, 107-8, y su extensa disertación explicando la perspectiva calvinista en pp. 108-10.

23. Encontrará un análisis más extenso en E. G. Selwyn, *1 Peter*, 165-68; J. N. D. Kelly, *Peter and Jude*, 95-102; L. Goppelt, *1 Peter*, 147-51; J. R. Michaels, 1 Peter, 107-13.

ha enseñado a pensar de una forma individualista.[24] Aquí, Pedro no está describiendo a los individuos cristianos como pueblo escogido o sacerdocio real, porque esas características solo corresponden a la iglesia. No obstante, la función de cada individuo es ser un reflejo de lo que el cuerpo es, así que los individuos cristianos pueden disfrutar del libre acceso a Dios (porque la iglesia está compuesta por personas que, juntas, son el sacerdocio).

El propósito de la iglesia. Pedro dice que el propósito de la iglesia es declarar "las obras maravillosas de aquel que os llamó de las tinieblas a su luz admirable". La iglesia, como conjunto, está llamada a anunciar las buenas noticias sobre la paz y el gozo que hay en Cristo. Aunque algunos interpretan que la palabra "declarar" o "proclamar" tiene aquí el sentido de "alabar", esa no es la conclusión más acertada si miramos otros momentos de la carta en que Pedro habla de evangelizar (1:12, 25; 3:1; 4:17).

La descripción definitiva de la iglesia. "Antes ni siquiera erais pueblo, pero ahora sois pueblo de Dios; antes no habíais recibido misericordia, pero ahora ya la habéis recibido". Pedro se apropia de la historia de Oseas y la aplica a la iglesia, aunque aquí las expresiones "ni siquiera erais pueblo" y "no habíais recibido misericordia" describe su pasado pagano, mientras que en Oseas estas expresiones describen el juicio de Dios sobre Israel por su desobediencia.

Esta digresión de Pedo acaba aquí, de forma abrupta. Esta sección ha seguido las exhortaciones que empezaron en 1:13 y acaba con una serie de digresiones sobre las diferentes respuestas a la predicación del evangelio: algunos rechazan la preciosa Piedra viva (Cristo), mientras que otros creen. El grupo de creyentes se ha convertido en la iglesia; en términos paulinos, "el verdadero Israel de Dios" (Gá 6:16). En 2:11, Pedro empieza una nueva sección.

Antes de empezar a aplicar las exhortaciones y las digresiones de Pedro a nuestra situación y a nuestras iglesias, tenemos que

---

24. Ver esp. R. Bellah, et al., *Habits of the Heart: Individualism and Commitment in American Life* (Nueva York: Harper & Row, 1985), esp. 142-63.

realizar una operación quirúrgica en nuestras mentes y corazones para ver por qué Pedro puede tener una visión tan elevada y profundamente positiva de la iglesia. No es que las iglesias a las que Pedro escribía fueran mucho más puras, más piadosas, más evangelísticas, practicaran mejor la alabanza y la comunión, o que fueran más teológicas que las iglesias contemporáneas. Estoy seguro de que una mirada detenida a esas iglesias sacaría a la luz los mismos problemas que encontramos en las iglesias de Pablo y las de la actualidad: la envidia y los celos, la perversión y la inmoralidad sexual, la insubordinación y la rebelión.[25] Para poder apreciar la perspectiva de Pedro sobre la iglesia de Cristo, es importante entender quiénes constituían aquella iglesia: un grupo de gente pecadora que había aceptado a Cristo como Salvador y que se había comprometido a vivir en obediencia. *Así, no hay ninguna diferencia con nuestras iglesias de hoy.*

Y eso nos hace preguntarnos lo siguiente: ¿Por qué criticamos tanto a la iglesia?[26] Sabemos que no hay necesidad de simular que tenemos todas las habilidades y todos los conocimientos que hacen falta para continuar. Tampoco tenemos que fingir que estamos vestidos de santidad, rectitud, justicia y misericordia. La iglesia puede mirar hacia adentro y denunciar sus pecados y sus defectos; los teólogos de la iglesia pueden hablar en contra de la depravación intelectual de la iglesia; y es de esperar que los profetas y los predicadores hablen de los problemas que hay en nuestro mundo. Pero la cuestión es: ¿con qué frecuencia sacamos este tema, y cómo criticamos cuando lo hacemos? La cuestión se vuelve aún más complicada cuando consideramos la

---

25. Ver Apocalipsis 2-3; Ignacio, las cartas a las comunidades de Éfeso, Magnesia, Trales, Esmirna, y su carta a Policarpo. El hereje Marción era de Sinope en el Ponto (una de las provincias mencionadas en 1:1).

26. Recientemente han aparecido muchos libros sobre lo que anda mal dentro del evangelicalismo y las iglesias. No digo que no haya que sacar a la luz nuestras debilidades y pecados; de hecho, creo que debemos criticar severamente todo eso, con miras a solucionar aquello que está mal. Pero también tenemos que mantener el equilibrio, criticar lo criticable, pero también hablar de la belleza de la esposa de Cristo. Los libros en los que estoy pensando son D. Wells, *No Place for Truth: Or, Whatever Happened to Evangelical Theology* (Grand Rapids: Eerdmans, 1993) y *God in the Wilderness: The Reality of Truth in a World of Fading Dreams* (Grand Rapids: Eerdmans, 1994); M. Noll, *The Scandal of the Evangelical Mind* (Grand Rapids: Eerdmans, 1994); el estudio actual parece remontarse a J. Davison Hunter, *Evangelicalism: The Coming Generation* (Chicago: Univ. of Chicago Press, 1987).

belleza inherente de la iglesia como la esposa de Cristo, como la comunidad de la gracia, y como el canal a través del cual Dios ha decidido expresar su gracia a este mundo. Cuando entendemos la naturaleza de la iglesia como Pedro describe aquí de una forma tan profunda, entonces, y solo entonces, tenemos permiso para criticar y batallar.

Pero antes de cruzar el puente y ponernos a evaluar nuestras propias iglesias, tenemos que ponernos al lado de Dios para ver cómo está construida la iglesia y descubrir su verdadera naturaleza. Actualmente vivimos en un ambiente de negativismo y de crítica tóxica, y parece que nos encanta intoxicarnos, pues cada vez criticamos y denunciamos más y más debilidades. Claro que hay debilidades; después de todo, la iglesia es una comunidad de *pecadores* redimidos. Quizá podríamos aplicar las palabras de C. S. Lewis a la iglesia y al mundo en general y no solo a las personas que hay dentro de una comunidad.

> Vivir en una sociedad de posibles dioses y diosas es algo grave, recordar que la persona más aburrida y sosa con la que hables podría llegar a ser, un día [en gloria], una criatura que, si la vieras en estos momentos, sentirías la fuerte tentación de adorarla, o un miedo atroz, como solo has conocido en las pesadillas.[27]

Lewis está diciendo que, cuando los seres humanos estén por fin en su estado eterno, tienen tanto potencial que, si pudiéramos verlos ahora, caeríamos de rodillas sobrecogidos, o huiríamos despavoridos llenos de terror. No es ninguna exageración pensar así de la iglesia y del mundo. Y si logramos orientar nuestros pensamientos en esta dirección, nos sentiremos avergonzados de la constante reprimenda que propinamos a la iglesia. Un día estará tan llena de la gloria de Dios y será un reflejo tan claro de la gloria de Cristo que deberíamos pensarlo bien antes de lanzarnos contra sus estructuras y subestructuras. Dicho de otro modo, antes de pasar a la aplicación, tenemos que arrepentirnos de toda la crítica que hacemos caer sobre la iglesia, iglesia que Cristo ha comprado y a la que le aguarda un gran futuro.

---

27. C. S. Lewis, *The Weight of Glory, and Other Addresses* (Grand Rapids: Eerdmans, 1965), 14-15. Este pequeño libro se publicó en Inglaterra bajo el título *Transposition and Other Addresses* (1949).

Otro tema importante antes de aplicar este pasaje es que debemos actualizar las imágenes para que puedan ser relevantes en nuestros contextos. Pedro usa algunas imágenes que no dicen demasiado al lector occidental actual. Términos como "piedras vivas", "un sacerdocio santo", "sacrificios espirituales", "nación escogida" y "real sacerdocio" son difíciles de entender, y, siendo complicado comprender su enorme belleza, no tendrán ningún impacto en nosotros. Tenemos que sentarnos, y consultar comentarios y las herramientas que hagan falta para llegar al fondo de estas imágenes. El predicador que, dirigiéndose a una congregación en la actualidad, presente estas imágenes como "ilustraciones de cómo hemos de vivir", es un predicador que no tiene ninguna sensibilidad cultural. Hay comentarios y diccionarios que nos ayudan a encontrar expresiones paralelas que aclaran su significado, y que nos ofrecen toda la información necesaria. Si queremos aplicar este texto a nuestros contextos, tenemos que utilizar todas estas herramientas.

Aunque no contamos con el espacio suficiente para explicar cada uno de estos términos, ilustraré lo que quiero decir, tomando como ejemplo "sacerdocio real". Muchos de mis lectores han crecido en un país donde no hay monarquía, y muchos no lo han hecho en el contexto de la iglesia (como es mi caso). A ellos, la expresión formada por las palabras "sacerdocio" y "real" no les dice mucho.[28] Para entender bien todo lo que encierra, tenemos que ver qué significaba entonces y qué analogías podríamos encontrar hoy.

Para el lector judío de aquel tiempo, formar parte de la realeza era algo que uno no podía decidir, pues ese estatus era algo que se heredaba; e imagino que la mayoría de judíos enseguida pensaron en la línea del rey David. Formar parte de la realeza era impensable si uno no pertenecía a la genealogía davídica. Para los lectores judíos, ese nuevo privilegio de formar parte de la realeza era una fantástica oportunidad, por metafórico que sonara. De nuevo, el evangelio cristiano ponía a todas las personas en un mismo nivel y les daba una posición en el reino de Dios que nunca habrían tenido. El lector del Imperio

---

28. Para el lector que sea católico-romano y que haya nacido en una monarquía, o el que sea anglicano y haya crecido bajo el sistema británico monárquico, la situación es diferente pues de forma natural podrán entender la imagen mucho mejor.

romano, pensaría de forma natural en el emperador y su familia. De nuevo, la mayoría de la gente vería esa posición como algo imposible de alcanzar; probablemente, algo que no deseaban en absoluto. Pero el mensaje del evangelio es que, al creer en Jesús, todas esas personas pasaban a formar parte de la familia del Rey Jesús, y, por tanto, de la realeza.

Pero Pedro añade a esa idea de realeza la del sacerdocio, y aquí tenemos que tener muy en cuenta el trasfondo judío. El apóstol no tiene en mente el sacerdocio de los paganos, sino el privilegio heredado de tener acceso directo a Dios.[29] Los sacerdotes provenían de familias escogidas de entre el pueblo de Israel, que servían a Dios como mediadores entre el pueblo y él. Ser sacerdote era un privilegio sin igual porque le permitía a uno el privilegio de entrar en los atrios y los lugares santos del templo para llevar ante Dios las preocupaciones de las personas, y aplicar el perdón divino.

Lo que tenemos aquí es, pues, un llamado diferente. Y es a la vez una función doble: gobernar al pueblo de Dios y servir como mediadores entre él y su pueblo. Denominar a todos los miembros de la nueva familia de Dios real sacerdocio significaba (1) tirar por tierra todo sentido de linaje y ascendencia, y (2) otorgarles a esas personas el rango más elevado que uno pudiera imaginar en el judaísmo: reyes y sacerdotes. Esa analogía no sirve en nuestro contexto, porque no existe el concepto de gobernar el pueblo de Dios (vemos a Jesús como el Rey de su pueblo, la iglesia) y porque sabemos que tenemos acceso directo a Dios a través de la obra de Cristo. No obstante, tenemos que imaginarnos el *increíble ascenso* que suponía esta imagen para quienes la entendían con todo su significado original. Y aquí está la aplicación: ser cristiano es recibir la posición más elevada de todas, porque hemos pasado a ser hijos del Dios del universo, y, como tales, tenemos acceso directo a él.

Para ayudarnos a comprender podemos encontrar en nuestro contexto posiciones similares a los reyes y los sacerdotes de los tiempos de Pedro. Así, podríamos pensar en un director ejecutivo, jefes de departamento o presidentes de instituciones o gobiernos y compararlos

---

29. Sobre el sacerdocio en el siglo I, ver E. P. Sanders, *Judaism: Practice and Belief. 63 BCE-66 CE* (Filadelfia: Trinity Press International, 1992), 77-118, 170-89.

con los trabajadores de menor categoría, los no especializados, y con los desempleados. Imagínate que fueras el presidente de tu país o que tuvieras una estrecha relación con él, o que fueras la figura religiosa más importante de tu país, o, que, de repente, pasaras a ser un director ejecutivo. Pues es como si en Cristo hubiéramos llegado a serlo: personas con privilegios únicos y duraderos, con una posición increíblemente mejor de la que teníamos antes, viviendo nuestras vidas ante el Dios santo y soberano, quien, por su gracia, nos ha hecho su pueblo para siempre. Él nos ha puesto en las posiciones más importantes de su reino: gobernar con Jesús y extender la gracia divina a los demás.

Otra cuestión que surge a la hora de interpretar este pasaje es nuestro individualismo inherente. Los estudios sociológicos del Nuevo Testamento demuestran que el mundo antiguo era mucho menos individualista que el nuestro.[30] Aunque creo que alguno de estos académicos han exagerado tanto el individualismo contemporáneo como el espíritu relacional de la Antigüedad, lo cierto no se puede negar: los antiguos pensaban de una forma menos individualista que nosotros.

Es decir, en la Antigüedad no se pensaba primero en uno mismo, y luego en el grupo al que se pertenecía (familia, iglesia, sinagoga, nación); pensaban a través de la mirada de los demás y tenían en cuenta cómo un hecho concreto iba a ser procesado por el grupo. Se veían a sí mismos a la luz de su relación con los demás. Así, Malina concluye que "si nuestro individualismo nos lleva a vernos como seres únicos, porque somos diferentes a otros seres únicos, las personas del siglo I se veían como seres únicos porque eran igual a las demás personas dentro de su grupo, que era diferente a otros grupos". Así es "una persona cuya identidad depende de su pertenencia al grupo".[31]

---

30. La idea se propuso en un artículo de investigación de H. Wheeler Robinson. Era un artículo breve, pero influyente, que recogía dos ensayos de 1936 y 1937. En 1980, Fortress Press lo revisó y lo publicó de nuevo (ver *Corporate Personality in Ancient Israel*, rev. Ed. [Filadelfia: Fortress, 1980]). Los eruditos han criticado este clásico, pero otros muchos lo siguen considerando una herramienta muy valiosa a pesar del paso del tiempo. Los estudios recientes más recomendados son B. J. Malina, *The New Testament World: Insights from Cultural Anthropology*, re., ed. (Louisville; Westminster/John Knox Press, 1993), esp. 63-89. Ver también J. J. Pilch y B. J. Malina, *Biblical Social Values and Their Meaning: A Handbook* (Peabody, Mass.: Hendrickson, 1993), 49-51 (bajo la entrada "dyadism").

31. B. J. Malina, *New Testament World*, 68.

La pregunta que se hacían al conocerse no era: "¿A qué te dedicas?", sino "¿Con quién estás emparentado?".

Hace poco, los profesores de Trinity fuimos de retiro, y en uno de los grupos de reflexión hablábamos de los estudiantes procedentes de otros países, y de cómo los profesores estadounidenses debíamos hacer un esfuerzo por entenderlos e impartir nuestras clases teniendo en cuenta su contexto. El Dr. Paul Hiebert hizo un comentario llamativo (incluso algo exagerado) que ilustra lo que estoy queriendo decir. Comentó que a muchos de los estudiantes africanos no les gusta sobresalir, no siempre luchan por conseguir la mejor nota que podrían obtener, y no les gusta demostrar su conocimiento respondiendo a las preguntas del profesor. Sugirió que la razón es que, en su cultura, *ser parte del grupo es más importante que destacar por encima de este*. Si Hiebert está en lo cierto, y mi experiencia con estudiantes africanos confirma su observación, entonces aquí tenemos una ilustración de cómo habrían actuado los judíos y los cristianos gentiles del siglo I.

Dicho de forma sencilla, *la mayoría de las aplicaciones de este texto se centran inmediatamente en su valor para la piedad individual, y rara vez lo hacen en su valor para la iglesia y la sociedad como conjunto*. Y ese tipo de interpretación nos impide (1) entender el texto antiguo en su plenitud, y (2) experimentar la verdadera naturaleza de la iglesia, que es una comunidad y no un grupo de individuos.

Por tanto, antes de seguir con la aplicación, tenemos que admitir que la forma en que describimos *el propósito de la iglesia* ha estado marcada, con demasiada frecuencia, por nuestras categorías culturales. Cuando la iglesia en EE.UU. se ve a sí misma en relación con un partido político u otro, cuando la iglesia británica se ve a sí misma a la luz de la cultura creada en Oxford y Cambridge, cuando la iglesia europea se ve a sí misma en relación a la economía de una Europa unida, o cuando la iglesia coreana ve a sí misma a la luz de su recuperación nacional, estamos haciendo una definición de la iglesia condicionada por la cultura. La iglesia recibe su identidad y su propósito del Señor y del Espíritu que la creó. Esa identidad y esos propósitos aparecen definidos en las Escrituras, y las culturas y subculturas modernas en las que nuestras iglesias locales o nacionales están no pueden quedar por encima de la Biblia. La cultura no puede definir ni determinar los parámetros de la iglesia, ni tampoco puede definir su misión. Cuando eso ocurre, la iglesia pierde su dirección, empieza a tambalearse, y, con el tiempo, cae en un estado de letargo y de ineficacia.

No estamos sugiriendo que la cultura en la que la iglesia está no tenga un efecto sobre su identidad o sus propósitos, porque eso sería ingenuo. Lo que estamos diciendo es que la cultura no puede determinar la misión de una iglesia; si esa iglesia quiere mantenerse fiel a su herencia y a su Señor, la cultura solo puede marcar el rumbo y las formas. La misión de la iglesia es exaltar al Señor, evangelizar el mundo, y edificar a los creyentes. Este es el tipo de misión que la Biblia le asigna. No obstante, la iglesia de hoy puede desviarse fácilmente, pero por medio de la reforma puede volver su camino original.

Nuestro pasaje trata esta cuestión, porque Pedro hace algunas declaraciones que son de gran alcance, pues son pertinentes en cualquier momento de la historia de la iglesia. Así, esta tiene que crecer en su salvación (2:3), ser una casa espiritual que ofrece a Dios sacrificios espirituales (2:5), y proclamar las obras maravillosas de Dios (2:9). Aunque estas no son las únicas "misiones" de la iglesia, la iglesia no es la iglesia si no está llevando a cabo estas "misiones". Sin embargo, la cultura tiene la capacidad de hacer que la iglesia adopte sus propios objetivos, y debemos aprender a discernir lo que Dios quiere que la iglesia y las iglesias hagan en el presente.

Significado Contemporáneo

Empezamos observando que una de las principales preocupaciones de Pedro en esta carta es "la relación entre la iglesia y el estado", aunque él no lo exprese con estas palabras. Este texto ofrece material clave para tener iglesias vivas y sanas. En concreto, parece que Pedro ve la relación de la iglesia con la sociedad en términos un tanto "sectarios". Es decir, según él, la tarea principal de la iglesia es la propia iglesia, su propia identidad, su propia formación, y no lo que pueda denunciar o mejorar del estado. La misión principal de la iglesia es crecer como una comunidad espiritual y proclamar las obras maravillosas de Dios. Pedro no niega que los cristianos puedan estar involucrados en la sociedad ni tampoco insiste (como hacen casi todos los movimientos sectarios) en que deban protegerse de los valores del mundo, apartándose de él. Sin embargo, su prioridad es "hacia adentro", y en ese sentido refleja lo que hoy en día los sociólogos y otros llaman un "planteamiento sectario" de la vida.[32]

Resulta que el mundo de Pedro y el nuestro no pueden ser más diferentes en cuanto a esta cuestión. Eso quiere decir que no debemos caer en importar su mundo (que para los occidentales de hoy no existe), y que lo que debemos hacer es importar la dirección teórica que ofrece para la iglesia. En la Biblia vemos que, en ambientes no cristianos, estos no deben preocuparse tanto por cambiar el entorno en el que están, sino por mantenerse fieles cualquiera que sea el entorno en el que se encuentren. De hecho, el Nuevo Testamento siempre sigue una misma línea: la enseñanza cristiana se preocupa por la teología y la conducta, y no por las instituciones y cómo deberíamos cambiarlas. En consecuencia, las tareas de la iglesia no están restringidas por una cultura concreta, sino que son transnacionales e universales. La misión de la iglesia tal como la define Pedro aquí ayuda, pues, a formar, junto a la enseñanza del resto del Nuevo Testamento, el fundamento de la misión de la iglesia que sirve para todas las épocas y para todos los lugares.

Dicho de otro modo, el lugar que Pedro da a la *formación espiritual* y a la *evangelización* nos habla claramente de cuál es el propósito principal de la iglesia en la sociedad. Lo que cambia de una cultura a otra es la forma en que eso se lleva a cabo. Por ejemplo, es probable que las iglesias de Pedro no hicieran grandes campañas evangelísticas en el centro de la ciudad, pero eso no quiere decir que las iglesias de Occidente no puedan hacerlo. Además, lo que Pedro escribe también define cuáles son las principales tareas de la iglesia. Desde sus inicios, la iglesia de Cristo estuvo comprometida con la formación espiritual y la evangelización. De hecho, podríamos decir que esas son las dos "misiones" de la iglesia de cara al ser humano, junto a su tarea

---

32. En el comentario de la siguiente sección, 2:11-12, veremos de forma detallada cómo se aplica una teoría sociológica moderna a 1 Pedro.

principal de dar la gloria a Dios por medio de la adoración individual y comunitaria.[33]

Lo que eso significa es que las demás tareas estarán subordinadas a esos objetivos o medios para alcanzarlos. Por tanto, a la hora de aplicar este pasaje en nuestro contexto, deberíamos empezar haciendo un análisis del propósito de la iglesia y de las iglesias locales teniendo en cuenta lo que Pedro pone sobre la mesa: la formación espiritual (2:2, 5) y la evangelización (2:7-8, 9).[34] El apóstol tiene en mente a un pueblo espiritual y evangelístico. Como dijo Richard Foster: "La maldición de nuestro tiempo es la superficialidad. La doctrina de la satisfacción instantánea es nuestro problema espiritual número uno. Lo que hoy necesitamos de forma desesperada no es gente más inteligente, o con más dones, sino *gente más profunda*".[35]

¿Cómo podemos cumplir esos propósitos? Haré sugerencias para ambos propósitos. Primero, *¿cómo podemos desarrollar la formación espiritual?* Esto empieza por nuestra teología, como David Wells ha demostrado muy acertadamente.[36] Tenemos que entender que la verdadera espiritualidad no es solamente una experiencia o una técnica, sino que es una relación de obediencia y confianza en el único Dios vivo, el Padre de Jesucristo, en que Cristo es el Hijo del Dios vivo, y en que él ha enviado al Espíritu Santo para guiarnos y nutrirnos en nuestra formación espiritual. Hasta que no entendamos la teología (y

---

33. Esa "adoración" no se limita al "éxtasis" o "canciones de alabanza" o "momentos de asombro". Ver D. Peterson, *Engaging With God: A Biblical Theology of Worship* (Gran Rapids: Eerdmans, 1992).

34. Un factor constante a la hora de aplicar la Biblia a nuestro mundo es la limitación de cualquier aplicación. Así, al aplicar este pasaje a la cuestión de la misión de la iglesia, no quiero sugerir que no haya más aplicaciones. El espacio nos obliga a centrarnos. Mencionaré alguna aplicación más: (1) la verdadera naturaleza del crecimiento de la iglesia (*cf.* 2:1-3, 5), (2) desear lo que es sano (2:1-3), (3) el problema de la incredulidad (2:4-8), y (4) la naturaleza de la iglesia (2:0-10). En esta sección titulada "Significado contemporáneo" nos podríamos haber centrado en cualquiera de estos temas.

35. Richard Foster, *Celebration of Discipline: The Path to Spiritual Growth* (San Francisco: Harper San Francisco, 1988), 1.

36. Los dos libros de Wells, *No Place for Truth* y *God in the Wilderness*, defienden de forma enérgica el papel fundamental que la teología juega en la salud (o en la alta de ella) de la iglesia. Muchos autores en la actualidad, como J. I. Packer, D. Bloesch y J. R. W. Stott, están diciendo lo mismo, aunque Wells reserva más espacio para interactuar con los análisis sociológicos modernos.

dejemos que impregne nuestro pensamiento y nuestra conducta) no desarrollaremos una verdadera formación espiritual. El genuino desarrollo cristiano viene como resultado de conocer al Padre, de participar en la obra del Hijo, y de someternos a la guía del Espíritu Santo.

Puede que el gran obstáculo, hoy día, para el desarrollo espiritual sea que la gente está demasiado ocupada. "En la sociedad contemporánea nuestro Adversario se especializa en tres cosas: el ruido, la prisa, y las multitudes". Si puede mantenernos ocupados en "muchas cosas" y "con mucha gente", estará más que satisfecho [...]. La prisa no es *del* diablo; *es* el diablo".[37] En el desarrollo de la madurez espiritual de nuestras iglesias, tenemos que pedir tiempo y concentración para acallar el ruido de la sociedad moderna y escuchar la melodía gloriosa de la Palabra de Dios. Y es más fácil conseguirlo en el contexto de una comunidad.

Por esta razón buscaremos la comunión cristiana en la iglesia de Jesucristo y encontraremos un lugar especial para nuestros hermanos y hermanas. Estableceremos un lazo especial con ellos y alimentaremos esas amistades en el contexto de la iglesia local. Aceptaremos la instrucción y la amonestación de otros hermanos, al igual que su comunión y su guía. Averiguaremos qué contribución (nuestros dones y habilidades) podemos hacer en esa comunidad, y daremos gracias a Dios por aquello que nos permita hacer. Nos dedicaremos a orar los unos por los otros, y juntos oraremos por cuestiones importantes.

Por esa razón, también buscaremos un lugar para la devoción personal, incluida la lectura regular de la Biblia y la oración, porque a través de esas disciplinas podemos conocer a Dios y su voluntad. Nos deleitaremos en el conocimiento divino y querremos aprender la verdad sobre nosotros mismos a la luz de este. En resumen, para que la formación espiritual tenga lugar, desearemos profundizar en la comprensión de la voluntad de Dios y su obra en este mundo (una visión teológica y cósmica de la realidad), desarrollaremos la comunión espiritual con otros cristianos, y nos dedicaremos por entero a las disciplinas tradicionales.[38]

---

37. R. Foster, *Celebration of Discipline*, 13.
38. Puede ser interesante leer el libro de D. Bonhoeffer *Vida en comunidad* (Salamanca: Ediciones Sígueme, 1992); R. Foster, *Celebration of Discipline*.

El desarrollo de la formación espiritual no requiere ninguna experiencia especial (como hablar en lenguas, experimentar un milagro, o adquirir formación reglada) ni tampoco exige necesariamente una técnica especial. Normalmente, las técnicas son un reflejo *a posteriori* de lo que hicimos antes de la experiencia en cuestión. La mayoría de las veces, no es la técnica la que produce un suceso, sino que Dios obra un acontecimiento que tenemos el privilegio de experimentar, porque estábamos esperando en el Dios que está dispuesto a dar. Pensar que por repetir unas ciertas palabras tendremos un encuentro más profundo con Dios no es más que una "versión cristiana" de la magia. Él se nos acerca de forma poderosa cuando así lo quiere. Como en Narnia, así ocurre con Dios: los niños no tenían ningún poder para hacer que el armario se convirtiera en un pasadizo hacia Narnia. A veces lo era. A veces no. Lo mismo ocurre con nuestra experiencia de Dios: algunas "técnicas" nos acercan unas veces a Dios, y otras no. Todo depende de Dios y su Espíritu.

¿Cómo podemos desarrollar un ministerio evangelístico en nuestras iglesias hoy? Una vez más, hay que empezar por la teología. Hemos de entender que hacer que la gente se acerque a él es el gran plan de Dios que hace que en los cielos resuenen alabanzas (Lc 15). Ese plan tiene poder y eficacia gracias al Espíritu Santo, cuya misión es convencer y convertir (Jn 16:8-11).[39] La evangelización siempre tiene como tema central la obra que Dios ha hecho por el ser humano en Jesucristo, en su vida, sus enseñanzas, su muerte y su resurrección. La evangelización no solo lleva a la gente a creer en Dios, sino a confiar en la cruz de Cristo y su resurrección. Esta epístola de Pedro lo explica de una forma admirable: el apóstol les dice a sus lectores que si deben tener un comportamiento cristiano es porque han sido redimidos por la sangre de Cristo (1:18-19), y que la cruz es el modelo de conducta cristiana (2:21-25). Además, espera infundir en sus lectores una esperanza anclada en la resurrección de Cristo (1:3).

La evangelización se encalla cuando está basada en una teología superficial y gastada; si no hay una clara comprensión de la santidad de Dios que desenmascara la pecaminosidad del ser humano, y si no

---

39. Ver D. F. Wells, *God the Evangelist: How the Holy Spirit Works to Bring Men and Women to Faith* (Grand Rapids: Eerdmans, 1987), esp. xi-xvi, 1-15, 28-47.

hay una clara comprensión del amor divino mostrado en la cruz y la resurrección, los cristianos no pueden declarar que conocen la verdad. Y si no hay una convicción de que la conversión tiene lugar por medio de la obra del Espíritu Santo, los cristianos recurrirán a técnicas y a la manipulación. Pero cuando estamos ante la grandeza de la Trinidad (Padre, Hijo y Espíritu Santo), los cristianos podemos proclamar fervientemente la verdad del evangelio y descansar en Dios que es quien obra la conversión.[40]

Pero al decir que la teología es el fundamento, no queremos olvidar el importante papel de la iglesia en la predicación del evangelio. Llegados a este punto, hay dos dimensiones que debemos enfatizar: el evangelio crea la iglesia, y luego la iglesia recibe la tarea de predicar el evangelio.

> El evangelio es el mensaje de la salvación de Cristo; la iglesia es su expresión comunitaria más importante. Por tanto, la verdad sobre Cristo y su muerte debería expresarse en la iglesia de forma tangible. Así, el evangelio que creó la iglesia debería también ser la práctica de la iglesia.[41]

Los métodos y las técnicas son importantes en la evangelización siempre que queden subordinados a la confianza en que Dios hace la obra y que el Espíritu convierte a las personas. No importa si uno ha sido formado para evangelizar usando tratados o mediante la técnica de un evangelista conocido. Lo que importa es la persona que está evangelizando. Un buen método en manos de un evangelista mediocre puede causar mucho daño, de igual forma que un método mediocre en manos de un buen evangelista puede servir de mucho. Estoy firmemente convencido de que los cristianos maduros no necesitan "métodos ni técnicas", igual que el carpintero experimentado tampoco necesita instrucciones sobre cómo utilizar una sierra o un taladro. Un evangelista experimentado confía en Dios, discierne por medio del

---

40. El gran evangelista del siglo XX fue Billy Graham. Su ministerio es testimonio tanto de la eficacia del evangelio de Cristo crucificado como del papel subordinado que las técnicas desempeñan en su predicación del evangelio. Encontrará una evaluación honesta en la brillante biografía de W. Martin, *A Prophet with Honor: The Billy Graham Story* (Nueva York: William Morrow, 1991).

41. D. F. Wells, *God the Evangelist*, 54.

Espíritu a la persona a la que le está hablando, y sabe (como Jesús) cómo adaptar el mensaje a esa persona y situación.

A continuación expresaré estas preocupaciones sobre la misión de la iglesia de la evangelización de una forma más pedagógica. (1) Para formar a evangelistas, lo que la iglesia local tiene que hacer es enseñar a sus miembros una visión completa del evangelio, y asegurarse de que quienes evangelizan sean cristianos genuinos y buenos conocedores del mensaje.[42] Aunque he visto a recién convertidos que, en su celo por convertir a otros, han ofrecido los argumentos más teológicos que he oído jamás.

(2) Tenemos que enseñar a nuestras iglesias y evangelistas a que tengan una comprensión profunda del mundo en el que vivimos y de la cultura en la que vivimos, desde el materialismo hasta su diversidad cultural. No estoy diciendo que los evangelistas tengan que ser psicólogos, sociólogos y filósofos, pero los análisis que se hacen en esas disciplinas ayudarán al evangelista a entender mejor a sus oyentes. Un evangelista sensible puede darse cuenta de que una persona está muy influenciada por una filosofía materialista concreta, y entonces explicarle el mensaje de la Biblia sobre la temporalidad de las riquezas de este mundo. Comprender a la gente, o lo que llamamos empatía, es imprescindible para una evangelización sólida. Pero en última instancia, de lo que hablamos es del discernimiento espiritual: discernir qué es lo que una persona concreta necesita escuchar, cuando le estamos explicando el evangelio.

(3) Por último, cuando enseñamos a las iglesias sobre la evangelización, tenemos que darle prioridad a la oración y a la dirección espiritual. Tenemos que hacer hincapié en que, como es obra de Dios, tenemos que estar en sintonía con Dios; como es el Espíritu el que convence, tenemos que depender del Espíritu; y como es la cruz del Hijo, tenemos que centrarnos en la obra gloriosa de Cristo.

---

42. No quiero decir que alguien recién convertido no pueda evangelizar; de hecho, con frecuencia los más entusiasmados con su fe son los recién convertidos, y por eso comparten el evangelio de forma completa. Esa evangelización basada en el testimonio personal es vital, pero si queremos que dure y que llegue más allá del círculo de amigos, debemos convertirla en un modo de operar más completo. Y en ese contexto, un buen tratado puede ser útil, porque hace que el interesado centre su atención en una serie de afirmaciones, y no solo en la opinión personal del evangelista.

1 Pedro 2:11-12

Queridos hermanos, os ruego como a extranjeros y peregrinos en este mundo, que os apartéis de los deseos pecaminosos que combaten contra la vida. Mantened entre los incrédulos una conducta tan ejemplar que, aunque os acusen de hacer el mal, ellos observen vuestras buenas obras y glorifiquen a Dios en el día de la salvación.

Sentido Original — Este es el pasaje central de 1 Pedro. Se ha dicho que resume todo lo dicho anteriormente y que es la afirmación sobre la que se basan las exhortaciones éticas que aparecen a continuación. Creo que verlo como un resumen de la carta hasta este punto es una exageración, pero es cierto que la expresión "extranjeros y peregrinos" recoge muy bien la comprensión de las cosas que hay detrás de todas las exhortaciones. Es decir, aunque 2:11-12 no sea un resumen de la teología de 1:3-12, sí sintetiza la condición social de los creyentes y, basándose en ello, infiere la naturaleza de la vida cristiana en la sociedad.

El resumen temático de esos versículos está organizado de la siguiente manera: (1) la condición presente de los lectores de la epístola (2:11a), (2) una exhortación a tener una buena conducta (2:11b), y (3) el propósito de tener esa buena conducta (2:12).[1] Además, lo que aparece en estos versículos es clave para el resto de la epístola: los cristianos deberían llevar vidas ejemplares en medio del sufrimiento, porque esa conducta da gloria a Dios. Esos temas irán saliendo más adelante, aunque no con la misma extensión. De hecho, estos dos versículos son un resumen temático de las situaciones concretas en las que se encuentran los cristianos y que se exponen a continuación: (1) en su relación con el gobierno (2:13-17), (2) en su relación con sus amos (2:18-25), (3) en su relación con sus maridos no creyentes (3:1-6), (4) en su relación con sus esposas (3:7), y (5) en su relación

---

1. La primera proposición de 2:12 es un resumen de 2:11b, pero expresado en positivo: apartarse de los deseos carnales (negativo) se convierte en tener una buena conducta (positivo).

con la familia de Dios (3:8-12). Acto seguido, aparece el tema del sufrimiento de forma más desarrollada en 3:13—4:6, seguido de una exhortación a la familia de Dios que pone punto y final a las exhortaciones (4:7-11).

La condición de los creyentes (2:11a)

La exhortación de Pedro a los creyentes de apartarse del pecado y de vivir vidas santas tiene su base en su condición de "extranjeros y peregrinos".[2] Como ya dijimos en la Introducción y en el comentario de 1:1, 17, estoy de acuerdo con los que sostienen que Pedro tiene en mente la *condición social* de los creyentes a los que escribe. Es decir, esta descripción no hace referencia a su "peregrinaje de esta vida a la siguiente", sino a su condición social: gente sin residencia permanente en el Imperio romano y, por tanto, desprovista de derechos. Son, literalmente, "huéspedes y residentes temporales".[3] No hay muchos elementos para determinar si esa era su condición social antes de convertirse al cristianismo, o si fue consecuencia de su conversión, decisión que presumiblemente les hizo perder una condición social mejor. Como la carta no menciona que antes tuvieran una posición mejor ni que ahora estén en una situación más desfavorecida, lo más probable es que su condición social sea anterior a su conversión.[4] Como quiera que sea, ahora no tienen ningún tipo de privilegio ni de poder, y no tenemos ninguna prueba para defender que su situación sea peor por haberse convertido a aquella nueva secta que se había extendido por Asia Menor y por todo el Imperio romano.

---

2. La NVI añade "en este mundo", pero esta expresión ni aparece en el texto ni permite al lector decidir por sí mismo si la descripción es metafórica o literal (ver el comentario de 1:1-2).

3. J. R. Michael argumenta que esta expresión es una evidencia más de que Pedro estaba intentando describir a la iglesia como Israel (1 Peter, 116). Hace referencia al Salmo 39:12. Deberíamos observar que si (1) Pedro está aludiendo a ese pasaje (a mí me parece bien claro que así es) y (2) si ese pasaje debe entenderse como una referencia a la condición de refugiados, entonces el significado de los términos que aparecen en el pasaje de 1 Pedro es social, y describe a un grupo de cristiano que están siendo perseguidos. Sobre esta interpretación del salmo ver H. J. Kraus, *Salmos 1-59: A Commentary*, trad. H. C. Oswald (Minneapolis: Augsburg, 1988), 419.

4. En 1 Pedro 4:4 es posible ver una referencia a un cambio de condición social. Pero la cuestión es que no está nada claro.

El mensaje de Pedro es el siguiente: los que están en la parte inferior de la escala social deben tener una conducta ejemplar, porque se les puede tratar de forma injusta por cualquier cuestión, por pequeña que sea. Por tanto, Pedro enfatiza que los cristianos socialmente desfavorecidos deberían vivir haciendo lo correcto para que los que estén por encima de ellos, y en su contra, no tengan motivos reales para acusarlos o perseguirlos. Además, el apóstol quiere que vivan una vida ejemplar para ofrecer una alternativa atractiva al estilo de vida pagano (*cf.* 2:12; 3:1). Ese estilo de vida incluso podría llevar a algunos a tener el mismo destino que ese Mesías judío, Jesucristo.

La exhortación a una buena conducta (2:11b)

La exhortación de Pedro en este versículo está expresada con una frase negativa, y en 2:12a con una frase afirmativa. Esa repetición le permite transmitir la misma idea desde dos ángulos. La prohibición refleja el tema paulino de la lucha entre la carne y el espíritu (*cf.* Ro 8:1-14; Gá 5:16-25). Los cristianos deben apartarse de los "deseos pecaminosos", porque estos "combaten contra el alma". "Alma" tiene aquí el mismo significado que la palabra "espíritu" cuando Pablo la usa para referirse a esa dimensión del ser humano que se relaciona con Dios.[5] Así, Pedro anima a sus lectores a apartarse del placer temporal de las pasiones pecaminosas físicas, porque esos impulsos les impiden vivir una vida espiritual. Por tanto, apartarse de las pasiones carnales es la dimensión negativa de vivir una vida santa y obediente.

El propósito de su buena conducta (2:12)

Ahora, Pedro describe los problemas de sus lectores de una forma tan concreta que es como si esta carta se convirtiera en un espejo de las condiciones de vida de los cristianos en Asia Menor. Si viven vidas piadosas e intachables en el entorno hostil en el que están, aunque los paganos los acusen de hacer el mal, podrán ver la buena conducta de los cristianos, y ese mismo comportamiento juzgará al mundo incrédulo.[6]

---

5. Sin embargo, J. R. Michaels concluye que el término es equivalente a "vida" (ver *1 Peter*, 116-17), al igual que la NVI en castellano. Y sugiere que Pedro tiene en mente cosas como "la comodidad, la autoprotección, la autogratificación" (117).

6. Bruce Winter, en su obra *Seek the Welfare of the City: Christians as Benefactors and Citizens* (FCGRW 1; Gran Rapids: Eerdmans, 1994), ve estos actos de bondad

En el versículo 12, Pedro repite en primer lugar la exhortación ética de 2:11b, solo que esta vez lo hace construyendo la frase de forma afirmativa, ofreciendo así el *fundamento* (2:12a): "Mantened entre los incrédulos una conducta tan ejemplar...". La reputación era una cuestión tan delicada entonces como lo es ahora; una mala reputación te cerraba las puertas en la vida. Los cristianos de aquel momento eran gente sospechosa, así que desarrollaron una ética intachable para que sus enemigos no tuvieran ningún fundamento para atacarlos.[7] Pedro desarrolla esa "buena conducta" tratando los temas siguientes: someterse a las autoridades, trabajar de forma honrada ante los amos, amar al cónyuge, y vivir con armonía los unos con los otros (2:13-3:12).

Pedro sitúa esa ética y reputación en un contexto concreto que es, de hecho, un *problema* específico (2:12b):[8] "aunque os acusen de hacer el mal". Aunque los cristianos de Asia Menor vivían vidas ejemplares, al parecer los acusaban injustamente de hacer el mal. Pedro menciona este tema en varias ocasiones: había gente insensata que hablaba de ellos sin saber (2:15), había criados que estaban siendo maltratados (2:18-21), parece ser que había problemas en los matrimonios (3:1-7), y muchos creyentes tenían que soportar insultos y eran perseguidos injustamente (3:9, 13-17; 4:12-16). Pedro anima a sus lectores a vivir de forma prudente y honrada cuando los acusen injustamente, y a que se abstengan de insultar a sus injustos acusadores.[9]

Y Pedro ofrece de nuevo la *alternativa* (2:12c): "que [...] ellos observen vuestras buenas obras"; pero esta vez añade el resultado: que sus perseguidores "glorificarán a Dios en el día de la visitación" (2:12d). El significado de "glorificar a Dios" está bien claro; sin embargo, el

---

como actos de beneficio para el bien cívico que permiten a los ciudadanos ver que los cristianos son gente buena y útil para la sociedad.

7. En el Nuevo Testamento encontrará referencias al tema de la reputación y la buena conducta en Mt 5:16; 1Co 10:32; 2Co 1:12; Col 4:5; 1Ts 4:12; 1Tim 3:7; 5:14; 6:1; Tito 2:5, 8, 10. Ver C. Spicq, "ἀναστροφη,", en *Theological Lexicon*, 1.111-14; G. Ebel, "Walk", *NIDNTT*, 3:933-35.

8. El lenguaje de Pedro es muy preciso. Literalmente dice: "por *esas mismas cosas* [por las que] os acusan de hacer el mal, ellos, al ver vuestras buenas obras, pueden glorificar a Dios...". Es decir, esas cosas que usan como pretexto para acusarlos se vuelven contra ellos en el día de la vindicación por parte del Señor. Ver J. N. D. Kelly, *Peter and Jude*, 105; J. R. Michaels, *1 Peter*, 117.

9. Ver Orígenes, *Contra Celso*, 6.14-15, donde encontrará un ejemplo relativamente cercano de ese tipo de acusaciones injustas.

significado de la expresión "en el día de la visitación" es más difícil de determinar.[10] La ambigüedad de esa expresión ha llevado a los intérpretes a dos posturas principales: (1) el día de su conversión, estimulada por las buenas obras de las cristianos, o (2) el día del juicio, en el que se juzgó a los incrédulos y estos se dieron cuenta de que estaban equivocados cuando acusaban a los creyentes (Is 10:3; ver también Éx 32:34; Jer 6:15; 10:15; 11:23).[11]

Aunque Pedro ve que las buenas obras pueden llevar a alguien a la conversión (3:1), lo cierto es que la respuesta más normal de los no creyentes ante las buenas obras de los creyentes no es la conversión. Por eso, Pedro también habla del juicio que viene sobre el mundo incrédulo (*cf.* 2:15, 23; 3:9-12; 4:5, 17). En 3:16, que contiene elementos sorprendentemente similares a los que encontramos en 2:12, la expresión clave es "se avergüencen", que claramente habla de juicio (Sal 40:14; 69:4-7, 19-20; 83:16-18; Ro 9:33; 1Co 1:27).[12] Como conclusión, aunque existen algunas evidencias a favor de que Pedro cree que algunos incrédulos pueden llegar a convertirse al ver la buena conducta de los cristianos, es mucho más probable que aquí esté hablando del día del juicio, el día en el que el Señor vindicará la buena conducta de los cristianos y hará que los que hablaban mal de ellos se den cuenta de que estaban equivocados.

Construyendo Puentes

Cuando pensamos en aplicar el texto, se nos presenta un serio problema debido a que las dos interpretaciones sobre los receptores de la carta son completamente diferentes: una describe la vida cristiana como un peregrinaje en la tierra, y la otra describe la situación social de los creyentes que necesitan aprender

---

10. Literalmente, la expresión griega se puede traducir por "en el día de la visitación" y probablemente esté citando Isaías 10:3, donde claramente se habla de un día de juicio.

11. Los estudiosos están divididos en cuanto a cuál de estas dos es la interpretación correcta: los autores que abogan por *salvación* son J. N. D. Kelly, *Peter and Jude*, 106-7; L. Goppelt, *1 Peter*, 159-60; W. A. Grudem, *1 Peter*, 116-7; entre los que abogan por *vindicación y juicio* están F. J. A. Hort, *1 Peter*, 137-38; W. C. van Unnik, "TheTeaching of Good Works in 1 Peter", *NTS* 1 (1954): 92-110; P. Davids, *1 Peter*, 97.

12. Ver H. G. Link, "Shame, Respect", *NIDNTT*, 3:562-64.

cómo vivir en un mundo difícil. ¿Qué hacemos cuando pensamos que hay más de una interpretación razonable del pasaje? Otro ejemplo de este problema lo vemos en 2:12, donde según algunos tenemos una referencia, y según otros, al juicio. ¿Qué hacemos donde hay más de una interpretación? ¿Aplicamos las dos?

En primer lugar, tenemos que ver si ambas opciones aparecen en el resto de la Biblia o en la teología cristiana. En el caso de que la respuesta sea positiva, está bien (desde la perspectiva teológica, aunque no necesariamente desde la exegética) aplicar ambas interpretaciones. Si concluimos que una de las dos opciones no se enseña en ningún otro lugar de la Biblia y hay dudas considerables de que refleje lo que se enseña en el pasaje que estamos considerando, entonces tenemos que actuar con precaución. Si tomamos el ejemplo de 2:12, la Biblia claramente enseña que el comportamiento cristiano lleva a otros a seguir a Jesús (este es, de hecho, el testimonio de muchos cristianos a los largo de la historia de la iglesia) y a tener criterio en el juicio final (*cf.* Mt 25:31-46). Así, nos moveríamos dentro de la verdad optáramos por la interpretación que optáramos, aunque con el tiempo descubriéramos que habíamos interpretado el pasaje incorrectamente. No obstante, siempre tenemos que esforzarnos por interpretar el pasaje correctamente y usar para la aplicación la interpretación más evidente.

En segundo lugar, creo que *no es sabio* pretender que todos los pasajes van a tener dos significados posibles. En ocasiones (aunque en muy pocas), un autor puede haberle dado a algo un doble sentido, pero en la mayoría de las veces en que la gente pretende hacer dos aplicaciones diferentes de un mismo pasaje, eso no es lo que ocurre. Cuando hay un doble sentido que está en el texto, porque claramente era la intención del autor, entonces hay dos significados. Pero cuando no está claro, tenemos que encontrar un único significado.

Sin embargo, ¿qué hacemos cuando hay al menos dos significados posibles y no sabemos por cuál optar? En nuestra búsqueda del significado original hemos de ser prudentes.[13] Si estamos indecisos,

---

13. La obra de referencia sobre este tema es E. D. Hirsch, Jr., *Validity in Interpretation* (New Haven: Yale Univ. Press, 1967); ver también su obra *The Aims of Interpretation* (Chicago: Univ. of Chicago Press, 1976); W. Klein, C. L. Blomberg, R. L. Hubbard, Jr., *Introduction to Biblical Interpretation* (Dallas: Word, 1993), 117-51; G. R. Osborne, *The Hermeneutical Spiral: A Comprehensive Introduction to Biblical*

deberíamos decir que estamos indecisos, y eso es mucho mejor que estar seguros de dos o más significados. Esto ocurre cuando un intérprete ofrece un significado y lo aplica, y luego se gira y dice: "O el pasaje podría significar esta otra cosa, y en ese caso la aplicación sería...". Este proceder puede llevar a los creyentes a pensar que el pensamiento preciso y sólido no es importante, y que lo único que tenemos que hacer es mirar desde la distancia, y ofrecer significados alternativos. Un autor escribe para transmitir algo; es cierto que la distancia en el tiempo hace que la transmisión y la interpretación bíblica no siempre resulten fáciles, pero no podemos caer en un modelo interpretativo donde "todo vale". Debemos esforzarnos por averiguar el significado que el autor tenía en mente, y, como R. H. Stein dijo: "Cada texto tiene un significado, el significado que conscientemente el autor quiso plasmar...".[14] Esto significa que nuestro objetivo debería ser buscar un solo significado cuando empezamos a interpretar, y cuando aplicamos, aplicar ese único significado.

No obstante, abogar por un solo significado no elimina la posibilidad de que el autor tuviera en mente un doble sentido. En nuestro pasaje, si uno pudiera establecer que hay un doble sentido, podría aplicar los dos significados (salvación y juicio). Pero no conozco a ningún comentarista que al comentar 1 Pedro 2:12 defienda que haya un doble sentido. Así, tenemos que elegir uno u otro, o reconocer que no nos podemos decidir por ninguno. Lo que no podemos hacer es defender ambos sentidos, especialmente porque son mutuamente excluyentes.

Mi experiencia me lleva a pensar que la mayoría de las veces, el intérprete se acaba identificando más con una de las interpretaciones. Si sigue analizándola, le dedica más tiempo y apura más las exégesis, el intérprete se acaba decantando por una interpretación más que por otra. Me temo que con demasiada frecuencia se llega a interpretaciones pobres, porque el intérprete no dedica el tiempo suficiente para analizar los indicios de forma cuidadosa, y, en ese caso, deberá examinar si le está dedicando el tiempo suficiente a estudiar la Biblia. También deberíamos preguntarnos si estamos siendo responsables

Interpretation (Downers Grove, Ill.: InterVarsity, 1991), 366-415; R. Stein, _Playing by the Rules: A Basic Guide to Interpreting the Bible_ (Grand Rapids: Baker, 1994), 17-36.

14. R. H. Stein, _Playing by the Rules_, 36.

con nuestra tarea de predicar o de enseñar, si no estaremos dedicando tiempo suficiente a analizar las evidencias detenidamente para llevar a conclusiones sólidas.

Hoy día, muchos intérpretes de la Biblia están enriqueciendo su análisis experimentando con otras disciplinas del área de humanidades para obtener una perspectiva más completa del contexto de la Biblia y ver cómo aplicar ese texto a nuestro contexto.[15] Anteriormente, los intérpretes se formaban en lenguas y lingüística, filosofía y teología; pero la experiencia contemporánea nos demuestra que la vida es más de lo que esas disciplinas recogen (aunque no quiero minimizar su importancia, pues son las disciplinas prioritarias para la interpretación bíblica). Así, los estudiosos de la Biblia están usando hoy teorías literarias, la sociología y la psicología para enriquecer sus aproximaciones lingüísticas, filosóficas y teológicas. También están aplicando las teorías más complejas para entender a los autores (teorías narrativas) y a los lectores (teorías orientadas al lector). Me gustaría ofrecer aquí un ejemplo de cómo podría usarse de forma fructífera un modelo sociológico moderno para entender 1 Pedro.

La teoría que propongo que usemos es la de B. J. Siegel.[16] El objetivo de esta teoría es entender a una "secta religiosa" analizando cómo se protege un movimiento religioso en un ambiente hostil. No creo que haya mucha gente que refute la idea de que la carta de Pedro esté dirigida a un grupo de iglesias que se encuentra en un ambiente hostil, y la mayoría me perdonará por usar el término *secta* en su sentido sociológico.[17] Este tipo de modelos nos proporciona unas lentes nuevas para ver la información que ha pasado desapercibida o que ya

---

15. Encontrará un resumen en Klein, Blomberg, Hubbard, *Biblical Interpretation*, 427-57.

16. B. J. Siegel, "Defensive Structuring and Environmental Stress", *AJS* 76 (1970): 11-32. Sobre cómo los estudiosos están adaptando la sociología al estudio del Nuevo Testamento, ver C. Osiek, *What Are They Saying About the Social Setting of the New Testament?* (Nueva York: Paulist, 1984); B. Holmberg, *Sociology and the New Testament: An Appraisal* (Minneapolis: Fortress, 1990); H. C. Kee, *Knowing the Truth: A Sociological Approach to New Testament Interpretation* (Minneapolis: Fortress, 1989); encontrará una introducción más breve en T. E. Schmidt, "Sociology and New Testament Exegesis", en *Introducing New Testament Interpretation*, ed. S. McKnight (Grand Rapids: Baker, 1989), 115-32.

17. Teológicamente hablando, normalmente se usa el término *secta* para designar a grupos que han dejado de ser ortodoxos. Aquí, yo uso *secta* en el sentido de "un

teníamos, bajo una nueva perspectiva. Cuando aplicamos el modelo de Siegel, algunos elementos de 1 Pedro se ven con mayor claridad que antes de aplicar el modelo. La única hipótesis necesaria para aplicar este modelo a nuestro texto es la siguiente: los grupos se comportan de una forma similar cuando se encuentran en una situación de estrés.[18] Y queremos enfatizar la palabra "similar", porque la palabra "idéntica" no es la apropiada por ser demasiado determinista. Los grupos se adaptan de formas similares, pero no de formas idénticas.[19]

La teoría de Siegel. La teoría de Siegel describe las técnicas de adaptación que los grupos específicos usan cuando perciben estrés o cualquier situación que amenaza su existencia. Es decir, se estructuran entre ellos para formar una defensa y así preservar aquello que los caracteriza. Siegel establece cuatro estrategias típicas: (1) ese tipo de grupos muestran un control autoritario sobre sus miembros y lo hacen creando una élite de líderes; (2) tienen un alto índice de endogamia (contraer matrimonio solo con miembros del grupo); (3) cultivan símbolos de identidad cultural; y (4) adoctrinan a sus jóvenes para

---

grupo religioso que se separa de otro"; no lo uso con una connotación negativa. En este sentido, la iglesia cristiana es una secta del judaísmo.

18. La teoría de Siegel nace tanto de su lectura como de su observación de diferentes tipos de grupos, incluidos los grupos religiosos. Un libro que ha utilizado el modelo de Siegel para aprender más de los *amish* es D. B. Kraybill, *The Riddle of Amish Culture* (Baltimore: The John Hopkins Univ. Press, 1989), 18-20.

19. Podríamos ilustrar todo lo que aquí estamos diciendo con muchos ejemplos tanto de la literatura cristiana temprana como de los grupos sociales de la actualidad. Pero no tenemos el espacio para hacerlo. No obstante, un ejercicio que los profesores podrían pedir a sus alumnos consistiría en buscar evidencias de todo lo que estamos diciendo en varios libros del Nuevo Testamento. En Trinity, en la clase de "Aproximaciones sociológicas al Nuevo Testamento", asigné a cada estudiante varios libros del Nuevo Testamento y la tarea que tenían que hacer consistía en informar al resto de la clase de sus hallazgos en "estructura defensiva". Todas las presentaciones generaron un debate interesante y, en general, un reconocimiento de lo que teorías como la de Siegel pueden aportar al intérprete de la Biblia. Para mi comentario, me he beneficiado de los trabajos de tres de mis estudiantes (Curt Coddington, Tim Freeman y Thomas Fode).

Huelga decir que el modelo de Siegel ha recibido críticas, como por ejemplo que la misma carta en ocasiones contradice algunos aspectos menores del modelo. No obstante, esta sección de mi comentario no es un análisis a gran escala del modelo de Siegel, sino tan solo un ejemplo de que deberíamos apreciar la aportación de ciertos modelos.

tenerlos controlados.[20] Así, cuando un grupo se siente amenazado por otros (como les ocurría a las iglesias de Pedro), usarán esa amenaza para motivar al grupo a defenderse contra la invasión, la corrupción y la disolución. De este modo, el grupo solidifica su identidad y preserva su vida.

Detengámonos ahora a comparar este modelo con las evidencias que encontramos en 1 Pedro. (1) No hay duda de que las iglesias a las que Pedro escribe están en una situación de estrés. Estaban pasando por diversas pruebas[21] (1:6), las estaban atacando verbalmente (2:12-23), los siervos tenían que enfrentarse a amos insoportables (2:18), y había esposas que tenían maridos no creyentes (3:1-6). Resumiendo: estaban siendo perseguidos (3:13-17; 4:1-6, 12-19). Lo normal es que las iglesias respondieran a esta amenaza de un modo que preservara su identidad y asegurara su continuidad. Y, por ello, Pedro escribe esta carta.

(2) También tenemos que observar las diferentes *estrategias de adaptación*. (a) Empezaré con la cuarta estrategia, la *socialización temprana*, puesto que en 1 Pedro no encontramos ningún indicio al respecto. No obstante, es probable que los cristianos de las iglesias de Pedro educaran a sus jóvenes en los valores y las enseñanzas del movimiento cristiano incipiente, no solo porque es algo que aparece en la Biblia (empezando con Dt 6), sino también porque la teoría en sí tiene sentido. Sin embargo, lo que podemos aprender al hacer esta suposición es que ese tipo de actividad educativa tiene una perspectiva y un propósito social; en parte, educamos a nuestros hijos en las verdades de nuestra fe, porque los estamos preparando para enfrentarse con un

---

20. Según este modelo, la iglesia primitiva encaja en este esquema de estructura defensiva. En el Nuevo Testamento, el liderazgo fuerte es algo común (ver las cartas pastorales); como en el antiguo Israel, las primeras iglesias enseñarían con toda seguridad a los cristianos que solo podían casarse con gente de su misma fe (1Co 7); está claro que tenían símbolos culturales (lenguaje, rituales, etc.); y también sabemos que instruían a sus jóvenes en los "caminos del Señor". Si podemos detectar estar características en los documentos de un grupo, podremos establecer que era una comunidad amenazada.

21. Pedro interpreta el estrés por el que están pasando como un prueba puesta por Dios, dándoles así a los creyentes una perspectiva de lo que está pasando que encaja con la percepción general que tienen de la realidad, y eso los ayuda a enfrentarse a ese estrés de una forma cognitiva que les permite proseguir con gozo (*cf.* 1:7).

mundo que no la comparte. Así, aunque en el texto no haya ningún indicio de que en Asia Menor no se estuviera llevando a cabo ese tipo de instrucción, podemos asumir que sí se hacía. Además, podemos asumir que la carta misma es parte de esa instrucción.

(b) Una de las preocupaciones de Pedro es el *liderazgo* fuerte (estrategia 1). Su carta es un claro ejemplo de ello. Se dirige a sus lectores como "apóstol" (1:1; *cf.* 2P 1:15-21; 3:15-17) y, con frecuencia, usa el modo imperativo para decirles lo que tienen que hacer. Pero también le preocupa el tema de los líderes en las iglesias y el papel importante que desempeñan en llevar al rebaño a las verdades de la teología cristiana y a las prácticas que se desprenden del evangelio. Ordena a los pastores locales que cuiden de sus congregaciones (5:2), y a los jóvenes les ordena que se sometan a ellos (5:5). La teoría de Siegel nos invita a ver la naturaleza social del liderazgo y el papel que este juega en preservar la doctrina y la práctica, especialmente cuando la comunidad está bajo amenaza de persecución y disolución.

(c) Está claro que el *matrimonio entre cristianos* no es uno de los temas de esta carta, aunque sí podemos imaginar que era un problema en las iglesias de Asia Menor. Las Escrituras sí trataban el tema (Esdras, Nehemías), y sabemos que el matrimonio interconfesional era un problema para el judaísmo.[22] Creo que no nos desviamos si creemos que Pedro debía animar a los cristianos a casarse con cristianos, aunque solo fuera para evitar el problema que suponía tener un cónyuge inconverso (3:1). En mi opinión, esta es una deducción justificada, siempre que reconozcamos que no es más que una suposición. A la luz de la historia del judaísmo y el trato que se da a este tema en otros documentos del cristianismo temprano (*cf.* 2Co 6:14-18), no me creo que este tema no surgiera entre los padres, madres y los futuros esposos y esposas de las iglesias de Asia Menor, con el objetivo de que la comunidad sobreviviera en medio de una grave oposición. Lo que tenemos aquí es, pues, un juicio histórico sólido basado en la teoría sociológica.

---

22. Ver V. P. Hamilton, "Marriage (OT)", *ABD*, 4:559-569, esp. 563-65; S. J. D. Cohen, "From the Bible to the Talmud: The Prohibition of Intermarriage", *HAR* 7 (1983): 23-39; S. McKnight, *A Light Among the Gentiles: Jewish Missionary Activity in the Second Temple Period* (Minneapolis: Fortress, 1991), 23-24.

(d) A lo largo de la carta, la característica más obvia del modelo es el *desarrollo de símbolos culturales*, entendiendo "cultural" como aquello que dio a los primeros grupos cristianos su identidad, y entendiendo "símbolos" en su sentido más amplio, es decir, todas las expresiones lingüísticas, ideológicas y físicas de sus creencias y valores. En sí, la carta es un intento por parte de Pedro de mantener al grupo cohesionado, y lo hace ofreciéndoles clarificaciones teológicas y exhortaciones éticas que sirven de fundamento para entender el sufrimiento desconcertante por el que están pasando. Pedro les dice que la persecución no queda fuera de la soberanía de Dios, y que él la usa para desarrollar su fe (1:7). Quienes los persiguen son incrédulos que simplemente están dando continuidad a lo que le pasó a Jesús. Los creyentes deberían entender que Dios les ha dado una nueva herencia, y que en este tiempo presente en el que sufren dificultades, tienen que confiar en la misericordia de Dios. Ideas como la unidad y la gloria de la iglesia, la naturaleza de la salvación en Cristo, y las exhortaciones a amar y ser santos son símbolos culturales de lo que Pedro está intentando decirles a estas iglesias. Incluso la instrucción de la indumentaria de la mujer (3:1-6) responde al deseo de Pedro de proporcionar a las iglesias un fundamento para distinguirse y defenderse de la cultura que las persigue.

El símbolo cultural más obvio que Pedro les ofrece a sus lectores es un nuevo término de identidad: son "extranjeros y peregrinos". Esta expresión de identidad les proporciona una forma de entender tanto su situación social como la base espiritual de la misma. Puede que la gente los vea como marginados socialmente hablando, pero Pedro se apropia de esos términos y los utiliza para describir a los bendecidos espiritualmente. Lo que era un término de crítica y censura se convierte en una insignia al mérito. Porque son la iglesia (un símbolo), aunque son marginados sociales (un símbolo) pueden vivir vidas santas (un símbolo) en medio de la tribulación con la mirada puesta en el día del juicio (un símbolo).

Está claro que los modelos sociológicos como el de Siegel no son perfectos; pero a los estudiantes de la Biblia les proporcionan herramientas útiles en su búsqueda de entender de forma completa la Palabra de Dios y su relación con el contexto original y con el nuestro.

El objetivo de los sociólogos es examinar las realidades cotidianas de nuestras vidas y después describir esa conducta de una forma que nos ayude a entender esa realidad. Cuando aplicamos modelos como estos al mundo antiguo y al Nuevo Testamento, pueden sacar a la luz detalles del texto que, de otro modo, no habríamos visto u observado. El modelo de Siegel nos ayuda a ver la ética de Pedro y sus exhortaciones a los líderes de una forma nueva. Cuando hay otros indicios en lo que conocemos de la iglesia temprana que confirman nuestras observaciones, podemos ir adelante con ellas.[23] A su vez, aprender sobre el contexto de 1 Pedro nos ayuda a encontrar analogías para la aplicación a nuestro contexto.

Resumiendo, la teoría de Siegel sobre la estructura defensiva arroja luz sobre los principios fundamentales que Pedro menciona en 2:11-12. Exhorta a sus lectores a que lleven vidas santas, a que eviten enzarzarse en situaciones difíciles, y a que vivan de un modo que atraiga a otros a la iglesia. Dicho de otro modo, estos principios (o estructuras simbólicas) son parte de una estrategia para enfrentarse a una sociedad hostil a sus creencias. Por tanto, la estrategia de Pedro es tanto teológica (es voluntad de Dios) como sociológica (les permitirá aguantar y sobrevivir). Más adelante, en alguna ocasión haré referencia a este modelo sociológico de interpretación o utilizaré algunas de las observaciones que aquí hemos realizado.

Significado Contemporáneo

El mensaje esencial de Pedro, en esta sección, es el siguiente: vivid vidas santas en medio del caos secular, y dejad que Dios se encargue del resultado final. Dicho de otro modo, Pedro anima a las iglesias en Asia Menor a llevar un estilo de vida radicalmente diferente al de la cultura en la que encuentran, como parte de su estrategia para agradar a Dios y para hacer frente al entorno hostil. Ese llamado a la santidad sigue estando vigente hoy. De hecho, puede que hoy sea mucho más importante, ya que la iglesia occidental está bajo la influencia de la cultura moderna, y mucho más de lo que piensa. Lo que necesitamos es respirar aire nuevo y

---

23. Cuando no podemos encontrar otros indicios en el mundo antiguo, lo mejor es no tener en cuenta nuestras observaciones.

llenarnos del aroma de la santidad, la justicia y la rectitud. El llamado que hace David Wells en uno de sus libros es todo un desafío:

> Dios quiere que, por su gracia y verdad, la iglesia de hoy llegue a caracterizarse por su espiritualidad contracultural. Primero tiene que recobrar el sentido de antítesis entre Cristo y la cultura, para después encontrar el modo de sostener esa antítesis [...]. Tiene que sustituir la gratificación por el sacrificio, el entretenimiento por la adoración, la intuición por la verdad, el márquetin profesional por el testimonio auténtico, el éxito por la fidelidad, el poder por la humildad, un Dios con el que se puede regatear por el Dios que nos llama a una obediencia costosa. En definitiva, hacer la obra de Dios a su manera.[24]

Todas esas categorías también las encontramos en 1 Pedro: sacrificio (2:11), adoración (2:4-5), verdad (1:22), testimonio auténtico (2:12), fidelidad (1:6-7), humildad (2:13-3:7), y un Dios que llama a una obediencia costosa (1:15-17). Lo que Pedro quiere para sus iglesias (¡y lo que Dios quiere de su pueblo!) es un corazón centrado en él, una conducta basada en el amor y la obediencia, y un estilo de vida impecable a los ojos de los no creyentes.

Así es como debería funcionar la religión, en concreto la fe cristiana, en este país. La religión no es un decorado ni una santificación de los deseos del gobierno. En cambio, es una voz aparte, una voz en el desierto, una sociedad alternativa a la cultura reinante y al *status quo*. El autor Stephen Carter dice que una "religión es, en esencia, una forma de negar la autoridad del resto del mundo; es una forma de decir a los demás ciudadanos y al estado: estos individuos se alzan con un 'No, no nos adherimos a vuestros deseos'".[25] Esta afirmación de un brillante abogado y crítico social está sacada de un libro que quiere demostrar que la ley y la política estadounidenses han trivializado el lugar prominente que la fe religiosa ocupa en la vida de innumerables ciudadanos. Una de las premisas principales es que los cristianos deben destacar su fe a todas horas y no deben sucumbir a la presión social;

---

24. D. F. Wells, *God in the Wilderness*, 223.
25. S. L. Carter, *The Culture of Disbelief: How American Law and Politics Trivialize Religious Devotion* (Nueva York: Doubleday [Anchor Books], 1994), 41.

han de expresar sus opiniones (sus opiniones religiosas); y solo así desempeñarán su papel como cristianos en la situación política actual.

Pedro dice que la iglesia es una alternativa a la sociedad y a la cultura. Es contracultural. En la historia de la iglesia encontramos numerosos ejemplos en los que la iglesia ha operado así.[26] En general, en la iglesia primitiva, los cristianos conocían la ambivalencia de la "vida en este mundo"; aunque sabían que tenían que vivir entre los paganos, también sabían que sus vidas eran un estado anterior al estado eterno que les confería la responsabilidad de vivir vidas santas y de amor. En 2 Clemente 6:3-5 leemos:

> Este mundo y el siguiente son enemigos. Uno desea el adulterio y la corrupción, la avaricia y el engaño; el otro, dice adiós a estas cosas. Por tanto, no podemos ser amigos de ambos; y nos corresponde afianzarnos en uno, y renunciar al otro. Sepamos que es mejor odiar las cosas presentes, pues son insignificantes, transitorias y corruptibles, y amar aquellas que están por venir, que son buenas e incorruptibles.[27]

Esta actitud de la iglesia temprana no los llevó a recluirse en conventículos ni a aislarse del mundo. Los condujo a desarrollar una conciencia de responsabilidad ante el mundo que necesitaba escuchar el mensaje contracultural. Y, aunque el grueso de los cristianos no se preocupaban por hacer un esfuerzo intelectual, esa iglesia vio nacer una brillante tradición de apologetas que respondían eficazmente a las objeciones y acusaciones de los paganos: hombres como Atenágoras, Jerónimo y Agustín de Hipona. A través del estudio y de un análisis riguroso del pensamiento pagano, aquellos apologetas cristianos "despojaron a los egipcios" y su conocimiento por causa de Cristo.[28]

---

26. Ver W. Barclay, *Educational Ideals in the Ancient World* (Gran Rapids: Baker, 1974 [reimpresión de la edición de 1959]), 192-233. No obstante, el capítulo de Barclay desarrolla ampliamente el tema del peregrinaje en la literatura cristiana temprana (y yo no incluyo 1 Pedro en esa categoría); menciono esta obra solo para ilustrar la dimensión contracultural de la iglesia.
27. Tal como aparece en Barclay, *Educational Ideals in the Ancient World*, 193.
28. Ver también *Epístola a Diogneto* y *Súplica* de Atenágoras. Encontrará un buen estudio del tema en *Greek Apologists of the Second Century* (Filadelfia: Westminster, 1998).

Pero, ¿cómo funciona esto hoy? Primero, tenemos que reconocer que las fuerzas que actúan en la actualidad para alterar los mandatos y la verdad del evangelio, y para engullir la santidad *no son tan abiertamente físicas como en los días de Pedro*. Pero aún así, no podemos minimizar la amenaza que acecha a la iglesia. Mientras que los lectores de Pedro podían ver a sus perseguidores, porque habían visto con sus ojos cómo golpeaban a los cristianos, nosotros necesitamos discernimiento para percibir la presión que nuestra cultura ejerce sobre la iglesia y los creyentes. En concreto, nos enfrentamos a las fuerzas de la modernización, la privatización y la secularización. Estas fuerzas combaten contra el alma, del mismo modo en que otras fuerzas batallaban contra el alma de los cristianos en Asia Menor. Por ejemplo, ¿por qué tantos cristianos piensan que la esencia de la vida cristiana es ser disciplinado y eficiente? Aunque esas ideas sí aparecen en la Biblia, no se presentan como valores centrales. ¿No será que las valoramos tanto, porque así lo hace nuestra sociedad capitalista? La cultura nos influye más de lo que imaginamos.

En segundo lugar, tenemos que aprender qué significa ser santo en *todos los ámbitos de la vida*. Por más que el gobierno, las relaciones entre jefe y empleados, y la de maridos y mujeres sean temas que ocuparán nuestra atención en las secciones siguientes, ahora podemos dejar estos asuntos a un lado. Pedro pide a sus lectores que lleven un estilo de vida caracterizado por la santidad de principio a fin, y hemos de darnos cuenta de que la santidad no es tan solo un llamado a leer la Biblia y orar cada día, a asistir a la iglesia de forma fiel, a diezmar, o a seguir las virtudes cristianas que se han convertido en la esencia del estilo de vida cristiano. La santidad una sed o impulso por conocer a Dios en profundidad y un compromiso a obedecerle sin importar el precio o el lugar donde estemos. Empieza por la mañana, dirige nuestro camino durante el día, y por la noche nos lleva a la confesión y a la alabanza.

Así como el llamado de Pedro a una vida santa era un símbolo de la identidad de las iglesias, vivir en santidad también debería ser hoy el símbolo característico de los cristianos. Eso supone santidad y rectitud en las prácticas sexuales, en las palabras que pronunciamos y en las que omitimos, en las decisiones económicas, en las actividades de ocio, en la planificación de las vacaciones y en las decisiones teológicas. Y supone hacer cosas que contribuyan a la santidad personal, como la lectura de la Biblia, la oración, la comunión con otros cristianos, y la evangelización de nuestro mundo.

En tercer lugar, la iglesia tiene que *llamar a todos sus miembros a una vida de santidad*, una vida que no se deje llevar por las pasiones de la carne y que muestre al mundo que Dios está obrando en la iglesia. Así, la santidad tiene una dimensión negativa y otra positiva. Significa evitar el pecado *y* buscar activamente la oportunidad de realizar obras de bondad y amor. Evitar el pecado es solo una parte del concepto bíblico de santidad; la otra cara es una conducta positiva que muestra la bondad y la gloria de Dios. Pero hay que tener en cuenta esta demanda desde el principio de la vida cristiana; no es una doctrina a añadir cuando la persona ya lleva varios años en la fe. Le estamos pidiendo a la iglesia que ataque el pecado de la sociedad (p. ej., luchar contra las relaciones sexuales esporádicas, las drogas, el alcohol, la discriminación de los pobres y los marginados, el juego institucionalizado), y también le estamos pidiendo que viva de tal modo que a la gente le llame la atención la buena conducta de los cristianos.

Recientemente, un estudiante entró en mi oficina para hablar de algunas cuestiones que estábamos tratando en clase. Él pastoreaba una iglesia, y al final acabamos hablando de cuestiones pastorales que le preocupaban. Me contó que había crecido en una iglesia muy conservadora y que había vivido días (ahora sería prácticamente increíble) en los que le preocupaba la largura del pelo de los hombres y si las mujeres podían llevar pantalones en la iglesia. Le respondí que yo también me acordaba de aquellos días. Entonces me confesó que le costaba mucho hablar en su iglesia sobre el tema de la santidad, porque, según me contó, "hoy día no puedes hablar de principios éticos sin que te acusen de legalista". No es una cuestión sencilla, ni tampoco una cuestión aislada. Muchas iglesias hoy, ya sea porque han sufrido los días horribles en los que todo eran listas larguísimas de buena y mala conducta, o porque han entrado en la era moderna por la puerta del liberalismo protestante, no encuentran la forma de establecer una ética cristiana legítima sin sentirse culpables de legalismo o de inmiscuirse en las vidas de los demás. El legalismo de las décadas previas nos ha llevado a una libertad tal que la simple mención de poner límites nos produce neurosis.

En mi opinión, vivimos en un momento perfecto para proclamar el mensaje bíblico de la santidad, una santidad que a veces tiene muy pocas líneas nítidas, pero que siempre influye de forma poderosa en todo tipo de comportamiento. En nuestras iglesias, necesitamos tener comités que hablen de cómo vivir vidas santas en nuestra cultura pluralista, y cómo vivir en rectitud cuando a nuestro alrededor quedan tan pocos valores morales. De nuestras iglesias tienen que surgir movimientos que lleven consigo las semillas de la santidad. Los maestros de escuela dominical, especialmente en las clases de adultos, y los líderes de estudio bíblico tienen que hablar en sus clases de lo que significa vivir vidas santas en el mundo de los negocios, del mercado inmobiliario, del trabajo cualificado, de la industria, de la agricultura y de la ganadería, de la psicología y de la sociología, y en el de la enseñanza. Tenemos que pedirles a los cristianos que evalúen los medios de comunicación a la luz de lo que el cristianismo enseña sobre la santidad.

Para la evangelización, esto significa que los evangelistas deben acompañar el mensaje de la conversión con el de la redención; deben presentar el mensaje del precio de seguir a Jesús junto al mensaje de los beneficios de seguirle; deben presentar el mensaje de la santidad de Dios junto con el mensaje de su amor y su bondad. En el ámbito de la educación, la iglesia debe animar a sus miembros a vivir vidas santas todos los siete días de la semana. Debemos enfatizar que los cristianos somos diferentes y que con frecuencia la sociedad nos rechazará. Todos los cristianos están llamados a la santidad y debe afectar a todos las partes de la vida.

Igual de importante es que el mensaje contracultural del cristianismo saque a la luz el tema de la autocomplacencia. En nuestra cultura hay una obsesión por "expresarme" y "vivir mi propia vida". La iglesia ofrece el mensaje de "negarse a uno mismo" y de "vivir la vida según los patrones de Dios". Hasta que el mensaje cristiano sobre la abnegación no se oiga bien alto, la gracia de Dios no resonará con toda su fuerza, y hasta que no proclamemos de forma clara la santidad de Dios, la gracia no brillará con todo su esplendor.

Al igual que muchos otros textos, el nuestro habla de los cristianos en la sociedad. El cristiano es contracultural, porque no tiene nada que ver con las tendencias y los deseos de la cultura en la que vive. No es así, porque intente ser raro; somos raros, porque intentamos ser santos. De nuevo, el objetivo del cristiano no es una vida contracultural; pero el resultado de seguir a Jesucristo sí lo es. De hecho, a veces esa vida contracultura tampoco tiene mucho que ver con las iglesias locales donde se supone que los cristianos deben encontrar su hogar y a sus compatriotas. Martín Lutero descubrió que el evangelio de la justificación por la fe era radicalmente contracultural en el contexto en el que se encontraba la Iglesia Católica Romana, así como John Wesley encontró mucho oposición cuando empezó a predicar su mensaje en Inglaterra. De igual modo hoy, cuando los cristianos predican un evangelio de santidad y gracia total, pueden encontrarse con desprecio y rechazo. Pero por su deseo de agradar al Dios santo, procurarán no dejar ninguna evidencia de pecado y quedar así libres de cualquier acusación.

Después de una clase donde hablé de la ética de Jesús, un estudiante se acercó para comentarme sobre una entrevista a un conocido predicador estadounidense al que dejaremos en el anonimato.El entrevistador había dicho que algunos de sus sermones iban en contra del mensaje bíblico de negarse a uno mismo. Ante esta acusación, el predicador dijo: "Si yo predicara eso, la gente de mi iglesia pondría el grito en el cielo". Cuando el entrevistador le dijo que esos conceptos aún seguían en la Biblia, el predicador respondió: "Solo porque esté en la Biblia no quiere decir que tenga que predicar sobre ello". He aquí un ejemplo de la falta de influencia de algunas predicaciones modernas. Sermones basados en lo que dará resultados; y claro, los resultados se juzgan según la aceptación. Pero ni Pedro ni los fieles testigos que encontramos en las páginas de las Escrituras predican un mensaje que busque la aceptación. Es un mensaje contrario a la cultura, porque concuerda con Dios, con su carácter santo, y con su voluntad santa de ver vidas santas. Dios se opone a la cultura, porque está creada y sostenida por seres humanos pecadores. ¿Acaso no sería fantástico que la única acusación contra los cristianos fuera la de vivir vidas completamente santas y su amor inflexible?

Creo que la primera tarea de los cristianos en la sociedad es vivir delante de Dios en amor y santidad, de tal modo que la sociedad vea la diferencia radical entre ambos mundos. Vivir en santidad y amor supondrá adoptar una vida contracultural cuando nuestra cultura opte por algo diferente a la voluntad de Dios. Supondrá, a lo mejor, algún tipo de exclusión social o sufrimiento, pues eso es lo que les ocurre a los cristianos fieles cuando están en contextos seculares. Como las iglesias de Pedro, podemos convertirnos en "extranjeros y peregrinos". Pero la carta de Pedro es un medio para soportar ese tipo de dificultades; es un mensaje que nos permite plantarnos ante la cultura de una forma sana y que agrada a Dios.

1 Pedro 2:13-17

Someteos, por causa del Señor, a toda autoridad humana, ya sea al rey, como suprema autoridad, ¹⁴ o a los gobernadores que él envía para castigar a los que hacen el mal y reconocer a los que hacen el bien. ¹⁵ Porque ésta es la voluntad de Dios: que, practicando el bien, hagáis callar la ignorancia de los insensatos. ¹⁶ Eso es actuar como personas libres que no os valéis de vuestra libertad para disimular la maldad, sino que vivís como siervos de Dios. ¹⁷ Dad a todos el debido respeto: amad a los hermanos, temed a Dios, respetad al rey.

Los comentarios que Pedro hace sobre la relación de la comunidad cristiana con el emperador romano y los gobernadores locales es la primera aplicación del principio que establece en 2:11-12: que tienen que vivir vidas santas independientemente de la reacción que encuentren en su entorno social. Después, aplicará este mismo principio a la relación de los criados con sus amos (2:18-25), y a la relación de los esposos y las esposas (3:1-7), antes de pasar a unos comentarios generales sobre la comunidad de la iglesia(3:8-12). Cuando escribe todo eso, el apóstol sigue teniendo en mente el impacto de una vida santa sobre los que observan a los creyentes, y el valor que el estilo de vida tiene para mantener las buenas relaciones con la sociedad en general.

Este pasaje recoge una forma de instrucción ética común en el cristianismo primitivo: lo que se conocía como los "códigos domésticos" (este tipo de instrucciones aparecen también en Ef 5:22–6:9; Col 3:18–4:1; Tito 2:1-10; 1Ti 2:8-15; 6:1-2). Esta clase de instrucción está dirigida a grupos de personas específicos dentro de la iglesia ofreciéndoles dirección ética concreta. Los estudiosos han debatido sobre el origen de este tipo de formato (más allá de la necesidad obvia de instruir a grupos de personas con un rol determinado) y casi en lo único en que se ponen de acuerdo es que tanto en el mundo grecorromano como en el judío este tipo de cuestiones se transmitía de una forma similar. Como veremos en el apartado "Construyendo puentes", la comparación de un "Código" (p. ej., 1P 2:11–3:12) con otros similares (p. ej., Ef 5:22–6:9 y Col 3:18–4:1) puede ser de mucha ayuda para entender otros códigos específicos, y para aplicarlos hoy a la vida cristiana.

El código que aparece en la carta de Pedro trata los temas de evitar el pecado y vivir vidas santas delante de quienes los persiguen y que un día, quizá, acabarán reconociendo que ese tipo de conducta agrada a Dios. En concreto, el tema de esta sección es la relación de las iglesias con las autoridades. Pedro empieza con una exhortación a la sumisión (2:13-14), explica por qué los creyentes deberían hacer el bien, incluye un patrón de sumisión (2:15), cita una condición para la sumisión (2:16), y luego repite su exhortación en categorías específicas y generales (2:17).

Empezamos con la exhortación de Pedro *a someterse a las autoridades y a los gobernantes* (2:13-14). Signifique lo que signifique "someterse", es importante recordar que esa sumisión es una forma de abstenerse de los deseos carnales y una forma de buena conducta que influirá a aquellos que observan. Esta conexión de la "sumisión" con 2:11-12 es la implicación natural de entender 2:13-17 como una aplicación de los principios que aparecen en esos versículos temáticos.

La palabra "someterse" es un verbo compuesto a partir de las palabras griegas *hypo* (que significa "bajo") y *tasso* (que significa "mandar, colocar, nombrar"). Aunque a veces no es acertado determinar el significado de una palabra en función de su raíz,[1] en este caso esta sí nos aporta el significado exacto del verbo: "mandar a alguien bajo o según una relación dada", o "vivir según el orden gubernamental".[2] Está claro que aquí la idea de "someterse" al gobierno está subordinada a la idea de obedecer a Dios (1:2, 14, 22) y de hacer su voluntad

---

1. Ver el comentario de D. A. Carson, *Exegetical Fallacies* (Grand Rapids: Baker, 1984), 26-32; D. L. Bock, "New Testament Word Analysis", en *Introducing New Testament Interpretation*, ed. S. McKnight (GNTE 1; Grand Rapids: Baker, 1989), 97-113.

2. Encontrará un estudio de este término en L. Goppelt, *1 Peter*, 174-76; ver también G. Delling, "τάσσω", *TDNT*, 8:27-48 ("asentimiento a un orden según la voluntad divina", p. 43). Ver también L. Goppelt, *Theology of the New Testament. Volume 2: The Variety and Unity of the Apostolic Witness to Christ*, trad. J. E. Alsup; ed. J. Roloff (Grand Rapids: Eerdmans 1982), 168-71.

(2:15), porque este grupo de personas (la iglesia) es "libre" (2:16).[3] Es decir, aunque los cristianos son "extranjeros y peregrinos" (2:11), tienen que vivir en el orden que Dios ha establecido.

Además, para Pedro y para toda la iglesia, "someterse" no implica obediencia total, ya que los israelitas y los primeros cristianos pusieron en práctica la desobediencia civil cuando las demandas de la sociedad iban en contra de los requisitos del Señor (p. ej., Éx 1:17; Dn 3:13-18; Hch 4:18-20; Heb 11:23).[4] Wolfgang Schrage lo ha expresado muy bien: "Con respecto a las autoridades son libres, y *normalmente* esa libertad se manifiesta en forma de respeto y lealtad, de sumisión y honor".[5]

Por último, la palabra "someterse" aparece en los diferentes tipos de sumisión que encontramos en la relación amo-criado (2:18) y en la de esposo-esposa (3:1, 5; *cf.* 3:22; 5:5). Tanto la exhortación a los maridos a vivir honradamente con sus mujeres (3:7) como la necesidad de la iglesia a vivir unidos en amor (3:8-12) tienen que ver con este concepto de "vivir bajo el orden". Así, como L. Goppelt explica, "la ética social del Nuevo Testamento [...] empezó con la directriz de que todos los llamados a la fe debían quedarse de forma voluntaria en los órdenes sociales en los que se encontraban y conducirse de acuerdo con sus ‹normas de juego› (*cf.* 1Co 7:17, 20, 24)".[6]

Pedro exhorta a los creyentes a vivir en sumisión "a toda autoridad instituida entre los hombres". Tiene en mente tanto la institución (el gobierno como un acuerdo humano o, como en Ro 13:1-7, como un acuerdo humano guiado por Dios) como la persona a cargo de la

---

3. Michaels, *1 Peter*, 124, sugiere que la traducción "deferir" o "respetar" es más apropiada. Estoy de acuerdo, porque su traducción revela que la relación con el gobierno no es el mismo tipo de sumisión que encontramos en la relación del cristiano con Dios. Para entender la exhortación de Pedro es clave recordar que la sumisión de la que está hablando es una elección voluntaria. También, que fundamente la exhortación en un deseo de agradar a Dios y de marcar una diferencia nos ayuda a entender mejor la forma en la que los primeros cristianos percibían su relación con el estado y las autoridades.

4. D. Daube, *Civil Disobedience in Antiquity* (Edimburgo: Univ. Press, 1972).

5. W. Schrage, *The Ethics of the New Testament*, trad. D. E. Green (Filadelfia: Fortress, 1988), 278 (las cursivas son mías).

6. L. Goppelt, *Theology*, 2:170.

institución.[7] La extraña combinación de "creación" y "humano"[8] hace pensar que Pedro ve la institución del gobierno como una institución supervisada y designada, en cierto modo, por Dios. Por tanto, su exportación apunta a que los cristianos, a pesar de su libertad relativa, deben vivir de acuerdo al orden gubernamental que sea.[9] La alternativa es el caos. Sin duda, una minoría marginada fácilmente puede caer en la tentación de una rebelión caótica, pero Pedro exhorta a los creyentes a que tengan una buena conducta que honre a Dios. Aquí está siguiendo la enseñanza de Jesús, quien exhortó a sus discípulos a ser pacificadores (Mt 5:9).

La razón por la que los cristianos deben someterse a las autoridades gubernamentales no es la autoridad nativa del gobierno ni el carácter carismático de los oficiales gubernamentales. En cambio, deben someterse "por causa del Señor".[10] Como vimos en 2:12, esta idea incluye el impacto en aquellos que, al ver su conducta, ven la justicia y la santidad de Dios y lo glorifican (cf. 2:15 y 3:1, donde una

---

7. Para los que defienden que la traducción debería ser "a toda autoridad humana", ver E. G. Selwyn, *1 Peter*, 172; F. W. Beare, 1 Peter, 141. En cuanto a la interpretación de que hace referencia a los humanos como seres creados por Dios, ver L. Goppelt, *1 Peter*, 182-83; J. R. Michaels, *1 Peter*, 124.

8. Literalmente, el texto original dice "a toda creación humana". F. W. Beare, *1 Peter*, defiende enérgicamente que la expresión describe instituciones humanas *exclusivamente*, y que no apunta en absoluto a la idea de una institución humana "designada por Dios". Gramaticalmente hablando tiene razón. No obstante, la combinación de "creación" y "humano" junto con la visión bíblica del control soberano de Dios sobre cualquier tipo de gobierno muestra, en mi opinión, que esta expresión sí apunta a algo más que a una mera institución humana. Además, la voz pasiva "son enviados" (2:14) habla de un envío divino. La expresión "*designadas* por Dios" puede malinterpretarse, como muestra J. H. Yoder, *The Politics of Jesus* (2a ed.; Grand Rapids: Eerdmans, 1994), 193-211, aunque no estoy de acuerdo con todos los detalles de su análisis.

9. La palabra griega es *pas* y hace referencia a los diferentes tipos de autoridades gubernamentales. Porque cree que 2:13 no solo es una introducción a 2:13-17, sino también a 2:18-3:7, W. A. Grudem opina que la palabra "toda" abarca un público mucho mayor (*1 Peter*, 118-19). Pero Pedro menciona tanto al emperador como al gobernador; así, el término "toda" hace referencia a todo tipo de autoridades gubernamentales.

10. Aquí, el debate gira en torno a si se refiere al Padre (J. N. D. Kelly, *Peter and Jude*, 109) o al Hijo (L: Goppelt, *1 Peter*, 183-85). Dado que 2:15 probablemente funciona como comentario de esta frase, lo más probable es que "Señor" sea una referencia al Padre.

buena conducta ofrece la oportunidad de hablar de la gracia de Dios; 3:15-16). Otra opción, aunque menos probable, es que "por causa del Señor" haga referencia al ejemplo de Jesús (2:18-25).

Pedro especifica dos tipos de instituciones humanas a las que los cristianos se deberían someter: el emperador ("ya sea el rey, como suprema autoridad") o al gobernador local. Si la primera datación de 1 Pedro es correcta (principios de la década de los 60), entonces el emperador al que Pedro se refiere es el malvado Nerón. Hort comenta con dureza: "A la hora de exigir lealtad, pocos gobernantes reunían un mérito personal menor" que Nerón.[11] Ese escenario, que parece razonable no solo para 1 Pedro, sino para la mayor parte de la enseñanza cristiana temprana, tiene implicaciones importantes para la actitud cristiana ante el estado, ya que muestra que los cristianos deben ser buenos ciudadanos incluso en situaciones extremas.

El gobernador local es aquel "que [el emperador] envía para castigar a los que hacen el mal y reconocer a los que hacen el bien". Es decir, el emperador confiere autoridad al gobernador local, y este la ejerce según el criterio de la ética. Aparte de esas dos preocupaciones, los gobernadores tenían más responsabilidades, pero lo que Pedro destaca es que los cristianos tienen que hacer el bien para que el brazo justiciero del gobernador no se alce contra las iglesias. Los creyentes deben recordar que el gobernador no solo tiene autoridad para castigar, sino que también puede honrarlos por su buena conducta. Así, "lo que aparentemente empieza como una lección de pasividad política culmina en un llamamiento a tomar un papel activo en la sociedad".[12]

---

11. F. J. A. Hort, *1 Peter*, 141. Sobre Nerón, ver M. Grant, *Nero: Emperor in Revolt* (Nueva York: American Heritage Press, 1970); M. T. Griffin, "Nerón", *ADB*, 4:1076-81.

12. I. H. Marshall, *1 Peter*, 84. Sin embargo, debemos recordar que Pedro no está hablando aquí de manifestaciones masivas o de agitación política. Eso estaba fuera del alcance de los excluidos sociales, de los "extranjeros y peregrinos". Pero la investigación de B. W. Winter sugiere que entre los cristianos de Asia Menor podría haber habido personas capaces de donar grandes sumas de dinero o de usar su influencia para el bien de la sociedad; ver *Seek the Welfare of the City: Christians as Benefactors and Citizens* (FCGRW 1; Grand Rapids: Eerdmans, 1994).

Una segunda parte del tema de la relación con el estado es la explicación de "hacer el bien" (2:15): "Porque ésta es[13] la voluntad de Dios: que, practicando el bien, hagáis callar la ignorancia de los insensatos". La palabra introductoria, "porque",[14] puede interpretarse como una palabra que introduce la causa de su sumisión: tienen que someterse a todas las autoridades gubernamentales, *porque,* al hacerlo, su conducta acallará su ignorancia acusadora. Pero lo más probable es que introduzca una explicación de 2:14: «Porque, en cuanto al tema de hacer el bien, la voluntad de Dios es que practicándolo...». La buena conducta de la que Pedro habla en 2:12 ofrece a los cristianos la oportunidad de recibir la aprobación de los gobernadores, cuya tarea es aprobar la buena conducta. Además, su buena conducta «debería hacer callar la ignorancia de los insensatos», porque se demostrará la buena conducta de ese grupo socialmente marginado, y eso impedirá que la persecución crezca. Asimismo, su conducta será la evidencia objetiva que Dios usará para evaluarlos el día del juicio final (2:12).

¿Qué es lo que Pedro tiene en mente cuando dice *"practicar el bien"*? Si Brucc Winter está en lo cierto, el apóstol podría tener en mente las importantes donaciones que los cristianos hacían como *obras de caridad* para el bien de la sociedad. Las describe de la forma siguiente:

> Las obras de caridad consistían en abastecer grano en tiempo de necesidad, desviando los barcos de grano hacia la ciudad, vendiéndolo a un precio inferior al del mercado y logrando así que el precio bajara; construir edificios públicos o adornar edificios viejos, revistiéndolos de mármol como en Corinto; reformar el teatro; hacer las carreteras más anchas; ayudar en la construcción de lugares

---

13. En el texto original pone "Así" (*houtos*), y apunta a lo que viene a continuación: "Porque es [así] la voluntad de Dios que practicando el bien...". "Así" debe entenderse de la siguiente forma: "Porque es así, es decir, practicando el bien, que uno hace la voluntad de Dios". No obstante, algunos lingüistas modernos sostienen que "así" es el atributo del verbo copulativo "es", y por tanto debería traducirse: "Porque la voluntad de Dios es así, que practicando el bien hagáis callar...". Ver, p. ej., BDF 434 (1).

14. La palabra griega es *hoti*, que se utiliza para introducir tanto una causa ("porque") como una explicación ("es decir"). En cuanto a la primera, ver J. N. D. Kelly, *Peter and Jude*, 110; en cuanto a la segunda, ver J. R. Michaels, *1 Peter*, 127; P. Davids, *1 Peter*, 101.

públicos; negociar para lograr mejoras en la ciudad; y ayudar en la ciudad en momentos de revueltas civiles.[15]

Aunque es ingenuo pensar que los cristianos evitarán la presión social o la persecución por vivir vidas santas, lo cierto es que ese comportamiento a veces sí tendrá el efecto deseado en sus adversarios: en ocasiones sí retirarán sus acusaciones ridículas y cesarán (aunque sea por un tiempo) la persecución sin fundamento.[16]

A continuación, Pedro añade *una condición para someterse a las autoridades* (2:16). Estos cristianos que están sufriendo la exclusión social tienen que someterse a las autoridades (2:13) no solo porque tienen que cumplir con su deber social, sino porque en última instancia no están bajo la jurisdicción de dichas autoridades. Los cristianos viven bajo el orden establecido como personas libres y no como sus esclavos,[17] porque son esclavos de Dios, no del César. Pero no pueden usar su libertad como una excusa[18] para vivir en el caos y la insubordinación. Ese tipo de vida solo logrará dañar a la iglesia y dar motivos

---

15. B. W. Winter, *Seek the Welfare of the City*, 37. El punto débil de la teoría de Winter es que este es el único lugar en 1 Pedro en la que el apóstol menciona que los cristianos de Asia Menor hacen cosas por el bien civil. Y aquí el texto es ambiguo, porque Pedro podría estar hablando de la doble naturaleza de los cargos públicos: hacen el bien a quien hace el bien, y castigan a los que hacen el mal. Por tanto, Pedro podría estar generalizando en lugar de estar hablando de unas obras de caridad bien instituidas en Asia Menor. No estoy negando la existencia de obras de caridad ya instituidas; lo que cuestiono es si Pedro está hablando de ellas en este texto, como descripción de la buena conducta de las iglesias.

16. J. R. Michaels, *1 Peter*, 132: "El elemento más evidente de esta sección es su optimismo [...]. Bajo circunstancias normales, la lealtad a Dios no entrará en conflicto con la lealtad al imperio". Quizá subrayaríamos la palabra "normales", y luego sugeriríamos que Pedro poco conocía lo que le esperaba a la iglesia. La iglesia no solo iba a pasar por tiempos difíciles, sino que tendría que soportar regímenes tiranos (cuya tiranía solo ha sido superada por los regímenes totalitarios recientes), que harían que las "circunstancias normales" fueran extremadamente escasas.

17. Ha habido cierto debate en torno al significado de "como"; la NVI añade "*actuar* como personas libres" para clarificar cuál era el problema. Pero, entonces, los traductores sugieren que "como personas libres" complementa a 2:15. Pero 2:15 es una observación parentética, y el caso nominativo de "personas libres" en 2:16 hace que la conexión con el acusativo de 2:15 sea casi imposible. En cambio, 2:16 retoma el tema de 2:13 ("someteos") y añade una condición para someterse. Tampoco puedo estar de acuerdo con J. R. Michaels cuando conecta las proposiciones que empiezan con "como" en 2:16 con el sujeto de 2:17 (*1 Peter*, 128).

18. Ver las observaciones de J. R. Michaels, *1 Peter*, 129.

a las autoridades para que amenacen con razón a los cristianos. Tenemos que darnos cuenta de que lo que llevó a Pedro a hacer estas observaciones fue la fuerte tentación de liberarse de las autoridades en el poder.

Aquí encontramos una idea clave: la percepción cristiana de que los seguidores de Jesucristo eran, como su maestro, políticamente independientes y libres de los poderes y autoridades.[19] Pero esa libertad no se usaba de forma negativa, dando lugar al caos político o la irresponsabilidad moral. Aunque las cartas de Pablo subrayan la libertad de la ley del pecado y de los poderes del mal, lo que el apóstol quiere enfatizar es lo que Jesús dijo sobre los hijos de reino: que son libres (Mt 17:26). Los cristianos deberían *elegir* ser pacíficos.

Este tema surgió de una línea de pensamiento judío que, de forma natural, se desarrolló cuando las gentes de la tierra se encontraron dominadas por poderes extranjeros.[20] Aunque esa condición podría haberles sobrevenido como resultado del pecado y el castigo, los verdaderos miembros del pacto sabían que su lealtad última estaba única y exclusivamente con el Dios del pacto. Por tanto, aunque la sumisión era precisa, esa no era la relación que los sostenía y protegía. Eran siervos solo de Dios. Este tema se convirtió en el trasfondo natural a tener en cuenta a la hora de entender la persecución de los cristianos, y las palabras de Pedro las tenemos que interpretar a la luz de ese trasfondo.

Sabemos que los cristianos de entonces no veían la persecución y la exclusión social como consecuencia del pecado, pero para entender su situación encontraron analogías en la historia del pueblo judío. Las autoridades por encima de ellos eran una realidad, y tenían que obedecer (hasta cierto punto), pero la lealtad que les debían estaba por debajo de su sumisión al Señor. Lejos de respaldar la autoridad romana, lo que Pedro hace es poner la autoridad de Nerón en su lugar. "Los

---

19. Sobre la libertad en la iglesia primitiva, ver J. H. Yoder, *The Politics of Jesus*, 162-92, donde habla del cristianismo temprano y del desarrollo de la "subordinación revolucionaria". Ver también W. Schrage, *Ethics*, 277-78; E. Käsemann, *Jesus Means Freedom* (Filadelfia: Fortress, 1969); H. Schlier, "ἐλεύθερος", *TDNT*, 2:487-502.

20. Ver la brillante exposición de este tema en relación con los zelotes en M. Hengel, *The Zealots: Investigations into the Jewish Freedom Movement in the Period from Herod I until 70 A.D.* (Edimburgo: T. & T. Clark, 1989).

cristianos son libres de las autoridades, y normalmente esa libertad se manifiesta en respeto y lealtad, sumisión y honor".[21] En palabras de Goppelt, cuando los cristianos entendían eso y vivían libres sirviendo a Dios, "abrían paso a la voluntad de Dios de protegerles, según el destino original y supremo del ser humano".[22] Estas palabras de Lutero son, a mi entender, el mejor resumen de lo que Pedro está queriendo transmitir: "El cristiano es un señor perfectamente libre de todo, no está sujeto a nadie. El cristiano es un siervo perfectamente diligente con todos, sujeto a todos".[23]

Finalmente, Pedro *repite su exhortación* (2:17), haciéndolo tanto en términos general como específicos. Empieza con un mandato general, "dar a todos el debido respeto", pero luego Pedro expone tres manifestaciones concretas de ese "debido respeto".[24] Si los cristianos llevan vidas santas y se abstienen de las pasiones de la carne, eso se tiene que ver en el respeto hacia todo el mundo, ya sea hacia otros creyentes, hacia Dios, o hacia el emperador. Esa es la conducta que se esperaba de ellos, que respetaran el orden establecido, y eso mantendría limpia la reputación del evangelio y frenaría en cierto grado la persecución que podía ser inminente.

Resumiendo, la primera aplicación de Pedro del principio de vivir vidas santas en medio de la persecución tiene que ver con la forma en la que los cristianos deben relacionarse con las autoridades. Por primera vez trata el tema de la iglesia y el estado. Pero este tema es clave en toda la carta, porque la tensión que existía debido a esa relación es el contexto en el que están las iglesias a las que Pedro escribe. Lo primero que hace no es hablar de conductas concretas, porque antes tiene

---

21. W. Schrage, *Ethics*, 278,
22. L. Goppelt, *Theology of the New Testament. Volume 2: The Variety and Unity of the Apostolic Witness to Christ*, trad., J. E. Alsup; ed. J. Roloff (Grand Rapids: Eerdmans, 1982), 173.
23. Ver en J. Dillenberger, *Martin Luther: Selections from His Writings* (Garden City, N. Y.: Doubleday [Anchor], 1961), 53. Ver también la exposición de Lutero sobre la libertad política en su comentario *Peter and Jude*, 120-22.
24. Este primer mandato es aoristo; los otros tres, están en presente. El primero es el mandato categórico, el general; los otros tres expresan la acción o conducta que se desprende del mandato general. Ver S. Porter, *Verbal Aspect in the Greek of the New Testament, with Reference to Tense and Mood* (SBG 1; Nueva York: Peter Lang, 1989), 360. Pero ver también J. R. Michaels, *1 Peter*, 129-30, quien piensa que el mandato en aoristo es programático.

que establecer su perspectiva teológica. A pesar de tener un emperador tirano, Pedro exhorta a los cristianos a vivir bajo el orden establecido, como personas libres, por causa del Señor y de su seguridad.
Esa visión de la relación de los cristianos con el estado tiene muchas
implicaciones para los cristianos que viven en el mundo de hoy.

Construyendo
Puentes

No podemos hablar de las implicaciones de
este pasaje hasta no examinar de qué forma
se debía poner en práctica, en el siglo I, la
ética que se enseña aquí, y de qué forma
puede manifestarse ese tipo de ética en nuestro mundo actual. Y no es
una cuestión tan sencilla como algunos creen. Por ejemplo, podríamos
considerar las diferencias que hay entre un individuo del siglo I, que
no tenía el estatus de ciudadano, y un ciudadano de nuestros días, o
entre el emperador y sus análogos contemporáneos. ¿La posición de
emperador y la de los líderes de nuestros países son equivalentes? La
mayoría de los lectores responderán de forma negativa, pues el emperador romano era mucho más dictatorial y tirano que los líderes de
nuestro mundo occidental (con alguna trágica excepción). Así, las manos del presidente de EE.UU. están atadas por el cuerpo político del
país; solo puede hacer lo que los ciudadanos (a través de sus representantes en Washington, D. C.) le permiten hacer. Lo mismo diríamos si
comparásemos al emperador con el primer ministro del Reino Unido,
la reina de Inglaterra, o el canciller de Alemania.

Lo realmente pertinente para nosotros es cuáles son las implicaciones de esas diferencias a la hora de entender el sometimiento a las
autoridades. Dicho de otro modo, ¿la idea de sumisión es más válida
para el cristiano bajo el imperio romano (cuya vida corría peligro si se
mostraba en desacuerdo o se revelaba) que para el cristiano que vive
en un estado democrático? Esta no es una pregunta exclusivamente
académica, porque refleja qué significa aplicar la Biblia a nuestro contexto. Aunque pueda resultar sencillo aplicar el mandato "dad a todos
el debido respeto", porque parece que trasciende cualquier condición
cultural, no es tan fácil decir que "someterse a la agenda política de tus
líderes" es una extensión necesaria y natural del principio de someterse al emperador romano. En los EE.UU., por ejemplo, los cristianos

se dividen cada vez que hay elecciones; esa división tiene un impacto sobre lo que significará la sumisión durante los cuatro años siguientes, porque a algunos les gustará, y a otros no.

Además, la cuestión más importante es saber si los que no eran ciudadanos romanos tenían opción. Y los cristianos a los que Pedro escribe no eran ciudadanos romanos. ¿Someterse no era su única opción? Así es. Normalmente, los actos públicos de "insumisión" recibían algún tipo de castigo inmediato. Cualquier estrategia que no incluyera la sumisión tenía los días contados. Por eso, a la hora de aplicar este pasaje a nuestro contexto, tenemos que tener en cuenta que estamos en una situación muy diferente.

Entonces surgen una serie de preguntas. ¿El llamado a someterse es tan cultural que la aplicación a nuestro contexto es completamente diferente? En ese caso, ¿tenemos que buscar en nuestro contexto un grupo de "extranjeros" o "marginados" a quienes sí se le aplicaría esta orden? ¿O simplemente tenemos que admitir que la "sumisión" solo es un principio general (los cristianos deberían ser buenos ciudadanos, no agitadores sociales que siembran el caos) y que, en situaciones específicas, el ciudadano occidental (EE.UU., Francia, Alemania, Italia, Gran Bretaña, Bahamas, etc.) decide cómo responder ante una norma concreta? En este último caso, la "sumisión" puede tomar forma de desobediencia civil[25] y también de una abierta oposición al gobierno; ambas como parte de lo que significa vivir "en y bajo un orden" como está debidamente establecido en las leyes institucionales del país.

Poner un ejemplo nos ayudará a ver esta cuestión en contexto. El libro de Stephen L. Carter, *The Culture of Disbelief*, es un tratado provocador que denuncia a la sociedad estadounidense y sus procedimientos legales en relación a cómo se ha tratado a "la gente religiosa"[26] en

---

25. Sobre esta cuestión, ver J. B. Anderson, «Civil Disobedience», en C. F. H. Henry, ed., *Dictionary of Christian Ethics* (Grand Rapids: Baker, 1973), 104-5; M. L. King, Jr., "Love, Law, and Civil Disobedience", en J. M. Washington, ed., *A Testament of Hope: The Essential Writings of Martin Luther King, Jr.*(San Francisco: Harper & Row, 1986), 43-53. Este último ensayo muestra la teología en acción en un momento crucial de la historia de las relaciones interraciales en EE.UU.

26. Carter usa este término a lo largo de todo el libro para referirse a un grupo de personas que se adhiere a una creencia religiosa que las lleva a actuar de una forma determinada. El mismo Carter es un episcopaliano con sensibilidad social y una teología sólida, y también catedrático de Derecho en Yale. Ver *The Culture of*

el discurso público y en las decisiones legales. Por un lado, este libro es un acto deliberado de insubordinación ante el "orden que existe", que con frecuencia el autor etiqueta de "liberal"; por otro lado, este libro es todo un ejemplo de la forma verdaderamente estadounidense de protestar contra el orden establecido. Es conciliador a la vez que crítico. Pero si Carter hubiera escrito este libro bajo el mandato de Nerón, denunciando de forma abierta el poder político y su actuación (cosa que el libro de Carter hace), se habría interpretado como una falta de sumisión, de esa sumisión que Pedro condena (¡por no decir lo que habría hecho Nerón!). Lo que aquí vemos es que la situación que vivimos hoy en Occidente es distinta, y, por tanto, la aplicación del mandato de Pedro también será distinta. Por esa razón, las preguntas que nos hacíamos en los párrafos anteriores son importantes a la hora de aplicar este pasaje a nuestro contexto.

Este tipo de preguntas no se puede responder con un simple "sí" o un "no". Para responder hace falta un conocimiento de la relación de los ciudadanos romanos, y de los que no lo eran, con el emperador, y una buena comprensión de la relación que esos grupos guardan con nuestra forma actual de gobierno. Es cierto que no son cuestiones sencillas, pero también es verdad que resolverlas no está fuera de nuestras posibilidades. De hecho, en cierto sentido, la aplicación para mucha gente es bastante directa, y buscamos ser tan fieles como podamos a la voluntad y a la revelación de Dios.

En mi opinión, el cambio de circunstancias con el que nos encontramos cuando pasamos de un emperador romano como Nerón a la vida bajo un primer ministro británico, o bajo un presidente estadounidense, es abismal, y, por ello, también debe haber cambios en las directrices éticas. Es decir, "vivir bajo el orden establecido" ya no significa "sumisión" en el sentido que tenía en el primer siglo. Lo que hacemos ahora es vivir decentemente como buenos ciudadanos, pero seguimos siendo buenos ciudadanos cuando vamos a una manifestación o practicamos la desobediencia civil, cosa que los ciudadanos (y los no ciudadanos) del siglo I no podían hacer. Debemos respetar a nuestros líderes, pero en ningún momento se nos pasa por la cabeza

---

Disbelief: How American Law and Politics Trivialize Religious Devotion (Nueva York: Doubleday [Anchor Books], 1994).

que debamos complacer todos sus deseos, y hacerlo por miedo a que nos castiguen.

Otro elemento de la interpretación y aplicación de nuestro texto es verlo en su contexto más amplio, los llamados *códigos domésticos*, estructura utilizada para instruir a la iglesias sobre cómo vivir en la sociedad.[27] La hipótesis más aceptada dice que cuando la iglesia se iba estableciendo (si es que podemos describir así el estado de las iglesias a las que Pedro se dirige), los líderes vieron la necesidad de enseñar a los miembros cómo vivir dentro de las categorías sociales normales. Por ejemplo: ¿cómo debían comportarse las esposas cristianas, y cómo debían conducirse los hijos de los cristianos? Los primeros maestros cristianos aceptaban las instrucciones típicas del judaísmo de la diáspora, instrucciones basadas en la "tradición de los dos caminos" y que contenía mandatos concretos según la etapa de la vida (amos, esclavos, esposos, esposas, etc.). Y concluye que los primeros "códigos domésticos" cristianos reflejan esa ética (*cf.* Ef 5:22-6:9; Col 3:18–4:1).[28]

Esta es una hipótesis razonable, aunque los paralelismos con el judaísmo no son tan evidentes como propone. No obstante, esta hipótesis nos ayuda a entender lo que Pedro y Pablo estaban haciendo. Al igual que otros pastores y maestros cristianos de entonces, ofrecían a sus iglesias un conjunto de principios que servían para saber cómo vivir como cristianos en un mundo no cristiano. Recordando lo que ya vimos al comentar 2:11-12, Pedro ofrecía a sus iglesias una "estructura defensiva", para que pudieran enfrentarse a las presiones ejercidas por el mundo que los rodeaba.

Además, al comparar los textos de Pedro con los de Pablo, podemos ver de forma clara algunos énfasis de Pedro que nos ayudan a

---

27. El mejor estudio que conozco es el de R. P. Martin, "Haustafeln" en *NIDNTT*, 3:928-932. Ver también L. Goppelt, *1 Peter*, 162-79; D. Balch, *Let Wives Be Submissive: The Domestic Code in 1 Peter* (Chico, Calif.: Scholars, 1981); W. D. Davies, *Paul and Rabbinic Judaism: Some Rabbinic Elements in Pauline Theology*, 4ª ed. (Filadelfia: Fortress, 1980), 121-36.

28. Así, un documento cristiano temprano, la *Didaké* 4:9-11, recoge instrucciones para los padres sobre cómo educar a los hijos, para los amos sobre cómo tratar a los siervos, y para los siervos sobre cómo someterse a los amos. Es decir, la ética traspasó fronteras pero también se adaptó para encajar en los nuevos contextos.

discernir el propósito de sus instrucciones. (1) Pedro incluye una sección especial sobre la relación con el emperador y con el gobierno (2:13-17). Al parecer, esa relación es especialmente importante para Pedro y sus iglesias (probablemente por el [repentino] auge de persecución de los cristianos bajo el régimen de Nerón), y por eso aparece en primer lugar.[29] (2) Mientras que los códigos domésticos que han quedado registrados en el Nuevo Testamento hacen hincapié en la "sumisión recíproca", Pedro es el único que hace un énfasis especial en la motivación que debe haber detrás de esa práctica: agradar a Dios y tener un impacto en la sociedad (2:12; 3:1). (3) Para Pedro, ese estilo de vida es especialmente importante para los que son ciudadanos de segunda categoría, es decir, para los marginados sociales (2:11). (4) Que Pedro se dirija a los esclavos (2:18-25) en lugar de a los amos (como Pablo; pero *cf.* Ef 6:9; Col 4:1; Filemón), y a las esposas de una forma mucho más completa que a los esposos sugiere que aquellas iglesias estaban compuestas principalmente de siervos y de mujeres; contarían con muy pocos amos (si es que había alguno) y muy pocos esposos creyentes. Dicho de otro modo, vemos que Pedro "hace hincapié una y otra vez en los puntos en los que la comunidad cristiana chocaba con la sociedad romana".[30]

Por ello, cuando leemos el código doméstico de Pedro, tenemos que entender que las normas éticas que quiere enseñar están dominadas por su deseo de enseñar a los cristianos a vivir en un imperio que se ha vuelto contra ellos. No se trata de exhortaciones atemporales, sino consejos para una comunidad concreta que está bajo amenaza. Con esto no queremos decir que el consejo de Pedro sea simplemente eso, un consejo; lo que queremos decir es que a la hora de hablar de la vida cristiana, Pedro tiene en mente un contexto concreto, *y tenemos que considerarlo antes de aplicar las enseñanzas al nuestro*. Ese contexto nos habla de que el primer ámbito que nos debe preocupar no es la ética personal, sino vivir la vida cristiana en la sociedad moderna.

---

29. Este tema también aparece en Pablo, pero no lo incluye en los códigos domésticos, probablemente porque sus iglesias no estaban en una situación de peligro tan clara (*cf.* Ro 13:1-7; 1Ti 2:1-3; Tito 3:1-3, 8). Encontrará una tabla que recoge estas cuestiones en E. G. Selwyn, *1 Peter*, 427. Ver también L. Goppelt, *1 Peter*, 164-65.
30. J. R. Michaels, *1 Peter*, 122.

Siguiendo con esa observación, también opino que no deberíamos aplicar este texto de forma directa cuando nuestro mundo es completamente diferente. Como veremos cuando lleguemos a 3:1-6, la tolerancia y respuesta de una mujer cristiana casada con un hombre no cristiano (al que está intentado llevar a la fe) es considerablemente diferente a la tolerancia y la respuesta de una mujer cristiana ante un marido cristiano. Es decir, estos textos se generaron ante la preocupación de cómo vivir bajo la presión de un mundo incrédulo y hablan de los problemas a los que el cristiano se enfrentaba en la sociedad. No hablan tanto de la ética personal en un contexto neutral o positivo, aunque es cierto que contienen algunos elementos que también son relevantes para ese tipo de contextos.

Una última observación, aunque difícil de demostrar, tiene que ver con las razones que llevaron a Pedro a incluir este material. Es fácil probar que las ideas que expone eran muy comunes. Entonces, ¿por qué decidió escribir que los cristianos tenían que someterse al orden establecido si era algo que sus lectores ya sabían? Muchos estudiosos dicen que tuvo que hacerlo, porque los primeros cristianos encontraron tal libertad en Cristo que pensaban que eran un grupo totalmente libre. Es decir, la libertad que encontraron en la iglesia los llevó inevitablemente a pensar en una revolución social que no era ni viable ni sabia. Por tanto, Pedro los anima a seguir siendo buenos ciudadanos aun a pesar de haber descubierto una libertad alucinante.

Defiendo que, aunque difícil de probar que en la iglesia hubiera ese sentimiento, esta conjetura tiene fundamento. En particular, parece que esto es precisamente aquello contra lo que Pablo está luchando en nuestra sección. Dice que aunque los cristianos sean libres (2:16), deben ser ciudadanos respetables porque esa es la voluntad de Dios y la única forma en la que podrán dar credibilidad al evangelio. Debemos tener este punto en consideración antes de aplicar la idea de la sumisión a nuestro contexto. Es decir, la sumisión no es un mandato universal, sino un principio, *sobre todo* para aquellos que han descubierto la libertad en Cristo y que piensan que la revolución social es lo que Dios quiere.

Significado Contemporáneo

A continuación doy por sentado, a la luz de las diferencias entre nuestro mundo y el mundo de 1 Pedro, que aunque la sumisión sigue siendo un principio de cómo los cristianos deben vivir en la sociedad, ahora incluye la obediencia, la protesta, y a veces incluso la desobediencia civil. ¿Qué quiero decir con esto? El cristiano debe ser obediente a las estructuras de la sociedad y vivir dentro de esas estructuras, pero a veces esa obediencia puede llevar a una desobediencia justificable que sigue estando dentro de dichas estructuras. Del mismo modo en que Stephen Carter protesta porque en EE.UU. las tendencias liberales trivializan la devoción religiosa en la ley y la política, los cristianos también deben pronunciarse a veces en contra del gobierno. Pero el principio de la sumisión les recuerda que cuando protesten, deben hacerlo por las vías permitidas en su sociedad.

Por dar un ejemplo, los cristianos pueden protestar delante de las clínicas de abortos (y la Constitución les confiere ese derecho), pero no pueden protestar de formas prohibidas por la ley (como cuando un manifestante asesinó a un doctor como forma de protesta). La desobediencia civil, dentro de unos parámetros, es un derecho en la mayor parte de las democracias occidentales. De hecho, la sociedad percibe algunos de los actos de desobediencia civil como "algo bueno", lo que permite a los cristianos ejercer cierto grado de "insubordinación" y aún así estar dentro de los parámetros de "buena conducta ciudadana".

De hecho, un buen número de normas modernas sobre la movilización social se establecieron como ley (en los EE.UU.) a través de las acciones de aquellos que practicaron algún tipo de desobediencia civil. Podemos pensar en el derecho al voto de la mujer, en la desaparición de muchas de las barreras hacia la igualdad racial, y en la educación obligatoria para todos los niños. El impulso de estos movimientos se debe, en gran medida, al descontento y a las acciones de los cristianos.

Tenemos el ejemplo de Martin Luther King Jr., cuyas acciones han inspirado recientemente a la derecha conservadora cristiana. Tan solo hace falta considerar uno de sus discursos, quizá el mejor de ellos: "Tengo un sueño". Pronunciado ante el Monumento a Lincoln el 28 de agosto de 1963, ese discurso electrizó al público estadounidense, consolidó el respaldo al movimiento de derechos civiles, y contribuyó a la mejora de la sociedad estadounidense (y occidental). Pero aquí no quiero centrarme en el movimiento civil y los cambios que trajo, sino en el fundamento del discurso de Luther King: de principio a fin estaba basada en el clamor bíblico de vindicación ante la injusticia para que la sociedad sea mejor.

Pero el mecanismo para que su mensaje llegara lejos fue un acto masivo de desobediencia civil ante un gobierno que había hecho la vista gorda ante una desigualdad racial muy arraigada y que iba en contra de la Constitución de ese mismo gobierno, la cual garantizaba la igualdad de derechos. Al desobedecer, Luther King actuó de forma bíblica (evitó la violencia) y de forma contracultural, a la vez que buscó establecer valores bíblicos en la sociedad. Aunque es verdad que hoy día una mención directa a la Biblia haría que la izquierda acusara a quienes lo hicieran de querer imponer la religión sobre el estado,[31] que el movimiento de los derechos civiles estuvo inspirado, en parte, por un sentido de justicia y amor basado en la Biblia sigue siendo parte de nuestra historia.

Estoy convencido de que Pedro permitiría una actividad así, aunque nunca se le pasara por la mente. Pedro pide a los creyentes que vivan vidas santas y les dice que ese tipo de vida implica actuar bajo del emperador y las autoridades locales. Pedro predica la sumisión para evitar que el gobierno se vuelva en contra de la iglesia y para animar a otros a seguir a Cristo a través de la iglesia. Y mientras los miembros de la iglesia vivan dentro del orden establecido y no temerariamente, y mientras el gobierno no se vuelva contra ellos por ese tipo de acciones, los actos sociales de desobediencia civil serán visto como una "conducta ciudadana responsable". En ese sentido, las acciones de ese tipo no dañarán la causa del evangelio.

Por otro lado, aunque algunos justifican el bombardeo de las clínicas de abortos como un error provocado por un momento de "ira santa",

---

31. Y normalmente en nombre de la separación entre iglesia y estado. Pero la Constitución nunca prohíbe que la iglesia busque desarrollar sus valores en la sociedad, y el estado no puede prohibir esa actividad. Ver aquí Stephen A. Carter, *Culture of Disbelief*, esp. 105-210.

yo creo que esos son el tipo de actos que Pedro prohíbe aquí. Él quiere que los actos de los cristianos sirvan para que las demás personas puedan ver la gloria de Dios, y creo que es imposible (incluso ridículo) pensar que los no cristianos verán la gloria de Dios a través de ese tipo de actos atroces.

¿Pero qué ocurre cuando el gobierno pide algo que un cristiano no puede dar? A veces los cristianos entenderán que para mantener la conciencia tranquila, tendrán que desobedecer; y en esas ocasiones, tendrán que sufrir las consecuencias por causa del Señor, a la luz de la voluntad de Dios, y para que el mensaje del reino de Dios llegue a otros. Usaré aquí un ejemplo claramente controvertido, en parte porque a la hora de hablar de este tipo de desobediencia, los ejemplos no controvertidos no existen. También he elegido este ejemplo, porque yo mismo no tengo muy claro cómo deberían pronunciarse los cristianos y qué deberían hacer. El ejemplo tiene que ver con *protestar en contra de las instalaciones de armas nucleares*. Dentro de la iglesia universal es un hecho que muchos cristianos son pacifistas o, al menos, están en contra de las armas nucleares, porque sus consecuencias devastadoras son injustas. Hablo a ese grupo, confesando que aunque simpatizo con su posición, no soy capaz de contestar a todas las objeciones que yo mismo tengo contra su postura.

En 1987, Jim Wallis, fundador y director de la *Sojourners Sommunity* (comunidad de expatriados) en Washington D.C., editó y publicó un libro sobre el desarrollo de la conciencia cristiana en cuanto a cuestiones sociales.[32] Uno de los capítulos, recopilado por Jim Douglass, recoge las acciones de muchos cristianos que protestaron contra el llamado "tren blanco", un tren de carga que llegó a la base de submarinos Trident en Bargor, Washington.[33] El tren llevaba materiales nucleares; si el grupo evitaba que se moviera, evitarían parte de la acumulación mundial de armas nucleares y también darían testimonio del llamamiento a la paz que encontramos en el evangelio. La declaración de misión adoptada por la *Agape Community*, que luchaba por controlar y frenar el tren nuclear a través de la no violencia, fue la

32. J. Wallis, ed., *The Rise of Christian Conscience: The Emergence of a Dramatic Renewal Movement in Today's Church* (San Francisco: Harper & Row, 1987).
33. J. Douglass, "The Nuclear Train Campaign: Tracking and Resisting the Train", en J. Wallis, *The Rise of Christian Conscience*, 62-71.

siguiente: "Creemos que la fuerza espiritual capaz de cambiarnos y de frenar la carrera de las armas es la del ágape: el amor de Dios obrando en el corazón humano».[34]

Después de meses reuniendo fuerzas y planeando, la *Agape Community* empezó una serie de vigilias de protesta en contra del tren blanco. Algunos fueron arrestados por acercarse demasiado al tren (una ley incomprensible), otros por arrodillarse en las vías para impedir que el tren avanzara (otra ley incomprensible), y otros por sentarse en frente de las puertas de la planta en Bangor (de nuevo, incomprensible). Esta historia es un testimonio conmovedor sobre la fe y la vigilancia de un grupo de cristianos que creía que la acumulación nuclear destruye vidas. Los cristianos que se quedan sentados, sin ni siquiera reflexionar sobre la moralidad de esa actividad por parte del gobierno, no están cumpliendo con su responsabilidad de vivir de acuerdo a la voluntad de Dios. Y puede que eso sea lo que está ocurriendo: que muchos cristianos se quedan sentados, ociosamente, sin reflexionar, porque se niegan a vivir primero para el reino y en lugar de ello deciden vivir primero según su agenda social. Cualquiera que sea la opinión sobre el pacifismo nuclear, la labor de aquellos cristianos es a mi entender un claro ejemplo de desobediencia civil, con serias consecuencias, por causa del evangelio.[35]

Hasta ahora me he centrado en la desobediencia a la sumisión. ¿Qué pasa con la obediencia? En primer lugar, repito que muchas organizaciones sociales y mucho del bien en nuestra sociedad es fruto de la actividad cristiana y de la obediencia cristiana a las autoridades. Como norma, los cristianos hoy son buenos ciudadanos, y en la actualidad sé de muy pocas acusaciones de que los cristianos sean un mal para la sociedad. Aunque los cristianos del siglo I debieron sentirse tentados a derribar las mesas y empezar una revolución, hoy, en Occidente, a los cristianos no se les puede acusar de eso.

En segundo lugar, los cristianos deberían ser conocidos por su respeto y su colaboración imparcial en las acciones políticas y guber-

---

34. *Ibíd.*, 64.
35. En una nota de uno de mis editores, Frank Thielman, descubrí que la historia de Jim Douglass continúa. Ahora está en Birmingham, en una residencia de víctimas de SIDA.

namentales. Tristemente, hoy día no siempre se les conoce por eso. Muchos cristianos de fe y acción política sincera y cándida, en algunos momentos caen en una acción política alborotadora. A menudo, la derecha cristiana le pierde el respeto a la izquierda. He oído demasiados comentarios ofensivos y nada cristianos sobre los partidos políticos en el poder opuestos a la derecha cristiana. E imagino que se hacen el mismo tipo de comentarios desde el bando contrario. Debemos recordar que Pedro habla de dar a *todos* el debido respeto, independientemente de su sesgo político (2:17). Me arrepiento de caer en ambos polos de esta falta moral: como cristianos, se nos debería conocer por nuestro respeto por el gobierno, incluso cuando estamos en desacuerdo.

Vuelvo a recordar la obra de Stephen Carter, a quien creo que podemos etiquetar de liberal moderado, pues todo el mundo reconoce su imparcialidad, su actitud conciliadora y su respeto. Su acercamiento debería caracterizar a toda la actividad política cristiana.[36] De hecho, deberíamos recordar que el llamamiento que Pedro hace a respetar a todo el mundo ocurre en una situación muy diferente a la nuestra: en ocasiones, aquellas iglesias eran perseguidas por su fe. Y recordarlo pone de relieve nuestra falta de respeto hacia las autoridades y el gobierno.

En tercer lugar, la motivación de nuestra actividad política debe ir en consonancia con nuestra misión como iglesia. Con demasiada frecuencia la actividad política de los cristianos nace de una motivación muy poco cristiana. Nuestra primera tarea es glorificar a Dios haciendo que las buenas nuevas del evangelio del reino impacten a nuestro mundo. Si nuestra actividad política no está enraizada en esa motivación y tan solo está teñida (intentando por todos los medios no parecer religiosos y ser aceptados) por el mensaje del reino, entonces estamos negando el propósito de nuestra existencia. Pedro motivó a las iglesias a realizar buenas acciones en el mundo para que declararan las buenas nuevas de Dios y mostraran así su bondad y su gloria, con la esperanza de que otros desearan acercarse a ese Dios. No los exhortó a hacer el

---

36. Ver las frases publicitarias sobre su libro que aparecen en la portada de la edición de bolsillo de 1994, frases que provienen tanto de un bando como del otro de los temas que trata.

bien por razones altruistas. Con demasiada frecuencia hay cristianos que se involucran para proteger sus propias inversiones, para acumular más poder. Esos no son motivos dignos de los que dicen seguir a Jesucristo ni de las enseñanzas de los apóstoles.

No obstante, al decir todo esto no estoy diciendo que todas las acciones tengan que tener una motivación evangelística. A veces, nuestra decisiones están basadas en lo que creemos sobre ser buenos ciudadanos. No votamos para dar testimonio; votamos, porque nos importa y porque forma parte de ser un ciudadano responsable. Hay tiempo para "hacer actos de bondad", y hay tiempo para testificar. Lo que quiero enfatizar es que, hagamos lo que hagamos, lo hacemos en el contexto de ofrendar nuestras vidas por entero a Dios y en el contexto de intentar darle la gloria a Él.

Por último, Pedro nos muestra que la relación del cristiano con el gobierno no es, en última instancia, una relación definitiva. El cristiano es libre, porque ha sido redimido. La autoridad del estado sobre el cristiano es secundaria, y su sumisión al estado va después de su sumisión al Señor. Los cristianos no son buenos cristianos, porque obedecen al estado, sino que son buenos ciudadanos, porque obedecen al Señor.

Jonathan Edwards, al que recordamos no tanto por su presidencia universitaria ni por su brillante análisis filosófico, sino por su famoso discurso titulado "Pecadores en manos de un Dios airado", elaboró una teoría sobre la relación del cristiano con la vida pública. Gerald R. McDermott, profesor de religión en Roanoke College (Salem, Virginia), resume en seis puntos la teología de Edwards sobre la vida pública y el cristiano.[37] En mi opinión, Edwards entendió claramente cómo debemos actuar en la actualidad, y es una compresión que también encaja con la enseñanza de Pedro. Esos seis puntos son los siguientes:

(1) Los cristianos tienen una responsabilidad con la sociedad que va más allá de las cuatro paredes de la iglesia. Los cristianos tienen que romper con la tendencia del aislamiento que a veces ha caracterizado a la iglesia.

---

37. Gerald R. McDermott, "What Jonathan Edwards Can Teach Us About Politics", *CT* 38/8 (1994): 32-35.

(2) Los cristianos no deberían vacilar a la hora de unir fuerzas a no cristianos que también luchan para defender la ética. Aunque estoy de acuerdo con Edwards, debemos recordar la necesidad de establecer nuestros principios y negarnos a comprometer nuestra fe o a ceder en cuanto a la verdad cristiana fundamental. Pero la cooperación es crucial y hemos de evitar el aislamiento.

(3) Los cristianos deberían respaldar a sus gobiernos, pero estar dispuestos a ser críticos cuando la ocasión así lo exija. Una vez más, encontramos aquí el respeto del que Pedro no habla, pero también la voluntad a denunciar las políticas que vayan en contra de nuestra conciencia.

(4) Los cristianos deberían recordar que la política tiene su lugar, y su importancia es secundaria. Muchos cristianos en Occidente lo han olvidado. El cristiano tiene una responsabilidad en primer lugar con su Maestro, el Señor Jesucristo, y luego, y solo luego, con su gobierno. Demasiados cristianos han confundido el orden. Pedro miraba con esperanza el día en que Jesucristo iba a regresar, y sabía que entonces el imperio romano daría paso al reino de Dios, y que ese reino no toleraría distinciones geográficas o de poder. Deberíamos tener un respeto mayor por la iglesia que por el gobierno.

(5) Los cristianos deberían tener cuidado con el orgullo nacional. En la historia de la iglesia nunca ha habido una nación realmente cristiana. Hasta que eso ocurra (y tenemos razones para dudar que vaya a ocurrir), nuestro deber es poner nuestro orgullo en segundo plano y poner nuestra confianza en el reino de Dios, que trasciende las fronteras nacionales. He trabajado con profesores de Nueva Zelanda, Canadá, Países Bajos y Gran Bretaña; tenemos estudiantes que vienen de todos los rincones del globo. En un contexto así, centrarnos en el orgullo nacional sería un agravio a nuestras conciencias. El evangelio de Cristo coloca a todos los que le seguimos en una comunidad internacional, y esa iglesia merece nuestra lealtad. Yo creo en "la santa iglesia universal", y al pronunciarme así, confieso que el orgullo nacional es secundario.

(6) Los cristianos deberían preocuparse de los pobres. Y tenemos que entender la importancia que esto tiene, pues revela una actitud de misericordia hacia los necesitados y va más allá de la ayuda económica

puntual. Los cristianos deberían ayudar, y deberían tener el deseo de ayudar, cualesquiera que sean las necesidades. Además, deberían llevar ese deseo más lejos y procurar que el gobierno planifique ese tipo de ayuda. Si Dios es un Dios de compasión y misericordia, los cristianos deberían reflejar esa compasión y misericordia a los demás. Asimismo, los cristianos deberían luchar para que la compasión y la misericordia se convirtieran en algo que caracteriza la sociedad en la que viven.

Jonathan Edwards murió en 1758, hace más de doscientos años. Aunque sus ideas precisas de algunos reajustes debido a los cambios (lo mismo que ocurre con las ideas de Pedro), podemos ver que su visión de cómo deberían vivir los cristianos en la sociedad es un acercamiento completamente bíblico. Edwards mismo fue un ejemplo excelente de aquello que predicaba y, felizmente, sus seguidores han puesto en práctica sus enseñanzas y han sido un buen modelo de lo que significa ser un "buen ciudadano cristiano". En la actualidad, los cristianos necesitan una percepción y una comprensión especial, inspirada en Pedro y en otros, si quieren vivir ante Dios con fidelidad y llevar a otros a sus pies.

Sin embargo, deberíamos recordar que en ocasiones el creyente, ya sea ciudadano o extranjero, no siempre podrá obedecer o desobedecer. A veces, la única opción será el sufrimiento, si es que se puede llamar opción. El cristiano está llamado a seguir a Jesús, y Jesús mismo sabía que su camino era un camino que lo llevaba a la cruz. Los que le siguen, a veces acaban con él en el Gólgota, sufriendo. La próxima sección de la carta habla del sufrimiento como un riesgo que corren los cristianos que viven obedientemente en una sociedad extranjera.

1 Pedro 2:18-25

Criados, someteos con todo respeto a vuestros amos, no sólo a los buenos y comprensivos sino también a los insoportables. ¹⁹ Porque es digno de elogio que, por sentido de responsabilidad delante de Dios, se soporten las penalidades, aun sufriendo injustamente. ²⁰ Pero ¿cómo podéis atribuiros mérito alguno si soportáis que os maltraten por hacer el mal? En cambio, si sufrís por hacer el bien, eso merece elogio delante de Dios. ²¹ Para esto fuisteis llamados, porque Cristo sufrió por vosotros, dándoos ejemplo para que sigáis sus pasos.

²² «Él no cometió ningún pecado,
ni hubo engaño en su boca».

²³ Cuando proferían insultos contra él, no replicaba con insultos; cuando padecía, no amenazaba, sino que se entregaba a aquel que juzga con justicia. ²⁴ Él mismo, en su cuerpo, llevó al madero nuestros pecados, para que muramos al pecado y vivamos para la justicia. Por sus heridas habéis sido sanados. ²⁵ Antes erais como ovejas descarriadas, pero ahora habéis vuelto al Pastor que cuida de vuestras vidas.

Sentido Original

Los esclavos son el segundo grupo al que Pedro se dirige. Ellos también tienen que aplicar a su situación el principio de vivir vidas santas. De hecho, tienen que vivir de forma santa a pesar de la fuerte tentación a librarse de la baja posición en la que se encuentran. Pedro los exhorta a que sean buenos trabajadores, obedientes, incluso cuando sus amos sean crueles y déspotas, testificando así de la gracia de Dios; no deben dar motivos para que la gente hable mal de ese movimiento incipiente. Si actuaban de forma rebelde (y muchos pensarían que estaban en su derecho, porque Cristo los había hecho libres), iban a arruinar la oportunidad de adorar en libertad y probablemente de alcanzar a la sociedad con las buenas nuevas de Jesús.

Pedro empieza con una *exhortación* directa: "Someteos" (es decir, "vivid bajo el orden establecido"; 2:18). Y va seguida de una doble afirmación sobre la *motivación* que debería llevarlos a someterse:

vivir de un modo coherente con el deseo de tener la aprobación de Dios (2:19-20). Afianzando tanto la exhortación como la motivación, está el *fundamento*: los esclavos tienen que agradar a Dios sometiéndose a sus amos *por el ejemplo de Jesús* (2:21-25). Pedro habla del fundamento de forma extensa, y cuando cierra su discurso en 2:25 uno se pregunta si se ha desviado del tema; es lógico pensar así, porque Pedro pasa de hablar de la muerte de Jesús, como ejemplo, a hablar de su muerte como sustitución (2:24-25). Pero la digresión es una característica del estilo de Pedro en la misma medida que la escritura ordenada es un rasgo identificativo de los teólogos de hoy.

La exhortación (2:18)

Pedro exhorta a los esclavos[1] a someterse[2] a sus amos, aunque estos se irriten sin razón y los insulten. Es fácil trabajar para un amo amable, caritativo y generoso; pero es difícil tener la misma disposición ante un amo ofensivo, irascible y caprichoso. Sin embargo, Pedro insiste en que los esclavos o siervos cristianos deben ser obedientes con todo tipo de amos, independientemente de cómo sean. Los principios que aparecen en 2:11-12 son el elemento clave: los esclavos, al igual que los miembros de la sociedad a los que se refiere en 2:13-17, deben ser obedientes, porque esa es la voluntad de Dios (*cf.* 2:19-20), porque a través de esa obediencia darán testimonio de su gracia y servirá de medida para los adversarios en el día de juicio.

El tema que nos llama la atención, aunque no solía ser un problema para las primeras iglesias, es el de la *naturaleza de la esclavitud* en el mundo antiguo.[3] No hablaremos aquí de lo que tocaremos en dos

---

1. En el original, la palabra es *oiketai*, término que se usaba para los "siervos del hogar".
2. En el original es un participio en forma imperativa. Este participio aplica el imperativo de 2:13 a una nueva situación, los esclavos, y su modo deriva del imperativo original. No obstante, tanto el imperativo de 2:13 como el participio de 2:18 derivan de la exhortación a llevar una conducta santa que encontramos en 2:11-12.
3. El mejor estudio es el de S. S. Bartchy, "Slavery (Greco-Roman)", *ABD*, 6:65-73 (con una extensa bibliografía). (En ese artículo, el subtítulo es "New Testament" pero el encabezado es "Greco-Roman"; yo uso este último). En los párrafos a continuación me basaré mucho en Bartchy e iré refiriendo al lector a su obra, en caso de que quiera más detalles e información. Ver también E. Ferguson, *Backgrounds of Early Christianity*, 2ª ed. (Grand Rapids: Eerdmans, 1993), 56-59. También es un

secciones siguientes, pero sí describiremos cómo era la esclavitud en el siglo I para que sepamos a qué personas de nuestro contexto actual podemos aplicar estos versículos. De hecho, en esta serie de comentarios enfatizamos la necesidad de dar los pasos necesarios para aplicar bien el texto antiguo a nuestro contexto actual, pero, además, a veces es muy necesario hacer un esfuerzo especial para entender correctamente el mundo antiguo. La esclavitud del nuevo mundo que se institucionalizó en los EE.UU., conocida por los estadounidenses sobre todo a través de la serie de televisión Raíces,[4] era absolutamente diferente de la esclavitud del siglo I. Hablamos más de esto en la sección "Construyendo puentes", pero, por el momento, basta con decir que para descubrir cómo era la esclavitud en el Imperio romano tenemos que dejar a un lado el concepto moderno de esclavitud tal como se practicó en los EE.UU. durante casi dos siglos.

La esclavitud, en el mundo antiguo, era una institución muy diversa, pues cambiaba mucho de una cultura a otra. Sin embargo, el mundo romano y el griego basaban todo sus sistema económico en esta institución. Algunos han calculado que, en las zonas urbanas, un tercio de la población eran esclavos. En esos dos mundos, especialmente en el romano (que es el que nos interesa en nuestro estudio de 1 Pedro), normalmente la esclavitud no era una condición permanente. Era una condición temporal en el camino hacia la libertad. Mucha gente escogía de forma voluntaria ser esclava de un ciudadano romano, porque cuando se les concedía la libertad como resultado de su buena conducta o por los ahorros que habían conseguido juntar, podían pasar a ser ciudadanos romanos.[5] De hecho, es muy posible que esa fuera una de las razones por las que Pedro (y Pablo) animaban a los esclavos a ser sumisos y obedientes: para que al vivir de forma obediente, les concedieran la libertad (cuando los esclavos la quisieran; *cf.* 1Co 7:21).

Ser esclavo no era algo asignado a personas de una posición social concreta. Un esclavo tenía el estatus social según el amo al que servía; si era un amo poderoso, ellos, de forma indirecta, también lo eran. Así se puede entender que hubiera personas que preferían ser esclavas.

---

estudio muy amplio el de F. M. Snowden, Jr., *Blacks in Antiquity: Ethiopians in the Greco-Roman Experience* (Cambridge, Mass.: Harvard, 1990).

4. Basada en la obra de Alex Haley, *Raíces* (RBA, 1988).

5. S. S. Bartchy, "Slavery (Greco-Roman)", 70-72 (Bartchy da muchos más detalles).

Aunque la mayoría de los esclavos del Nuevo Testamento nacieron esclavos (porque sus madres eran esclavas), muchos escogían serlo, porque era mejor que vagabundear o estar siempre buscando trabajillos.[6] Las tareas a las que se dedicaban variaban mucho, y no debemos pensar que todos los esclavos hacían trabajo físico. Entre la población esclava había "doctores, maestros, escritores, contables, agentes, alguaciles, capataces, secretarios y capitanes de barco".[7]

La esclavitud estaba profundamente arraigada en el sistema patriarcal de la antigüedad. Los cabeza de familia (padres) tenían un poder inmenso sobre las personas que vivían bajo su techo (*patria potestas*), incluido el poder de venderlos como esclavos. A veces, los esclavos se convertían al cristianismo con sus amos, pero otras veces se convertían aunque sus amos no lo hicieran (como en 1P 2:18-25). No es de sorprender, pues, que Pedro los exhorte en el contexto de las normas domésticas; y todavía es más claro en el caso de Pablo (Ef 6:5-9; Col 3:22–4:1). Pero los cabeza de familia abusaban a veces de su poder, se aprovechaban de sus esclavos física y sexualmente (Séneca, *Epístola* 47).

Hay que destacar la idea de que la esclavitud era la base de la economía romana, pues probablemente esta es una de las razones principales por las que se exhorta a los cristianos a seguir sometiéndose a sus amos. Si es cierto que la esclavitud era la principal fuente de mano de obra de la economía romana, es lógico que si los cristianos hubieran empezado a rebelarse contra el sistema, las autoridades romanas habrían dañado el movimiento de forma inmediata, y quizá de manera irreparable. Dicho de otro modo, para que el cristianismo sobreviviera, era importante que los esclavos cristianos fueran buenos esclavos. Así que, probablemente, una de las razones detrás de la exhortación de Pedro fue el deseo de que el movimiento cristiano sobreviviera.

Vemos, pues, que la exhortación de Pedro a vivir bajo el orden establecido como esclavos nace de un contexto económico concreto. Les recuerda que deben hacerlo "con todo respeto" o "con un respeto

---

6. Bartchy (*ibíd.*, 67) recoge una lista de motivos por los que escoger la esclavitud, que incluye el deseo de llegar a ser ciudadano romano cuando le dieran la libertad y la esperanza de poder pagar deudas.
7. K. Hopkins, citado por S. S. Bartchy, *ibíd.*, 69.

profundo".[8] Insiste en que tienen que mostrar el mismo "respeto profundo" a "los [amos] insoportables". Pedro quiere que la comunidad esclava cristiana tenga un tipo de conducta que trascienda la norma y muestre así el origen sobrenatural de dicha conducta. Así, no serán una amenaza para la economía y serán vistos de forma favorable.

La motivación (2:19-20)

En el original, la expresión "Porque es digno de elogio" describe si alguien le agrada a otra persona. En este caso, habla de agradar a Dios.[9] La misma expresión aparece tanto al principio del versículo 19 como al final del versículo 20, formando lo que se llama una "inclusión", un recurso literario para dar a la sección una idea de unidad y para hacer hincapié en la expresión en sí.[10] A Dios no le agrada cuando sus hijos sufren por haber sido rebeldes o por haber pecado; si sufren, al menos que sea por hacer el bien. Pedro dice que Dios quiere que sus hijos hagan el bien, a pesar del sufrimiento que eso les pueda acarrear. Por eso, los esclavos cristianos deben someterse a sus amos como parte de su conducta santa (2:11-12). Si sufren en una situación de sumisión, entonces la voluntad de Dios es que pasen por ese sufrimiento; si sufren por insubordinación, están fuera de la voluntad de Dios para su pueblo.

El fundamento (2:21-25)

A continuación, Pedro argumenta que para eso ha llamado Dios a los esclavos, para sufrir (2:21), y añade un nuevo elemento: la base de ese llamado a sufrir es el Jesús al que siguen. Él también sufrió,

---

8. Los estudiosos han debatido mucho sobre el sentido de esta expresión. ¿Se trata de temor/respeto a los hombres, o a Dios? La mayoría cree que aquí que la base para el respeto es religiosa (J. N. D. Kelly, *Peter and Jude*, 116; J. R. Michaels, *1 Peter*, 138).

9. El término griego es *charis*, que normalmente traducimos por "gracia". Pero como J. R. Michaels comenta, "Aquí, 'gracia' no hace referencia a aquello que Dios da de forma gratuita..., sino a aquello que agrada a Dios o aquello con lo que Dios está contento" (*1 Peter*, 139).

10. Cuando la misma expresión (o la misma idea) introduce y cierra una sección, si las partes intermedias también se repiten, y lo hacen en el orden inverso, estamos ante un quiasmo. Ver N. W. Lund, *Chiasmus in the New Testament: A Study in the Form and Function of Chiastic Structures* (Peabody, Mass.: Hendrikson, 1992 [reedición de la edición de 1942 con un nuevo prefacio]).

y el ejemplo que les dejó es el modelo que deben seguir. La idea que Pedro está intentando transmitir es muy importante, ¡y a Pedro mismo le costó mucho llegar a entenderla! Vamos a detenernos y reflexionar en su experiencia con la cruz de Jesús. La primera vez que oyó de la cruz, Pedro reprendió a Jesús (Mr 8:31-33); la segunda vez, durante la pasión, se escondió de Jesús (14:66-72). Entonces vino el cambio. Su arrepentimiento y su restauración lo llevaron a cambiar su visión de la cruz de forma radical, pues descubrió que era un instrumento de sanación (2:24-25) y, además, el *paradigma de la vida cristiana*. Presumiblemente, ese cambio ocurrió en Pentecostés (Hch 2) con la venida del Espíritu Santo, que le ayudó a entender el significado de la cruz. Lo que antes había sido una piedra de tropiezo, ahora se convirtió en fundamento de su teología.

Después de describir el patrón que ve en la vida de Jesús (2:21), Pedro describe la condición de esa vida (su perfección; 2:22), menciona la oposición que se encontró y cuál fue su reacción (2:23), explica los beneficios de esa vida y esa muerte (2:24), y luego aplica toda la obra de Jesús a las vidas de sus lectores (2:25). Aquí tenemos una interpretación cristiana temprana de la vida de Cristo que es, a la vez, una explicación de la esencia de la vida cristiana. Dicho de otro modo, esta pequeña sección nos permite vislumbrar la cosmovisión cristiana del siglo I, un mundo muy diferente al nuestro pues la iglesia temprana vivió la persecución, pero un mundo del que tenemos mucho que aprender para la vida cristiana.

El sufrimiento de Cristo creó un patrón general[11] que los creyentes debían seguir.[12] La razón por la que el sufrimiento de Jesús es un buen ejemplo para lo que Pedro quiere enseñar es la *condición de perfección que Jesús alcanzó* (2:22-23). Es decir, Jesús es el ejemplo por excelencia de sufrir por hacer el bien; fue perfecto, y aun así, sufrió. Por tanto, los esclavos cristianos deberían tomar este ejemplo

---

11. En el griego original, el término "ejemplo" es *hypogrammos* y se usaba para designar las tablas de cera que se utilizaban para enseñar las letras a los niños. Se imprimía el patrón sobre la cera para que el niño pudiera seguir las marcas y aprender bien la forma de la letra. Más detalles en J. R. Michaels, *1 Peter*, 144.

12. Detrás de la palabra "pasos" tenemos una segunda imagen (2:21), la de caminar detrás de alguien siguiendo las huellas que ha dejado; ver L. Goppelt, *1 Peter*, 204-205.

como paradigma de vida. Tienen que vivir vidas santas, someterse y obedecer incluso a los amos arrogantes; cuando viven así están siguiendo los pasos de Jesús, que *respondió a sus adversarios de una forma muy particular* (2:23). Cuando lo insultaron, no respondió con insultos; tampoco amenazó a aquellos que lo hicieron sufrir; lo que hizo fue confiar su causa al Dios que juzga justamente y esperar su vindicación. Por ello, en lugar de contraatacar, los esclavos también deberían responder amablemente.

Llegado este momento, Pedro reflexiona sobre aspectos de la vida de Jesús más allá del ejemplo que nos dejó. Es decir, hace una digresión para mencionar los *beneficios* del sufrimiento y la muerte de Cristo como expiación vicaria ("Él mismo, en su cuerpo, llevó al madero nuestros pecados", 2:24),[13] dando a los que confían en él la oportunidad de "morir al pecado y vivir para la justicia" (*cf.* 2:11-12).[14] Dicho de otro modo, Pedro une la conducta que espera de sus lectores con la obra de Cristo en la cruz. Y luego ofrece su aplicación final (2:25): sus lectores antes eran (*cf.* 1:18-19) como ovejas descarriadas, pero ahora han regresado al Pastor y guardián de sus almas, Jesucristo.

Construyendo Puentes

Hoy, un estadounidense no puede leer este texto sin pensar inmediatamente en el horrible sistema de esclavitud que se instauró en el llamado nuevo mundo. No quiero disimular la crudeza de aquel tipo de esclavitud ni quiero esconder que este texto se usó una y otra vez para justificar un sinfín de atrocidades. Aunque más abajo argumente que la esclavitud antigua y la "moderna" son significativamente diferentes, quiero que quede claro que no defendería ningún tipo de esclavitud.

Dicho de otro modo, los afroamericanos leen este texto de una forma radicalmente diferente a cómo lo leen los estadounidenses blancos

---

13. Encontrará un maravilloso estudio de la naturaleza vicaria de la expiación en J. R. W. Stott, *La cruz de Cristo* (Colombia: Ediciones Certeza, 1996); encontrará una presentación más analítica en J. I. Packer, "What Did the Cross Achieve? The Logic of Penal Substitution", *TynBul* 25 (1974): 3-45.

14. Ver J. R. Michaels, *1 Peter*, 148-49; 1 Pedro 2:11-12 es un texto paralelo, porque la exhortación en esos versículos recoge tanto la renuncia al pecado como el llamado a vivir una vida santa.

que no han conocido la esclavitud de primera mano. La única muestra que yo he llegado a ver son unas pequeñas estatuas que un vecino tenía en la entrada de su casa. Las estatuas representaban a dos hombres negros con las manos extendidas, en las que sostenían unos aros de acero; los jinetes ataban sus caballos a esos aros, y las estatuas representaban la tarea de los esclavos de recibir los caballos y llevarlos al establo. Con frecuencia, mi padre mostraba su desaprobación, pero a la mayoría de gente no le importaba lo suficiente como para hacer algo al respecto. (No obstante, una vez vi que alguien les había pintado la cara de blanco.)

Aunque muchos de nosotros nunca hayamos visto una situación real de esclavitud, los afroamericanos aún tienen los dos últimos siglos tan profundamente grabados en sus conciencias que les resulta imposible oír la palabra "esclavo" sin pensar en ese penoso periodo de la historia de EE.UU. ¿Pero por qué lamentar un periodo de la historia que nos queda ya muy lejos? No solo porque tiene consecuencias para la actualidad (es un hecho que muchos de los problemas que los afroamericanos experimentan en la actualidad son consecuencias, a largo plazo, de la esclavitud), sino porque antes de aplicar este texto a nuestro contexto y buscar analogías, tenemos que enfrentarnos al menos a dos dimensiones de este problema.

En primer lugar, los afroamericanos leen sus experiencias de opresión como reconstrucciones de las descripciones bíblicas de la esclavitud.[15] No importa lo mucho que los blancos intenten distanciarse de esa experiencia, y no importa lo bien que argumenten que la esclavitud antigua no era como la esclavitud moderna, los afroamericanos seguirán leyendo este texto en clave moderna. Algunos sí lograrán dar el salto y entenderán el contexto original, pero el mero hecho de que tengan que dar el salto (y yo generalmente lo veía como el resultado de la gracia perdonadora de Dios) ya habla de un horror terrible.

En segundo lugar, no podemos disimular la forma errónea en la que este texto se ha usado para justificar la esclavitud, y tenemos que deshacernos de la idea de que ese concepto de esclavitud tiene que ver con lo que Pedro está diciendo. Dicho de otro modo, tenemos que entender qué era la esclavitud en el siglo I, y qué era en el nuevo

---

15. Eso se ve muy bien en las letras de los espirituales negros.

mundo, observar las diferencias radicales, y entonces aplicar lo que es relevante para nuestro contexto.

Las conclusiones de Scott Bartchy son de mucha ayuda:[16]

> Las principales diferencias entre la esclavitud del siglo I y la que se practicó más adelante en el nuevo mundo son las siguientes: en el siglo I, no había factor racial; a los esclavos se les animaba a estudiar (algunos eran más cultos que sus amos), y cuánta más educación, más valía el esclavo; muchos esclavos desempeñaban funciones que exigían un alto grado de responsabilidad y de sensibilidad; podían tener propiedades (¡incluso podían tener esclavos!); podían mantener sus tradiciones culturales y religiosas, al igual que una persona libre; no existían leyes que prohibieran la reunión pública de esclavos; y (quizá la diferencia más clara) la mayoría de esclavos domésticos de las zonas urbanas sabían que a la edad de 30 años ya serían libres.

Aquí tenemos algunas importantes conclusiones históricas que nos ayudan a dejar a un lado el concepto moderno de la esclavitud, bajo la cual los esclavos pertenecían a alguien de por vida, tenían prohibido poseer ningún tipo de propiedad, se abusaba frecuentemente de niños y mujeres tanto física como sexualmente, y el sentido de igualdad se había sacrificado sobre el altar que proclamaba que los africanos eran moral y constitucionalmente inferiores. Por mucho que nos cueste pensar en la esclavitud sin pensar en lo que ocurrió con los esclavos afroamericanos, tenemos que hacer ese esfuerzo si queremos acercarnos de verdad a la realidad del siglo I para que lo que Pedro dice pueda ser relevante también en nuestro contexto.[17]

Y esto suscita una pregunta moral: ¿la esclavitud como sistema es inmoral? Esta pregunta nos lleva mucho más allá de nuestro texto, pero merece la pena detenernos para hacer unas cuantas consideraciones.[18]

---

16. S. S. Bartchy, "Slavery (Greco-Roman)", 66.
17. No estoy diciendo que en la antigüedad no hubiera abusos; sí los había. Ver, p. ej., Séneca, *Epístola* 47.
18. Ver M. J. Adler, *The Great Ideas: A Syntopicon of Great Books of the Western World* (Chicago: Encyclopaedia Britannica, 1952), 2:774-790. Es obvio que este tema merece más espacio del que podemos dedicarle aquí. Entre las obras principales sobre este tema, están las siguientes: T. Harry Williams, ed., *Selected Writings and*

Se trata de una cuestión importante, y está claro que hoy día todo el mundo se apresura a afirmar que ciertamente es inmoral. Yo estoy de acuerdo, sobre todo si se trata de la esclavitud que se practicaba en el nuevo mundo. Pero si se trata de la esclavitud tal como se practicaba en la antigüedad, entonces no creo que fuera necesariamente inmoral, por mucho que nos cueste pensar en esos términos. No obstante, sabiendo que ese sistema podía llevar fácilmente a situaciones de abuso, sí pienso que lo más sabio es decir que la esclavitud antigua era moralmente inferior, por no decir totalmente inmoral.[19] Entonces, estoy de acuerdo con los que defienden que la esclavitud en sí misma es una institución humana moralmente inferior que se desvía de la voluntad de Dios para la sociedad.

Por tanto, la esclavitud es inmoral a menos que se deba a algún tipo de acuerdo, de sumisión voluntaria, en cuyo caso preferiría llamarla de otro modo. La tradición cristiana temprana reconoce, a veces, esa naturaleza inferior de la que estoy hablando (*cf.* 1Ti 1:10). Algunos estudiosos creen que Pedro plantea que, del mismo modo en que los cristianos en la sociedad no debían recurrir a su libertad en Cristo, y del mismo modo en que las mujeres no debían apelar a esa libertad para abandonar a sus maridos, los esclavos también pudieron pensar que esa misma libertad les permitía librarse de su cautiverio. Eso

---

Speeches of Abraham Lincoln (Putney, Vt.: Hendricks House, 1980), xxiv-xxxii; J. M. Washington, ed., *A Testament of Hope: The Essential Writings of Martin Luther King, Jr.* (San Francisco: Harper & Row, 1986), 85-90 ("The Current Crisis in Race Relations"), 117-25 ("The Ethical Demands for Integration"); M. L. King, Jr., *Why We Can't Wait* (Nueva York: Penguin [Mentor], 1964); Jesse L. Jackson, *Straight From the Heart*, ed. R. D. Hatch y F. E. Watkins (Filadelfia: Fortress, 1987). 87-90 ("*Brown* Twenty-Five Years Later"). Una lectura obligatoria es la historia de John Howard Griffin quien, el otoño de 1959, se tiñó la piel para vivir lo que vivían los negros del sur, ¡y vaya si lo vivió!: *Black Like Me* (Nueva York: Penguin [Signet], 1976). La primera vez que leí este libro tenía catorce años, durante la época del movimiento de los derechos civiles; fue emocionante para mí cuando mi hija Laura también se interesó por ese libro cuando estaba en secundaria.

19. Hago estas apreciaciones, porque estoy seguro de que había situaciones en las que era voluntaria, y que era una mejor opción que cualquier otra condición. En ese sentido, la esclavitud no era "tan inmoral como lo fue en el nuevo mundo". Además, está claro que la relevación bíblica modificó y mejoró las condiciones de la esclavitud, por no decir que a veces incluso la condenó. Sobre esto, ver A. A. Rupprecht, "Slavery" en C. F. H. Henry, *Dictionary of Christian Ethics* (Grand Rapids: Baker, 1973), 626-27.

supone que la libertad del evangelio llevaba al desmantelamiento de la institución.[20] Trágicamente, se aplastó el llamado a la libertad, porque otros usaron los mismos textos para legitimar la esclavitud como parte del plan de Dios.[21]

Si la esclavitud es inmoral, o al menos inferior moralmente hablando, ¿cómo aplicamos este texto a nuestro contexto? En primer lugar, una opción sería tachar este pasaje de irrelevante e ignorarlo por estar pasado de moda o reflejar un sistema cultural inferior. Pero si hiciéramos eso estaríamos basándonos en la idea errónea de que la esclavitud antigua y la moderna son idénticas. Este pasaje tiene un mensaje para hoy, y así ha sido también en el transcurso de la historia de la iglesia. Apelar al ejemplo de Jesús como paradigma para soportar la injusticia no puede ser irrelevante, y para Pedro la esclavitud era muy diferente a la que se dio en el nuevo mundo. En segundo lugar, otra opción sería eliminar los elementos incómodos de la esclavitud, y con lo que quede, buscar analogías (como por ejemplo los empleos relacionados con el servicio o las injusticias sociales). Es decir que es posible pensar que la esclavitud es una institución malvada, pero aún así acercarnos a este pasaje pensando en los cristianos que son tratados injustamente y encontrar una exhortación a aguantar y consuelo.

Uno de los acercamientos habituales a este pasaje es aplicarlo como un conjunto de "consejos para el trabajador". Creo que es razonable y que concuerda con la enseñanza de Pedro a la luz del amplio abanico de actividades que los esclavos realizaban en el mundo antiguo (enseñanza, venta, ganadería, etc.), que equivalen a actividades que seguimos desempeñando en la actualidad. Independientemente de lo que pensemos de la esclavitud en la Antigüedad, los esclavos tenían con sus amos una relación jefe-empleado. Lo que hacían era el oficio con el que se ganaban la vida. Hoy día, muchos cristianos trabajan para

---

20. De hecho, el mensaje bíblico de principio a fin desarrolla esa libertad; ver M. A. Dandemayev, "Slavery (ANE)" y "Slavery (OT)", *ADB*, 6:58-65, donde se compara cómo trataban en Israel a los esclavos a cómo los trataban en los demás lugares del Próximo Oriente. Y estoy convencido que esa amabilidad se desarrolló aún más bajo la influencia del evangelio de la iglesia cristiana.

21. Encontrará un estudio sobre el trato que la iglesia temprana daba a los esclavos en A. A. Rupprecht, "Attitudes on Slavery among the Church Fathers", en *New Dimensions in New Testament Study*, ed. R. N. Longenecker y M. C. Tenney (Gran Rapids: Zondervan, 1974), 261-77.

jefes que no son cristianos, que a veces tratan a sus empleados cristianos de forma injusta. Cuando se dan esas situaciones, el mensaje de Pedro es especialmente relevante. Pero tenemos que recordar que siguen siendo situaciones muy diferentes. Aunque es cierto que hay similitudes, es difícil comparar el trabajo en el capitalismo del libre mercado o en el socialismo con la esclavitud del siglo I. El principio de vivir "bajo el orden establecido" no se puede aplicar directamente al mundo laboral de hoy; pero sí indirectamente, y es legítimo y sabio aplicar este texto a las condiciones de empleo en nuestro contexto.

Una vez más, para entender mejor los comentarios de Pedro, es de mucha ayuda compararlos con la enseñanza de Pablo sobre estos temas, con sus *normas domésticas*. Así, obtenemos una perspectiva más amplia de la percepción que tenía la iglesia primitiva de los esclavos. Pablo también exhorta a los esclavos cristianos a ser obedientes (Ef 6:5-8; Col 3:22-25), pero hace hincapié en la importancia de la motivación. No tienen que ser obedientes para ganar la aprobación humana, sino que tienen que ser obedientes, porque desean honrar al Señor a través de la obediencia. Tienen que pensar en la recompensa que el Señor les dará, no en la recompensa de sus amos (1Ti 6:1; Tito 2:9-10). Además, Pablo advierte a los esclavos diciéndoles que el mal conlleva castigo (Col 3:25); muy similar a lo que Pedro plantea.

Asimismo, Pablo pide a los amos (Ef 6:1; Col 4:1) que sean amables y justos con sus esclavos. Y respalda su exhortación con el recordatorio de que ellos también tienen un Amo, Dios, que los evaluará basándose en cómo hayan tratado a los demás. Sin embargo, Pedro no exhorta a los amos. ¿Se debe a que en las iglesias cristianas a las que escribía no había amos? Si así fuera, eso confirma que las iglesias de Asia Menor estaban compuestas por personas de posición social baja (ver el comentario de 1:1; 2:11). Aunque hacer una inferencia así es razonable, no creo que el argumento del silencio sirva para sacar conclusiones firmes.

Dado que los códigos domésticos de la literatura cristiana temprana incluyen a los esclavos, sí podemos inferir que muchos esclavos abrazaron la fe y que su conducta podía llegar a ser problemática. Había que animarlos a ser obedientes por dos razones: porque en la iglesia habían conocido una nueva libertad y porque para el avance del evangelio era importante que vivieran con orden y de forma pacífica. Que en las primeras iglesias encontremos esta preocupación es, a mi entender, un claro reflejo de que el evangelio creó un nuevo orden de sociedad, independientemente de si las primeras iglesias lograron establecer ese nuevo orden de forma consecuente. Aunque puede que no lo lograran en todos los ámbitos, y es que eso se logra con el tiempo, sí es cierto que el evangelio formó un pueblo de Dios con una identidad especial, y que esa nueva condición provocó, debido también al crecimiento de la iglesia, cambios sociales.

Si podemos aplicar este texto a la relación entre jefes y empleados en la actualidad, y a la forma en que los cristianos deben conducirse en ese ámbito, entonces tenemos que preguntarnos cuál es la importancia de este texto en nuestra sociedad capitalista. Veamos dos planteamientos diferentes. El primero deriva del tipo de interpretación y aplicación que hemos descrito en las dos secciones anteriores: "reordenar" el concepto de sumisión para que se acople a la "situación actual", concretamente acciones y conductas que encajen con el contrato que un empleado tiene con su jefe.

Si los esclavos cristianos en el siglo I no tenían otra opción que someterse, entonces esa parte de la exhortación de Pedro nace en una condición social que nada tiene que ver con los empleados de nuestro contexto, un contexto en el que estamos obsesionados (con los peligros que eso tiene) con los derechos individuales. Es decir, si Pedro anima a los esclavos a someterse, porque la desobediencia desacredita el evangelio, entonces una aplicación lógica sería vivir bajo condiciones laborales de acuerdo al orden establecido en la actualidad. Si es legítimo que un empleado proteste ante una condición laboral concreta (p. ej. discriminación racial), *un cristiano puede* protestar ante esa práctica sin perder el respeto al jefe al que debe someterse. Tenemos que creer que el progreso que hemos logrado desde el siglo I, en el ámbito de los derechos individuales y civiles, ha alterado lo que consideramos características de la sumisión.

I. Howard Marshall, en su estimulante comentario de 1 Pedro, propone unas pautas para los empleados cristianos que quieren practicar esa "sumisión" en nuestro contexto de hoy.[22] (1) Nuestra conducta en todas nuestras relaciones sociales debería estar marcada por el deseo de hacer la voluntad de Dios. (2) Nuestra conducta debería ser coherente con las obligaciones que asumimos con nuestro jefe y con nuestras tareas. (3) Nuestra conducta debería estar determinada por esa relación jefe-empleado, no por lo que pensamos sobre las características personales de nuestro jefe. (4) Cuando no respetamos las obligaciones que hemos contraído, le hacemos un flaco favor al evangelio. (5) Si sufrimos como resultado de nuestras obligaciones, ese sufrimiento es loable; ¡sufrir no es igual a ser un mal cristiano!

Como ejemplo de la importancia de vivir de acuerdo a las obligaciones que contraemos, recuerdo una conversación con Laura (mi hija) sobre el lugar de su trabajo. Le habían dicho que ocasionalmente tendría que trabajar algún domingo por la mañana. Le dijimos a Laura (que aún era muy jovencita) que solo podía aceptar ese trabajo si realmente era *algún* domingo por la mañana. Ella lo aclaró con su jefe, y él estuvo de acuerdo. Como padres, creímos que no era sabio establecer una norma (p. ej., uno de cada seis domingos), porque era su jefe quien iba a determinar cuánto la necesitaban. Pero le comunicamos que si se convertía en algo demasiado frecuente tendría que dejar el trabajo y encontrar algo que se entrometiera menos en su vida cristiana. Dicho de otro modo, es importante que los cristianos cumplamos con coherencia las expectativas de nuestros jefes, pero si esas expectativas entorpecen demasiado las necesidades de la vida cristiana, ese tipo de empleo debería dejar paso a una vocación más elevada.

Mencioné más arriba que, en ocasiones, los cristianos tenemos que enfrentarnos a nuestros jefes, aunque trabajemos "bajo el orden establecido" en nuestra sociedad. ¿Pero es esa nuestra única opción? O, más importante, ¿es esa una opción para los cristianos? Una segunda aplicación proviene directamente del ejemplo de Cristo, concretamente, del valor y de los efectos del sufrimiento. En un mundo en el que los litigios están a la orden del día (y lo están por esa obsesión que comentábamos con los derechos individuales), nos cuesta entender

---

22. I. H. Marshall, *1 Peter*, 89-90, 97-98.

que a veces es mejor no reivindicar nuestros derechos, sino soportar la presión social. Es decir, en alguna ocasión puede que sea mejor para un cristiano soportar la vergüenza de no ser ascendido o de no recibir un aumento, o para una cristiana no luchar por un sueldo equitativo *por causa del evangelio.*

Está claro que reivindicar nuestros derechos no es malo; pero no debemos obsesionarnos con ellos. Jesús no lo hizo. Él eligió el camino de la negación y del sufrimiento, y así, llegó a heredar la gloria incomparable de estar a la diestra de Dios (Fil 2:5-11). Ese ejemplo profundo es el que Pedro usa como fundamento de sus exhortaciones; y nosotros tenemos que hacer lo mismo. Lo más evidente de este pasaje es la comprensión cruciforme de la vida cristiana, aunque quizá sea la parte a la que nuestra sociedad contemporánea opone más resistencia.

El sufrimiento de Cristo es un *paradigma de la vida cristiana.* Lo que Pedro encuentra en sus iglesias es un patrón constante de sufrimiento, injusticia y exclusión social. Sin embargo, exhorta a sus iglesias a someterse, *aun en esas condiciones.* Y, lo más importante es que fundamenta su exhortación a soportar la injusticia *en la misma vida de Jesús.* Ahora bien, algunos podrían argumentar que Pedro no tenía otra alternativa, porque aquellas iglesias, compuestas por gente al margen de la sociedad, no tenían opción a reclamar ningún tipo de derechos. Y podría ser así; sin embargo, tenemos que examinarnos y ver si preferimos esta interpretación para no tener que vivir una vida cruciforme.

Debido a su comprensión de la vida cristiana, Pedro ha encontrado una situación en la que el mensaje cristiano tiene una relevancia incomparable: la situación de injusticia. Pedro llama a los esclavos cristianos a seguir a Jesús, a soportar la injusticia, y a encontrar su identidad en que Dios los acepta y que un día hará justicia. Aunque no diría que este sea el método más adecuado para toda situación hoy,[23] estoy convencido de que las iglesias en nuestro contexto necesitan escuchar el mensaje sobre *la naturaleza cruciforme de la vida cristiana,*

---

23. Por ejemplo, el que creyera que los afroamericanos deberían haber seguido aceptando la "desigualdad" por el avance del evangelio estaría equivocado. A veces, aunque no tenemos pautas para cada situación, es importante protestar de forma pacífica; a veces es importante protestar de forma más visible; a veces es importante rendirse y esperar el tiempo del Señor.

especialmente porque nuestra sociedad litigante malgasta demasiada energía en defender los derechos individuales. Recientemente he oído de alguien que denunció a su vecino, porque en su jardín había manzanas del manzano de su vecino, y también de alguien que derribó la valla de madera de su vecino, porque se había adentrado en su zona de jardín (¡tan solo un par de centímetros!). En una sociedad así es fundamental que los cristianos transmitamos otro mensaje: el mensaje de Jesucristo, que sufrió injusticias para testificar de la gracia de Dios.

¿Cómo podemos hacerlo? (1) En el mundo empresarial, los cristianos no deberían ser conocidos principalmente por su asertividad, sino por su diligencia en el trabajo, su ética, su amabilidad, su lealtad, su imparcialidad y su honestidad. Aunque es totalmente legítimo querer mejorar de posición con ascensos y aumentos de sueldo, no hay necesidad de que esos deseos ensordezcan el sonido de las virtudes cristianas.

(2) Tenemos que reprimir el deseo de que se nos vea. Sea la tentación de dar dinero para que nuestro nombre aparezca en un lugar visible, de hablar de las habilidades de nuestros hijos cada vez que sus profesores pasan por nuestro lado, o de alardear del talento de nuestra hija para la natación. Tenemos que aprender del ejemplo de Jesús quien, siendo igual a Dios, no se aferró a eso, sino que se hizo semejante a los seres humanos, con nuestras limitaciones, para cumplir la tarea que se le había encomendado (Fil 2:6-11). Aunque es difícil dar normas concretas sobre este tipo de negación, sospecho que nos enfrentamos a este tipo de decisiones con mayor frecuencia de lo que pensamos. También estoy convencido de que en las decisiones que tomamos cada día dejamos muy poco espacio para considerar el ejemplo de Cristo y su negación. Nos parecemos demasiado a nuestro mundo litigante, y no somos capaces de ver cuándo nuestra asertividad es pecado. Pero la vida cristiana, como Pedro explica, es una vida cruciforme.

(3) Otro ámbito de la vida en el que necesitamos ver más la influencia de la cruz es la de nuestras finanzas personales, y habla especialmente a los que vivimos en países ricos. Es una trágica ironía que en las mismas monedas que usamos para controlar a otros, para acumular

bienes y posesiones materiales ponga: "en Dios confiamos".[24] En estos menesteres estamos confiando más en nosotros mismos que en Dios. En cuanto al tema de las posesiones, para alguien que lleva una vida cruciforme uno de sus mayores placeres no es realizar compras ni una de sus principales motivaciones consiste en comprar más cosas en cuanto recibe la paga mensual, ni usa la tarjeta de crédito mucho más allá de sus posibilidades. Vemos una vida cruciforme en aquellas familias que, de forma consciente, deciden no comprar una casa más grande y lujosa para que otros puedan admirar las seis habitaciones, los tres garajes, el jacuzzi del baño principal y el minigolf del jardín.[25] La vemos en las personas que, de forma discreta, deciden seguir a Jesús y compartir sus posesiones.

Algunos argumentan que un estilo de vida cruciforme no funcionará, que no servirá de nada. Esta desafortunada afirmación también proviene de los valores seculares. ¿Qué significa que no sirve o que no funciona? Obviamente, no estamos hablando de si la práctica de ofrendar nos impedirá comprarnos otra chaqueta más o una embarcación deportiva mejor. Puede que no funcione a corto plazo. Pero el camino del sufrimiento *es el camino que Dios usa para traer al mundo su gran victoria*. Lo que realmente funciona es lo que funciona con Dios, ¡y lo que funciona con él es la cruz! La cruz ilustra de forma excelente que, aunque el mundo nos vea como unos locos y unos perdedores, con él somos vencedores, y aunque la sociedad nos vea como pobres, con él somos ricos.

Y esta forma de victoria establecida por Dios, victoria a la que llegamos no tanto por medio de nuestra asertividad o determinación, sino por medio de la negación a nosotros mismos, es el paradigma de cómo debemos relacionarnos con Dios y con los demás. Se ha dicho que un

---

24. *N. de la T.* Referencia al "In God We Trust" que aparece en las monedas estadounidenses.

25. Ver especialmente R. J. Sider, *Rich Christians in an Age of Hunger*, ed. rev. (Downers Grove, Ill.: InterVarsity, 1984); R. J. Sider, ed., *Living More Simply: Biblical Principles and Practical Models* (Downers Grove, Ill.: InterVarsity, 1980); W. W. Wells, *The Agony of Affluence* (Grand Rapids: Zondervan, 1989); ver también R. G. Clouse, ed., *Wealth and Poverty: Four Christian Views of Economics* (Downers Grove, Ill.: InterVarsity, 1984); C. M. Gay, *With Liberty and Justice for Whom? The Recent Evangelical Debate over Capitalism* (Grand Rapids: Eerdmans, 1991).

matrimonio nunca se romperá si ambas partes viven una vida cruciforme, si viven el uno para el otro y si ambos someten su voluntad al otro. No es una utopía. Un esposo o esposa que busca vivir para el otro, que busca la felicidad del otro, y que aprende a decir "no" a sus deseos personales está viviendo una vida cruciforme. Ese patrón de vida no es egoísta, sino que está centrado en el otro y encuentra su satisfacción en el servicio al otro. Esa es la verdadera imitación de Jesús.

Además, si los miembros de la iglesia aprenden a entregarse de forma sacrificada a los demás, no habrá divisiones de iglesia. Cuando los votos no salen como el pastor había previsto, cuando el coro no respalda una actividad especial de la iglesia, cuando el pastor habla de temas que tú y yo no escogeríamos, o cuando se pone a otros en cargos que nosotros desearíamos ocupar; en todos estos casos, los cristianos tenemos la opción de elegir un estilo de vida cruciforme. Podemos elegir el egocentrismo, quejarnos y dividir; o podemos elegir una actitud cruciforme y conceder que la voluntad de Dios puede apuntar a otras personas y a otros planes. Además, un estilo de vida cruciforme no saca a relucir una decisión del pasado cuando parece que fue una decisión equivocada (evita la actitud recriminatoria que acompaña al típico "te lo dije"). He oído a personas quejarse durante años de la elección del pastor, lo que refleja un estilo de vida centrado en uno mismo y una falta de visión cruciforme.

Esta misma receta de entrega absoluta es la que Pedro usa cuando habla de aquellos que tratan a los cristianos injustamente; ese modelo no solo es para las relaciones voluntarias o la relación matrimonial. También tiene que caracterizar la relación de los cristianos con la injusticia. Ronald Sider, quien en su estudio sobre el lugar de la cruz en la vida cristiana argumenta que seguir a Jesús no significa necesariamente consentir la injusticia, lo expresa de la siguiente manera:

> Pero significa que si [los cristianos] obedecen el mandato bíblico de seguir el ejemplo de Jesús, se negarán a ver a sus opresores como a enemigos a los que injuriar y a los que odiar. Y en cambio, recordando que Cristo murió por ellos cuando aún eran enemigos de Dios, imitarán ese

amor divino sin medida hacia sus enemigos, encarnado en
la cruz de su Hijo Jesús.[26]

Cuando uno analiza 1 Pedro 2:11-3:12, se da cuenta de que la "conducta ordenada" que Pedro pide a esas iglesias es una conducta anclada en la cruz de Cristo. No es tan solo una lista de consejos pragmáticos: vivid ordenadamente y así no le buscaréis problemas a la iglesia.
Tampoco es una forma de control: vivid de forma ordenada o Dios os
castigará. ¡Es pura teología cristiana!: vivid ordenadamente, porque
así es como Jesús vivió y ese el tipo de conducta que Dios desea. Y
una vida con ese fundamento teológico tiene beneficios, porque por
medio de ese estilo de vida el evangelio podrá avanzar mejor.

Este texto es clave para nuestros días. Aunque hay momentos en los
que los cristianos deben reivindicar y luchar por sus derechos, hay
otro camino: el camino del sufrimiento que vemos en la vida de Jesús.
Ese camino de sufrir injusticias no es para los débiles; es para los que
están dispuestos a tomar su cruz cada día y seguir a Jesús.

---

26. Ronald J. Sider, *Christ and Violence* (Scottdale, Pa.: Herald, 1979), 38.

1 Pedro 3:1-7

Así mismo, esposas, sométanse a sus esposos, de modo que si algunos de ellos no creen en la palabra, puedan ser ganados más por el comportamiento de ustedes que por sus palabras, ² al observar su conducta íntegra y respetuosa. ³ Que la belleza de ustedes no sea la externa, que consiste en adornos tales como peinados ostentosos, joyas de oro y vestidos lujosos. ⁴ Que su belleza sea más bien la incorruptible, la que procede de lo íntimo del corazón y consiste en un espíritu suave y apacible. Ésta sí que tiene mucho valor delante de Dios. ⁵ Así se adornaban en tiempos antiguos las santas mujeres que esperaban en Dios, cada una sumisa a su esposo. ⁶ Tal es el caso de Sara, que obedecía a Abraham y lo llamaba su señor. Ustedes son hijas de ella si hacen el bien y viven sin ningún temor.

⁷ De igual manera, ustedes esposos, sean comprensivos en su vida conyugal, tratando cada uno a su esposa con respeto, ya que como mujer es más delicada, y ambos son herederos del grato don de la vida. Así nada estorbará las oraciones de ustedes.

Sentido Original

Pedro aplica ahora el principio que antes ha expuesto, de apartarnos del pecado y vivir en santidad (2:11-12), con su importante manifestación social de someterse a las autoridades (2:13) a un tercer grupo: esposas y maridos (3:1-7). Como en el caso de autoridades (2:13-17) y esclavos (2:18-25), su acento en las esposas (3:1-6), surge posiblemente de la presencia de un amplio número de mujeres cuyos maridos no eran todavía cristianos. Que Pedro invirtiera mucho tiempo tratando asuntos relativos a las mujeres no significa que hoy los hombres solo necesiten una ligera atención.

El pasaje que Pedro dirige a las esposas comienza con la exhortación a someterse a sus esposos (3:1a) y continúa dando la razón de ello: para que puedan ganarles a la fe con su buena conducta (3:1b-2). Esta razón la desarrollará más en 3:3-4 cuando analice la clase de ropa que debe caracterizar a las mujeres cristianas. A continuación, Pedro da ejemplos (3:5-6) de la clase de conducta que se menciona en 3:1b-2. Acto seguido les llega el turno a los maridos cristianos, a quienes se les exhorta a vivir con sus esposas (3:7ab) de manera respetuosa y comprensiva para que sus oraciones sean escuchadas (3:7c).

Exhortación a las esposas (3:1-6)

La exhortación al sometimiento (3:1-2). Como los otros pasajes de esta sección,[1] la exhortación al sometimiento en 3:1a forma parte de un patrón más extenso, a saber, vivir una vida santa en presencia de los no creyentes con la esperanza de que esta conducta tenga un impacto positivo sobre ellos. La exhortación "sométanse" debe su energía a 2:13. Como en el caso de los esclavos cristianos, cuando las mujeres cristianas se ven unidas a un marido que no lo es, deben asumir la misma ética que se aplica en todos los casos: vivir bajo las demandas de la situación (2:13).

Como en 2:18-25 con los esclavos, también en este pasaje hemos de tener cuidado de no hacer una lectura completamente ajena al propósito original dc Pcdro. En primer lugar, hemos de reconocer que el dominio de los hombres a lo largo de la historia de la iglesia y la naturaleza patriarcal y jerárquica de la mayoría de la culturas del mundo, han generado grandes abusos que han llevado a muchos a ver en este pasaje alguna forma de subyugación moral de las mujeres por parte de los hombres.[2] Aunque no pretendo que "sumisión" no signifique alguna forma de respetuosa deferencia a la autoridad, tampoco deberíamos irnos al otro extremo y pensar que este texto no dice nada sobre la relación entre las esposas y sus maridos. Hay que reconocer que existen analogías entre la relación de las esposas con sus maridos y las que vinculan a los cristianos con la autoridad romana, y a los esclavos con sus amos: para Pedro es importante que las esposas se sometan "a

---

1. Pedro comienza con la frase, "asimismo" a fin de conectar la exhortación de la sumisión con la que ha dirigido a los esclavos (2:18) y a quienes se encuentran bajo la autoridad gubernamental (2:13). Por tanto, las tres exhortaciones proceden del mismo imperativo consignado en 2:13, mostrando que Pedro ve cada uno de estos mandamientos como parte del orden que tenía que caracterizar a la comunidad cristiana que vive una vida santa (2:12) en medio de la sociedad. De este modo, la comunidad cristiana puede tener un permanente impacto sobre la sociedad.

2. Ver las pruebas presentadas en G. L. Martin, *Counseling for Family Violence and Abuse* (Resources for Christian Counseling 6; Waco, Tex.: Word, 1987), 22-26.

sus esposos". Nuestro problema surge del abuso fundamental que este texto ha suscitado en manos de demasiados hombres que han forzado a sus esposas en contra de su voluntad.

Por tanto, comenzar con este texto es hacerlo con un problema: nunca leeremos correctamente este texto según el propósito de Pedro ni conseguiremos trasladarlo fielmente a nuestro mundo, hasta que confesemos los abusos que ha suscitado su utilización por parte de algunos. Muchas mujeres solo leen este texto del modo en que ha sido practicado por hombres abusivos. Hasta que entendamos el modo en que las mujeres han oído este texto, no aprenderemos el efecto que tienen nuestras interpretaciones sobre la conducta de las personas. Esto significa que hemos de comenzar en el mundo antiguo.

¿Cómo era la vida para las mujeres en el mundo antiguo?[3] La respuesta a esta pregunta tiene dos aspectos: (1) las mujeres a las que Pedro se dirige viven en Asia Menor, y cabe suponer que la actitud dominante hacia ellas fuera acorde con la cultura grecorromana; (2) sin embargo, algunos de los convertidos tenían, probablemente, un trasfondo judío, ámbito en que prevalecía una actitud distinta.

---

3. En lo que sigue, me ceñiré al bosquejo de la investigación de Ben Witherington y Craig Keener; por otra parte, no será posible documentar aquí todo lo que se ha dicho en referencia al mundo antiguo ya que estos textos son en gran medida inaccesibles para la mayoría de los lectores de este comentario. En las fuentes mencionadas en las notas pueden encontrarse más exposiciones y documentación de las pruebas.

La literatura sobre este asunto es tan amplia que no puedo sino consignar algunos libros que han tenido una influencia en mi pensamiento: B. Witherington, III, *Women in the Ministry of Jesus: A Study of Jesus' Attitudes to Women and Their Roles as Reflected in His Earthly Life* (SSNTMS 51; Cambridge: Cambridge Univ. Press, 1987), esp. 1-10; *Women in the Earliest Churches* (SSNTMS 59; Cambridge: Cambridge Univ. Press, 1991), esp. 1-23; "Women (New Testament)," *ABD*, 6:957-61; J. B. Hurley, *Man and Woman in Biblical Perspective: A Study in Role Relationships and Authority* (Leicester, Eng.: InterVarsity, 1981), esp. 20-78; R. A. Tucker y W. L. Liefeld, *Daughters of the Church: Women and Ministry from New Testament Times to the Present* (Grand Rapids: Zondervan, 1987); C. S. Keener, *Paul, Women, and Wives: Marriage and Women's Ministry in the Letters of Paul* (Peabody, Mass.: Hendrickson, 1992). Aunque este libro está dedicado a Pablo, todos los asuntos pertinentes a 1 Pedro se tratan directamente. Para el debate general, me gusta A. Mickelsen, ed., *Women, Authority and the Bible* (Downers Grove, Ill.: InterVarsity, 1986).

En el ambiente judío, aunque las leyes respetaban y protegían a las mujeres, se las trataba como inferiores a los hombres en casi todos los aspectos. En palabras de Ben Witherington, III:

> La impresión general que nos dejan las antiguas fuentes judías es la de una sociedad muy patriarcal que limitaba el papel y las funciones de la mujer al hogar y limitaba mucho: (1) sus derechos de herencia, (2) su elección de las relaciones personales, (3) sus posibilidades de obtener una educación religiosa o de participar plenamente en la sinagoga, y (4) su libertad de movimientos.[4]

Aunque sería erróneo pensar que en el mundo judío todo era malo para las mujeres, no lo sería afirmar que era una sociedad muy restrictiva, patriarcal y que dejaba poco espacio para el desarrollo de sus dones.

Por otra parte, en el mundo grecorromano, las mujeres estaban casi siempre en una mejor situación. Pero lo que podían o no hacer dependía de cada lugar y cultura concreta. Las esposas de los ciudadanos de Atenas, por ejemplo, tenían más o menos la misma libertad que las mujeres judías en Palestina (aunque por razones distintas), mientras que en Asia Menor las féminas tenían muchas más oportunidades de hacer aquello que deseaban. "participaban activamente en actividades comerciales privadas, servían en oficios públicos, y tenían un papel muy destacado en varios cultos religiosos".[5] Podían incluso votar y desempeñar cargos públicos. La sociedad romana en particular —y podemos asumir que con el tiempo tales actitudes tuvieron su influencia en Asia Menor— concedía más derechos de propiedad a las mujeres, les daba más oportunidades de trabajo en situaciones de matrimonio y divorcio, e incentivaba más su educación.

Lo que todo esto significa para nuestro texto es simple: Pedro está instando a las mujeres de las iglesias en Asia Menor a que vivan vidas respetables para la sociedad, de modo que puedan guardar una buena reputación para el evangelio. Si las mujeres de Asia Menor tenían considerablemente más libertad que las que vivían bajo la influencia

---

4. Ben Witherington, III, "Women (New Testament)," 958.
5. *Ibíd.*

de las costumbres judías, hemos, pues, de interpretar las palabras de Pedro en el primer contexto. Esto significará que, probablemente, la idea "sumisión" no hace referencia a la misma clase de restricciones en la sociedad que este concepto implicaba en Palestina. Por otra parte, hace que su mandamiento sea más pragmático.[6] Es decir, Pedro quiere que las esposas se sometan *por la influencia* (3:1b-2) que pueden ejercer sobre sus maridos no cristianos. Esto es completamente coherente con su planteamiento en 2:11-12, en el sentido de que los cristianos deben vivir una vida tan santa que no pueda alegarse nada contra el evangelio por causa de su conducta. Todos los insultos que reciban han de ser injustos.

Según este criterio, el mandamiento de Pedro a las esposas cristianas es que vivan sus vidas de tal modo que, "sin palabras", puedan ganar[7] a sus maridos para la fe cristiana.[8] Es decir, "en ciertos casos, el elocuente silencio de la conducta cristiana es su más efectivo vehículo".[9] Como antes hemos visto, en Asia Menor se permitían ciertas libertades a las mujeres que gozaban de cierta forma de libertad religiosa; no obstante, la mayoría de los eruditos están de acuerdo en que, cuando una mujer tomaba una decisión por su cuenta y se unía a una religión distinta a la de su marido, esto podía entenderse como un acto de insubordinación.[10] Lejos de empeorar lo que posiblemente era ya una situación difícil, Pedro exhorta a estas mujeres a que sean especialmente prudentes. Así, como sostiene Wolfgang Schrage, "el autor [...] espera éxito misionero de una vida cristiana vivida en el poder de la Palabra y que expresa su realidad, no con un celo por la conversión del marido, sino con el conocimiento de que la propia vida es una forma de proclamación que puede afirmar, o negar, la autenticidad del evangelio".[11]

Desarrollo de la razón (3:3-4). Tras mencionar que las mujeres deben vivir una vida caracterizada por la pureza y la reverencia (la NVI

---

6. Así lo entiende también L. Goppelt, *1 Peter*, 218.
7. El término "ganados" se utiliza frecuentemente para hablar del éxito en la actividad misionera (Mt 18:15; 1Co 9:19-22; 1P 3:1).
8. Varias palabras recuerdan a 1 Pedro 2:11-12: "conducta" (2:12) y "observen" (2:12).
9. J. N. D. Kelly, *Peter and Jude*, 128.
10. L. Goppelt, *1 Peter*, 219; J. R. Michaels, *1 Peter*, 157.
11. W. Schrage, *The Ethics of the New Testament*, trad. D. E. Green (Filadelfia: Fortress, 1988), 274.

habla de una conducta íntegra y respetuosa. N. del T.), Pedro desarrolla un poco esta cuestión del estilo de vida, ahondando en el asunto de la apariencia. El apóstol contrasta la belleza externa con la interna. Cada cultura tiene sus propias ideas sobre la belleza externa de las mujeres. En nuestro tiempo, por ejemplo, la "mujer ideal" es alta y delgada, curvilínea, vestida a la última moda (que cambia cada temporada), y llena de entusiasmo y confianza. En el tiempo de Pedro, la imagen era la de una mujer con "cabello trenzado", vestida con "joyas de oro y refinadas ropas"[12] (un comentario que podría indicar que en algunas de las iglesias a las que Pedro escribe había mujeres ricas y de elevada posición).[13] Esta crítica de Pedro se une a una larga lista de escritores de la antigüedad que reprendían a las mujeres por su preocupación por el aspecto,[14] entre ellos el propio Pablo (1Ti 2:9-10). Algunos han sugerido que los comentarios de Pedro en este pasaje prohíben a las mujeres cristianas de todos los tiempos trenzarse el pelo y llevar joyas y vestidos elegantes,[15] pero la mayoría ven una comparación de valores: la apariencia externa es algo relativamente trivial, pero la virtud interna es la ocupación más importante de la vida.[16] No obstante, esta interpretación no tendría que llevarnos a la idea de que las mujeres cristianas puedan vestirse como quieran; Pedro les insta, más bien, a considerar su apariencia externa como un asunto secundario para la belleza personal y a desmarcarse de la tendencia cultural de aquel tiempo a adornarse para llamar la atención.

La virtud que Pedro alaba es "la incorruptible,[17] la que procede de lo íntimo del corazón y consiste en un espíritu suave y apacible". El "espíritu suave" que Pedro menciona en este versículo hace que las esposas cristianas eviten las irascibles quejas que impiden que sus maridos no cristianos vean la gracia y la bondad de Dios en su conducta.[18] Sin

---

12. Podemos encontrar una visión general en D. R. Edwards, "Dress and Ornamentation", *ADB*, 2:232-38.
13. P. ej. J. N. D. Kelly, *Peter and Jude*, 129.
14. Ver J. R. Michaels, *1 Peter*, 159 que cita extensamente este material.
15. Así, en la Iglesia Primitiva, Clemente de Alejandría se ocupa largamente de la forma de vestir de los cristianos en su *Paedagogus* 3.11.
16. Ver L. Goppelt, *1 Peter*, 220-21; J. R. Michaels, *1 Peter,* 160.
17. Sin duda un contraste con los efectos del envejecimiento en la apariencia externa de las mujeres.
18. L. Goppelt, *1 Peter*, 222-23.

embargo, esta expresión no es una virtud que en las primeras iglesias se asignara exclusivamente a las mujeres: de hecho, esta "actitud no violenta" era característica de la Iglesia Primitiva en general y no es sino un ejemplo de la vida bajo el orden establecido.[19] Esta clase de belleza surge de "lo íntimo del corazón", del ser oculto, de la persona que ha sido transformada por el Espíritu de Dios desde dentro hacia fuera.[20] Estas virtudes agradan a Dios y tienen un poderoso impacto en los maridos que no creen.[21]

Ejemplos de buena conducta (3:5-6). Pedro legitima ahora sus instrucciones para las esposas cristianas sobre su buena conducta apelando a "las santas mujeres" del pasado. Lo notable aquí es que Pedro extienda la instrucción e incluya a mujeres que tenían maridos creyentes, mostrando que sus instrucciones a someterse no son solo un cierto recurso pragmático.[22]

Exhortación a los Maridos (3:7)

Tras dirigirse a las mujeres casadas con maridos no creyentes, Pedro trata ahora con los maridos cristianos. El apóstol presupone que sus esposas son también cristianas, de modo que su exhortación a ellos se dirige en una dirección distinta. Puesto que su exhortación a ser "comprensivos" toma su fuerza del verbo de 2:13,[23] es mejor ver aquí una forma específica de "vivir ordenadamente" para los maridos, una forma de sumisión,[24] aunque distinta de ella.[25] El mandamiento para los maridos cristianos es que sean comprensivos (lit., "vivan sabiamente

---

19. Ver aquí la lúcida explicación de J. R. Michaels, *1 Peter*, 161-62.

20. L. Goppelt, *1 Peter*, 221–22.

21. Ver el dramático relato de San Agustín describiendo la conducta de su madre y cómo Esta llevó a su marido a la fe (*Confesiones*, 9.19-22[IX]).

22. J. B. Hurley, *Man and Woman*, 153.

23. La estructura gramatical de 2:13–3:12 muestra que el imperativo de 2:13 ("sométanse") gobierna los imperativos participios de 2:18; 3:1, y 3:7. Por ello, estas tres últimas son aplicaciones específicas del mandamiento general de que los cristianos vivan vidas ordenadas.

24. P. Davids, *1 Peter*, 121-22.

25. Que Pedro cambie aquí las expresiones (de *hypotasso* a *synoikeo kata gnosin*), tras aplicar la idea de "sumisión" a todos los creyentes (2:13), a los esclavos (2:18) y a las esposas (3:1), demuestra que no piensa que la relación del marido con su esposa sea de sumisión, sino más bien, dentro de la estructura general del orden, Pedro entiende que la conducta del marido ha de expresar consideración y respeto hacia su esposa.

con su esposa".[26] El verbo *synoikeo* ("vivir juntos en su vida conyugal", NVI) se usaba especialmente para aludir a las relaciones sexuales entre el marido y la mujer (Dt 22:13; 24:1; 25:5), y este es sin duda el sentido que quería darle el autor en este versículo, aunque es evidente que la exhortación no se limita a este ámbito.[27] El hombre cristiano —dice Pedro—, no es exigente ni egoísta en su vida sexual y matrimonial con su esposa, sino considerado, sensible y servicial.

La razón por la que el marido cristiano ha de ser especialmente considerado en esta relación es que su esposa, "como mujer, es más delicada (lit., vaso más frágil)".[28] Esta expresión ha suscitado, esencialmente, dos interpretaciones: debilidad física y espiritual. En vista de la gran cantidad de textos del mundo antiguo que utilizan un lenguaje similar o idéntico cuando describen la condición física de la mujer, es casi seguro que Pedro tiene en mente la constitución física de las esposas.[29]

Pedro repite mucho de lo que ha dicho en la segunda cláusula de 3:7: los hombres cristianos han de "tratar [a sus esposas] con respeto", puesto que ambos son "herederos del grato don de la vida". En este texto, Pedro muestra una vez más la tendencia de la iglesia primitiva a elevar la posición de las mujeres en la sociedad; se las ve como *coherederas*.[30] Dos veces en este versículo el apóstol forma un verbo compuesto al incorporar a las mujeres a la vida de los maridos, que la NVI traduce con las siguientes expresiones, "en su vida conyugal" y,"ambos son herederos". Al respetar a sus esposas, tanto estos hombres como ellas van a disfrutar de su acceso a Dios, y sus oraciones obtendrán respuesta (*cf.* Mt 5:21-26; 6:12, 14-15; 18:19-35; 1Co 11:17-34; Stg 4:3).

---

26. Literalmente, dice, "Maridos, de igual modo, vivan con ellas [sus esposas] según el conocimiento...".

27. J. N. D. Kelly, *Peter and Jude*, 132; J. R. Michaels, *1 Peter*, 167-68.

28. Existe cierto desacuerdo con respecto a si la expresión "más delicada" va con "en su vida conyugal" (Goppelt) o con "tratar[la]... con respeto" (NVI, NRSV); el orden de las palabras favorece, "en su vida conyugal".

29. J. N. D. Kelly, *Peter and Jude*, 133; P. Davids, *1 Peter*, 122-23; quienes deseen considerar el punto de vista de que la debilidad en cuestión podría ser más que física, pueden ver W. A. Grudem, *1 Peter*, 143-44.

30. La expresión "ambos son herederos" (NVI) traduce una palabra especial para Pedro, *sygkleronomos* que literalmente significa "coheredera".

Al parecer, hay ciertas cosas sobre los hombres y las mujeres que no cambian con el tiempo: en el mundo antiguo, los hombres tenían la tendencia a ser exigentes, tanto sexual como emocionalmente, y lo mismo sucede en nuestro tiempo. Asimismo, las mujeres de ayer y hoy comparten una misma tendencia a desear recibir cumplidos por su aspecto físico. Por otra parte, aunque en nuestro tiempo se haya hecho mucho por desarrollar la fuerza física mediante la cultura del ejercicio, sigue siendo un hecho que la naturaleza física de las mujeres es más débil que la de los hombres, y también, desgraciadamente, que a los hombres les encanta imponer su fuerza y avasallarlas. En estos rasgos de la naturaleza humana, hay pocos cambios.

Sin embargo, desde el siglo I sí han cambiado otras muchas cosas sobre los hombres y las mujeres, muy especialmente en la percepción de la sociedad sobre el modo en que ha de desarrollarse la relación matrimonial. La mera afirmación de que el término "sumisión" (o traduciéndolo de un modo más suave "vivir bajo/según el orden" para adecuarlo a las sensibilidades modernas) es una palabra legítima para referirse a la relación de una esposa con su marido puede hacer que a muchos lectores les dé un patatús. Pero este es el contexto en que hemos de aplicar hoy este texto.[31] Soy consciente de que algunas mujeres aprecian este término hoy y se sujetan obedientemente a la autoridad de sus maridos; pero lo soy, también, de que no es el caso de la mayoría. Es posible que algunos intérpretes quieran enfocarse en censurar a esta mayoría con la premisa de que viven por debajo de la voluntad de Dios. Pero yo no voy a hacerlo, porque creo que los tiempos y la cultura en que vivimos han cambiado, y nuestra tarea consiste en conectar el evangelio con nuestro mundo moderno.

¿Cómo, pues, hemos de trasladar este asunto a nuestro tiempo? En primer lugar, en cuanto al significado del término que se usa en 2:13 y 2:18, no creo que "sumisión" signifique siempre "vivir bajo las órdenes del propio marido". Es evidente que la mujer cristiana que está casada

---

31. En Joyce Huggett, *Two Into One? Relating in Christian Marriage* (Leicester, Ing.: InterVarsity, 1981), 40-52 se presenta un ejemplo más tradicional, pero muy sensible, de lo que la sumisión significa en nuestro tiempo.

con un hombre que no lo es, no tiene que negar al Señor ni renunciar a relacionarse con otros cristianos en sumisión a su marido; esto sería lo mismo que tratar a su marido como si fuera Dios. Y obsérvese cómo él instruyó a Abraham a conducirse en ocasiones (Gn 21:10-13). Como quiera que entendamos esta categoría, hay veces en que la esposa cristiana tendrá que mostrar una especie de "desobediencia civil". Del mismo modo en que, en ocasiones, el cristiano tiene que negarse a acatar determinadas normas de la sociedad (2:13-17), y, por la misma razón, el trabajador ha de oponerse a su superior, a veces también es necesario que la esposa resista a su marido, sea cristiano o no.

En segundo lugar, si hemos entendido correctamente el contexto original de estas palabras, Pedro les está diciendo a los cristianos que tienen la obligación de "someterse a las autoridades", cualesquiera que sean, a fin de mantener un testimonio creíble. Vivir "bajo el orden" siempre implica alguna forma de sumisión. En este caso, hemos de examinar cuidadosamente cuáles son los "órdenes" que se aplican en nuestro tiempo, para saber qué clase de conducta se espera de nosotros. Existe poca duda en cuanto a que los "órdenes" han pasado de un modelo jerárquico a uno más igualitario; en este caso, "vivir bajo el orden" será, pues, distinto hoy.

Naturalmente, Pedro justifica este orden apelando a otras mujeres piadosas que se conducían de esta manera (3:5-6) y no solo a cuestiones prácticas. También hemos de estar dispuestos a reconocer, no obstante, que aquellas mujeres de antaño vivían en el mismo tipo de sociedad que los receptores de Pedro, y que esta conducta se enmarcaba entre miembros del pacto y no entre creyentes y no creyentes para ser testigos de la gracia de Dios. Además, en el contexto más amplio de todo el Nuevo Testamento, la justificación de la sumisión que hace Pablo se basa en otras cuestiones (como la relación de Cristo con la Iglesia o la creación).[32] No obstante, sigo convencido de que tanto las indicaciones de Pedro como las de Pablo en aras de una forma de vestir culturalmente relevante están firmemente arraigadas a un

---

32. En secciones anteriores hemos comparado la enseñanza de Pedro con la expresada por Pablo en las "reglamentaciones familiares" de sus epístolas. Podemos hacer lo mismo aquí y observamos un hincapié de Pedro en el impacto evangelizador de la sumisión y la ausencia de cualquier fundamentación de la idea de la sumisión en la cristología o en la creación.

determinado periodo de la historia y que los puntos de vista de aquella cultura les ayudaron a adoptar sus posiciones. Nuestra cultura ha cambiado de manera tan tremenda que hemos de analizar detenidamente este asunto para poder discernir cómo hemos de aplicar este tipo de enseñanzas en nuestro mundo. Pensar que podemos establecer una correspondencia directa entre el mundo de Pedro y el nuestro sería un trágico error y algo totalmente impracticable.

Algo que sí podemos establecer es que el principio de vivir por causa del evangelio es algo transcultural. Sería, pues, erróneo que una mujer cristiana le diera a su cónyuge no creyente una falsa impresión de la naturaleza del evangelio (y viceversa), obrando de manera inconsistente con su contrato matrimonial. El enfoque de Pedro se concentra precisamente en el modo en que las esposas creyentes se relacionan con sus maridos incrédulos. Las esposas han de ser tan irreprochables, cariñosas y serviciales, que sus maridos sean ganados para la fe por su conducta. Las mujeres cristianas han de ocuparse en el desempeño de la clase de obligaciones que nuestra sociedad percibe como tales y en las que se asumen en el contrato matrimonial. Por causa del evangelio, no hay que hacer alarde de estas convenciones. Igual que en nuestra cultura las madres que no se preocupan de sus hijos reciben una merecida crítica, la merece también la mujer que no muestra respeto por su marido.

Además, estoy firmemente convencido de que hemos puesto un énfasis equivocado en la palabra "sumisión"; también nos hemos preocupado por lo "que podemos hacer" y por cuáles son "nuestros derechos", mientras que el mandamiento bíblico dice que la esposa ha de dar su vida a su marido, "servirle y apreciarle mucho", y el marido debe poner su vida por su esposa.[33] Así, cuando la esposa cristiana se

---

33. En mi opinión, es aquí donde el enfoque del artículo de W. A. Grudem sobre el significado de la sumisión va descaminado; aunque Grudem dice cosas bien fundamentadas sobre el significado de la sumisión, su exposición se centra de forma demasiado unilateral en el elemento equivocado. La sumisión ha de estar siempre envuelta en el significado bíblico de un amoroso servicio de unos a otros. Ver su "Wives Like Sarah, and the Husbands Who Honor Them: 1 Peter 3:1-7," en *Recovering Biblical Manhood and Womanhood: A Response to Evangelical Feminism*, ed. J. Piper y W. A. Grudem (Wheaton, Ill.: Crossway, 1991), 194-208. No estoy diciendo que Grudem no comprenda este contexto; su acercamiento, no obstante, ilustra la preocupación en el sentido de que la sumisión solo puede

esfuerza en amar a su marido con todo su ser y este hace lo mismo con
ella, el asunto de la sumisión ni se plantea. Si el marido cristiano exige
a su esposa que le procure satisfacción sexual, no está considerando
las necesidades de su esposa; si la mujer cristiana se niega a responder
a su marido, puede que no esté considerando las necesidades de este.
En ambos casos, aplicar la "doctrina de la sumisión"sería equivocarse
completamente. La esencia del matrimonio bíblico es el amor y el
servicio mutuo.

En el revelador libro de Cloud y Townsend, *Límites*, estos autores
llegan a la siguiente conclusión:

> Nunca nos hemos encontrado con "un problema de sumi-
> sión" que no tuviera en su raíz a un marido controlador.
> Cuando la esposa comienza a establecer unos límites bien
> definidos, se hace evidente que el marido controlador no
> sigue a Cristo, porque la esposa ya no permite su conducta
> inmadura. Lo confronta con la verdad y establece límit-
> es bíblicos para controlar la conducta lesiva y vejatoria.
> Muchas veces, cuando la esposa pone límites, el marido
> comienza a crecer.[34]

Lo que estos dos autores están diciendo es que subrayar el asunto
de la sumisión indica con casi total seguridad una confusión de las
propias prioridades. Con demasiada frecuencia los maridos exigen sumisión a sus esposas cuando no consiguen "salirse con la suya"; esto
indica egoísmo, falta de amor y de dedicado servicio a sus esposas
(que es el modo en que Cristo amó a la iglesia). Lo que el marido tendría que plantearse es: "¿Por qué he de forzar las cosas para conseguir
que mi esposa haga esto o aquello?". Muchas veces, ha decidido que
sus deseos e ideas han de cumplirse y que los de su esposa no impor-
tan. Esta conducta no está motivada por el amor. Los matrimonios
que están llenos de amor, respeto y aprecio rara vez, creo, tendrán que
recurrir al asunto de la sumisión.

---

entenderse planteándonos lo que significa el amor. Su exposición no se desarrolla
de este modo.

34. H. Cloud y J. Townsend, *Boundaries: When to Say Yes, When to Say No, To
Take Control of Your Life* (Grand Rapids: Zondervan, 1992), 161-62. Todo el
capítulo titulado "Límites y tu cónyuge" es directamente pertinente para nuestras
observaciones sobre este asunto.

Es posible que un episodio de mi relación con Kris, mi esposa, ayude a esclarecer lo que Cloud y Townsend quieren decir cuando hablan de *límites* y de cómo se establecen estos en el asunto de la sumisión. Yo soy una persona espontánea, pero mi esposa no tiene este perfil. Con el paso de los años he aprendido que en las decisiones importantes que tienen que ver con nuestro hogar Kris necesita un cierto tiempo para procesar este tipo de decisiones. A menudo, estos periodos curan mis "impulsos espontáneos" y otras veces le permiten a Kris tomar la decisión con el detenimiento que a ella le gusta. Rara vez disentimos si nos tomamos el tiempo necesario para la decisión; sí discrepamos, no obstante, cuando pretendo tomar una decisión de manera inmediata que tiene implicaciones significativas para nuestra vida conjunta.

Uno de mis estudiantes ilustra esto de manera perfecta. En una ocasión me dijo, con mucho humor, que había tenido una vieja Volkswagen estacionada en el aparcamiento del seminario, oxidándose y pudriéndose por espacio de dos años. "¿Por qué?", le pregunté. Él respondió, "porque mi esposa no estaba preparada para desprenderse de su querida y vieja furgoneta VW". También me dijo que ahora sí estaba ya dispuesta a "cortar el cordón". Admiré la sensibilidad que mostró mi alumno hacia los sentimientos de su esposa: ella no estaba preparada para tomar aquella decisión, y él la respetaba. Alguien podría argumentar que ella debería haber sido sumisa; por mi parte, creo que mi estudiante hizo lo correcto y supo ser "comprensivo" con su esposa. Si la hubiera presionado para que se deshiciera del vehículo invocando la sumisión, es posible que hubiera causado un daño irreparable a su matrimonio. ¡Bien hecho!

Antes de trasladar este texto a nuestro mundo moderno, hemos de considerar también cómo debe entenderse esta práctica (la sumisión) dentro del ámbito más extenso de la igualdad de los sexos en Cristo (Gá 3:28), un tema que se desarrolla a lo largo de las Escrituras. Casi todos estarán de acuerdo en que la Biblia sembró las semillas que con el tiempo dieron forma a la doctrina de que la esclavitud era algo completamente inapropiado, aunque el propio texto bíblico permitía esta práctica del mundo antiguo y se adaptó a ella. Por mi parte, sostengo también que la noción bíblica de igualdad ha dado origen a la moderna noción de la equivalencia de todas las personas, y, en particular, a la igualdad de los sexos en el ámbito de la iglesia.

Tras recapitular brevemente, la enseñanza de que la sumisión tiene sus orígenes en la caída del hombre en el pecado y que Pablo enseña la igualdad de los sexos en Cristo, I. H. Marshall concluye que "esta enseñanza muestra claramente que los efectos de la caída son revocados en la nueva creación que se manifiesta en la iglesia[35] Y, tras una exposición de Gálatas 3:28, K. R. Snodgrass concluye: "Si Dios ha derramado su Espíritu sobre sus hijos e hijas por igual (Hch 2:17 y ss.), no podemos levantar un moderno 'atrio de las mujeres' en nuestras iglesias.[36]

Estoy de acuerdo con este acercamiento en general: las semillas de la igualdad han crecido tanto que las antiguas plantas de la jerarquía no son tan visibles. Esta es la razón por la que I. H. Marshall argumenta que "este mandamiento [1 Pedro 3:1] podría haber sido superado en un matrimonio cristiano",[37] y añade, "la sumisión en el matrimonio era el tipo de conducta moral que, en aquel momento, se requería entre los judíos y también en muchos ambientes gentiles. Los cristianos tenían que vivir al menos en aquel nivel".[38] Lo que quiere decir con la expresión "al menos en aquel nivel" es lo mismo que quiere decir con "haber sido superado": las esposas cristianas que aman verdaderamente a sus maridos del modo en que Jesús y Pablo las exhortan a hacerlo serán más que sumisas. Estarán tan llenas de amor que el término "sumisión" no será el adecuado para describir su relación.

En una ocasión íbamos en coche con un famoso erudito evangélico, y comenzamos a hablar de nuestras esposas. La conversación derivó hacia el asunto de la sumisión, en parte por la curiosidad de saber lo que creía cada uno. Este hermano me dijo algo que ilustra el párrafo anterior: "Creo que la esposa ha de someterse a su marido, pero no

---

35. I. H. Marshall, *1 Peter*, 99.
36. K. R. Snodgrass, "Galatians 3:28: Conundrum or Solution?" en *Women, Authority and the Bible*, ed. A. Mickelsen (Downers Grove, Ill.: InterVarsity, 1986), 181.
37. I. H. Marshall, *1 Peter*, 100. Traza una analogía con las leyes del Antiguo Testamento que han sido superadas por los cristianos que cumplen la ley veterotestamentaria mediante una conducta consistente con las enseñanzas de Jesús sobre el reino de Dios.
38. *Ibíd.*, 101.

creo que el marido tenga nunca derecho a exigirlo. De hecho, sé que
cuando soy digno de sumisión, mi esposa se somete, y cuando no lo
soy, no lo hace". Sus últimas palabras lanzan los fuegos artificiales:
"Mi responsabilidad como marido es ser digno". ¡Esta es la cuestión!
Cuando un marido subraya la sumisión y la esposa vive esta situación
con angustia, la imagen del matrimonio se desvirtúa. Pero cuando
cada uno se centra en su responsabilidad de amar y servir al otro, la
imagen del matrimonio es clara y hermosa.[39]

En párrafos anteriores, el asunto del feminismo ha pugnado por
salir. Este es, pues, un buen lugar para analizar cómo interpretan la
Escritura las feministas modernas y algunos de sus oponentes.[40] La
hermenéutica feminista describe el modo en que las diferentes ramas
del moderno movimiento feminista interpretan la Biblia y examina
las diferentes formas en que este movimiento se esfuerza por aplicar
(o negar) la relevancia del texto bíblico. Movida por una agenda ideológica, *la hermenéutica feminista radical* sospecha del texto, con lo
cual repudia, en última instancia, su valor profético en muchas (si no
en todas) sus dimensiones. Los intérpretes que se acercan al texto con
esta clase de mentalidad, ven un mundo chovinista inherente en un
texto que, en última instancia, se utiliza para manipular y subyugar a
las mujeres. Se argumenta que en este pasaje se apela a Sara porque
legitima el dominio de los hombres. Para tales comentaristas el texto
no tiene valor, sino para señalizar el error.

La hermenéutica feminista liberal suaviza alguna de las propuestas
más extremas de las feministas radicales. Aquí hay un deseo de reco-
ger lo que es bueno, aunque esté fuertemente reprimido en el texto

---

39. Aunque al decir esto no estoy negando que algunos hombres sean, por una u otra
    razón, perpetuamente indignos de sumisión, la responsabilidad de la esposa sigue
    siendo vivir de manera piadosa y "ordenada" con este marido (indigno); por otra
    parte, algunas esposas son proclives a resistirse al orden que Dios ha establecido aun
    cuando sus maridos son completamente dignos. Estos problemas hacen que algunas
    situaciones sean especialmente difíciles para el matrimonio. Sigo manteniendo,
    no obstante, que centrarse en la sumisión (cualquiera de los cónyuges) deforma el
    concepto cristiano de matrimonio.
40. Dependo aquí del magistral estudio de la hermenéutica feminista por parte de
    A. C. Thiselton, *New Horizons in Hermeneutics* (Grand Rapids: Zondervan, 1992),
    430-62. Quienes deseen seguir mi resumen, encontrarán una bibliografía completa
    en el libro de Thiselton.

antiguo, si bien hay también una clara decisión de rechazar todo aquello inaceptable para la moderna experiencia e ideología feminista. Aunque este texto está claramente influenciado por un mundo jerárquico y patriarcal, posee, sin embargo, elementos que se mantienen a lo largo de los siglos.

Dentro de la órbita del evangelicalismo, una *hermenéutica feminista evangélica* defiende una exégesis sociocrítica de la comprensión con respecto al texto, al tiempo que se sujeta ligeramente a él. Este acercamiento ve el texto de 1 Pedro 3:1-6 como un pasaje para su tiempo, adaptado a su contexto cultural. Aunque no es un acto de manipulación chovinista, sigue estando fuertemente dominado por una cultura masculina, y ha de ser reconstruido o alterado en la medida en que lo está. En otras palabras, este texto ha de entenderse en sus propios términos y descodificarse, para luego estructurarse de nuevo y que pueda hablarle a la mujer moderna. Aunque podemos preguntarnos si al texto se le permite aquí hablar por sí mismo, debería señalarse que hay una dialéctica viva en este movimiento entre su autoridad y el mundo moderno, que crea una clara síntesis viva de cómo han de entender la Biblia los cristianos.

Por último, la *hermenéutica de muchos conservadores se basa en la tradición*. El texto es intemporal; Dios pretende un mundo patriarcal, y las mujeres han sujetarse al orden divinamente ordenado que tiene a los hombres como cabezas de autoridad nombradas por Dios. Por supuesto que hay abusos, pero, en general, los cambios culturales que encontramos en nuestro tiempo son incoherentes con las nociones bíblicas y deben ser, por tanto, criticados. La clave de este acercamiento a nuestro texto (y a otros del mismo tipo) es entenderlo y aplicarlo, aunque ello puede requerir una cantidad mínima de reestructuración.

Me es imposible evaluar aquí cada uno de estos métodos, pero tampoco es necesario que lo haga. Para los eruditos evangélicos, las alternativas se sitúan casi siempre en los dos últimos grupos: feminismo evangélico o tradicionalismo. La orientación de cada intérprete es feminista en la misma medida en que este cree que el texto debe ser actualizado. No obstante, en lugar de ponerse una determinada etiqueta en este campo, insto a cada intérprete a que analice detenidamente sus principios y compruebe si ha conseguido elaborar un proceso de interpretación coherente. No es lógico que alguien rechace la esclavitud como algo anacrónico, sostenga una desobediencia civil a las autoridades, o argumente a favor de alguna forma de teoría igualitaria, y caiga después en la incoherencia de no permitir que las mujeres tengan esta misma libertad y cambio de aplicación. Tampoco es aceptable argumentar, sin un razonamiento, sólido que ciertas cosas sean culturales (como llevar joyas o vestidos de moda) y otras transculturales. Por encima de todo, nuestra interpretación ha de tener un sólido fundamento bíblico y ser culturalmente razonable si queremos que el evangelio se manifieste poderosamente en nuestro tiempo.

Significado Contemporáneo   Trágicamente, aunque nuestra sociedad contemporánea ha hecho grandes progresos en cuanto a la igualdad de todas las personas, los hombres se han quedado por detrás de los tiempos en cuanto a amar a sus esposas de un modo respetuoso y tratar apropiadamente a las mujeres. Con demasiada frecuencia, los comentaristas se han ocupado tanto con los versículos sobre las mujeres que han descuidado el impacto que la exhortación de Pedro a los hombres debería tener en nuestro mundo. Pero las palabras que Pedro dirige a los maridos son muy relevantes, y por ello, quiero dedicarles atención.[41]

Solo en los Estados Unidos se denuncian alrededor de sesenta mil casos de violación al año, pero es evidente que se producen muchos más, de los cuales no queda constancia. Es estremecedor que cada año haya entre tres y seis millones de mujeres que sufren alguna forma de violencia física en su casa. Por otra parte, las mujeres (y los ancianos) son los principales blancos de robos y agresiones. El elemento distintivo de todas estas aberraciones y perversiones sociales es que se

---

41. Esto refleja un rasgo característico de la aplicación, y es que los intérpretes se centran con frecuencia en aquellas secciones o ideas de un pasaje que son especialmente pertinentes para su propia cultura y situación, donde tiene que presentar la Palabra de Dios. No podemos hacer otra cosa. No obstante, al hacer esto es muy importante que no evitemos las cuestiones difíciles y hemos de tener cuidado de enseñar lo que dice todo el texto. Es también muy típico que los comentaristas solo estudien aquellas ideas controvertidas desde una óptica social. Esto convierte el texto en una mera parada para hablar de nuestro programa social. Hemos de guardar un equilibrio.

produce una acción violenta por parte de un hombre que se aprovecha de una mujer por su mayor fuerza física. En mi opinión, la forma más flagrante y común en que los hombres utilizan la violencia contra las mujeres es en el ámbito emocional y mental: intimidando, amenazando y manipulando a sus esposas de incontables formas. El fundamento de todas estas conductas es la ira; es posible que el problema más grave de nuestra sociedad sea la presencia de hombres airados en los hogares (independientemente de cómo puedan mostrarse en público). Este problema de la violencia producida por la ira, o la violencia contra las mujeres en general, no es solo un fenómeno que se produce entre los no cristianos. Un pastor normal trata con más de una docena de personas al año vinculadas con algún tipo de violencia doméstica.[42]

Las palabras de Pedro podrían citarse para tratar cada uno de estos actos de violencia. Por alguna razón, un cierto número de hombres (demasiados),[43] intentan fortalecer sus egos mediante una conducta intimidatoria y se niegan a vivir dentro de las limitaciones de sus incapacidades. En lugar de vivir con la tensión que suscita su incapacidad de convencer, amar o sentirse amado, recurren a la violencia hacia una mujer vulnerable. Cuando la pareja tiene niños pequeños, la mujer se hace doblemente dependiente del hombre abusador: lo ama a él (a pesar de su conducta violenta) y también a sus hijos. Por otra parte, estos actos de violencia contra las esposas van a menudo seguidos de cierta forma de remordimiento, culpa y petición de disculpas, que llevan a la mujer a pensar que la situación va a mejorar. Pero el hombre solo cambiará cuando se convenza de que su esposa no va a seguir

---

42. Esta cifra, procedente de un estudio de Marie Fortune, apareció en *Theology, News, and Notes* (junio, 1982), 17 (de, Fuller Theological Seminary); lo encontré en G. L. Martin, *Counseling for Family Violence and Abuse*, 15; ver además la exposición en las pp. 19-27.

43. Los psiquiatras (y psicólogos) han trazado claramente el trasfondo típico de los hombres violentos; sin embargo, tener este trasfondo violento no justifica su conducta. "Los abusadores proceden normalmente de hogares violentos, donde presenciaron o fueron objeto de violencia doméstica. La práctica de las agresiones las refuerza; una vez que un hombre ha golpeado a su esposa, es probable que lo haga de nuevo. Los maridos abusivos tienden a ser inmaduros, dependientes y no asertivos, y a sufrir fuertes sentimientos de inadecuación". Así lo entiende H. I. Kaplan y B. J. Sadock, *Synopsis of Psychiatry: Behavioral Sciences, Clinical Psychiatry*, 5th ed. (Baltimore: Williams and Wilkins, 1988), 378; Véase también la exposición de G. L. Martin, *Counseling for Family Violence and Abuse*, 31-38.

tolerando sus abusos. En estos casos, la única esperanza para la esposa y casi la única forma de comunicación que el marido puede entender es una separación total. En algunos casos, el ciclo de violencia puede romperse y producirse la restauración.[44]

Que en un hogar cristiano haya violencia, es doblemente repulsivo: en primer lugar, por el sufrimiento de la esposa (y los niños), pero también por las negativas implicaciones sociales que ello tiene para el impacto del evangelio. Pastores, maestros de escuela dominical, padres y medios de comunicación cristianos deben dedicar una gran cantidad de tiempo y espacio a la instrucción de niños y jóvenes, y especialmente de hombres adultos, informándolos sobre el carácter repulsivo de los actos de violencia contra las mujeres y ayudándolos a manejar y vencer cualquier sentimiento de violencia hacia ellas. Es posible que la iglesia finja que en su seno no se producen actos de violencia, pero no es así, y además tiene esta breve palabra de Pedro sobre cualquier clase de violencia contra las esposas, hijas y mujeres en general.

El consejo de Pedro se basa en la idea de que los maridos cristianos deben entender a sus esposas.[45] Por supuesto, las esposas tienen que entender a sus maridos tanto como ellos a ellas, pero aquí no estamos hablando de esta necesidad femenina. Lo que necesitan los maridos no es un mero curso acelerado[46] para entender a sus esposas, sino la actitud de seguir haciéndolo de por vida puesto que, igual que los maridos cambian con los años, así también lo hacen las esposas. La conclusión de Gary Smalley es tan divertida como útil:

> Me atrevo a decir que la mayoría de los problemas matri-moniales se deben a un solo hecho, y es que los hombres y las mujeres son COMPLETAMENTE distintos. Las diferencias (emocionales, mentales y físicas) son tan radicales que sin un *concentrado esfuerzo* por entenderlas, es

---

44. Ver G. L. Martin, *Counseling for Family Violence and Abuse*, 97-122, donde este autor detalla el tratamiento de los hombres abusivos.

45. Pedro utiliza la expresión "conforme a conocimiento" (*kata gnosin*). Esta expresión queda irreconocible en la frase de la NVI "sean comprensivos".

46. Aunque no soy un experto en este tipo de literatura, un libro que puedo recomendar es el que han escrito conjuntamente Gary Smalley y Steve Scott, *If Only He Knew*, rev. ed. (Grand Rapids: Zondervan, 1982).

casi imposible tener un matrimonio feliz. Un psiquiatra famoso dijo en cierta ocasión: "Después de treinta años estudiando a las mujeres, me pregunto: '¿Qué es lo que quieren realmente?'". Si esta fue su conclusión, ¡imagínate lo poco que sabemos nosotros sobre nuestras esposas![47]

Sería absurdo creer que puedo esbozar aquí una "perspectiva de las mujeres", pero sí pienso que mi experiencia de más de veinte años de matrimonio con una mujer maravillosa (¡y desafiante!), mi experiencia en el estudio de la Biblia y todo lo que he leído sobre el matrimonio, me dan derecho a un par de consejos. Hemos de partir de la base que ningún matrimonio es perfecto, puesto que, como pecadores, todos tenemos problemas de carácter personal que nos impiden ser todo lo que podríamos y deberíamos para nuestro cónyuge. Pero esto no es ninguna excusa ni razón para no poner todo nuestro empeño en ser buenos maridos.

En primer lugar, creo que las mujeres quieren maridos afectuosos, dedicados, sensibles y comprensivos. Los hombres pueden ir por ahí pavoneándose de que lo que quieren las mujeres es un hombre fuerte, un tipo duro, o un triunfador que conduce coches fantásticos y viste llamativos trajes; pero en casa, de puertas adentro, estas cosas se desvanecen como la niebla, y lo que queda es el deseo de tener un marido que la entienda y la ame. Las esposas responden a los maridos que les dedican constantemente su atención, no solo cuando quieren algo. Las mujeres quieren un marido que les llame durante el día para contarles una noticia importante porque se muere de ganas de compartirla con ella: su mejor amiga. Las mujeres quieren un marido que las escuche, que las escuche de verdad y que en cada conversación entienda bien lo que le está diciendo. En otras palabras, una mujer quiere ser la "número uno" para su marido (igual que todo marido quiere ser "el número uno" para su esposa). Una buena prueba en este sentido puede ser que elimines mentalmente el último cumpleaños de tu esposa, la última Navidad y vuestro último aniversario de boda y te hagas la pregunta: "¿Hay algún otro día especial durante el año en que la agasajo con mi

---

47. Gary Smalley y S. Scott, *If Only He Knew*, 17. Smalley y Scott prosiguen enumerando lo que consideran las principales diferencias entre los hombres y las mujeres, explicando algunas distinciones en el ámbito mental/emocional, físico, sexual y de la intuición.

amor?". Si no es así, entonces tienes mucho que aprender sobre lo que significa hacer de tu esposa la número uno, mostrarle tu amor y cariño, demostrarle que te importa.[48]

En segundo lugar, creo que las esposas quieren un marido respetable y digno de honor. Los hombres suelen tener una buena imagen en el trabajo y ser débiles en casa; suelen ser famosos en la plaza pública, pero sin autoridad en el hogar. La razón de este cambio tan espectacular es que la esposa sabe cómo es realmente su marido y no hay hipocresía dentro del hogar. Lo que quieren las mujeres es un hombre que sea coherente y, por tanto, respetable; un hombre que viva su vida con integridad, de tal manera que sea tan "famoso en la sala de estar" del hogar como en el trabajo.

Puede que sea porque llevo mucho tiempo casado con una psicóloga, pero rara vez confío en "la imagen pública" de los atletas profesionales, los personajes mediáticos, o la de aquellos que vemos con frecuencia en público (en el trabajo, en la escuela, etc.). Lo que me interesa saber es: "¿Cómo son realmente en su casa?". Cuando oímos hablar de la ruptura de los matrimonios de personajes públicos, nos enfrentamos por regla general con el problema obvio de alguien cuya persona pública es bastante distinta de la realidad privada que vive (llámalo "hipocresía", si quieres). Las esposas saben estas cosas, y lo que quieren de nosotros es integridad, y esto significa ser quienes somos en todas partes. En otras palabras: llevar nuestra vida privada a la esfera pública, no crear dos personas distintas.

Podría añadir otras implicaciones de este consejo de Pedro a los maridos para que sean considerados en su relación con sus esposas. Los dos consejos anteriores se limitan a ilustrar lo que significa "vivir sabiamente con nuestras esposas". Podrían añadirse otros aspectos sobre cosas como el liderazgo, la responsabilidad, la planificación, la atención de los niños y apartar un tiempo para las vacaciones. Pero estas consideraciones solo fortalecerían las observaciones sobre lo que las esposas quieren de sus maridos. Si voy mucho más adelante, mi esposa me arrinconará durante el resto de mi vida.

---

48. Tras leer este párrafo, mi esposa me recuerda que ahora que he expresado estas cosas por escrito ¡me las recordará!

Desde una óptica social, quienes creen que los hombres han de tratar a las mujeres de forma considerada y amable, y que también creen, con Pedro, que la violencia contra las mujeres es moralmente despreciable, tienen que movilizarse para conseguir leyes más severas para aquellos que maltratan a las mujeres. Es una vergüenza para nuestra sociedad que los hombres que cometen abusos —violadores, incestuosos y culpables de maltratos físicos a las mujeres— sean sentenciados y puestos luego en libertad con demasiada rapidez, para cometer de nuevo los mismos o peores delitos. Como cristianos, deberíamos expresarnos verbalmente en contra de legislaciones leves y defender el cumplimiento íntegro de las penas. Deberíamos escribir a nuestros responsables políticos y de gobierno y expresarles nuestra indignación ante la indulgencia con que se gestionan estos delitos violentos. Por otra parte, deberíamos escoger a jueces que adopten una postura firme ante la violencia contra las mujeres y protestar contra aquellos que son indulgentes con los maridos y padres violentos.[49]

---

49. Este texto tiene también algo que decir en otros aspectos de la vida. Por ejemplo, las palabras de Pedro sobre la verdadera belleza son importantes en un mundo en que, el deseo de parecerse a la mujer de los sueños ha abocado a algunas mujeres norteamericanas a la pesadilla de trastornos alimentarios que atormentan el cuerpo y el alma. El deseo de cumplir el mismo sueño ha llevado a otras mujeres recurrir a la promiscuidad sexual. Con demasiada frecuencia, la identidad se ha fundido con la imagen y esta imagen es frecuentemente inaccesible. Ver los agudos comentarios de I. H. Marshall, *1 Peter*, 101-2. Hace mucho tiempo, James Dobson escribió un libro que sigue respondiendo a este asunto con la misma fuerza que lo hizo en el momento de su publicación, (ver su penetrante capítulo "Beauty: The Gold Coin of Human Worth," en su obra *Hide or Seek*, rev. ed. [Old Tappan, N.J.: Revell, 1979]), 23-41.

1 Pedro 3:8-12

En fin, vivan en armonía los unos con los otros; compartan penas y alegrías, practiquen el amor fraternal, sean compasivos y humildes. ⁹ No devuelvan mal por mal ni insulto por insulto; más bien, bendigan, porque para esto fueron llamados, para heredar una bendición. ¹⁰ En efecto,

«el que quiera amar la vida
    y gozar de días felices,
que refrene su lengua de hablar el mal
    y sus labios de proferir engaños;
¹¹ que se aparte del mal y haga el bien;
    que busque la paz y la siga.
¹² Porque los ojos del Señor están sobre los justos,
    y sus oídos, atentos a sus oraciones;
pero el rostro del Señor está contra los que hacen el mal».

Sentido Original

En la quinta y última[1] sección sobre "directrices para grupos sociales" (i.e., códigos familiares), Pedro expresa su preocupación por los diferentes grupos dentro de las iglesias y sus reglamentaciones exhortan a los cristianos sobre cuál ha de ser su conducta en general. Por consiguiente, esta sección consigna los principios éticos generales que se requieren para los creyentes que quieren vivir con discreción en un mundo que se opone tanto a su estilo de vida como a su propia existencia.

Pedro comienza con una breve enumeración de virtudes que inciden en la armonía de las relaciones sociales (3:8); a estas les siguen inmediatamente dos cláusulas relativas a la apropiada respuesta cristiana a la oposición (3:9). Estas exhortaciones se refuerzan después en 3:10-11 mediante una cita de Salmos 34:13-17, que vuelve a expresar las virtudes de 3:8-9 y fundamenta la motivación de este tipo de vida apelando a la omnipresencia y omnisciencia de Dios (3:12). Pedro

---

1. Pedro comienza con la expresión *to telos*, "En fin (o 'finalmente')". Esta frase podría traducirse: "El resumen de todo esto es…"; Pedro reexpresa aquí lo mismo que dijo en 2:11-12, y las diferentes virtudes que se enumeran en 3:8-11 representan específicos casos de "buena conducta" y de "apartarse de los deseos pecaminosos".

llama la atención de sus lectores a este pasaje de los Salmos, especialmente por su último versículo.

El intérprete ha de tomar la decisión de si 3:8 alude a una ética eclesial (cómo han de interactuar entre sí los miembros de las iglesias) y 3:9 a la relación de los cristianos con el mundo, o si ambos versículos tratan esta última cuestión. En primer lugar, las exhortaciones de Pedro aquí son aplicables a todos los encuentros que los cristianos tienen con los demás. No hay duda de que, (1) desde el principio, Pedro se ha preocupado por el modo en que varios grupos de cristianos se relacionan con el mundo exterior (los cristianos en general con el gobierno, los esclavos con sus amos no creyentes, las esposas con sus maridos incrédulos y los maridos con sus esposas, en general); (2) no hay nada en 3:8 que indique una aplicación exclusiva para los creyentes; y (3) 3:9 son claramente indicaciones para el trato con no creyentes. La fluidez del texto nos lleva, pues, a pensar casi exclusivamente en términos de la relación de los cristianos con el mundo exterior. En otras palabras, estamos en terreno seguro si leemos 3:8 como indicaciones éticas para la relación del creyente con la sociedad en general más que con los miembros de la comunidad cristiana, y, especialmente, para el modo en que la iglesia debe relacionarse con una sociedad hostil (3:9). Según esta interpretación, Pedro pasa, acto seguido, a fundamentar esta ética en la importante observación de que "Dios observa nuestra vida" (3:10-12).

No obstante, para equilibrar debidamente las indicaciones del texto, hemos de observar que las palabras que Pedro utiliza en el versículo 8 se usan en otros pasajes del Nuevo Testamento (ver citas a continuación) para aludir a las relaciones personales ideales entre los cristianos. Por mi parte, pues, sostengo que Pedro comienza exhortando a todos los cristianos a relacionarse los unos con los otros de una determinada manera, porque es correcto que lo hagan de este modo y porque ello les proporciona una familia que los acepta en medio de un mundo hostil.[2]

Ética para las relaciones personales dentro de la iglesia (3:8). Mientras que las tres secciones anteriores se dirigían a grupos específicos (esclavos, esposas, maridos), esta exhortación es para "todos" (la NVI

---

2. Ver J. H. Elliott, Home for the Homeless, 165-266.

no consigna específicamente este término. N. del T.). A todos los destinatarios de la epístola se les pide: "Vivan en armonía los unos con
los otros;[3] compartan penas y alegrías, practiquen el amor fraternal,
sean compasivos y humildes". Si nuestra conclusión anterior es acertada, estas virtudes se mencionan para mostrar cómo deben relacionarse entre sí los cristianos en un mundo hostil. Las relaciones personales entre creyentes han de comenzar con "armonía" (*cf.* Hch 4:32;
Ro 12:16; 15:5; 1Co 1:10; Fil 2:2; 4:2) tanto de mente como de espíritu. Cuando esta virtud está presente, "lo que produce no es unifor-
midad sino unanimidad".[4] La armonía es, en parte, una consecuencia
de ser "compasivos" (*cf.* Ro 12:15; 1Co 12:26; Heb 4:15; 10:34). Es
tanto compasión como comprensión.

Por otra parte, los creyentes han de practicar "el amor fraternal"
(1P 1:22; 2:17; 1Ts 4:9). Esta virtud caracterizó en gran medida al
cristianismo primitivo, aunque por causa de la naturaleza humana, estaba siempre bajo amenaza. Los cristianos han de amarse los unos a
los otros y, como buenos prójimos, a cualquier otra persona. Quienes
aman a los demás son también "compasivos" (Ef 4:32) y "humildes"
(Fil 2:3).

Ética para la relación con una sociedad hostil (3:9). Es difícil pensar
que Pedro concibiera a los cristianos hostigándose unos a otros, y por
tanto está posiblemente justificado pensar que, en este versículo el
apóstol pasó de tratar cuestiones de ética "entre cristianos" a considerar las pautas que estos tienen que seguir con "los no creyentes", es
decir, al modo en que los creyentes han de relacionarse con el mundo
hostil en el que viven. "No devuelvan mal por mal ni insulto por insulto; más bien, bendigan", exactamente como vivió Jesús (*cf.* 2:21, 23).
Una vez más, Pedro entiende que la respuesta cristiana a las presiones
procedentes del mundo exterior ha de caracterizarse por la pasividad
y la gracia, más que por una agresiva actitud de venganza. ¿Por qué?

---

3. La NVI añade "los unos con los otros", dando con ello la impresión de que la ética se
   dirige exclusivamente a los creyentes. Pero el flujo contextual no sugiere esto. Sin
   embargo, es posible que Pedro tenga en mente una armonía interior que les da una
   mejor posición entre los no creyentes. Ver aquí J. N. D. Kelly, *Peter and Jude*, 135;
   J. R. Michaels, *1 Peter*, 176.
4. L. Goppelt, *1 Peter*, 233.

"Porque para esto fueron llamados, para[5] heredar una bendición".
Pedro fundamenta su forma de relacionarse con los no creyentes en su
llamamiento y les promete una "bendición".

Aunque algunos han entendido esta bendición como el último es-
tadio de la salvación,[6] otros ven aquí la promesa de alguna forma de
bendición en esta vida, quizá una existencia más larga o una mayor
tolerancia para la fe cristiana.[7] En vista de su cita de Salmos 34, que
comienza con la posibilidad de "gozar de días felices" (3:10), Pedro
tiene probablemente en mente que, a pesar de la persecución, la bondad cristiana promete una larga vida en esta tierra. En línea con lo
que dice en 2:11-12, el apóstol imagina que la vida de las iglesias será
mucho mejor si viven de un modo sosegado, humilde y bondadoso,
absteniéndose de la venganza y de la reivindicación. Puede tildarse
esta orientación de "optimista", pero es una conclusión pronunciada
por una víctima de la persecución que sabe, por vivir tiempos difíciles, cómo funciona la vida.

Fundamento para la ética: Dios nos observa (3:10-12). Al expresar
este principio de que los creyentes han de asimilar ciertas injusticias
por causa del evangelio, no devolviendo mal por mal, el apóstol expresa un fundamento teológico que se arraiga profundamente en la red
de la teología neotestamentaria. Se supone que el cristiano está motivado por el deseo de recibir una "bendición" por parte de Dios (3:9),
un deseo cimentado en el hecho de que este es el Juez supremo. Los
cristianos han sido llamados a heredar una bendición, que es la recompensa de Dios por una vida obediente. Pedro apoya su exhortación
con un texto del Antiguo Testamento que describe la estrecha relación
entre la propia vida y la valoración que Dios hace de la persona. El
conocimiento de que Dios lo sabe todo y lo controla todo imparte a los
cristianos una serena aceptación de las injusticias, mientras aguardan
la veracidad de la evaluación final de Dios.

---

5. Algunos entienden que esta expresión (*eistouto*) hace referencia a bendecir a quienes
te maldicen (J. R. Michaels, *1 Peter*, 178), mientras que otros consideran que señala
hacia adelante (los traductores de la NVI; L. Goppelt, *1 Peter*, 234).
6. Ver J. R. Michaels, *1 Peter*, 179; L. Goppelt, *1 Peter*, 234-35; E. Clowney, *1 Peter*,
141-42.
7. Cf. La extensa documentación en W. A. Grudem, *1 Peter*, 148-49.

El capítulo 34 de los Salmos es especialmente adecuado para situaciones de acoso y persecución. Este salmo enseña que aquel que quiera "salir adelante en este mundo" debe ser una persona pacificadora, amable y buena. No obstante, lo que Pedro quiere decir esencialmente es que Dios es omnisciente y omnipresente: lo ve todo, lo sabe todo y está siempre presente. No debemos pensar que la mala conducta quedará impune, porque Dios observa y evalúa; sus ojos están sobre los justos. Además, escucha sus oraciones, es decir, que está de su parte, protegiéndolos y amparándolos. Al mismo tiempo, el rostro del Señor está contra los impíos. De nuevo, se nos lleva a 1 Pedro 2:12: Quienes viven rectamente delante de Dios serán, finalmente, vindicados por él en el gran día de la gloria; sin embargo, los que viven de manera pecaminosa y opresiva recibirán condenación del Dios Todopoderoso, en aquel mismo día de su gloria.

No hace falta ser especialmente agudos para entender los principios morales abstractos y ver su relevancia general para la propia vida cristiana en el día a día. No es difícil aplicar los textos que exhortan a los cristianos a "vivir en armonía los unos con los otros", puesto que "vivir en armonía" es un principio tan flexible y una orden tan clara que no necesitamos un contexto especial para comprender su relevancia. Aquellos textos que se relacionan específica e intrincadamente con un contexto cultural (p. ej., sacudirse el polvo de los pies en Mt 10:14) requieren que el intérprete generalice una determinada práctica para extraer un principio transcultural que pueda luego aplicar a sus destinatarios.[8] Pero si el principio es ya general, han de discernirse, entonces, aplicaciones concretas de dicho principio que puedan ponerse en práctica en varias culturas.[9] Nuestro pasaje nos presenta aquí un principio abstracto ("vivir en armonía") que nosotros hemos de aplicar de distintas maneras a nuestras culturas.

---

8. Con esto no pretendo decir que no existan ciertas prácticas que hayan perdido relevancia (como la mezcla de géneros en la confección de los códigos levíticos). Solo estoy hablando aquí de prácticas que pueden generalizarse.

9. W. C. Kaiser, Jr., lo llama "principialización"; ver su provechoso análisis en *Toward an Exegetical Theology: Biblical Exegesis for Preaching and Teaching* (Grand Rapids: Baker, 1981), 149-63.

Sin duda, decir "vivan en armonía" en Irlanda puede ser muy distinto de decirlo en los Países Bajos, pero el principio sigue siendo el mismo: los principios morales abstractos no son difíciles de entender. No obstante, su aplicación *específica* en un determinado contexto podría ser especialmente difícil de poner en práctica. Este pasaje está, pues, lleno de principios morales abstractos (sean compasivos; vivan en vista del juicio que tendrá lugar) que no son difíciles de entender (todos los cristianos de todos los tiempos deben vivir en vista del día del juicio); sin embargo, puede ser difícil llevar a cabo aplicaciones específicas.

¿Qué significa, por ejemplo, "vivir en armonía" cuando un grupo cristiano discrepa teológicamente de otro? Por ejemplo, a muchos de los supervivientes cristianos de los campos de concentración alemanes de la Segunda Guerra Mundial les fue muy difícil entender a los pastores de la Iglesia Luterana Estatal que dieron su apoyo (de manera indirecta o incluso directa) al Tercer Reich.[10] En el contexto general de la teología bíblica, a una afirmación como "vivan en armonía" no hay que darle más de su debido valor puesto que no pretende ser el único factor para determinar las relaciones personales. Sobre el altar de la armonía no puede sacrificarse la verdad; sin embargo, sí hay que poner sobre este altar los sentimientos personales. Puedo vivir en armonía con la persona que me ha ofendido, adorando con ella y sirviéndola; no puedo vivir en armonía con la persona que blasfema el nombre de Jesucristo. Puedo orar por ella y predicarle el evangelio, pero estas cosas no son las que Pedro tiene en mente cuando habla de vivir en armonía.

Por ello, al trasladar este texto a nuestro mundo, hemos de tener en cuenta tanto el trasfondo de Pedro como el significado de sus palabras y la función que estas iban a desempeñar en su contexto original. El apóstol está exhortando a comunidades bajo presión a vivir en armonía para que el evangelio pueda tener sus deseados efectos. Lo que tiene en mente no es el objetivo de algunos católicos y anglicanos, que se han esforzado en unir a sus respectivas congregaciones en una gran comunión universal (aunque sus palabras sobre la armonía pueden

---

10. Ver la exposición de esto en F. A. Schaeffer, *The Mark of the Christian* (Downers Grove, Ill.: InterVarsity, 1971), 31-33.

tener una cierta aplicación). Para que pueda darse una verdadera aplicación, ha de considerarse cuidadosamente el contexto de Pedro.

Si las palabras del apóstol, en este pasaje, están motivadas por la situación contextual de los cristianos bajo presión, entonces han de aplicarse especialmente a cualquier situación en la que los cristianos estén experimentando persecución. Siempre que los cristianos se encuentran bajo amenaza,[11] han de vivir en armonía y amor para poder causar un impacto en el mundo; de hecho, tal unidad puede ser necesaria *para poder sobrevivir.* En la introducción hice referencia a la obra de J. H. Elliot.[12] Un elemento fundamental de su forma de entender 1 Pedro es su acertado acento en la iglesia como la familia de Dios. Elliot desarrolla este énfasis en el sentido de identidad; es decir, la iglesia desarrolla su identidad mediante su dependencia de otros miembros, que podrían llegar a ser una familia en el sentido más amplio, y permitir que esta identidad se nutra y crezca. Dos de los principios éticos esenciales de los cristianos eran el amor fraternal y la renuncia a la venganza cuando se producían injusticias. Creo que las exhortaciones de Pedro en este pasaje no reflejan únicamente principios teológicos y éticos, sino también importantes nociones de sentido común en el ámbito social y pragmático: si sus oyentes quieren sobrevivir y cumplir la voluntad de Dios en este mundo, han de ser personas llenas de amor y bondad.

Para trasladar, pues, este pasaje a nuestro mundo moderno y aplicarlo del modo en que lo hizo Pedro, hemos de encontrar circunstancias semejantes de comunidades cristianas bajo presión y amenaza. De hecho, este contexto es más importante para la aplicación de lo que a veces se reconoce, ya que este texto solo habla de influencia social de un modo *indirecto.* Este pasaje habla sobre todo de vivir juntos bajo presión, de tal manera que la comunidad pueda sobrevivir. El impacto que esta puede tener en su entorno es indirecto; es decir, si los creyentes viven juntos en armonía, podrán sobrevivir; si se enfrentan a las injusticias, con actitudes no vengativas, pueden tener una influencia en su mundo. Pero este texto no es una estrategia para evangelizar el

---

11. En la sección "Construyendo puentes" de 2:11-12, he analizado la hipótesis sociológica de Bernard J. Siegel. Uno de los rasgos de una "comunidad bajo amenaza" es su necesidad de unificarse.

12. *Home for the Homeless.*

mundo. La vida entre los que no creen se describe aquí como una existencia cuyo rasgo distintivo es un espíritu no vengativo (3:9, 10-11). Hemos de pensar que la paz que se ordena en 3:11 viene de la mano de una actitud armoniosa, amable y "sumisa" (2:13, 18; 3:1, 7).

Se trate de estudiantes cristianos de secundaria que experimentan oposición en las escuelas públicas por reunirse "en el mástil"[13] para orar por la escuela; de un empresario cristiano a quien se le hace cuesta arriba moverse en una atmósfera saturada de mundanalidad; o de una iglesia local bajo presión en una zona complicada de China, las palabras de Pedro son especialmente importantes: permanezcan juntos, vivan en paz, no se desquiten. Los cristianos han de ser buenos ciudadanos y obedientes a sus superiores; las esposas han de ganarse a sus maridos por su buena conducta, y los maridos han de vivir con ellas sensiblemente. Estas cortas exhortaciones son, pues, palabras intemporales, pero dudo que representen una estrategia intemporal o "universal" para cada cristiano que afronta la persecución.

Mi hija y sus amigos, por ejemplo, pueden escribir al periódico de la escuela y apelar a su libertad de expresión; una empresaria cristiana puede también apelar a este mismo derecho civil o a la legislación de "comercio justo"; sin embargo, puede que una iglesia local en Arabia Saudita no tenga ninguna opción. Esta última situación es análoga a la de Pedro. ¿Pero qué deben hacer los cristianos cuando sufren persecución y pueden hacer algo al respecto? Esta es exactamente la clase de pregunta que hemos hacernos e investigar para descubrir cómo se aplica este texto a nuestro mundo.

Personalmente, y por encima de todo, sostengo que al margen de si podemos hacer algo o no para cambiar nuestra situación, la naturaleza benevolente y "pacifista" de las exhortaciones de Pedro son un aspecto fundamental de cómo han de relacionarse los cristianos con el mundo exterior. No deberíamos ser conocidos como personas beligerantes y combativas ni convertirnos en una multitud ingobernable, siempre agitada por una u otra razón, sino como un pueblo pacífico formado por buenos ciudadanos. Este es el sentido que quiero darle al término

---

13. La expresión "en el mástil" se ha convertido en una consigna para convocar a los cristianos a orar juntos en un lugar visible (alrededor del mástil de la bandera) de los campus de las escuelas y universidades.

"pacifista". Los cristianos no solo han de ser conocidos por su amor (Jn 13:34), sino también por ser personas pacíficas.

Sostener que los cristianos han de ser gente apacible no significa que deban excluirse de la cultura y de los foros públicos. Hay momentos en que estos deben actuar y otros en que deben esperar. Pero Pedro nos insta a que cuando actuemos, lo hagamos de un modo amable y respetuoso con la ley, y en unidad unos con otros; vivimos delante del Dios santo que nos juzgará por nuestra conducta.

Otra cuestión que vale la pena considerar es si estas palabras son de aplicación cuando están en juego importantes diferencias sobre la naturaleza del evangelio. En otras palabras, ¿se aplica la exhortación a vivir en armonía cuando el ministro ha perdido el norte teológicamente o cuando alguien de la iglesia ha abusado de su familia cometiendo horribles pecados? Lo dudo. Las palabras de Pedro no son "asituacionales". No se aplican al marido que vive en pecado, obligando a la esposa a sujetarse a él ni tampoco al dirigente que sostiene que Cristo no es sino otro camino de salvación. La armonía y la unidad son importantes, pero dicha unidad no debe preservarse sacrificando aquello que une a los cristianos: Cristo y el evangelio.

La iglesia cristiana debería verse como una *comunidad*, una familia. La iglesia local debe ser el modelo *por excelencia* en su propia comunidad de lo que significa vivir en armonía, en amor, con justicia y de manera pacífica. Aun cuando se haga necesaria una ruptura, hay que llevarla a cabo del modo más apacible posible.

John R. W. Stott tiene algo relevante que decir sobre este asunto:

> Siempre que pensamos en la iglesia surge la tensión entre el ideal y la realidad. El ideal es hermoso. La iglesia es el pueblo escogido y amado de Dios, su especial tesoro, la comunidad del pacto con la que se ha comprometido para siempre, un organismo que participa de una continua adoración a Dios y de una compasiva pasión por alcanzar al mundo, un refugio de amor y paz, un pueblo peregrino

que se dirige a la ciudad eterna. Pero, en realidad, quienes afirmamos ser la iglesia somos muchas veces una multitud multicolor de personas más bien desaliñadas, medio educadas y medio salvadas, poco inspiradas en nuestra adoración, altercando constantemente entre nosotros, más preocupados por nuestra manutención que por nuestra misión, luchando y dando traspiés por el camino, necesitados de una constante reprensión y exhortación que los profetas del Antiguo Testamento y los apóstoles del Nuevo nos brindan en abundancia.[14]

Stott sostiene que el mundo secular plantea al menos tres desafíos a la iglesia de nuestro tiempo: el de la trascendencia, el de la relevancia y el de la comunidad. Por decirlo de otro modo, la iglesia ha de ser una personificación viva de lo que Dios quiere de las personas en las relaciones sociales. Una de las canciones de Simon y Garfunkel refleja el individualismo en su más alto grado: "Soy una roca [...] soy una isla [...] las rocas no gritan [...] y las islas no sienten dolor". Pero las personas siempre regresan a la *necesidad de comunidad que surge de la necesidad divinamente creada de amor*. En su sentido más profundo, la iglesia de Jesucristo ha de ser precisamente esto: la encarnación viva del amor de Cristo que se expresa hacia los demás y hacia el mundo.

Dostoevsky, el gran novelista ruso dijo en una ocasión que "el infierno es el castigo de ser *incapaz* de amar".[15] Esto sitúa al amor donde debe estar: la virtud entre las virtudes, la nota que ha de presidir todas nuestras relaciones personales. Este es el amor que Pedro pide que expresen sus iglesias en el marco de una armónica vida comunitaria. "El amor cura, y lo hace tanto a aquellos que lo imparten como a

---

14. J. R. W. Stott, *The Contemporary Christian: Applying God's Word to Today's World* (Downers Grove, Ill.: InterVarsity, 1992), 219-20. Puede encontrarse otra lúcida exposición de este mismo problema en H. A. Snyder, *The Problem of Wineskins: Church Structure in a Technological Society* (Downers Grove, Ill.: InterVarsity, 1975), 89-99. Ver además sus obras, *The Community of the King* (Downers Grove, Ill.: InterVarsity, 1977); *Liberating the Church: The Ecology of Church and Kingdom* (Downers Grove, Ill.: InterVarsity, 1983), 112-31.
15. Citado en N. Turner, *Christian Words*, 262.

quienes lo reciben".[16] Pero el amor requiere esfuerzo, porque, lamentablemente, aquellos con quienes vivimos en nuestras comunidades
no son, de manera innata, fáciles de amar. Lo único que podemos
ofrecer a los demás es quienes somos: "El principal don del amor
es la honesta ofrenda del propio ser mediante un corazón sincero y
abierto".[17] Cuando verdaderamente nos abrimos los unos a los otros,
allanamos el terreno para el amor, y este crea la comunidad. Sin embargo, hasta que no lo hacemos, retenemos los valores de este mundo
y bloqueamos la creación de la comunidad. Esto impide también el
crecimiento, tanto el personal como el comunitario, porque, como dijo
Harry Stack Sullivan: "Todo crecimiento personal, todo daño personal
[...] así como toda sanación y crecimiento personal, se producen por
medio de nuestra relación con otras personas".[18]

Las iglesias de todo el mundo deben examinar sus constituciones
y confesiones, y luego hacer lo mismo con sus prácticas para valorar
si la idea de la "iglesia como comunidad" define su existencia. No
me refiero solo a programas, como "la hora del café" o "reuniones
de oración" (siendo ambas cosas buenas ideas que pueden estimular
la comunidad). Tampoco estoy hablando solamente del "crecimiento
eclesial" que genera un aparente crecimiento numérico.[19] Lo que tengo en mente es un agudo discernimiento de nuestras iglesias locales
que nos permite ver si estas funcionan verdaderamente como comunidades donde las personas son llevadas al santo amor de Dios (el Padre
de la familia), donde este mismo amor domina las relaciones personales y los programas (la energía de la familia), y donde la sociedad
circundante conoce este amor como la característica esencial de la
iglesia en cuestión (la marca de la familia).

Se han hecho muchas sugerencias sobre cómo puede la iglesia "vivir
como una comunidad". Cabe pensar en *un modelo de hogar individual* donde las familias cristianas comienzan a "abrirse" a que otras

---

16. Dr. Karl Menninger, en J. Powell, *Unconditional Love: Love Without Limits*, ed. rev.
    (Allen, Tex.: Tabor, 1989), 90.
17. J. Powell, *Unconditional Love*, 82.
18. De J. Powell, *Who I Am*, 43.
19. Ver la crítica de David Wells, *God in the Wilderness: The Reality of Truth in a World
    of Fading Dreams* (Grand Rapids: Eerdmans, 1994), 68-72.

personas vivan con ellas;[20] o en un *modelo de iglesia comunitaria*, en la que esta se esfuerza por ser una sociedad alternativa.[21] Ninguno de estos es el modelo supremo, aunque este último es el que nos concierne en esta sección. Lamentablemente, muchas iglesias no se definen según la categoría bíblica de "comunidad", sino por cosas como el número de personas que asisten a sus reuniones, por lo minucioso de su declaración doctrinal o por cualquier otra medida. Aunque hemos de ser equilibrados en el reconocimiento de que tanto la comunidad como la evangelización y la doctrina tienen su lugar en la definición y organización de la iglesia local, también hemos de admitir que poquísimas iglesias se definen por el modo en que promueven la comunidad y, trágicamente, en un momento en que esta se necesita como agua de mayo.

Un seguro indicador del grado de "comunidad" de una iglesia es, en mi experiencia, el modo en que esta da la bienvenida e incorpora a quienes la visitan por primera vez. Ambas palabras son importantes: "dar la bienvenida" e "incorporar". Algunas iglesias son gregarias en su forma de saludar a los recién llegados, pero parecen incapaces de incorporarlos a la comunión; otras, sin embargo, pueden ser un poco tímidas en su "saludo", pero se esfuerzan de manera enérgica y sensible en incorporar a los nuevos. Una iglesia que se ve a sí misma como una comunidad da la bienvenida a nuevas personas y les encuentra lugar dentro de su comunión. Aunque puede ser normal que un niño de tres años se sienta celoso del bebé que mamá acaba de traer del hospital, cuando este tipo de actitud se da entre cristianos que se resienten cuando a la comunidad llegan personas nuevas (¡y a veces talentosas!) se convierte en algo repulsivo. Las iglesias han de ser acogedoras, expandirse y madurar sirviéndose de los dones de los nuevos miembros.

De hecho, es precisamente ahí donde vemos la naturaleza fundamental de la comunidad cristiana. Cuando nada cambia y la iglesia sigue igual, nadie se molesta. Sin embargo, cuando nuevas personas invaden la comunidad, —un estudiante de otra universidad llega a un determinado grupo estudiantil o a una asociación de vecinos—,

---

20. Un ejemplo de esto puede encontrarse en David Watson, *I Believe in the Church* (Grand Rapids: Eerdmans, 1978), 84-95.
21. Este modelo más antiguo que ha inspirado a muchas iglesias se describe en R. Stedman, *Body Life* (Glendale, Calif.: Regal, 1972).

descubrimos si la iglesia es o no una verdadera comunidad. Cuando es capaz de tender la mano e incluir, *porque la otra persona es cristiana*, la iglesia está entonces funcionando como una comunidad. Pero cuando encuentra inaceptable al pobre, sospechoso al afroamericano, o insoportable al irlandés, estamos ante lo contrario de lo que Pedro quiere en la iglesia. Las diferencias crean la necesidad de compasión y amor fraternal. Dios quiere que sus iglesias sean comunidades y esto significa que deben extenderse, acoger e incorporar a *toda clase de creyentes*.

En el tiempo de Pedro, como en el nuestro, como comunidad, la iglesia era vital para la supervivencia, un instrumento para mantener la propia fe en medio de amenazas y violencia. Aunque las pruebas que experimentamos en nuestra sociedad occidental son muy distintas de la persecución que vivían las iglesias de la Diáspora, siempre que reconozcamos la distancia podemos trazar una analogía. Si la Iglesia Primitiva era una comunidad donde los cristianos encontraban la fuerza para avanzar en medio de días agitados, la iglesia de nuestro tiempo debe, entonces, desempeñar este mismo papel, cualesquiera que sean los conflictos que tenga que afrontar. Puesto que nuestra sociedad se caracteriza por su ausencia de valores morales, los cristianos necesitan la familia de la fe para reforzar y fortalecer su determinación de inculcar moralidad a sus hijos y vivir una vida recta. Puesto que nuestra sociedad se caracteriza por su pluralismo y escepticismo sobre la posibilidad de conocer "verdad," los cristianos necesitan, pues, a la familia de la fe para confirmar su propia comprensión de la verdad tal como se enseña en la Biblia y para mantenerla en alto. Puesto que nuestra sociedad se caracteriza por su agresividad psicológica, con grandes adelantos tecnológicos y un trato de los obreros que les niega su condición de personas necesitadas de amor, los cristianos necesitan, pues, que la familia de la fe sea una sociedad en la que se les trate como personas dignas de amor y cariño.

En un brillante análisis del problema de la identidad personal en la sociedad moderna,[22] Anthony Giddens, famoso sociólogo británico,

---

22. A. Giddens, *Modernity and Self-Identity: Self and Society in the Late Modern Age* (Stanford, Calif.: Stanford Univ. Press, 1991). En lo que sigue tomo prestadas varias ideas de su sección sobre la relación pura (pp. 88-98).

sostiene que existen ciertos elementos en las "relaciones puras" que caracterizan las relaciones personales significativas y que son las que las personas desean. Giddens ve siete características en las relaciones puras: (1) no se sostienen en la vida social o económica, sino en la propia relación; (2) la única motivación para su cultivo es lo que la propia relación puede hacer por las partes implicadas; (3) siguen basándose en el análisis de su valor para las personas implicadas; (4) se arraigan en el compromiso mutuo más que en cualquier vínculo de parentesco o económico; (5) en un mundo caracterizado por la falta de privacidad, dirigen su atención hacia la intimidad, mostrando así que una relación pura es, entre otras cosas, un refugio en un mundo invasivo; (6) se fundamentan en la confianza mutua de las personas implicadas; y (7) crean y sustentan la identidad personal en nuestro mundo.

Giddens ha entendido algunas profundas realidades de nuestra cultura moderna. Aunque el matrimonio y la familia son dos ámbitos donde se debería hallar una "relación pura", *la relación pura de la que él habla también debería ser un rasgo fundamental de la iglesia*. Allí es donde las personas han de encontrar confianza, compromiso, el desarrollo de su identidad personal y un crecimiento en la comprensión de lo que significa ser cristiano en relación con los demás. Es fácil decir que lo que el mundo necesita de la iglesia es ver en ella una sociedad alternativa, una comunidad donde se trate a las personas como verdaderos individuos dignos de amor e instrucción. Sin embargo, la iglesia ha repetido con demasiada frecuencia aquellas características de la sociedad que acaban generando desesperación y dolor, en lugar de ofrecer una alternativa a las personas que sufren. Dicho de otro modo, si las iglesias de Pedro eran refugios donde las personas podían soportar la persecución, las de nuestro tiempo han de ser espacios seguros donde puedan resguardarse de las violentas agresiones contra la moral y la identidad personal. La iglesia es la casa de Dios, y él es santo y amante. Llama a su pueblo a ser santo y amoroso *en comunidad*.

1 Pedro 3:13-22

Ya ustedes, ¿quién les va a hacer daño si se esfuerzan por hacer el bien? ¹⁴ ¡Dichosos si sufren por causa de la justicia! «No teman lo que ellos temen, ni se dejen asustar». ¹⁵ Más bien, honren en su corazón a Cristo como Señor. Estén siempre preparados para responder a todo el que les pida razón de la esperanza que hay en ustedes. ¹⁶ Pero háganlo con gentileza y respeto, manteniendo la conciencia limpia, para que los que hablan mal de la buena conducta de ustedes en Cristo, se avergüencen de sus calumnias. ¹⁷ Si es la voluntad de Dios, es preferible sufrir por hacer el bien que por hacer el mal.

¹⁸ Porque Cristo murió por los pecados una vez por todas, el justo por los injustos, a fin de llevarlos a ustedes a Dios. Él sufrió la muerte en su cuerpo, pero el Espíritu hizo que volviera a la vida. ¹⁹ Por medio del Espíritu fue y predicó a los espíritus encarcelados, ²⁰ que en los tiempos antiguos, en los días de Noé, desobedecieron, cuando Dios esperaba con paciencia mientras se construía el arca. En ella sólo pocas personas, ocho en total, se salvaron mediante el agua, ²¹ la cual simboliza el bautismo que ahora los salva también a ustedes. El bautismo no consiste en la limpieza del cuerpo, sino en el compromiso de tener una buena conciencia delante de Dios. Esta salvación es posible por la resurrección de Jesucristo, ²² quien subió al cielo y tomó su lugar a la derecha de Dios, y a quien están sometidos los ángeles, las autoridades y los poderes.

Sentido Original Pedro ha instruido a varios grupos, mediante directrices específicas sobre cómo vivir en un mundo que es hostil a su presencia. El marco de su exposición ha sido el problema del sufrimiento; es decir, que ha elaborado sus directrices para estos grupos bajo el fuego de la persecución. Pedro ofrece ahora sus principios para soportar el sufrimiento de un modo absolutamente cristiano.[1] Su primera directriz, a

---

1. La relación exacta de 3:13-17 con lo que precede no queda inmediatamente clara J. N. D. Kelly sostiene que "la transición parece abrupta" (*Peter and Jude*, 139). No obstante, prosigue mostrando que la pragmática preocupación de ser tratado de manera más justa cuando se hace el bien se debe a la cita del Antiguo Testamento

saber, que la buena conducta llevará finalmente a la victoria (3:13-22) va seguida, en el capítulo 4, por el presente valor del sufrimiento (4:1-6).

Pedro comienza la primera sección con una exhortación a hacer el bien, basándose en la pragmática premisa de que este tipo de conducta es menos susceptible de generar persecución (3:13). Esto lleva, a su vez, a una exposición del posible problema de sufrir a pesar de hacer el bien (3:14). Independientemente de lo que pueda suceder, añade Pedro, los cristianos han de estar siempre dispuestos a dar razón de su esperanza con humildad (3:15-16). A continuación, el apóstol repite (con otras palabras) lo que ha expresado en 3:13: el camino perfecto para el cristiano es hacer el bien, porque es mejor sufrir por este motivo que por hacer el mal (3:17).

A esta sección sobre la importancia de hacer el bien para mitigar el sufrimiento, Pedro adjunta algunos versículos sobre Jesús que han suscitado bastante controversia a lo largo de la historia de la iglesia, además de la idea de que Jesús "descendió al infierno" (ver el Credo los Apóstoles). Como se verá a continuación, creo que la función de estos versículos es subrayar la victoria que Jesús ha logrado para que los lectores puedan entender que, si viven como vivió él (haciendo el bien), también ellos experimentarán la victoria final a pesar de las persecuciones que surgen amenazantes en su horizonte. Al comenzar el capítulo siguiente descubrimos que hemos regresado a los mismos temas considerados en 3:13-18: el sufrimiento de Cristo es un modelo sobre cómo soportar el sufrimiento. Esto confirma que 3:18-22 comienza con los temas de 3:13-17, pero se extiende en una digresión que va más allá de lo que Pedro sacó a colación en la preocupación por sus lectores.

La cuestión pragmática (3:13). Aunque pueda ser ingenuo pensar que la buena conducta salvará *siempre* a los cristianos de la persecución,[2] lo que Pedro dice aquí está lejos de esta ingenuidad. No

---

en 3:8-12: quien quiera ver buenos días debe vivir de manera honorable delante de Dios.

2. J. N. D. Kelly sostiene que la palabra "daño", alude aquí a un daño extremo (*Peter and Jude*, 140), mientras que F. W. Beare ve una excesiva ingenuidad por parte del autor (*1 Peter*, 162). Personalmente, creo que Pedro solo tiene en mente la normal liberación de la persecución que (muchas veces) experimenta el cristiano que vive

cabe duda de que su pregunta ("¿quién les va a hacer daño si se esfuerzan por hacer el bien?") es, de algún modo, retórica, ya que el apóstol es claramente consciente de que los creyentes van a experimentar sufrimiento (*cf.* 1:6-7; 2:11-12, 15, 18-25; 3:9). Pero este argumento pragmático fascina a Pedro; el apóstol ha planteado ya el asunto de distintas formas y lo utiliza especialmente como una herramienta para la evangelización (2:11-12, 14-15; 3:1-2, 9, 10-12). Jesús enseñó esto a sus seguidores (Mt 5:16), y la experiencia de las congregaciones de Pedro en la primera etapa de la iglesia lo confirmó (1P 2:11-12; 3:1-2). Lo que tenemos es, pues, una postura de esperanza que se introduce en un contexto de realismo (*cf.* 3:14, 16-17). Pero, en última instancia, la certeza de Pedro se fundamenta en su esperanza final: Aunque no lo haga ahora, Dios instaurará, finalmente, una justicia completa.[3]

El posible problema (3:14). Mostrando que no es ingenuo respecto a este asunto del sufrimiento, Pedro prosigue diciendo: "¡Dichosos si sufren[4] por causa de la justicia!". Aunque cree en la regla general de que la buena conducta aliviará el sufrimiento, sabe que no todos los oponentes serán indulgentes. Aun aquí encuentra algo positivo: como enseñó Jesús, quienes sufren por hacer lo que está bien serán bendecidos por Dios (Mt 5:10). En aquellos casos en que tengan que soportar el sufrimiento, Pedro exhorta a sus lectores a no tener miedo de quienes los oprimen. Una vez más deriva esta enseñanza de Jesús (Mt 10:26-33).

La necesidad de preparación (3:15-16). En lugar de temer, los creyentes han de honrar a Cristo el Señor estando dispuestos a hablar con audacia sobre su esperanza. Es decir, que han de honrar la santidad del Señor y negarse a profanar su nombre o incumplir su pacto con él, temiendo más a otros seres humanos que a él. Pero esta disposición a santificar al Señor no está relegada a meras actitudes mentales o espirituales, sino que es una dimensión de la exhortación de Pedro a una

---

de manera pacífica y atractiva ante la misma. Ver la excelente exposición de este asunto en L. Goppelt, *1 Peter*, 240-41.

3. Así lo entiende también J. R. Michaels, *1 Peter*, 184-85.

4. La utilización del modo optativo por parte de Pedro en este texto reduce la probabilidad de que esto suceda. Cuando llegamos a 4:12 la posibilidad del sufrimiento parece mayor. Ver la excelente exposición de J. R. Michaels, *1 Peter*, 186. En griego, el modo optativo se utiliza para describir acciones que solo son remotamente posibles.

vida santa (1:2, 13, 22; 2:1-2, 5, 24; 4:1-6). Esto implica una disposición constante a hablar en su nombre,[5] a confesar la propia lealtad a él y a dar un valeroso testimonio de su gracia salvadora.

La defensa de los cristianos tiene que ver con su[6] "esperanza". No hemos de entender específicamente este término (esperanza), dentro de categorías como "milenio" o "recompensas", sino de manera exhaustiva, como todo aquello que dirige la historia presente hacia su destino. Por tanto, en esta palabra se incluyen términos como "salvación", "herencia", "esperanza" (p. ej., 1:21) y vindicación final (3:18-22). En otras palabras, se espera que los cristianos estén siempre preparados para hablar de la salvación que Dios imparte a su pueblo por medio de Jesucristo y de cómo ésta se manifestará al final de la historia. Esta misma esperanza los sustenta en medio de la persecución y les da fuerza para seguir adelante cuando todo parece sombrío (cf. 1:6-9).

Esta audacia, advierte Pedro, no debe producir en los creyentes actitudes defensivas, arrogantes y desagradables; la razón de su fe han de darla "con gentileza y respeto, manteniendo la conciencia limpia, para que los que hablan mal de la buena conducta de ustedes en Cristo, se avergüencen de sus calumnias". En lugar de ponerse a la defensiva con cierta agresividad (que suele ser una expresión de inseguridad), los cristianos han de defender al Señor de un modo humilde y respetuoso. Esta forma de proceder puede coadyuvar tanto a la conversión de quienes son objeto de ella (3:1-2) como a la condescendencia cuando se desata la persecución (3:13). Además, si viven una vida ejemplar delante de sus oponentes, estos pueden tener una "clara conciencia" (Ro 2:15; 9:1; 2Co 1:12).

El camino perfecto (3:17). Pedro regresa una vez más a la situación pragmática: "Si es la voluntad de Dios, es preferible sufrir por hacer el bien que por hacer el mal". Es decir, "es preferible" delante de Dios, y

---

5. Algunos han argumentado que esta defensa podría haberse producido ante un tribunal (F. W. Beare, *1 Peter*, 164-65), pero la mayoría cree que es mejor entender esta expresión como una alusión a varias formas de defensa informal (p. ej., J. R. Michaels, *1 Peter*, 188).
6. El texto no deja claro si la expresión "en ustedes" ha de entenderse colectivamente (una esperanza que impregna toda la comunidad cristiana) o en un sentido individual (una esperanza que impulsa el corazón de cada creyente).

también en los resultados prácticos de la vida, que las personas vivan una vida piadosa. Si Dios ha determinado que han de sufrir,[7] es mejor que esto suceda cuando los cristianos estén haciendo el bien y no cuando obren mal.

Una digresión sobre el ejemplo de Jesús (3:18-22). Estos versículos comienzan presentando el ejemplo de Jesús como objeto de consideración e imitación para hacer frente a la persecución (cuando Dios así lo quiere). Jesús padeció siendo un hombre justo (a mano de los injustos), pero fue también vindicado y ahora se sienta a la diestra de Dios. Entre la declaración del sufrimiento de Jesús y su vindicación Pedro habla de alguna forma de predicación de Jesús a los espíritus (3:19). Estos vuelven a ser objeto de atención cuando Pedro los identifica con los que estaban vivos en tiempos de Noé, lo cual suscita una analogía de la liberación del pueblo de Dios en el Diluvio, por medio del arca, con la de los cristianos de aquel tiempo por medio del bautismo (3:20-21).[8] Todo esto se sujeta con una conclusión sobre la vindicación de Jesús. Aunque padeció (3:18), fue finalmente vindicado por Dios (3:22).

Pocos pasajes presentan un tapiz tan variado de temas e ideas. ¡No es de extrañar que los comentaristas hayan sacudido la cabeza desesperados! Pero la idea principal no es compleja. Lo mismo que le sucedió a Jesús cuando padeció como un hombre justo y fue vindicado, les sucederá también a las iglesias de Pedro si viven rectamente (como él las exhorta a hacer): serán vindicadas y se sentarán con Jesús en la

---

7. Pedro utiliza de nuevo el modo optativo para mostrar que la perspectiva del sufrimiento dista mucho de ser segura.

8. Este texto ha suscitado también considerable debate a lo largo de la historia de la iglesia. Pedro parece conectar el "agua" que cayó sobre el arca con el "agua" del bautismo. Lo fundamental para comprender la actitud de la Iglesia Primitiva hacia el bautismo es (1) que los primeros cristianos eran mucho más ritualistas que la mayoría de los modernos, y (2) que todos los primeros cristianos se bautizaban. En el tiempo de Pedro no había, pues, "creyentes no bautizados". Este acercamiento al rito permite que el apóstol diga cosas sobre el bautismo que muchos cristianos de nuestro tiempo no querrían decir. El mejor libro que conozco sobre el bautismo es el de G. R. Beasley-Murray, *Baptism in the New Testament* (Grand Rapids: Eerdmans, 1973); quienes estén interesados en un estudio del contexto judío, *cf.* Scot McKnight, *A Light Among the Gentiles: Jewish Missionary Activity in the Second Temple Period* (Minneapolis: Fortress, 1991), 82-85; Ver además L. Hartman, "Baptism", *ABD*, 1:583-93.

presencia de Dios. Esta forma de entender el pasaje es una manera típica de identificar esta sección con los versículos anteriores (3:13-17).

En este punto, no obstante, la interpretación del texto se hace altamente compleja y polémica,[9] y ha suscitado, básicamente, tres puntos de vista: (1) el del descenso a los infiernos, (2) el del Cristo preexistente, y (3) el de la triunfante proclamación al mundo de los espíritus. Más que defender o refutar en detalle alguna de estas perspectivas, quiero explicar brevemente cada una de ellas y mostrar cómo encajan en el tema general de esta sección en 1 Pedro.[10]

(1) Los que creen que Pedro habla aquí del descenso de Jesús al infierno, después de su muerte, destacan los rasgos siguientes: (a) la expresión "en el cual" se refiere a Cristo en su espíritu incorpóreo y antes de su resurrección; (b) los "espíritus" es una referencia, o bien a los ángeles caídos de Génesis 6:1-4 o a los espíritus de quienes murieron antes del Diluvio; (c) la "cárcel" alude al infierno, (d) la expresión "fue" describe un descenso al infierno; y (e) "predicó" se refiere a una verdadera oferta de salvación a aquellos que no habían tenido nunca la oportunidad de escuchar el evangelio. En general, pues, aunque el texto introduce algunos elementos extraños, trata de la vindicación de Jesús y de su ministerio después de la muerte. A medida que el texto sigue desarrollándose, el tema de la vindicación se hace más prominente.

(2) El punto de vista que considera que Pedro describe al Cristo preexistente entiende los mismos elementos del modo siguiente: (a) "en el cual (NVI, 'por medio del')" describe al Cristo preexistente en la persona de Noé; (b) los "espíritus" son los contemporáneos del patriarca que necesitaban oír la Palabra de Dios; (c) la "cárcel" es una metáfora que alude al pecado y la ignorancia o a una descripción

---

9. Martín Lutero: "Se trata de un texto maravilloso y quizá de uno de los pasajes más oscuros del Nuevo Testamento, de modo que no sé con certeza qué es exactamente lo que Pedro quiere decir". Ver *Peter and Jude*, 166.

10. Hay que subrayar que los eruditos discrepan mucho sobre este asunto; además, dentro incluso de las distintas partes de cada idea general, existen a menudo desacuerdos. Sobre el primer punto de vista, ver L . Goppelt, *1 Peter*, 255-63; sobre el segundo, ver W. A. Grudem, *1 Peter*, 203-39; sobre el tercero, ver J. R. Michaels, *1 Peter*, 194-222 (ver también R. T. France, "Exegesis in Practice: Two Examples," en *New Testament Interpretation: Essays on Principles and Methods*, ed. I. H. Marshall [Grand Rapids: Eerdmans, 1977], 264-81).

literal de su ubicación presente; (d) "fue" no alude ni a un descenso ni a una ascensión sino más bien a Jesús hablándole a aquella generación en la persona de Noé, y (e) el verbo "predicó" describe una auténtica presentación del evangelio de la salvación a los contemporáneos de Noé. Una vez más, no es difícil entender la compatibilidad general de este punto de vista con el tema de 3:13-17: igual que Jesús soportó distintos tipos de sufrimiento y experimentó oposición a su predicación, pero siguió siendo fiel, los cristianos a quienes Pedro se dirige han de seguir siendo fieles a pesar del sufrimiento.

(3) La idea de que Pedro está describiendo aquí una proclamación triunfal de Jesucristo después de su resurrección y antes de su exaltación presupone un contexto judío[11] y asume la siguiente interpretación: (a) "en el cual" se refiere a alguna forma de existencia espiritual de Cristo después de su resurrección (como sugiere la cronología del texto); (b) el término "espíritus" alude a los ángeles caídos de Génesis 6:1-4; (c) la "cárcel" describe las regiones penitenciarias superiores o, en palabras de 2 Pedro 2:4, las "tenebrosas cavernas", (d) "fue" se refiere a la ascensión de Jesús, y (e) "predicó" describe la proclamación de la victoria que Jesús anunció al mundo espiritual cuando ascendió a la diestra de Dios. Una vez más, la compatibilidad de este punto de vista con el tema de 3:13-17 es evidente: Jesús fue vindicado delante de sus oponentes, y también lo serán los cristianos si, como él, siguen desarrollando con fidelidad y justicia las tareas que Dios les ha encomendado.

Personalmente, prefiero el tercer punto de vista; sin embargo, independientemente del que asumamos, yo subrayaría la necesidad de ver este pasaje en vista de su contexto:[12] el tema general de la vindicación. Jesús era justo y sufrió por los injustos; Dios lo vindicó exaltándolo a su diestra. Las iglesias de Pedro tienen que saber que si, como Jesús, permanecen fieles también ellas serán vindicadas. Esta es la esperanza

---

11. Para esta perspectiva es tan importante el contexto judío que R. T. France ("Exegesis in Practice," 265) afirmó: "Intentar entender 1 Pedro 3:19-20 sin tener a mano un ejemplar del libro de Enoc es condenarse al fracaso".

12. Ver J. S. Feinberg, "1 Peter 3:18-20, Ancient Mythology, and the Intermediate State," *WTJ* 48 (1986): 303-36, que presenta un punto de vista muy parecido al de Grudem, pero se centra en cómo encaja la sección en el contexto más amplio.

que ha de sostenerlos cuando sufren, una esperanza de la que han de estar dispuestos a hablar y que Pedro los insta a abrazar.

Construyendo Puentes Al interpretar este pasaje hemos de reconocer lo fácil que resulta dejarse llevar por versículos difíciles (3:19, 21) y perder de vista el modo en que estos textos, especialmente controvertidos, encajan en el tema general de la persecución y el sufrimiento. Es decir, centrarnos en estos versículos nos lleva a ver todo el pasaje en contra de su flujo general que describe el modo en que el ejemplo de Jesús se convierte en fuente de ánimo para quienes afrontan sufrimiento. Aunque no quisiera minimizar la importancia de este pasaje para la formulación de ideas especiales (dudo, no obstante, que el debate sobre la ubicación de Jesús después de su muerte y antes de su exaltación haga avanzar mucho la teología), es muy importante interpretar estos versículos problemáticos en vista de su contexto general.

Por otra parte, interpretar los pasajes difíciles de acuerdo con su contexto general nos permite ver el asunto más esencial que el autor tiene aquí en mente, a saber, la *vindicación*. El punto central de este texto no consiste en precisar los matices del bautismo (¿Para niños o para adultos? ¿Por inmersión o por aspersión?), sino la vindicación, un importante tema con muchas ramificaciones para vivir como cristiano en nuestro tiempo. Es decir, aunque nos encontramos en un contexto de sufrimiento —y el sufrimiento es comparativamente más raro en nuestro tiempo que en el de Pedro— es más fácil aplicar a nuestro mundo el tema de la vindicación. En general, pues, podemos trasladar más efectivamente los textos bíblicos a nuestro mundo si aprendemos a interpretar los elementos específicos en vista de la idea más amplia.

Por otra parte, no quiero tampoco minimizar la importancia de analizar los pasajes difíciles y aprender a aplicar este tipo de pasajes a nuestro mundo. Sin embargo, este tipo de pasajes ha de tratarse con ecuanimidad; hemos de analizar las interpretaciones para ver cuáles son las opciones. Como hemos visto antes, en términos generales hay tres puntos de vista sobre las difíciles expresiones de 3:19. El paso siguiente sería analizar los datos objetivos en que se apoya cada punto de vista, un procedimiento que está fuera del ámbito de este comentario, aunque he dejado al lector una selecta bibliografía sobre cada punto de vista. En el último análisis, hemos de llegar a una conclusión por nosotros mismos. Tras analizar los datos por mí mismo, principalmente preparando mis clases en la Trinity Evangelical Divinity School, donde los estudiantes cuestionan con rapidez los puntos de vista del profesor, adopté la posición de quienes piensan que Pedro alude a una idea sobre los espíritus muy común en el judaísmo de su tiempo. Basándose posiblemente en 4 Enoc (documento seudoepigráfico judío), Pedro añade color a esta tradición haciendo que Jesús anuncie su victoria sobre el inframundo en su exaltación al Padre.

Finalmente, cuando se trata de pasajes "claramente oscuros" hemos de ser humildes con respecto a nuestras conclusiones. Por consiguiente, aunque me inclino por el punto de vista que acabo de expresar, no estoy en modo alguno seguro (como tampoco lo estaba Martin Lutero, ¡un hombre que no estaba, precisamente, falto de confianza en sus interpretaciones!) de que este punto de vista sea muy superior a los otros. Sabiendo esto, hemos de respetar las demás perspectivas y vivir con la diversidad que crea este tipo de interpretaciones. No es frecuente encontrar pasajes cuyas ideas fundamentales sean tan controvertidas; cuando esto sucede, hemos de reconocer el gran debate que existe en torno al significado del pasaje.

Otra idea que merece atención en lo que se refiere a la aplicación es la del "valor pragmático de hacer el bien". Varias veces en esta carta, y dos en este pasaje en particular, Pedro insta a los creyentes a vivir vidas piadosas, *porque con ello mejorará su difícil situación*. Sería temerario pensar que Pedro estaba prescribiendo un método infalible para eludir la oposición al evangelio o un estilo de vida que haría que las iglesias cayeran bien a todo el mundo. Su optimista esperanza sobre el valor de hacer el bien se templa con la aplicación de un genuino realismo, que le lleva a sugerir varias veces la probabilidad de ser perseguidos. Es, pues, importante que no se adjudique un peso excesivo a su argumento pragmático dentro de su estrategia general de vivir cristianamente en el mundo. Sin embargo, el argumento es básicamente válido: si asumimos (1) la similitud de la naturaleza humana y (2) las limitaciones generales de este argumento, cobra importancia el instar a los cristianos que están siendo perseguidos a vivir vidas piadosas y buenas, *de modo que quienes los oprimen puedan ser más tolerantes con ellos*. Es decir, los seres humanos en general valoran que se les respete y cuando esto sucede, serán más amables.

En esta misma línea, es lógico pensar que las personas que están siendo atropelladas se pongan a la defensiva, y hasta respondan de manera grosera y petulante. Por esta razón, Pedro ha de instar a sus lectores a ser humildes y respetuosos (3:16). En nuestro tiempo, hemos de recordarles a quienes experimentan oposición por su fidelidad a Cristo que deben evitar el lenguaje amargo y vengativo, por muy tentados que puedan sentirse a utilizarlo. Han de aprender, más bien, a ser respetuosos y humildes en sus respuestas al sufrimiento.

Una vez más, hemos de recordar lo que Pedro quiere decir cuando habla de "daño" y "sufrimiento" en este pasaje. El apóstol no habla de achaques humanos, de niños groseros ni de cosas que no son como nos gustaría en los acontecimientos sociales, sino de la oposición esencial al evangelio en la sociedad cuando a esta se la confronta con la verdad bíblica. Para trasladar este texto a nuestra sociedad hemos, pues, de encontrar ejemplos y escenarios donde los cristianos estén siendo perseguidos por su fe y necesiten escuchar tanto el mensaje de los efectos pragmáticos de la buena conducta como el de la esperanza de la vindicación. Es decir, hemos de hallar a aquellos que necesitan encontrar fuerza y apoyo en el camino de vindicación de Jesús.

Significado Contemporáneo

Para que el tema de la vindicación tenga sentido en nuestros días, hemos de subrayar tanto la necesidad de *creer en la justicia final* como la de *vivir a la luz de esta justicia*. Puede que nos hayamos agotado por la aparente falta de justicia tan propia de nuestro mundo; es posible que estemos agotados y que vivamos apáticos con respecto a la justicia, en especial la final. En nuestro mundo, la justicia parece ser algo fortuito, caótico incluso, algo que parece, además, sumamente lento en su cumplimiento. Todos hemos seguido en las noticias notorios casos de asesinos o delincuentes peligrosos que fueron indultados de su delito, sentenciados a una pena menor, o excarcelados mucho antes de cumplir su condena, y que luego fueron detenidos, poco después, por cometer el mismo delito violento. No es de extrañar que cuando suceden estas cosas delante de nuestros ojos, nuestro sentido de la justicia sufra un cierto desgaste que, poco a poco, nos puede llevar a no creer en la existencia de una justicia final.

Es cierto que a veces parece hacerse justicia en nuestro mundo; el bien se recompensa y se castiga el mal. Nuestro gobierno y su sistema judicial parecen especialmente justos cuando se trata de redadas antidroga y de casos de abuso infantil, y aplaudimos al gobierno y sus funcionarios cuando aplican la ley de manera rápida y rigurosa a la actividad criminal. Sin embargo, nos sentimos perplejos viendo cómo delitos de guante blanco quedan a menudo sin castigo o cómo personas que han destruido incontables vidas pueden, de algún modo, ser liberados recurriendo a algún tipo de "tecnicismo legal". Esta incoherente forma de administrar la justicia erosiona nuestra confianza en ella. No es mi intención criticar ni evaluar aquí el sistema jurídico estadounidense, ya que es posible que quienes lean estas palabras procedan de distintos países o de distintas zonas de un mismo país y tengan diferentes percepciones de los ordenamientos jurídicos y de la justicia. Lo que quiero decir es, sencillamente, que en nuestro tiempo muchas personas *han rendido su creencia en la justicia a los vientos de la modernidad y al relativismo*. Tengo la sospecha de que son muchos los que, en nuestro mundo, han abandonado cualquier sentido de justicia.

Hemos de intentar recobrar nuestra confianza en la justicia, pero debemos hacerlo transfiriendo nuestra esperanza de los sistemas de justicia humanos a Dios, a sus acciones, tanto en este mundo como, especialmente, en el venidero. Es en este futuro donde hemos de concentrar nuestra esperanza de vindicación y justicia final. Puedo llorar por aquellos niños que han sido sometidos a abusos por sus padres, y trabajar hasta el agotamiento para que el número de estos delitos se reduzca. Pero también puedo sentirme consternado al leer en el periódico de la mañana que cierto juez ha puesto en libertad a un acusado por falta de pruebas, cuando casi todos los que seguían el caso estaban seguros de la culpabilidad de este padre. Naturalmente, el sistema legal demanda que las pruebas sean claras y fehacientes para declarar culpable a alguien. Sin embargo, sigo sintiéndome consternado cuando veo que los maltratadores quedan en libertad para cometer de nuevo los mismos delitos. Mi argumento aquí es que me es más fácil sobrellevar esta clase de limitaciones y caos de la sociedad, *porque sé que algún día todo será rectificado: los culpables serán justamente castigados y las víctimas inocentes, vindicadas para disfrutar de la vida que Dios quiere para ellas.*

Pero el tratamiento de la justicia y la vindicación tienen un enfoque especial en la carta de Pedro. Seríamos injustos con el apóstol si dejáramos este tema de la vindicación en su ámbito más amplio. Para poder hacerle justicia al texto hemos de aplicar *su propia perspectiva sobre la vindicación*, según la cual los cristianos fieles que están siendo perseguidos por causa de su fe, su obediencia y su negativa a participar de los pecados de la sociedad, serán finalmente vindicados. Una vez más, esto nos lleva a la necesidad de encontrar analogías en nuestro mundo cristiano, analogías de persecución por causa de la fe. En este contexto ha de oírse el mensaje de la vindicación.

La cuestión crítica aquí es pensar con claridad: ¿Dónde sufren los cristianos *por el hecho de serlo*? Estas personas necesitan escuchar el mensaje de Pedro, la noticia de la vindicación de Cristo y la nuestra, y aprender luego a vivir en vista de este mensaje para poder hacerle frente a la persecución, mediante una esperanza viva.[13] He conocido a personas que fueron despedidas de sus empleos por ser honestas, cuyos hijos padecieron severas formas de ostracismo por querer vivir vidas cristianas, personas que pusieron en peligro sus carreras por su fe y compromiso denominacional, y otras que se sintieron rechazados por negarse a "seguir a la multitud". Tales personas se dan cuenta enseguida de que el mensaje de Pedro se aplica a sus vidas y encuentran consuelo en medio de sus problemas, reflexionando cuidadosamente sobre la vindicación final de Dios. Pueden aprender a decir, "algún día" y, por ello, vivir el presente con alegría.

Imagínate que eres un adolescente en un instituto en el que la mayoría de tus compañeros se emborrachan a menudo, fuman marihuana o toman otras drogas, tienen relaciones sexuales promiscuas, y donde

---

13. Ver D. A. Carson, *How Long, O Lord? Reflections on Suffering and Evil* (Grand Rapids: Baker, 1990), esp. 81-91.

se sabe y se comenta quién hace estas cosas y quién se niega a vivir así. Imagínate también que dentro de este colectivo no se te aceptara (hasta cierto punto) por no practicar estas cosas. El mensaje de Pedro tiene algo que decirte sobre tu situación. El apóstol sabe lo difícil que es luchar contra las presiones para seguir la corriente y para ser aceptados; sabe que los cristianos se esfuerzan en vivir vidas santas y buenas, y por abstenerse de conductas pecaminosas; y sabe que tendrás que tener una fe y valor especial para soportar la presión y mantenerte firme. Entiendo que Pedro quiere que te concentres en el día final en que Dios hará finalmente justicia. Él quiere que digas: (1) no voy a ceder a los hábitos pecaminosos de mis compañeros y amigos; (2) seré leal a las enseñanzas de Jesús viviendo de manera fiel y obediente; (3) soportaré noches solitarias y pocos amigos; (4) buscaré a mis amigos entre quienes, como yo, deseen obedecer a Dios; y (5) esperaré el día en que Dios mostrará que la virtud más auténtica es la fidelidad, no la aceptación.

Puede que yo sea especialmente sensible a estas cuestiones por mi experiencia como padre de dos adolescentes y entrenador de un equipo de baloncesto en un instituto de enseñanza media. Pero estos son precisamente los problemas que nuestros jóvenes están constantemente afrontando. Por otra parte, seamos o no conscientes de ello, los adultos experimentamos presiones parecidas para adaptarnos a los valores de este mundo. Estas presiones son "una forma de persecución" en el sentido de que se trata de costumbres impulsadas por la sociedad que pretenden impedirnos obedecer las palabras de los apóstoles y las enseñanzas de Jesús. Hemos de aprender, con Jesús, a ser justos; hemos de escuchar a Pedro y esforzarnos en ser obedientes. Y, de manera especial, hemos de distanciarnos del deseo de ser aceptados y poner por completo nuestra mirada en el día de la vindicación de Dios, cuando todo ocupará su lugar y las virtudes que de verdad lo son exhibirán su verdadero valor: la voluntad de Dios, hecha ahora en la tierra como en el cielo.

1 Pedro 4:1-6

Por tanto, ya que Cristo sufrió en el cuerpo, asuman también ustedes la misma actitud; porque el que ha sufrido en el cuerpo ha roto con el pecado, ² para vivir el resto de su vida terrenal no satisfaciendo sus pasiones humanas sino cumpliendo la voluntad de Dios. ³ Pues ya basta con el tiempo que han desperdiciado haciendo lo que agrada a los incrédulos, entregados al desenfreno, a las pasiones, a las borracheras, a las orgías, a las parrandas y a las idolatrías abominables. ⁴ A ellos les parece extraño que ustedes ya no corran con ellos en ese mismo desbordamiento de inmoralidad, y por eso los insultan. ⁵ Pero ellos tendrán que rendirle cuentas a aquel que está preparado para juzgar a los vivos y a los muertos. ⁶ Por esto también se les predicó el evangelio aun a los muertos, para que, a pesar de haber sido juzgados según criterios humanos en lo que atañe al cuerpo, vivan conforme a Dios en lo que atañe al espíritu.

En la sección central de esta epístola (2:11–4:11), Pedro cubre varios temas: sus principios generales (2:11-12), la específica aplicación de estos principios

a grupos especiales (2:13–3:12), directrices para quienes experimentan sufrimiento (3:13–4:6), y consejo para la familia de Dios (4:7-11). Esta sección (4:1-6) contiene el segundo bloque de consejos que Pedro ofrece a quienes sufren por su fe cristiana. En el primero (3:13-22), el apóstol animó a los cristianos a permanecer fieles a sus tareas en vista de la próxima vindicación de Dios. Ahora se centra en los efectos del sufrimiento en la vida cristiana.

Tras su exhortación a ser como Cristo (4:1a), Pedro ofrece una razón para sufrir como él: "porque el que ha sufrido en el cuerpo ha roto con el pecado" (4:1b). Esta cuestión la desarrolla en 4:2 donde muestra lo que quiere decir "romper [NIV'terminar'] con el pecado". A continuación, el apóstol añade una razón más para aprender a sufrir como Cristo: "Pues ya basta con el tiempo que han desperdiciado haciendo lo que agrada a los incrédulos" (4:3). No es solo que hayan "desperdiciado" un tiempo precioso, sino que aquellos con quienes han vivido están sorprendidos por sus conversiones, una sorpresa inicial que los lleva después a abusar de ellos (4:4). Pedro advierte que tales personas tendrán que responder a Dios por sus abusos (4:5; *cf.* 2:12). En el versículo 6, Pedro agrega un comentario al asunto que plantea en 4:5, en el sentido de que los oponentes del evangelio tendrán que responder de su conducta al Dios que "está preparado para juzgar a los vivos y a los muertos". El apóstol observa que "por esto también se les predicó el evangelio aun a los muertos". En otras palabras, la extraña expresión sobre predicar a los muertos debe entenderse como un comentario al versículo 5.

La exhortación (4:1a). En 3:18, Pedro comenzó a hablar sobre el sufrimiento de Jesús, pero pasó rápidamente a la vindicación que tuvo lugar al final de su vida (3:22). El apóstol comienza ahora de nuevo con la misma cuestión del sufrimiento,[1] sin embargo, en esta ocasión asevera que el sufrimiento es bueno para la vida cristiana. Su estrategia es para la dimensión mental de la vida. Para sobrevivir obedientemente a la persecución, los cristianos han de preparar su mente de manera adecuada (*cf.* 1:13): "asuman también ustedes (lit. 'ármense con') la misma actitud" que tuvo Cristo. En el contexto de esta carta, la actitud adecuada es: una firme esperanza de vindicación (1:13; 3:18-22), un temor de Dios (3:15) y un compromiso de vivir (también el sufrimiento) de tal manera que los no creyentes vean la gracia de Dios (*cf.* 2:18-25; 3:1-2, 15-16). Pero la actitud fundamental de Cristo fue abandonarse en manos de Dios, sabiendo que él juzgaría con justicia y salvaría (2:23).

---

1. Muchos comentaristas sostienen que Pedro alude aquí a la muerte de Jesús; sin embargo, esta idea hace que su argumento sea mucho más difícil de entender. ¿Cómo —cabe preguntarse— puede la "muerte" ayudar a alguien a terminar con el pecado de un modo que sea significativo? ¿No es acaso obvio que con la muerte se detiene el pecado en la vida de una persona? No obstante, si lo que nos preguntamos es cómo nos ayuda el sufrimiento en esta vida, encontramos algunas claves en 4:2-5: el sufrimiento ayuda a purificar la propia vida del pecado. Por ello, sugiero que, aunque el sufrimiento de Cristo engloba su muerte, este pasaje no discurre en torno a su "sufrimiento hacia la muerte" sino a su "sufrimiento" como tal. Hay una exposición de este asunto en L. Goppelt, *1 Peter*, 279.17.

Primera razón: Ayuda a tu obediencia (4:1b-2). Los cristianos deberían tener el mismo planteamiento mental que Jesús "porque el que ha sufrido en el cuerpo ha roto con el pecado". Este versículo ha sido objeto de varias explicaciones y, dada su importancia dentro del pensamiento general del párrafo, merece la pena que nos detengamos a considerar los principales puntos de vista y los datos en que se sustentan, para decidir después cuál es la opción más sólida.[2]

Algunos sostienen que Pedro solo tiene en mente el inevitable traslado (visto aquí como una muerte angustiosa) de un estado pecaminoso a otro, salvo que se produce en la conversión (o en el bautismo), como puede verse en Pablo (*cf.* Ro 6:1-12) y Juan (1Jn 5:18-19).[3] Otros sostienen que Pedro habla de manera más genérica: aquel que sufre físicamente aprende de este tipo de experiencias a no pecar sino a valorar la vida obediente.[4] Una variación de esta segunda idea es que el que sufre ha decidido romper definitivamente con el pecado.[5] Un último punto de vista particulariza la expresión "el que ha sufrido" de modo que la aplica únicamente al sufrimiento de Cristo. Es decir, "el que ha sufrido" es Cristo, que es el ejemplo al que Pedro apela. En este contexto, "ha roto (o 'acabado' con el pecado)" significa que Cristo destruyó el pecado.[6]

Es difícil resolver cuáles son las pruebas más sólidas a la hora de decidir entre estas opciones. Personalmente, descartaría la tercera opción (la variación del segundo punto de vista) puesto que parece ser poco más que un matiz de las dos primeras. Dado que las dos primeras perspectivas son similares, excepto por lo que respecta al significado exacto de "sufrir", para poder decidir entre ellas lo mejor es analizar lo que significa "sufrir" en 1 Pedro. Es evidente que el apóstol utiliza tanto este término para aludir al "sufrimiento físico" que se hace muy difícil pensar que sus lectores pudieran ver en esta palabra una

---

2. Ver las extensas exposiciones en J. R. Michaels, *1 Peter*, 225-29; L. Goppelt, *1 Peter*, 278-82; Ver también W. A. Grudem, *1 Peter*, 166-67; P. Davids, *1 Peter*, 148-50.

3. Ver, p. ej., J. N. D. Kelly, *Peter and Jude*, 166-69; F. W. Beare, *1 Peter*, 179. Lo que Pablo afirma explícitamente al respecto es, "porque el que muere queda liberado del pecado" (Ro 6:7). Ver también, E. Clowney, *1 Peter*, 169-71.

4. Así lo entiende E. G. Selwyn, *1 Peter*, 209-10 (*cf.* 1Co 5:5).

5. W. A. Grudem, *1 Peter*, 167.

6. Sobre este cuarto punto de vista, ver L. Goppelt, *1 Peter*, 280-82; J. R. Michaels, *1 Peter*, 225-29.

referencia a la conversión.[7] Por tanto, las opciones pasan por determinar quién es el que está sufriendo. ¿Se trata de Cristo, o son acaso los cristianos?

En mi opinión, puesto que en este versículo Pedro ha pasado de Cristo ("ya que Cristo sufrió en el cuerpo") a los cristianos ("asuman también ustedes la misma actitud"), tiene más sentido pensar que sigue hablando de estos en la cláusula siguiente ("porque el que ha sufrido en el cuerpo ha roto [terminado] con el pecado"). Por otra parte, el uso de la expresión "ha roto [terminado] con el pecado" para describir la obra de Cristo es poco común e incoherente con las demás expresiones de Pedro para aludir a los logros de la cruz (*cf.* 1:18; 2:21, 24; 3:18). Por último, 4:2 sigue explicando la posterior vida del cristiano; esto sugiere que, en 4:1b, Pedro tiene en mente al cristiano (no a Cristo). Por ello, la interpretación más probable de esta difícil expresión es que alude a los cristianos que viven una experiencia de sufrimiento en la persecución, y que en ella aprenden a no pecar.

No obstante, para ser ecuánime con todas las posiciones, reconozco otra posibilidad: Pedro resume toda la vida del cristiano en la tierra como una existencia de sufrimiento. En este caso, la expresión "ha roto [terminado] con el pecado" no describe un estado que se experimenta en la tierra (después de la conversión/santidad mediante el sufrimiento), sino su recompensa eterna. Igual que Cristo ha conseguido sentarse a la diestra de su Padre y disfrutar su victoria, así también lo harán los cristianos.[8] Aunque hay una cierta analogía contextual (3:18-22) a favor de este punto de vista, 4:2-5 no nos lleva a pensar en términos de una recompensa eterna por la obediencia, sino más bien en una forma de vida en la tierra que no se caracteriza tanto por la ausencia de pecado, sino por la obediencia.[9] De este modo, el tema de 4:2 es una consecuencia natural de nuestra interpretación de 4:1b: "Para vivir el resto de su vida terrenal no satisfaciendo sus pasiones humanas, sino cumpliendo la voluntad de Dios".

Segunda razón: ya han vivido bastante en el pecado (4:3). Que el sufrimiento puede producir obediencia en la vida del cristiano es un

---

7. Ver 1P 2:19, 20, 21, 23; 3:14, 17, 18; 4:1a, 15, 19; 5:10.
8. Sobre este asunto ver P. Davids, *1 Peter*, 149-50.
9. Así lo entiende W. A. Grudem, *1 Peter*, 167.

tema común en la Iglesia Primitiva (Stg 1:2-4); sin embargo, la siguiente idea de Pedro no es tan común: "A fin de cuentas —dice en esencia—, ya han vivido suficientemente en una vida de pecado"[10] (4:3). Aunque es difícil saber lo que cabe inferir de este comentario (p. ej., ¿Pensaba acaso Pedro que cada persona estaba destinada a una cierta cantidad de pecado?), está claro que, de nuevo, se impone su pragmatismo: es un hecho que una buena conducta ayudará a los cristianos a salir de situaciones duras y que el sufrimiento los purifica del pecado; y lo es también que estos ya han desperdiciado tiempo más que suficiente en el pecado,[11] y ha llegado el momento de seguir adelante con una vida de obediencia.

Explicación del antiguo grupo de amigos (4:4-5). Los pecados mismos que en otro tiempo caracterizaron los patrones de vida de los que ahora son cristianos han sido hoy abandonados, en parte por los salutíferos efectos del sufrimiento. Sin embargo, sus antiguos amigos siguen viviendo del mismo modo y, dice Pedro, que "les parece extraño que ustedes ya no corran con ellos en ese mismo desbordamiento de inmoralidad, y por eso los insultan" (*cf.* 1:18). Estos sorprendidos "amigos", que ahora abusan verbalmente de ellos, son, en última instancia, blasfemos (*cf.* 2:12; 3:16).[12] Por consiguiente, Pedro informa a los cristianos de Asia Menor de que "tendrán que rendirle cuentas a aquel[13] que está preparado para juzgar a los vivos y a los muertos" (4:5). Igual que en 2:12, aquí la idea no es una esperanzadora expectativa de recompensa, sino más bien una amenaza de juicio sobre los que pecan.

---

10. J. N. D. Kelly sugiere que "suficientemente" significa "más que suficientemente". Ver *Peter and Jude*, 169. J. R. Michaels añade "excesivamente, de hecho"; *1 Peter*, 230.

11. Sobre la lista de pecados, centrados en la embriaguez y en la inmoralidad sexual, ver especialmente. J. R. Michaels, *1 Peter*, 230-32.

12. Algunos han entendido la expresión "los insultan" (gr. *blasphemountes*) como un vocativo ("aquellos blasfemos") e incluso lo han vinculado a 4:5. Así lo entiende J. R. Michaels, *1 Peter*, 233-34.

13. Podría tratarse tanto del Padre (Ro 2:6; 3:6) como del Hijo (*cf.* Mt 25:31-46; Lc 21:34-36; Hch 10:42; Ro 14:9; 2Ti 4:1). Los datos que nos ofrece 1 Pedro inclinan la balanza a favor del Padre (*cf.* 1:17; 2:23); sin embargo, algunas palabras del discurso de Pedro en Hechos 10:42, nos llevan a ser cautelosos. Ver exposición al respecto en J. R. Michaels, *1 Peter*, 235.

Una nota adicional (4:6). Casi como una idea de último momento, Pedro añade: "Por esto también se les predicó el evangelio[14] aun a los ['que ahora están'NIV][15] muertos, para que, a pesar de haber sido juzgados según criterios humanos en lo que atañe al cuerpo, vivan conforme a Dios en lo que atañe al espíritu". Esta idea ha suscitado un gran debate. ¿Quiénes son los "muertos"? ¿Se trata de aquellos a quienes Cristo predicó después de su crucifixión (3:19)? ¿Son los muertos espirituales que viven ahora? ¿O hay, acaso, que identificarlos con los cristianos de las iglesias de Pedro que ya han muerto?[16] La inmensa mayoría de los comentaristas de nuestro tiempo sostienen que Pedro hace referencia a cristianos de Asia Menor que oyeron el evangelio mientras vivían pero que ahora están físicamente muertos.

Puesto que esta vida solo es un preludio de la vida después de la muerte, el evangelio les fue predicado a quienes (ahora) están muertos. Y teniendo en cuenta que aquellas personas tendrán que dar cuenta a Dios por su vida, todos deben oír el evangelio. Finalmente, Pedro expresa el propósito último de la predicación: que, al margen de lo que las personas experimenten en esta vida, puedan vivir eternamente (a saber, en "espíritu") con Dios.[17] El evangelio se predica a todas las personas, y en su día también a los (ahora) muertos, porque, en última instancia, esta vida solo es el preludio de un mundo mayor y eterno. Aquellos que oyen el evangelio y responden, aunque los maten por su fe, serán finalmente vindicados delante de Dios.

---

14. La identidad del que predica el evangelio depende del modo en que interpretemos, "muertos". Este término podría aludir a Cristo o, más probablemente, a los evangelistas de las iglesias de Pedro, entre los cuales podría estar el propio apóstol. Ver J. N. D. Kelly, *Peter and Jude*, 172-75.
15. La NIV añade la palabra "ahora". Esta traducción, aunque posiblemente correcta, lleva al lector a excluir otras interpretaciones. La NRSV solo consigna "muertos".
16. Sobre el debate, *cf.* J. R. Michaels, *1 Peter*, 235-38.
17. La NRSV vierte, "aunque han sido juzgados en la carne como todos lo son, puedan vivir en el Espíritu como Dios". Esto sugiere un juicio para nuestra vida presente pero la opción de la vida eterna en el Espíritu para aquellos que sobrevivan al juicio de Dios. Prefiero las posiciones adoptadas en la NIV; la idea de Pedro aquí se parece a la de 2:4. El apóstol tiene, pues, en mente la distinción entre lo que le sucede al justo en esta vida (sufrimiento y martirio) y lo que ocurre ante Dios (vindicación). Ver la excelente exposición de J. R. Michaels, *1 Peter*, 238-41.

| | Interpretar textos antiguos que contienen expresiones e ideas problemáticas hace que sea doblemente difícil trasladarlos a nuestro mundo moderno. |

Construyendo Puentes Interpretar textos antiguos que contienen expresiones e ideas problemáticas hace que sea doblemente difícil trasladarlos a nuestro mundo moderno. En mis casi tres décadas de sentarme en la escuela dominical y escuchar sermones, tanto en una iglesia local como en la capilla de un seminario, nunca he oído un mensaje sobre este pasaje ni tampoco yo lo he predicado. No obstante, sí he oído muchas veces mensajes sobre los positivos efectos del sufrimiento, y muchos sermones basados en la necesidad de predicarles a todas las personas, porque un día todos tendremos que dar cuentas a Dios.

Una de las razones por las que la predicación expositiva[18] es saludable para la iglesia es que consigue lo que, en mi caso, no ha sucedido: exponer ante la congregación *todos los pasajes de la Biblia,* sean simples y transparentes (como Mt 5–7) o sumamente difíciles (como Heb 6:4-6). Al trasladar este texto a nuestro mundo, quiero comenzar con la observación de que hemos de hacerlo *por el mero hecho de que está ahí y es la Palabra de Dios.* No niego que en este texto existen algunas cosas difíciles de interpretar y aplicar; y tampoco estoy diciendo que tengamos que trasladar cada detalle del texto a nuestro mundo.

Naturalmente, algunas cosas se hacen inmediatamente transparentes y valiosas, por ejemplo, que *el sufrimiento mejora la vida moral del creyente.* La mayoría de los cristianos han experimentado alguna forma de oposición por causa de su fe, desde una mirada vacía ante una sugerencia suya hasta una abierta persecución física. Y quienes han pasado por ello pueden dar testimonio sin titubear de que este tipo de experiencia ha fortalecido su fe (aunque en ella hayan, de algún modo, fallado). Recuerdo algunas ocasiones en que, siendo estudiante de secundaria, fui objeto de burlas por ser cristiano; Recuerdo que me sentí fatal, pero también que esta oposición sirvió para confirmarme en la fe y fortalecer mi confianza en Dios. Sin embargo, lo que hemos de tener muy claro desde el comienzo es que, la clase de sufrimiento que solemos experimentar en el mundo occidental es marcadamente diferente de la que soportaban los cristianos de Asia Menor, puesto

18. Ver especialmente J. R. W. Stott, *Between Two Worlds: The Art of Preaching in the Twentieth Century* (Grand Rapids: Eerdmans, 1982), 125-33.

que, en su caso, sus padecimientos podían acabar rápidamente con la muerte. De modo que, aun cuando nos hemos esforzado por encontrar algo relevante, puede que la orientación de nuestra aplicación sea considerablemente distinta de la situación en el mundo antiguo.

En ocasiones, los pasajes bíblicos plantean cuestiones muy distantes de nuestro mundo moderno, aunque, invariablemente, en el mismo pasaje hay otras ideas que son relevantes para nuestras vidas. Estoy convencido de que las aplicaciones más importantes de la Escritura solo pueden llevarse a cabo cuando *la idea central del pasaje* es también *la idea central de la aplicación*. ¿Pero qué sucede cuando la idea central del texto difiere totalmente de la de la propia vida y cultura? En estos casos, es importante que el intérprete y el lector encuentren aplicaciones significativas, aunque no sean centrales al pasaje. En otras palabras, a veces hay que trabajar con significados o aplicaciones secundarios. Aunque es habitual encontrar esta clase de aplicaciones en sermones y estudios bíblicos (y a veces lamento no ver más esfuerzo por encontrar aplicaciones del sentido esencial del texto), en ocasiones, este procedimiento es necesario y forma parte habitual de la aplicación bíblica. Este tipo de aplicaciones expresan la creencia fundamental de que toda la Biblia es valiosa para configurar la vida cristiana (2Ti 3:16-17). Sin embargo, aun en estos casos, el significado y la aplicación han de ser extraídos del texto, no de ideas que se le imponen.

En este pasaje, la idea central es el valor moral del sufrimiento, una idea que está mayoritariamente fuera de la experiencia normal de la inmensa mayoría de los cristianos occidentales de nuestro tiempo. He intentado poner de relieve varias veces que la enseñanza de Pedro, dirigida a quienes sufren, puede ser relevante en nuestro mundo, aplicando estas enseñanzas a contextos del mundo empresarial y de la enseñanza (especialmente en universidades no cristianas). No quiero minimizar ninguno de estos contextos ni estoy sugiriendo que no existan otras esferas en las que puedan hacerse aplicaciones. Sin embargo, puesto que es importante ofrecer aplicaciones para amplios sectores de nuestros oyentes, puede que en ocasiones tengamos que trabajar con ideas más secundarias dentro de un determinado pasaje.[19]

¿Cuáles serían algunos ejemplos de este procedimiento? Una de las cosas que Pedro hace en este pasaje es contrastar la moralidad cristiana y los estilos de vida que no lo son. Algunos intérpretes pueden, pues, centrarse en este contraste con fines de aplicación aunque sea un concepto menos central en el pasaje que el valor del sufrimiento. Así, podemos explorar la naturaleza de la moralidad cristiana en varios ámbitos (los negocios, las relaciones con el prójimo, las prácticas sociales o las fiestas). O podemos explorar este tema en más de una cultura, por cuanto cada sociedad tiene sus propias costumbres y convenciones que dominan sus valores éticos. Pueden establecerse contrastes ya que la moralidad cristiana presenta un estilo de vida distinto. Un ejemplo más, que consideraremos brevemente en la sección siguiente, es el de Jesús. Pedro comienza este apartado con la nota del sufrimiento de Jesús como paradigma para el padecimiento cristiano, aunque aquí no desarrolla este tema. Los comentaristas podrían decidirse por analizar con más detalle este tema y poner 4:1a en el contexto más amplio de toda la epístola, considerando especialmente 2:18-25 y 3:18.

Una última manera de llevar esta palabra a nuestro mundo es centrarnos en el juicio de Dios, puesto que es un rasgo transcultural del mensaje de Pedro. Puede que nos movamos en distintas culturas (p. ej., sea sustancialmente pluralista o sólidamente unificada y budista); sin embargo, todos hemos de estar preparados para dar cuenta de nuestras vidas a Dios al final de la historia. Aunque yo no tenga que mirar de frente al sufrimiento todos los días y tú sí, cada uno de nosotros será juzgado por Dios. Esto permite una aplicación tan fácil como universal. Centrarnos en los elementos más comunes y más amplios de un pasaje puede llevar, con frecuencia, a penetrantes aplicaciones. Pasemos, pues, ahora a esta tarea.

---

19. Una vez más, no obstante, esto no debería hacerse frecuentemente. Si nos damos cuenta de que lo hacemos con mucha frecuencia hemos de mirar otros pasajes o preguntarnos si nos sujetamos verdaderamente a la Palabra de Dios.

Significado Contemporáneo

No es difícil extender a nuestro mundo el principio de 4:5-6, observando que hemos de vivir en consonancia con el día del juicio. La amenaza del juicio es saludable para la

vida cristiana, por impopular que esta pueda ser en nuestro mundo. Hace poco, en el transcurso de una reunión, una mujer joven comenzó a hablarnos sobre su iglesia. Nos informó de que "durante su infancia y adolescencia" solo se hablaba "del infierno, el diablo y el juicio; pero ahora —siguió diciendo—, solo se nos permite hablar del amor; es lo único que importa". Esto lo dijo con bastante aprobación, y es esta clase de perspectiva mental lo que merece un cuidadoso análisis.

Es posible que esta mujer creciera en una iglesia cristiana que subrayaba excesivamente el juicio y el infierno (ella lo llamaba, en un tono más bien jocoso, "fuego y azufre"). Hoy nos encontramos en el extremo opuesto: no hay amenazas de juicio por ninguna parte. No existen en el ámbito de lo teológico ni en el moral, social ni en nuestro sistema jurídico (donde un buen abogado parece ser capaz de conseguir la exculpación de casi cualquier delincuente). Pero lo que hace saludable una vida moral es, precisamente, *la advertencia de juicio que surge de un reconocimiento de la santidad de Dios*. Naturalmente, esta puede subrayarse de manera exagerada, del mismo modo que puede serlo el amor o cualquier otra cosa. Pero un acento excesivo no se soluciona descuidando el asunto por completo, sino, más bien, llevando de nuevo la idea a una correcta y realista perspectiva bíblica. No quiero acostarme por la noche preocupándome de que Dios pueda condenarme, pero tampoco tener un Dios tan blando que no tenga que temer a su juicio aunque viva en pecado. John Stott lo expresó del siguiente modo: "Vivir, trabajar y dar testimonio con la consciente anticipación de la *parusía* y juicio de Cristo es un saludable incentivo para la fidelidad".[20]

Las consecuencias de nuestra conducta son, pues, un importante tema para nuestro mundo. La amenaza del juicio es aquí parte de

---

20. J. R. W. Stott, *The Contemporary Christian: Applying God's Word to Today's World* (Downers Grove, Ill.: InterVarsity, 1992), 373.

la palabra de ánimo que Pedro dirige a sus oyentes para que vivan fielmente en el contexto de la persecución. Pero esta amenaza puede eliminarse, por el momento, de su contexto y tratarla por separado, porque es un principio fundamental que trasciende a su contexto. El juicio es, después de todo, el fundamento para toda clase de exhortaciones éticas. De modo que, aunque separemos este tema del asunto del sufrimiento, seguimos estando en conformidad con la preocupación del texto para que vivamos de acuerdo con el juicio de Dios.

Al mismo tiempo, es mejor tratar el tema del juicio en su contexto más completo (preservando su conexión con el sufrimiento) puesto que (1) nos fuerza a tratar el texto *tal como es*, más que como nos gustaría que fuera, y (2) le da al "tema de la amenaza del juicio" su marco especial. Es decir, las personas que están siendo perseguidas encuentran un especial consuelo en el hecho de que Dios sea Juez, por cuanto están experimentando el injusto juicio de otros seres humanos. Cuando el contexto del intérprete es análogo al del texto original, entonces pueden encontrarse resonancias especiales.

Una sugerente guía al aplicar este pasaje comienza con la importancia *del ejemplo de Cristo* para la vida cristiana. El versículo 1 comienza con el ejemplo de Cristo y arraiga su exhortación en este ejemplo: Cristo padeció y nosotros deberíamos estar dispuestos a *seguir su ejemplo, al margen de nuestra situación y contexto*. Si le estamos siguiendo, aprendiendo a vivir como él vivió y esforzándonos por modelar nuestras vidas según la suya, será, pues, *natural* que afrontemos cualquier persecución con una mentalidad adecuada. Es posible que Pedro mencione el ejemplo de Cristo más por lo que cree que *va a suceder* que por lo que sabe que *está sucediendo*, aunque me inclino a pensar que el apóstol tiene noticias del sufrimiento de la iglesia. Pedro exhorta a sus iglesias a adoptar la postura de Jesús en su interacción con un mundo escéptico.

No se me ocurre una forma mejor de poner esto en práctica que aprendiendo a preguntarnos: "¿Qué haría Jesús en esta situación?"[21] No cabe duda de que hay muchas cosas de la vida de Jesús que no pueden imitarse. No podemos morir y resucitar para salvar a otros ni ha-

---

21. El tratamiento clásico del seguimiento de Cristo es la obra de Tomás de Kempis, *La Imitación de Cristo* (publicada en 1418]).

cer cosas extraordinarias como andar sobre el agua. Pero en las cosas normales de la vida sí podemos preguntarnos sin cesar qué haría Jesús en una determinada situación. La preocupación de Pedro es responder como lo hizo Jesús cuando se le persiguió (2:21-25; 3:18-19; 4:1), y la naturaleza paradigmática de la vida de Jesús sigue todavía vigente.

En este texto vemos la naturaleza *cristocéntrica* de la teología cristiana temprana, que yo contrasto con el carácter *moralizador* de mucha de la moderna teología cristiana. En nuestro tiempo es frecuente oír que una buena parte de lo que Gandhi hizo era cristiano, especialmente en su sabio pacifismo y amable carácter; pero si decimos esto, perdemos el fundamento cristocéntrico de nuestra fe. Naturalmente, Gandhi fue un hombre maravilloso y piadoso; sin embargo una conducta solo puede llamarse cristiana cuando es conscientemente obediente a Jesucristo. Hay claros paralelismos, especialmente a nivel moral, entre varias religiones de nuestro mundo; no obstante, si desvinculamos a Jesucristo de una determinada práctica moral, esta ya no es cristiana. Pedro vincula firmemente su práctica moral (sufrir por razones injustas) con el ejemplo de Jesús, dándole así una base y una motivación distintas. Los cristianos deben sufrir, no porque el sufrimiento los haga mejores personas (que puede ser el caso) ni porque los haga conscientes de un mundo más elevado (que también puede ocurrir), sino porque Jesús padeció y ellos son sus seguidores.

En su excelente libro *The Contemporary Christian* (el cristiano contemporáneo), John Stott llega al corazón de este asunto cuando analiza la idea cristiana de misión.[22]

Stott arraiga todos los aspectos de este tema a la cristología, lo cual le permite exponer el asunto de la misión de un modo verdaderamente cristocéntrico. El *modelo* para la misión es la encarnación de Cristo, su *coste* encuentra un paralelismo en la cruz de Cristo, su *imperativo* se basa en la autoridad concedida a Jesús fruto de su resurrección, su *incentivo* es la exaltación de Cristo, su *poder* procede del "don del Espíritu" impartido por Cristo, y su *urgencia* viene determinada por la parusía de Cristo. Todos los aspectos de la misión de la iglesia se arraigan en el ministerio de Jesucristo, y esto permite que Stott titule el capítulo sobre este tema: "Cristología de la misión". Cuando los cristianos

---

22. Ver J. R. W. Stott, *The Contemporary Christian*, 356-74.

aprenden a pensar de manera cristocéntrica, comienzan a actuar de un modo plenamente cristiano. Pedro era así: basaba su exhortación a sufrir en la vida de Jesús y le daba un sello indeleblemente cristiano.

Una última consideración es el *cambio de vida* que los cristianos de Asia Menor habían experimentado. Las palabras de Pedro en 4:3 revelan que el grupo de conversos a quienes se dirige no habían sido personas precisamente virtuosas, abocados como habían estado a la promiscuidad sexual y a los excesos con el alcohol. Ahora, no obstante, sus antiguos compañeros en esta forma de vida se sorprenden de su reciente transformación (4:4). Tales cambios son normales en las historias de cristianos de todos los tiempos. El rasgo fundamental es el radical cambio de vida que se produce en aquellos que se convierten en cristianos y comienzan a seguir a Jesús. Esta transformación se pone de relieve en los nuevos hábitos de pensamiento, conducta sexual e interacción social de muchos cristianos. Y es muy común que los creyentes hablen de "antiguos amigos", no porque hayan dejado de amarlos, sino porque han visto que su nuevo estilo de vida como seguidores de Jesús los hace sentirse incómodos con ellos[23] y, lo que es más importante, porque estos antiguos amigos ya no tienen ningún "vínculo común" con ellos.

Uno de mis amigos me dijo que tuvo que dejar su "grupo A.C (grupo antes de Cristo) cuando se hizo cristiano, porque lo único que hacían en sus encuentros era beber hasta emborracharse o tomar drogas para colocarse. Los echaba de menos y deseaba su conversión (y frecuentemente compartía el evangelio con ellos); sin embargo, sabía que en un principio tenía que limitar el tiempo que pasaba con ellos, porque las bebidas alcohólicas y las drogas suponían una tentación para él. Para cuando superó sus deseos de consumir sustancias psicotrópicas, había terminado sus estudios universitarios y había pasado a la práctica de cosas mejores. Su historia es una de tantas de incontables cristianos que, como consecuencia de su conversión, experimentan un completo cambio de relaciones sociales. Las iglesias de Pedro habían experimentado este tipo de cambio. Son, por tanto, un ejemplo de lo que sucede cuando las personas desarrollan un estilo de vida que sigue Jesús.

---

23. Muchas veces, los amigos de antes se convierten en una fuente de seria tentación para el converso, y esto lo lleva a limitar su interacción con ellos.

1 Pedro 4:7-11

Ya se acerca el fin de todas las cosas. Así que, para orar bien, manténganse sobrios y con la mente despejada. ⁸ Sobre todo, ámense los unos a los otros profundamente, porque el amor cubre multitud de pecados. ⁹ Practiquen la hospitalidad entre ustedes sin quejarse. ¹⁰ Cada uno ponga al servicio de los demás el don que haya recibido, administrando fielmente la gracia de Dios en sus diversas formas. ¹¹ El que habla, hágalo como quien expresa las palabras mismas de Dios; el que presta algún servicio, hágalo como quien tiene el poder de Dios. Así Dios será en todo alabado por medio de Jesucristo, a quien sea la gloria y el poder por los siglos de los siglos. Amén.

 Estos versículos forman la cuarta y última sección de exhortaciones de Pedro dirigidas a varios grupos sociales (2:11–4:11). El apóstol proporciona aquí instrucciones generales para toda la familia de Dios. En esencia, estas exhortaciones pueden resumirse bajo el epígrafe de ética escatológica. Es decir, Pedro exhorta a los creyentes a orar (v. 7b), a amarse unos a otros (v. 8), a ser hospitalarios (v. 9) y a ejercer sus dones espirituales (vv. 10-11a) *a la luz del tiempo del fin.* El fundamento se declara en el versículo 7a: "Ya se acerca el fin de todas las cosas". Dicho de otro modo, los creyentes deben gobernar sus vidas con la percepción de que, ya que el fin del mundo está cerca, han de vivir en vista del juicio de Dios.[1]

Este párrafo no debe verse como un añadido al final de una sección,[2] sino más bien como un elemento que reúne algunos temas importantes de la carta, destacando la preponderancia de la escatología para la ética cristiana (*cf.* 1:3-5, 7, 9, 13; 2:12; 3:15; 4:5-6, 13, 17-19; 5:1,

---

1. Pedro termina esta sección, poniendo de relieve un cierto clímax de una importante sección mediante una doxología (4:11b).
2. De hecho, esta sección parece casi la conclusión de una carta. Con la doxología de 4:11, es fácil pensar que la carta ha terminado. Muchos han llegado a la conclusión de que 4:12–5:14 (o quizá 4:12–5:11) se añadió tras finalizar la carta. Ver, sin embargo, J. N. D. Kelly, *Peter and Jude*, 182.

4, 6). También recapitula la importancia esencial de la iglesia dentro de la concepción que Pedro tiene de la ética cristiana (1:1-2, 10-12, 22; 2:1-10; 3:8-12; 5:1-4). El pueblo de Dios es la iglesia y esta ha de vivir con integridad, amor y santidad, mientras aguarda el regreso del Señor. La iglesia es el pueblo escatológico de Dios que vive dominado tanto por la esperanza del Día Final como por el temor de su penetrante juicio final (4:17-19).

El día que se acerca: fundamento de la ética (4:7a). Decir que "se acerca el fin de todas las cosas" es decir que, en algún sentido, Pedro creía que el fin[3] de la historia era inminente.[4] Este acontecimiento comprendía el Juicio Final (4:6) y estaba "cerca".[5] Es importante observar que Pedro establece sus exhortaciones éticas de 4:7b-11 sobre esta percepción de la historia y del juicio.

Sin embargo, a lo largo de la historia siempre ha habido eruditos aquí y allá que han argumentado que, puesto que Pedro creía (y no era el único) que el final de la historia era inminente, pero este no se produjo según sus expectativas, él y la concepción cristiana de la historia estaban equivocados. La debilidad de esta posición no puede exponerse aquí en profundidad, aunque sí deben hacerse varias consideraciones importantes. (1) Una creencia característica de la profecía judía es que el siguiente acontecimiento introduciría el tiempo del fin. Los profetas judíos siempre veían el siguiente gran acontecimiento de su "calendario profético" como el que daría paso a los últimos días, *algo que nunca sucedió*. (2) Cuando, con el próximo acontecimiento los últimos días no llegaban, nadie pensaba que los profetas judíos se

---

3. Algunos han argumentado que, en este pasaje, el término "fin" solo puede significar que todos los decisivos acontecimientos del plan redentor de Dios han sido ahora revelados; únicamente queda el último acto para que la historia se consume. Por tanto, la inminencia no se debe más que al desconocido estado en que la iglesia debe vivir. Sin embargo, si entendemos debidamente la profecía judía, la inminencia puede entonces significar lo que parece (ellos creían que el fin del mundo se produciría pronto), y podemos descartar que se trate de una entusiasta estupidez.

4. El término "inminente" incluye la idea de que el fin puede producirse dentro de poco tiempo y de repente, pero no ha de limitarse a estos sentidos. Este concepto incluye la percepción de que la historia puede llegar a su fin "en el plazo de una generación" o "coincidiendo con el siguiente acontecimiento dentro del calendario de Dios".

5. La palabra griega que se traduce "se acerca" es *engiken*, que significa "se ha acercado" (ver Mt 3:2; 4:17; 10:7; 21:1, 34; Lc 7:12; 15:1; Ro 13:12; Stg 5:8); *BAGD*, 213.

habían equivocado. (3) Esta forma de pensar no era ningún mecanismo de negación psicológica, sino que el pueblo de Dios reconocía que la visión de los profetas judíos era limitada y que estos no podían ver toda la cronología del plan de Dios.[6] Creo, pues, que aunque Pedro presentaba sus exhortaciones éticas pensando que el final de la historia era, de algún modo, inminente, su perspectiva no era errónea, sino que hay que entenderla según los criterios de la profecía judía.[7]

Primera exhortación: Oren (4:7b). Como en 1:13, el primer consejo de Pedro es que los cristianos se mantengan mental y espiritualmente atentos: "Así que, para orar bien, manténganse sobrios y con la mente despejada". Las expresiones de este pasaje han de entenderse como un doble requerimiento a estar mentalmente vigilantes para poder tener una efectiva vida de oración. Lo mismo que sucedía con el marido atento (3:7) y con la comunidad obediente (3:12), acontece aquí con toda la iglesia: si permanecen alerta, serán efectivos en la oración (*cf.* Ef 6:18; Col 4:2). La idea de que el final de la historia está a las puertas y de que el Juez se dispone a entrar a la sala del tribunal puede energizar nuestras oraciones y llevarnos a concentrarnos especialmente en ellas.

Segunda exhortación: Amor (4:8). En pasajes anteriores de esta carta, la ética encontraba sus valores medulares en el "amor" (*cf.* 1:22-25; 2:17; 3:8); ahora, esta ética comunitaria se eleva poderosamente hasta

---

6. Quienes estén interesados en una exposición más completa de la naturaleza del lenguaje profético, ver G. B. Caird, *The Language and Imagery of the Bible* (Filadelfia: Westminster, 1980), 243-71; ver también su obra, *New Testament Theology*, ed. L. D. Hurst (Nueva York: Oxford, 1994), 250-67. Aunque puede que haya poco consenso sobre este asunto, por mi parte sostengo que la visión que Pedro tiene del futuro estaba muy condicionada por su percepción del año 70 D.C. como el crucial acontecimiento que se perfilaba en el horizonte. Pedro se sitúa entre la inmensa mayoría de primeros cristianos que inferían a partir de la presencia de la persecución que el final tenía que estar cerca. Ver también I. H. Marshall, *1 Peter*, 140-41.

7. Witherington III, *Jesus, Paul, and the End of the World: A Comparative Study in New Testament Eschatology* (Downers Grove, Ill.: InterVarsity, 1992), aunque no analiza 1 Pedro. Ver también R. H. Stein, *Playing by the Rules: A Basic Guide to Interpreting the Bible* (Grand Rapids: Baker, 1994), 89-100 (que utiliza el "impresionismo" como analogía de la naturaleza del lenguaje profético); W. W. Klein, C. L. Blomberg y R. L. Hubbard, Jr., *Introduction to Biblical Interpretation* (Dallas: Word, 1993), 292-312.

lo más alto.[8] Cuando la iglesia se ve amenazada por la persecución y encuentra consuelo en el próximo final de la historia, porque Dios juzgará justamente, esta misma iglesia fortalece su fe relacionándose unos con otros en amor. La exhortación de Pedro es que se amen los unos a los otros "profundamente" (*cf.* 1:22); es decir que han de esforzarse en amarse unos a otros, porque hacerlo cuando se está bajo presión es difícil. Puesto que las relaciones familiares, comerciales y sociales tienden a crisparse y a ponerse a prueba cuando surgen dificultades, Pedro les insta a esforzarse por amarse unos a otros, conociendo el coste de esta clase de amor cuando se vive bajo la nube de la persecución y en un ambiente de estrés.

Amarse unos a otros cuando las cosas son difíciles es importante "porque el amor cubre multitud de pecados".[9] Posiblemente hemos escuchado esta declaración como justificación de todo tipo de conductas, ¿pero qué quiere decirnos realmente Pedro con estas palabras? ¿Significan, acaso, que amar a otras personas ahora les impartirá, finalmente, el perdón de Dios[10] (*cf.* Mt. 25:31-46)? ¿O quizás que amar a los demás hace que una comunidad sea más santa y perdonadora[11] (*cf.* 1Co 5:5. 13:7)? O, desarrollando esta segunda idea, ¿significa esta expresión que amar a los demás es una segura señal de que han depuesto conductas pecaminosas[12] (2:24; 4:1-2)? La ambigüedad esencial de este proverbio, unida a la ausencia de ideas paralelas en 1 Pedro, hace que no podamos saberlo con seguridad. Sin embargo, en vista de cómo relacionó la Iglesia Primitiva este dicho con la segunda idea, considero que posiblemente lo mejor sea entender que Pedro le está dando un sentido social: en la comunidad donde los hermanos se

---

8. Ver L. L. Morris, *The Testaments of Love: A Study of Love in the Bible* (Grand Rapids: Eerdmans, 1981), esp. 193-227.
9. En Proverbios 10:12 leemos: "El amor cubre todas las faltas"; muchos piensan que Pedro está citando (aunque no literalmente) o al menos aludiendo a este versículo. Otros han argumentado, quizá más correctamente, que Pedro solo está citando una larga línea de otras personas que han apelado a la misma serie de palabras para expresar una serie de ideas (*cf.* J. R. Michaels, 1 Peter, 246-47). Por tanto, un dicho como este aparece en Santiago 5:20; 1 Clemente 49:5; 2 Clemente 16:4.
10. Ver los sensibles comentarios de J. N. D. Kelly, Peter and Jude, 178.
11. Así lo entienden, por ejemplo, F. W. Beare, *1 Peter*, 184-85; L. Goppelt, *1 Peter*, 298-99; W. A. Grudem, *1 Peter*, 173-74.
12. J. R. Michaels, *1 Peter*, 247.

aman unos a otros el perdón fluye más rápidamente cuando surgen problemas menores.

Tercera exhortación: Practiquen la hospitalidad (4:9). La hospitalidad es una forma específica de amarnos unos a otros, en este caso recibiendo a otras personas en nuestras casas, haciéndolas sentir acogidas, supliendo sus necesidades y ofreciéndoles un lugar de comunión y aceptación. Pero Pedro sabe que a los humanos nos es más fácil ajustarnos a pautas externas que hacer algo de corazón. Por ello, añade "sin quejarse". La hospitalidad era el fundamento del movimiento cristiano.[13] Cuando Jesús envió a los doce, tenían que encontrar hogares donde alojarse que les ofrecieran hospitalidad (Mt 10:11-13). Cuando necesitó un lugar para celebrar la Última Cena, asumió que alguien lo cedería amablemente (26:17-19). Y la práctica de la Iglesia Primitiva de celebrar juntos la Santa Cena (1Co 11:17-34) tiene sus orígenes en la costumbre de Jesús de comer con sus discípulos (Mt 9:9-13). Así, en la Iglesia Primitiva los cristianos expresaban habitualmente su amor mutuo en el contexto de la hospitalidad.

Cuarta exhortación: Ejercita tus dones (4:10-11a). Que el final esté cerca lleva a Pedro a exhortar a los creyentes a amarse unos a otros también mediante el uso de sus dones, poniéndolos "al servicio de los demás [...] administrando fielmente la gracia de Dios[14] en sus diversas formas" (4:10). Amarnos los unos a los otros nos capacita para soportarnos mutuamente (4:8), suscita la hospitalidad (4:9) y debe llevarnos a utilizar nuestros dones para ayudar a otros (4:10-11). Los dones espirituales constituyen un tema especial dentro de las cartas de Pablo (*cf.* Ro 12:6-8; 1Co 12:8-10, 28-30; Ef 4:11) y algunos sostienen que Pedro está aquí haciéndose eco de las ideas de Pablo. Cualquiera que sea el origen de las ideas de Pedro —y es posible que estemos ante una tradición paulina o de la Iglesia Primitiva— su propósito al usar el tema de los dones espirituales es ilustrar la importancia de amarnos los unos a los otros en la comunidad cristiana. Por ello, como en 1 Corintios 12–14, el amor es el contexto para el ejercicio de los dones espirituales dentro de la iglesia.

---

13. Ver J. N. D. Kelly, *Peter and Jude*, 178-79; esp. J. Koenig, "Hospitality", *ABD*, 3:299-301.
14. Las palabras "gracia" y "dones" comparten la misma raíz; es decir, un don es una expresión individual de la gracia de Dios.

Cualesquiera que sean los dones que tengan los cristianos, han de ejercerlos de tal manera que reflejen su origen y sus propósitos divinos: "El que habla, hágalo como quien expresa las palabras mismas de Dios; el que presta algún servicio, hágalo como quien tiene el poder de Dios. Así Dios será en todo alabado por medio de Jesucristo". Es decir, si a alguien se le llama a hablar en presencia de los creyentes o si el Espíritu de Dios impulsa a una persona a dirigirse a la congregación, esta ha de tomarse el asunto tan en serio que las palabras habladas se tomen con reverencia.[15]

¡A Dios sea la gloria! (4:11b). Con una doxología, Pedro concluye su exhortación a utilizar los dones de Dios de un modo que le glorifique. ¿Pero se dirige esta corta oración de alabanza a Dios Padre o a Jesucristo? Puesto que sería una redundancia innecesaria atribuir de nuevo alabanza a Dios (en 4:11a el apóstol ya lo ha hecho), parece más probable que esta doxología tenga a Jesucristo como objeto.[16] Dios se glorifica a sí mismo por medio de su Hijo, y este está obrando en la oración y en los amorosos ministerios de la iglesia.

Construyendo Puentes

Estos versículos contienen directrices difíciles y específicas para las iglesias de Pedro. En lo que sigue, he decidido centrarme en el patrón más general de su pensamiento, a saber, el contexto escatológico para la ética. No quiero, sin embargo, minimizar la importancia de otro tipo de consideraciones. Si la idea general de Pedro en este pasaje es que sus lectores entiendan la urgencia de la hora y la consecuente necesidad de oración (4:7b) y amor (4:8-11), trasladar este texto a nuestro mundo será, pues, una ardua tarea, *porque casi nadie cree en un "final divino" de la historia*. De hecho, incluso los cristianos de hoy parecen haber perdido mucho de su audacia moral para proclamar un final de la historia que culminará con un juicio decisivo para el destino de todas las personas. Aunque

---

15. Así lo entiende W. A. Grudem, *The Gift of Prophecy in the New Testament and Today* (Westchester, Ill.: Crossway, 1988), 105.
16. Así lo ve J. R. Michaels, *1 Peter*, 252-53. En griego el antecedente natural de "para él" es Jesucristo, no Dios (el Padre).

estas ideas aparecen claramente en la Biblia, se han convertido a veces en algo muy incómodo para los cristianos.

En el lugar del juicio final, el occidental moderno ha puesto lo que el sociólogo Christopher Lasch ha llamado "mito del progreso".[17] Lo que en otro tiempo llevaba a los cristianos a esperar con expectativa la justicia final y los impulsaba a vivir una vida santa suscita hoy la débil creencia de que, de algún modo, por medio de mejores métodos, técnicas, terapias, desarrollo, ciencia y conocimiento informático, el mundo está, de hecho, mejorando. Sea el mito de que lo rural es mejor que lo urbano, de que vivir en un punto intermedio entre ambas realidades nos llevará a la tierra prometida, o de que hemos de recuperar la candorosa inocencia de los niños, nuestro mundo occidental está, de algún modo, atrapado en una telaraña, pensando que si pudiéramos tomar un camino distinto, llegaríamos de algún modo a la Ciudad Celestial de los Sueños Optimistas.

No cabe duda de que en el ámbito de la ciencia las cosas van mejorando. Hoy podemos calentar las cosas de manera más rápida, eficiente y con menos jaleo, porque las antiguas cocinas de leña han dejado paso a los hornos microondas. Sentado aquí y tecleando (algo que hoy se llama "procesar palabras") en un ordenador portátil, me acuerdo de la máquina de escribir de mi infancia (una Royal, que según mi padre ¡era una máquina soberbia!), de la máquina de escribir eléctrica que tuve en otro tiempo, una IBM *Selectric* (que tenía distintas "bolas" de caracteres y ¡que permitían escribir en griego y en hebreo!), de un ordenador Macintosh de 512K con el que me introduje en el mundo informático, de las unidades externas de disco que permitían doblar la capacidad de almacenamiento, hasta mi ordenador portátil de hoy, con sus 12 megabytes de RAM y un disco duro de 160 megabytes, una batería que lo convierte en una máquina portátil y toda clase de nuevos artilugios en la pantalla que facilitan enormemente el trabajo.

Sé también que puedo mandar instantáneamente lo que estoy escribiendo a mi secretaria, con una nota para que ella lo imprima y poder usarlo en mis clases. Puedo mantener una correspondencia instantánea con mi profesor que se encuentra en el norte de Inglaterra, acceder

---

17. Ver C. Lasch, *The True and Only Heaven: Progress and Its Critics* (Nueva York: W. W. Norton and Co., 1991).

a los principales periódicos de los Estados Unidos y a los materiales de importantes bibliotecas así como mantener una conversación con millones de usuarios desconocidos de varios servicios online. Cuando contemplo todas estas maravillas tecnológicas, me pregunto, como los demás usuarios: "¿Qué será lo siguiente? ¿Pueden realmente mejorar mucho estas cosas?". La respuesta de científicos y técnicos de todo el mundo es que todo va a ser mejor, más rápido y más fácil hasta que lo tengamos todo controlado.

La mayoría de los occidentales han trasladado este *hecho* de la constante mejora tecnológica al ámbito moral y sociológico. Es decir, partiendo del infinito progreso de la ciencia el hombre moderno ha deducido que, con tiempo, tecnología y cierto tipo de personas, podemos hacer del mundo un lugar mejor. Nuestros músicos cantan utópicas canciones que hablan de mejorar el mundo, y sus oyentes los creen. Es un hecho, naturalmente, que mi ordenador es mejor (¡menos cuando se corta el suministro eléctrico!) que mi antigua máquina de escribir. Sin embargo, por estupendos que sean nuestros adelantos tecnológicos, es evidente que nuestra sociedad no está mejorando.

De hecho, personalmente considero que sigue siendo más o menos la misma. Sigue habiendo una enorme discriminación por motivos de raza, rango socioeconómico y académico. El mito del progreso puede formar un sólido núcleo del modo en que la mayoría de las personas de clase media perciben el mundo que las rodea, pero esta teoría no es sino esto: un mito; es difícil pensar que nuestro mundo esté "mejorando" en todos los sentidos. Mi opinión es que esta perspectiva optimista condiciona el modo en que los occidentales leen la Biblia. Por otra parte, esta nos ha despojado, virtualmente, de la capacidad de entender y aplicar el sentido de la idea bíblica del fin como un violento acontecimiento de juicio y salvación. En otras palabras, el "mito del progreso" ha sustituido al "hecho del Juicio Final" en nuestra moderna percepción del futuro. Esta sustitución ha restado urgencia a nuestras exhortaciones y carácter a nuestras advertencias morales.

¿Qué podemos hacer? Antes he mencionado que muchos lectores de la Biblia de nuestro tiempo se sienten muy incómodos con ciertas presentaciones populares de escatología. Pienso en incontables predicadores y maestros que han salido a la luz pública, especialmente desde la Primera Guerra Mundial, afirmando que el fin de la historia estaba cerca para, pasado el plazo prescrito, descubrir desorientados que seguía su desarrollo.[18] Recuerdo a un predicador que, siendo yo adolescente, afirmó apasionadamente en nuestra iglesia que el arrebatamiento se produciría antes de 1973. Lo que se me pasó por la mente no fue si tenía o no razón (era un hombre muy persuasivo y confiado en lo que creía), sino si valía la pena que presentara mi solicitud para la universidad. Más sabio que el profeta, mi pastor me sugirió que siguiera estudiando, "por si el profeta se equivoca". Veintitrés años de preparación y estudio me han hecho más sabio y moderado con respecto a los profetas y sus predicciones.[19]

Podríamos poner numerosos ejemplos de este tipo de predicación y creencia proféticas. Algunos elementos pueden ayudarnos a entender las razones del abatimiento de unos y el cinismo de otros. Quienes predican sobre temas proféticos, y algunos de sus seguidores, han identificado muchos acontecimientos o personas de la actual escena mundial como un cumplimiento directo de las profecías bíblicas y, con el paso del tiempo, sus predicciones han demostrado ser falsas. Un ejemplo de esto sería la presentación de personajes como Hitler, Mussolini, Kissinger y Gorbachov como cumplimiento de las profecías sobre el Anticristo. Otros han tomado como referencia el restablecimiento de Israel como nación (1948) y han argumentado que en el plazo de una generación,[20] que normalmente se entiende como un periodo de entre 30 y 40 años, vendría el fin. Un tercer grupo está convencido de que el desarrollo del armamento nuclear, la crisis mundial

---

18. Jack Kuhatschek, *Taking the Guesswork Out of Applying the Bible* (Downers Grove, Ill.: InterVarsity, 1990), 145-46. Si se desea considerar un estudio más académico, ver R. A. Doan, *The Miller Heresy, Millennialism, and American Culture* (Filadelfia: Temple Univ. Press, 1987).

19. Hay un brillante análisis de los modernos profetas populares y sus creencias en Paul Boyer, *When Time Shall Be No More: Prophecy Belief in Modern American Culture* (Cambridge, Mass.: Harvard Univ. Press [Belknap], 1992). El expresidente Ronald Reagan era conocido por sus ocasionales comentarios sobre el cumplimiento de ciertos pasajes proféticos de la Escritura; pero se sabe menos del impacto que han tenido las creencias proféticas cristianas sobre las actuales políticas norteamericanas. Boyer explora este tema.

20. Para algunos, Mateo 24:34 indica que en el plazo de una generación tras el establecimiento de Israel como nación (explicado de un modo parabólico y erróneo a partir de Mateo 24:32-33), el Señor volverá.

del petróleo, la reciente Guerra del Golfo, o el sistema de códigos de barras para la identificación de los artículos de consumo son, todo ello, señales del fin.

Es comprensible que los cristianos experimenten una cierta apatía, y hasta cinismo, con respecto al conocimiento que tenemos del futuro; las interminables sugerencias y flexibilidad de estos profetas son más una demostración de su inventiva que de su fidelidad para interpretar correctamente la Biblia. Como cristianos, hemos de sostener la grandiosa visión de la Biblia: el establecimiento de la voluntad de Dios en la tierra, mientras aconsejamos a los profetas que se mantengan en el ámbito de aquello que puede realmente conocerse. Tristemente, hemos tenido tendencia a abandonar la creencia en la profecía o en el decisivo establecimiento de la voluntad de Dios. En lugar de desarrollar esta convicción, muchos cristianos han abrazado, de manera irreflexiva, el mito del progreso, o han abandonado toda esperanza de conocer nada sustancial sobre el futuro mediante la lectura de la Biblia.

Estos son los dos contextos en que el lector moderno encuentra una afirmación como la de 4:7 en el sentido de que "ya se acerca el fin de todas las cosas": o bien el de un entorno en el que el optimismo de nuestra era[21] acalla el clamor de un juicio final absolutamente justo, o una situación en que desarrollamos una actitud de cinismo con respecto a la posibilidad de conocer el plan de Dios para la historia, porque nos hemos quemado escuchando a (falsos) profetas que hablaban de un modo completamente inmoderado.

Significado Contemporáneo Aunque me siento desilusionado con los profetas de nuestro tiempo, sigo creyendo en una demostración de la justicia y del amor de Dios que pondrá a nuestro mundo de rodillas ytraerá al pueblo de Dios su recompensa final de incesante alabanza a Dios. Y sigo también creyendo que, por optimista que sea nuestro mundo, no está mejorando y que solo lo hará "mediante la inyección de su gracia y justicia por parte de Dios. Y espero con anticipación el día en que Cristo será alabado y reconocido como

---

21. Ver también W. A. Dyrness, *How Does America Hear the Gospel?* (Grand Rapids: Eerdmans, 1989), 61-81 (acerca del sueño americano).

Dios por todos, en que el león yacerá con el cordero, en que las espadas serán forjadas de nuevo para convertirse en instrumentos de paz, y en que personas de toda raza, tribu y sexo serán eternamente unidas y dejarán definitivamente aparcados milenios de hostilidades y prejuicios.

Pero creo que todo esto *solo sucederá por la gracia de Dios y por su intervención en la historia.* No creo que tengamos ni la capacidad (porque somos seres pecadores y limitados) ni la tecnología (porque la ciencia no puede cambiar la naturaleza humana) para hacer que todo esto suceda por nosotros mismos. Por mucho que trabajemos por la justicia y por la paz, en última instancia solo Dios puede producir los cambios que deseamos. Trabajamos y oramos, por tanto, por la soberana intervención de Dios: "Venga tu reino".[22]

Esperando con anticipación la llegada de aquel día, hemos de prestar atención a las exhortaciones a orar, amar, ser hospitalarios y ejercitar nuestros dones espirituales. Y debemos hacer estas cosas, *porque algún día seremos juzgados por el modo en que las hicimos.* A menudo me pregunto con cuánta frecuencia examinamos nuestras vidas en vista de la eternidad o del juicio justo e imparcial de Dios. En este momento, una vez más, nos hemos ido (muy probablemente) al otro lado del péndulo. No cabe duda de que los cristianos de generaciones anteriores estaban sujetos a demasiadas amenazas y sermones sobre el infierno. Ante esta herencia, nos hemos sentido avergonzados y hemos dejado completamente de lado el tema del juicio. Sin embargo, se trata de un tema fundamental para una perspectiva cristiana de la ética: Dios es el Juez y nosotros somos responsables ante él de nuestra conducta.

No hay duda de que si seguimos moviéndonos en esta dirección acabaremos olvidándonos de la santidad de Dios en nuestras percepciones de él y en nuestros ministerios de enseñanza y predicación. Pero la santidad de Dios debe llevarnos a confesar nuestros pecados, a arrepentirnos y a vivir vidas de temor delante de él (1:17). El juicio de Dios se basa en su santidad: *Dios es Juez porque es santo.* Es decir que porque es santo, y, simplemente, no puede soportar el pecado en

---

22. Ver también D. A. Carson, *How Long, O Lord? Reflection on Suffering and Evil* (Grand Rapids: Baker, 1990), 133-52.

su presencia, no tiene más remedio que actuar como Juez erradicando el pecado de su mundo y de su presencia.

Si somos capaces de suscitar una conciencia cristiana sobre la igualdad de género o la unidad racial, sin lugar a duda podremos, como cristianos, unirnos para recuperar una conciencia del santo juicio de Dios. No hace mucho, mi hijo (Lukas) y yo tuvimos un provechoso diálogo sobre lo que podríamos llamar "conversación cristiana": comentamos lo que como cristianos nos permitimos decir o escribir, o lo que apoyamos de lo que otros comunican. Lo que le dije fue: es posible que otros se permitan decir ciertas cosas, hacer cierta clase de bromas o utilizar ciertos recursos de comunicación, pero como cristianos hemos de aprender a comunicarnos *de acuerdo con el hecho de que algún día tendremos que responder ante Dios por el modo en que lo hayamos hecho.* Como padres cristianos hemos de comenzar a enseñar a nuestros hijos a vivir en vista del día del juicio. Necesitamos maestros de escuela dominical que enseñen con convicción que Dios es el Juez, y pastores que prediquen las terribles implicaciones de caer en manos de un Dios santo e indignado. Por otra parte, hemos de dejar de avergonzarnos de este mensaje. Estas cosas suscitarán primero una conciencia cristiana y, finalmente, una conciencia social en cuanto a vivir a la luz del fin.

Al leer 1 Pedro, veo una comunidad cristiana que se esfuerza por sobrevivir como tal ante la persecución. Personalmente, veo la importancia de que las comunidades cristianas sean amorosas para hacer frente a la incredulidad y a la oposición al evangelio. La oración, el amor, la hospitalidad y el ejercicio de los dones para el fortalecimiento mutuo son claros métodos para mantener la fe y sobrellevar la oposición a las Buenas Nuevas. El efecto de estos ministerios es, según nuestro texto, la alabanza de Dios por medio de Jesucristo (4:11).

Hemos de prestar especial atención a la *prominencia del amor.* Pedro dice, "sobre todo, ámense los unos a los otros profundamente, porque el amor cubre multitud de pecados". La expresión "sobre todo" habla de la prioridad y de la relevancia del amor como virtud cristiana, mientras esperamos el día del Señor y aprendemos a vivir teniendo en mente este acontecimiento. Es la estrella de las virtudes cristianas y merece toda nuestra atención y esfuerzo, que es lo que significa amarse "profundamente". Un amor por los demás que transforma una comunidad en una verdadera iglesia es más que una respuesta a aquellos que nos caen bien; es una virtud que domina nuestro pensamiento y que nos lleva a preguntarnos: "¿Cómo puedo actuar amorosamente para con esta persona?". Hay personas en nuestra iglesia con las que tenemos desacuerdos; ¿cómo respondemos amorosamente a estas personas? ¿Las ignoramos para eludir el conflicto? ¿Chismorreamos para fortalecer nuestro ego y desacreditar a la persona en cuestión? ¿Oramos contra ellas y sus ambiciones? ¿O las buscamos para crear reconciliación? ¿Oramos por ellas y sus ambiciones? ¿Nos dirigimos a ellas de manera bondadosa y hablamos de ellas del mismo modo? Cuando damos al amor un espacio prominente entre las virtudes cristianas, nos comportamos de manera distinta.

Y cuando nos domina "cubre multitud de pecados". Como hemos dicho antes, este proverbio implica que una comunidad amorosa es capaz de tolerar más diferencias, perdonar más errores y avanzar hacia oraciones más eficaces. Será, inevitablemente, una comunidad conocida por su hospitalidad y calidez. El amor es una perpetua solución a los problemas dentro de la comunidad cristiana. No es un recurso que solo tengamos que invocar de manera esporádica o pedirlo en oración cuando las cosas se nos escapan de las manos, sino *siempre* porque es la virtud "suprema".

1 Pedro 4:12-19

Queridos hermanos, no se extrañen del fuego de la prueba que están soportando, como si fuera algo insólito. ¹³ Al contrario, alégrense de tener parte en los sufrimientos de Cristo, para que también sea inmensa su alegría cuando se revele la gloria de Cristo. ¹⁴ Dichosos ustedes si los insultan por causa del nombre de Cristo, porque el glorioso Espíritu de Dios reposa sobre ustedes. ¹⁵ Que ninguno tenga que sufrir por asesino, ladrón o delincuente, ni siquiera por entrometido. ¹⁶ Pero si alguien sufre por ser cristiano, que no se avergüence, sino que alabe a Dios por llevar el nombre de Cristo. ¹⁷ Porque es tiempo de que el juicio comience por la familia de Dios; y si comienza por nosotros, ¡cuál no será el fin de los que se rebelan contra el evangelio de Dios!

¹⁸ «Si el justo a duras penas se salva,
    ¿qué será del impío y del pecador?».

¹⁹ Así pues, los que sufren según la voluntad de Dios, entréguense a su fiel Creador y sigan practicando el bien.

Sentido Original

Hasta ahora, Pedro ha trazado las glorias e implicaciones de la salvación (1:3–2:10) y ha explicado en detalle que los cristianos han de vivir de un modo honorable en el contexto de una sociedad hostil (2:11–4:11). En este punto, el apóstol pasa a considerar sus últimas preocupaciones. El tema principal de 4:12–5:11 gira en torno a exhortaciones basadas en la vida *en el seno* de la iglesia. Pedro habla nuevamente de sufrimiento; sin embargo, en esta ocasión añade una nota de urgencia.[1] A continuación, se dirige a los líderes de las iglesias (5:1-9) y concluye con una doxología (5:10-11).

---

1. Se ha defendido que 4:12-19 demuestra una situación nueva (y posterior) en que las experiencias de persecución parecen más presentes. En este sentido, C. E. B. Cranfield escribe: "En el pasaje anterior [se refiere a 3:14–4:6] la persecución parece todavía una posibilidad relativamente remota, mientras que, según parece, en esta sección, el juicio ya está comenzando" (*First Peter*, 100). No obstante, L. Goppelt (*1 Peter*, 310-12) sostiene que lo único que ha cambiado es el punto de vista del autor que ahora ve la situación como algo permanente, y su presentación es más concreta.

Pedro comienza *exhortando* a sus iglesias a que no se sorprendan por los sufrimientos que están experimentando (4:12); les hace una *contraoferta*: que se gocen en sus sufrimientos puesto que suponen participar del padecimiento y de la gloria de Cristo (4:13). Les recuerda la única *condición* (ya antes subrayada en 2:18-20; 3:13-17), a saber, que si han de sufrir, que sea por hacer el bien y no por una conducta rebelde (4:14-16). Por último, les recuerda el *fundamento* de su perspectiva del sufrimiento: han de vivir a la luz del juicio de Dios, no de los placeres terrenales (4:17-19).

Exhortación (4:12). Como en 2:11, Pedro señala el comienzo de una sección importante mediante la expresión "queridos hermanos" y exhorta a sus lectores a no extrañarse[2] por el "fuego de la prueba que están soportando". Es de suponer que a los primeros cristianos no les sorprendiera la oposición al evangelio (*cf.* 1 Juan 3:13); sin embargo, es probable que entre los oyentes de Pedro los acontecimientos hubieran dado un vuelco que los había tomado por sorpresa o los había dejado estupefactos. Pedro habla del "fuego de la prueba" (lit., "la ardiente ordalía que están pasando para ser probados", NRSV).[3] La palabra "prueba" denota una experiencia que puede ser positiva (Dios los está probando; *cf.* 1:6-7) o negativa (una vivencia dolorosa o una ocasión para la tentación). Aunque podría tratarse de esto último, el sentido principal se encuentra sin duda en la primera opción.[4]

Contrapropuesta (4:13). En lugar de quedar paralizados por estos acontecimientos y encerrarse en su extrañeza y en sus dudas, los lectores de Pedro han de "gozarse".[5] Sus vidas van a vincularse a los patrones de la vida de Jesús (2:18-25; 3:15, 16; 4:1; *cf.* Mr 8:34-38), los cuales han de configurar su actitud *fundamental* ante la persecución. Aunque ahora puedan sentirse un tanto sorprendidos por la intensidad de las presiones suscitadas por seguir a Jesús, estas mismas presiones

---

2. Pedro dijo antes que sus amigos paganos se "sorprendieron" de que los cristianos cambiaran su conducta moral (4:4).

3. En una de sus ediciones, la NIV ha traducido la expresión "fuego de la prueba" con la expresión "dolorosa prueba".

4. Así lo entienden también J. N. D. Kelly, *Peter and Jude*, 184-85; L. Goppelt, *1 Peter*, 313-14. El uso más claro de los dos sentidos de *peirasmos* (como "prueba" o "tentación") puede observarse en el pasaje de Santiago 1:12-14.

5. Ver la esclarecedora exposición sobre la alegría en medio del sufrimiento que ofrece L. Goppelt en su comentario *1 Peter*, 316-21.

se convierten en una oportunidad de "participar[6] en los sufrimientos de Cristo". Pablo enseñaba que sus sufrimientos completaban los de Jesús (Col 1:24) y, de igual modo, Pedro ve los sufrimientos de los creyentes corrientes como un vínculo especial con su Señor.

Pero esta actitud es solo una preparación: poder gozarnos ahora en medio del sufrimiento nos prepara para experimentar una "inmensa [...] alegría[7] cuando se revele la gloria de Cristo". Lo que en el presente parece injusto y difícil de afrontar puede convertirse en una celebración de alegría cuando se entiende que Jesús soportó lo mismo; sin embargo, esta alegre celebración no es nada en comparación con la inmensa alegría que experimentaremos cuando la gloria de Cristo (*cf.* 1P 1:5-7; 3:18-22) se manifieste para vindicar al pueblo de Dios y lo introduzca a su pura alegría, paz y amor (*cf.* Ro 8:18-21).

Condición (4:14-16). Tras elevar el espíritu de sus lectores, Pedro les recuerda ahora una importante condición para disfrutar de esta gloria final e inagotable: han de permanecer fieles en hacer el bien y no incurrir en ningún tipo de sufrimiento merecido. El tercer comentario (4:16) reitera el primero (4:14): es decir, ser bendecido al sufrir por el nombre de Cristo es esencialmente lo mismo que no avergonzarse de sufrir como cristiano. Estos dos comentarios rodean otro, que alude a no sufrir como malhechores (4:15).

El primer comentario habla de ser "insultado".[8] Teniendo en cuenta que la sociedad mediterránea del siglo primero era una cultura que concedía un gran valor al honor y la vergüenza,[9] un "insulto" era

---

6. El término griego es *koinoneite* y, por regla general se traduce "comunión con" (ver también, 5:1).

7. El griego dice "alégrense de tener parte en los sufrimientos de Cristo, para que también sea inmensa su alegría en la revelación de su gloria". La semejanza verbal del original se oscurece un poco cuando los traductores utilizan verbos distintos como "gozarse" y "alegrarse".

8. Los primeros cristianos eran frecuentemente objeto de insultos (*cf.* Mt 5:11-12; 27:44; Ro 15:3; Heb 11:26; 13:13). Ver el excelente resumen de C. Spicq, *Theological Lexicon of the New Testament*, 2:585-87.

9. Ver J. Plevnick, "Honor/Shame," en J. J. Pilch y B. J. Malina, *Biblical Social Values and Their Meaning: A Handbook* (Peabody, Mass.: Hendrickson, 1993), 95-104. El honor es un valor grupal por el que se expresa públicamente la valía y merecimientos de las personas; en este sentido, ser avergonzado (*cf.* nuestro texto, v. 16) es, o bien, la falta de expresión de este honor, o su ataque mediante críticas públicas. Para más información, ver B. J. Malina, *The New Testament World: Insight from Cultural*

mucho más que una forma de crítica. Las críticas pueden desviarse; sin embargo, ser afrentado y deshonrado lesiona de manera irreparable la propia imagen social. Por esta razón, en 4:16 Pedro pide al creyente que está sufriendo, "que no se avergüence". Lo que estos cristianos han de aprender a sobrellevar es la pérdida de su posición social que se produce con la conversión y acompaña a la vida cristiana (aunque esto no implica que antes pertenecieran a la clase alta).

En lugar de tomarse estos insultos de un modo personal, los lectores de Pedro han de considerarlos como una oportunidad para ver que son benditos (4:14), porque esto es lo que Jesús enseñó (Mt 5:10, 11-12; *cf.* 10:24-25). Pedro los exhorta, pues, a glorificar a Dios por el privilegio de identificarse con el nombre de Jesús (4:16); han de llevar con orgullo su nombre.[10] La razón por la que han de asumir esta postura ante la persecución es que "el glorioso[11] Espíritu de Dios reposa sobre ustedes" (4:14). Es decir, Dios los ha bendecido y han de glorificarle por la presencia de su Espíritu en ellos. Este "reposar" del Espíritu puede aludir a una presencia circunstancial (como en Mateo 10:20), pero es más probable que signifique su constante morada en la comunidad de los creyentes, puesto que este mismo Espíritu descansó en Jesús (Is 11:2; Mt 3:13-17). En especial cuando los santos están bajo tensión, este Espíritu revela el poder, la paciencia y la bondad de Dios para con aquellos que dan testimonio de estos acontecimientos (*cf.* 1 Pedro 2:12; 3:1, 16; *cf.* p. ej., Hechos 7:55).

Al margen de lo que suceda, no obstante, Pedro lanza una advertencia: "Que ninguno tenga que sufrir por asesino, ladrón o delincuente, ni siquiera por entrometido". Sufrir por el nombre de Cristo o por ser cristiano es aceptable, pero padecer por obrar mal es algo inaceptable y merecido. Una vez más, el contexto social subraya la importancia de las exhortaciones de Pedro: la familia cristiana está bajo severa

---

Anthropology (rev. ed.; Louisville: Westminster/John Knox Press, 1993), 28-62 (con extensa bibliografía). Nuestra cultura está, sin embargo, mucho más motivada por el sentido de culpa que por el del honor y la vergüenza.

10. En lugar de "nombre", algunos manuscritos consignan "cuestión" (ver J. R. Michaels, *1 Peter*, 257, 269-70).

11. Se establece una conexión especial entre el Espíritu y la gloria en 2Co 3:8, 17-18. Ver G. D. Fee, *God's Empowering Presence: The Holy Spirit in the Letters of Paul* (Peabody, Mass.: Hendrickson, 1994), 307-20.

amenaza de extinción, y cualquier conducta[12] que comprometa su ya difícil situación ha de evitarse. Como Pedro dice en 2:11-12, los cristianos han de vivir, más bien, vidas ejemplares (lo cual incluye sufrir por llevar a cabo sus tareas como cristianos), de modo que no haya causas justas de sufrimiento.

Fundamento (4:17-19). Los cristianos de Asia Menor han de gozarse por cuanto participan de los sufrimientos de Jesús; también tienen que asegurarse de que su sufrimiento no se deba a su mala conducta. Pedro da ahora el fundamento de ambas exhortaciones: *algún día tendrán que responder a Dios por su conducta*. Pedro comienza con la afirmación: "Porque es tiempo de que el juicio comience por la familia[13] de Dios" (4:17a). En 1 Pedro el tema del juicio ocupa un lugar importante y, como se observa en 4:7, sirvió de fundamento para motivar a los primeros cristianos a vivir fielmente delante de Dios (*cf.* 1:17; 2:23; 4:5).

El Antiguo Testamento informa a cualquier lector, sea a los judíos de la antigüedad o a los occidentales modernos que el juicio de Dios comienza por el pueblo de Dios.[14] Por ejemplo, Amós 3:2 dice: "Sólo a ustedes los he escogido entre todas las familias de la tierra. Por tanto, les haré pagar todas sus perversidades".[15] Aunque la amenaza del juicio se dirigía a todos, el juicio en sí comienza por el pueblo de Dios, y se manifestará en la salvación de los fieles y la condenación de los infieles. Tal condenación se extendería, a continuación, a todas las naciones de la tierra. A lo largo del Nuevo Testamento encontramos una similar amenaza de juicio universal (*cf.* Mt 25:31-46; 1Co 11:28; 2Co 5:10), y está claro que la Iglesia Primitiva veía la persecución como la primera etapa de este juicio escatológico (*cf.* Fil 2:28-30; 1Ts 3:3-4; 2Ts 1:4; todo el libro de Apocalipsis). Esta amenaza de juicio constituía la base de la exhortación a los cristianos para una vida fiel.

---

12. Sobre la lista de malhechores que el apóstol consigna en este pasaje, ver los extensos comentarios de J. R. Michaels, *1 Peter*, 266-8.

13. El término "familia" es una traducción de la palabra griega *oikos*, que normalmente se vierte como "casa". Es posible que Pedro tuviera en mente el templo de Jerusalén y que el inminente juicio de Dios iba a comenzar por ahí. Ver los comentarios de J. R. Michaels, *1 Peter*, 271, pero ver también L. Goppelt, *1 Peter*, 329.

14. Ver la lúcida exposición de este tema en E. G. Selwyn, *1 Peter*, 299-303.

15. Ver también Jer 7–9;

No basta con decir que el juicio final comenzará por la familia de Dios: hemos de entender que esta *persecución es el comienzo* de dicho juicio.[16] En otras palabras, la persecución que están experimentando estos cristianos es el instrumento que Dios utiliza para purificar a su pueblo y prepararlo para su despliegue final de salvación, ya que a través del sufrimiento los hace aptos para este juicio. En este sentido, por ejemplo, Pablo dice en 1 Corintios 11:32: "Pero si nos juzga el Señor, nos disciplina para que no seamos condenados con el mundo".[17] Este podría ser el contexto para entender 1 Pedro 4:1: el sufrimiento purifica a los cristianos del pecado. Por tanto, lo que Pedro está diciendo aquí está tan relacionado con la persecución y con el sufrimiento como con el juicio final, aunque ambas cosas están estrechamente relacionadas. Aquellos que son purificados por medio del sufrimiento son los que heredan la salvación final.

En vista de esta declaración, Pedro exclama, pues, de manera retórica: "Y si comienza por nosotros, ¡cuál no será el fin de los que se rebelan contra el evangelio de Dios!" (4:17b). Es decir, si se trata de un juicio tan severo que asesta un duro golpe a los que forman parte de la familia de Dios, entonces los paganos, que no tienen ninguna conexión con el pueblo de Dios ni con la salvación, serán completamente destruidos (*cf.* 2:7-8). En 4:18 el apóstol insiste de nuevo en esta pregunta retórica, planteando otra interrogante que en esta ocasión se inspira en Proverbios 11:31: "Si el justo a duras penas se salva, ¿qué será del impío y del pecador?".[18]

La severidad del juicio divino lleva a Pedro a exhortar a estos cristianos a someterse a Dios viviendo una buena vida (4:19). Si es la voluntad de Dios que algunos sufran, estos deben, como Jesús (2:23), rendirse al fiel Creador. La construcción de Pedro deja claro que estos cristianos que sufren han de expresar su confianza por medio de sus buenas obras o en el contexto de estas. Es decir, han de vivir de manera honorable dentro de su contexto cultural (2:11-12; 2:13–3:12) de tal manera que no haya lugar para acusarlos de pecaminosidad y

---

16. Ver L . Goppelt, *1 Peter*, 330-32.
17. Ver además 2 Baruc 32:5.
18. La NVI traduce así Proverbios 11:31: "Si los justos reciben su pago aquí en la tierra, ¡cuánto más los impíos y los pecadores!". Pedro cita la versión de este versículo de la Septuaginta (omitiendo la innecesaria partícula *men*).

rebeldía. Como ha escrito Goppelt: "Esta 'entrega' del propio ser al Creador, que libera a la persona del temor, se produce en una situación de peligro de perder la vida, y se lleva a cabo por medio de la oración y la acción que surge de una fe esperanzada".[19]

Construyendo Puentes Una vez más, estamos ante un texto cuyo sentido principal es considerablemente remoto con referencia a la experiencia normal de la mayoría de los occidentales. Aunque de vez en cuando se oye alguna noticia de sufrimiento en el nombre de Cristo, en el mundo occidental, este tipo de informes solo son notables por su anormalidad. Para las iglesias de Pedro, no obstante, este tipo de experiencias eran la norma. Hemos, pues, de proteger nuevamente la integridad del texto y expresar un adecuado respeto hacia aquellos hermanos y hermanas que, por todo el mundo y a lo largo de la historia de la iglesia, han padecido verdaderamente en el nombre de Jesús. Esto significa que no hemos de degradar el mensaje de este texto en nuestro apresuramiento por hacerlo relevante. ¿Qué sabe realmente de sufrimiento un hombre de negocios cristiano que conduce un automóvil de lujo, tiene acceso a personas influyentes dondequiera que se encuentra (en el automóvil, en el campo de golf, en su casa, en el trabajo), se permite vacaciones de ensueño varias veces al año a lugares exóticos y se compra todo lo que se le pasa por la cabeza? Pretender hacer pertinente este pasaje a personas de este perfil, sugiriendo que dar el diezmo de lo que ganan les impide avanzar en los mercados es, en mi opinión, mofarse de los millones de cristianos que han experimentado enormes sufrimientos por el mero hecho de serlo y por querer reunirse con sus hermanos para adorar a Dios.

Hay, sin embargo, en este pasaje un concepto que puede ayudarnos a hacer una transición a nuestro contexto moderno, a saber, el de honor-vergüenza. Aunque sería absurdo pensar que nuestro mundo occidental es tan sensible al honor o la vergüenza como la cultura mediterránea de la antigüedad, estos valores no están del todo ausentes de nuestro mundo moderno. Cuando un nuevo empleado asume las tareas de otro que deja el puesto vacante, este antiguo trabajador puede

19. L. Goppelt, *1 Peter*, 336.

experimentar una sensación de "falta de prestigio" o "vergüenza" si el nuevo es más competente que él en el desempeño de sus tareas, mientras que conservará un sentido de honor y dignidad si aquél no es capaz de desempeñar sus funciones con la misma competencia que él. Cuando un progenitor descubre que uno de sus hijos sabe más que él, o puede llevar a cabo una tarea con mayor eficiencia y destreza, puede tener una sensación de inferioridad y sentir, por ello, una cierta vergüenza. Cuando tu pastor te pide la opinión sobre cierto programa o plan de la iglesia, puedes sentirte honrado, incluso elevado en tu estatus, porque alguien como el pastor tenga en cuenta tu punto de vista. Estos son ejemplos que muestran la presencia de honor y vergüenza en nuestra cultura.

Podemos presentar este texto de un modo más relevante en aquellas ocasiones en que se rebaja nuestra posición (somos avergonzados) o se nos promociona (somos honrados) por nuestra lealtad a Jesucristo. Hace poco escuché a un jugador profesional de béisbol explicando su vergüenza por la permanente amenaza de huelga de la Asociación de Jugadores y que había perdido el respeto de otros jugadores por su oposición a esta decisión. Este hombre estaba preocupado por la impresión de codicia y prioridades materialistas que los jugadores estaban dando a nuestra sociedad y a su juventud, y su opinión sobre estas cuestiones se basaban en su fe cristiana. Esta pérdida de su "imagen" con el consecuente desprestigio que generaron sus convicciones fue un resultado directo de su fe. Imaginémonos cómo se le trataría a lo largo de toda la temporada. En casos como este, creo que estamos llevando el texto de Pedro directamente a nuestro mundo, por distinta que pueda ser la situación entre ambos contextos.

No cabe duda de que los cristianos del primer siglo sufrieron atropellos y ultrajes en una medida que nosotros probablemente nunca experimentaremos. Sin embargo, no está de más intentar encontrar analogías de esta ocasional presencia de afrentas en nuestra sociedad por el hecho de ser cristianos. Esto puede suceder cuando un supervisor defiende ante los trabajadores la honestidad en lugar de la avaricia o la equidad en lugar de los beneficios, cuando un obrero cristiano opta por respetar a un empresario en lugar de enfrentarse a él, cuando uno de los miembros de la familia pierde poder o influencia dentro de la estructura familiar por su conversión a Cristo, o cuando un estudiante cristiano se niega a participar del espíritu partidista del campus universitario. En cada uno de estos casos, la alternativa cristiana puede abocar al oprobio y a la pérdida de estatus e influencia; este tipo de desprecio ha de soportarse con alegría.

En 4:15, Pedro consigna ciertos tipos de sufrimiento que los cristianos no deben experimentar. Lo que le preocupa es su causa, y lo que dice, de hecho es, "que no tengan que sufrir porque lo merezcan". Esto no significa que puedan llevar a cabo estas cosas siempre que las autoridades no se enteren, sus acciones no causen problemas a la iglesia o les produzcan sufrimiento a ellos mismos. En otras palabras, este texto puede aplicarse de manera indirecta: por ejemplo, si Pedro establece estas prohibiciones para evitar que las iglesias sufran por hacer cosas malas, se deduce que estas no deben hacer estas cosas ni siquiera cuando la perspectiva del sufrimiento sea menos probable. Por otra parte, este tipo de prohibiciones se basan en la ley de Moisés y en principios bíblicos generales. Esto hace que su aplicación tenga que ser incluso más directa.

Significado Contemporáneo

Si este texto habla de aprender a sobrellevar el oprobio del que podemos ser objeto por seguir a Cristo, hemos de comenzar esta sección descubriendo la trascendencia contemporánea de este texto. Dicho de otro modo, podemos trazar ciertas directrices de lo que sucede cuando sentimos que perdemos prestigio por confesar nuestra adhesión a Jesucristo y enumerar algunas consideraciones para cuando tengamos que hacer frente al oprobio que resulta de este hecho. Entre los principios que podemos enumerar, algunos de los cuales podrían ser más pertinentes que otros (dependiendo de cada persona y situación), estarían los nueve siguientes.

(1) Los cristianos no deben sorprenderse si, por causa de su fe, se ven abocados al oprobio y a la pérdida de reconocimiento social (4:12). Lejos de asombrarse, deben saber que, a lo largo de su historia, el pueblo de Dios (Israel y la iglesia), siempre ha sufrido la oposición del Príncipe de las Tinieblas, la carne y aquellos humanos

que se niegan a sujetarse a Dios. La persecución aparece de manera constante y abundante en la historia cristiana, ya sea que pensemos en personajes ilustres como José, Moisés, Elías, Jeremías, Jesús o los apóstoles, o en cristianos corrientes que viven en China o en algunos países musulmanes. No deberíamos sorprendernos cuando la persecución haga acto de presencia.

(2) La experiencia del oprobio por el nombre de Jesús debe entenderse como una prueba que nos prepara para el juicio final de Dios (4:12). Aunque es posible que Pedro haya tomado prestado este tema de la escatología judía, donde la persecución es un instrumento que nos prepara para el tiempo del fin, habla a la condición humana siempre que los cristianos soporten un sufrimiento injusto. Nuestras vidas nos preparan ahora para el examen final que Dios llevará a cabo; incluso nuestro sufrimiento es un recurso del que Dios se sirve a fin de alistarnos para su presencia.

(3) Los cristianos deben agradecer la oportunidad de compartir los sufrimientos de Cristo (4:13). Darnos cuenta de que esta pérdida de estatus nos introduce al compañerismo con Jesús debería hacer que el sufrimiento nos fuera mucho más llevadero. Jesús ha ido delante de nosotros, ha sufrido como nosotros, ha perseverado y nos da ánimo para que sigamos y, según las categorías de Hebreos 4:14-16, es un compasivo sumo sacerdote que intercede por nosotros.

(4) Los cristianos han de poder trascender su dolor presente reflexionando sobre la trascendente gloria que aguarda al pueblo de Dios (4:13; *cf.* 1:3-9). Saber que hay algo infinitamente mayor en su esperanza es un gran consuelo para el que sufre. A pesar de las injusticias, hay una gloria para los cristianos, porque Dios es justo. "Esto significa que [los cristianos] no siempre tienen respuestas fáciles; lo que sí tienen es una confianza razonable en aquel que sí las tiene y posee, además, el poder para imponerlas. Dios dirá la última palabra; esta es nuestra atrevida confianza".[20]

(5) Aunque la ansiedad y la preocupación, con su carga de temor, aparecen siempre que los cristianos han de hacer frente al sufrimiento,

---

20. D. A. Carson, *How Long, O Lord? Reflections on Suffering and Evil* (Grand Rapids: Baker, 1990), 151.

estos deberían ser capaces de dar gracias a Dios por el Espíritu, que los capacitará para seguir haciendo el bien y glorificando a Dios (4:14). Jesús enseñó esto (Mt 10:20) y, evidentemente, lo vivió (caps. 26–27); otros cristianos han dado testimonio de la misma confianza y gratitud que expresó Esteban (Hch 7:54–8:1).

(6) Cuando el cristiano afronta el sufrimiento, ha de recordar que debe velar por su buena conducta y protegerla encarecidamente (4:15). Pase lo que pase, nos recuerda Pedro, hemos de cuidarnos de no destruir la causa del evangelio con perversas obras del mal. Una vez más, la sabiduría cristiana nos enseña que no hay nada tan destructivo para la gloria de Dios y para el crecimiento del evangelio como los pecados de su pueblo, en especial los de los líderes cristianos bien conocidos.

(7) Cuando son objeto de injusticias por seguir a Jesús, los cristianos han de quitar los ojos de sí mismos, soportar el oprobio y volver su mirada hacia la gloria de Dios (4:16). La vergüenza y el oprobio son la esencia de la presión social, y esta no debe vencer jamás nuestra determinación de ser personas obedientes, amorosas y apacibles. Hemos de aprender a poner a un lado lo que piensan los demás y ocuparnos solo de lo que piensa Dios.

(8) Puesto que los cristianos saben que el día del juicio final es todavía futuro y está firmemente establecido en el calendario de Dios, han de afirmar su determinación de obedecerle ante el sufrimiento y la injusticia (4:17-18). Han de desarrollar una obstinada actitud en el sentido de que, pase lo que pase, han de vivir su vida a la luz del juicio de Dios. La cuestión no es si lo sabe la Agencia Tributaria Estatal, el jefe o la familia; Dios lo sabe. Y puesto que Dios lo sabe todo, hemos de aprender a someter cada aspecto de nuestra vida a su valoración final.

(9) Por último, cuando afrontan sufrimiento en el nombre de Cristo, los cristianos han de seguir haciendo buenas obras como expresión de su confianza (4:19). En la Biblia, la obediencia no es un apéndice de la fe, sino que ambas cosas están tan unidas que son inseparables. Los creyentes son obedientes y los obedientes creen. Por tanto, Pedro exhorta a sus lectores a encomendarse al fiel Creador, viviendo una vida de buenas obras pase lo que pase.

1 Pedro 5:1-5

A los ancianos que están entre ustedes, yo, que soy anciano como ellos, testigo de los sufrimientos de Cristo y partícipe con ellos de la gloria que se ha de revelar, les ruego esto: ² cuiden como pastores el rebaño de Dios que está a su cargo, no por obligación ni por ambición de dinero, sino con afán de servir, como Dios quiere. ³ No sean tiranos con los que están a su cuidado, sino sean ejemplos para el rebaño. ⁴ Así, cuando aparezca el Pastor supremo, ustedes recibirán la inmarcesible corona de gloria.

⁵ Así mismo, jóvenes, sométanse a los ancianos. Revístanse todos de humildad en su trato mutuo, porque

«Dios se opone a los orgullosos,
pero da gracia a los humildes».

Sentido Original

El peligro del sufrimiento ha ocupado la atención de Pedro. Desde el principio de la carta (1:3-12) hasta el final del capítulo 4, el apóstol ha exhortado a sus iglesias a vivir vidas fieles a Dios, situando sus consejos y observaciones en un trasfondo de persecución. Tras pronunciar su última exhortación a las iglesias a sufrir como cristianos (4:12-19), Pedro se dirige ahora a ciertos grupos específicos dentro de las congregaciones para darles instrucciones especiales (5:1-5), tras lo cual concluirá con algunos comentarios finales (5:6-14). Esta sección contiene tres unidades: una dirigida a los "ancianos" (5:1-4), otra a los "jóvenes" (5:5a) y una última orientada a "todos" (5:5b). Puesto que las tres secciones están unidas por una forma común,[1] las trataremos juntas.

Las palabras a los ancianos comienzan con *el fundamento de una exhortación* (5:1), proporciona *una exhortación* (5:2-3) y concluye

---

1. Es decir, cada sección se dirige a un grupo específico con instrucciones específicas para este grupo único. Los versículos que siguen (5:6-14) no se dirigen a un grupo específico. Por ello, esta sección recoge primero instrucciones para dos grupos concretos y, después, para todo el cuerpo. Aunque su preocupación por grupos específicos asemeja este pasaje a 2:13–3:12, su acento en colectivos dentro de la iglesia, en contraste con la sociedad, le da una orientación distinta.

con una *promesa* para aquellos que la cumplen (5:4). La alocución dirigida a los "jóvenes"[2] consta de *un ruego a someterse* (5:5a). La tercera unidad, dirigida a "todos", es *una exhortación a la humildad* y concluye con *una razón para esta exhortación* (5:5b).

Palabras a los ancianos (5:1-4). Pedro comienza definiendo su propia relación personal con los ancianos (5:1), y esto sirve de *base* para sus exhortaciones: Pedro se presenta diciendo que es "anciano como ellos, testigo de los sufrimientos de Cristo y partícipe con ellos de la gloria que se ha de revelar".[3] El apóstol cita tres rasgos que tienen en común: (1) Todos ellos son ancianos,[4] (2) testigos[5] de los sufrimientos de Cristo y (3) todos ellos participarán de la gloria futura.

Que Pedro se describa como "anciano como ellos" es una afirmación que refleja modestia (también es un apóstol; *cf.* 1:1) y empatía. Como anciano, conoce bien las tentaciones y las alegrías que experimentan estas personas. Y, lo que es más importante, conoce la esencia del llamamiento que va a explicar en 5:2-3. Aunque puede argumentarse que Pedro se coloca a su nivel, es más probable que esté elevando su ministerio c incorporando el trabajo de ellos al suyo. Como "testigo"

---

2. Sobre si el término "jóvenes" hace referencia únicamente a los varones, ver debate a continuación.

3. La NIV no traduce la partícula conclusiva con que comienza este versículo; el griego tiene *oun* ("así; por consiguiente"). La NRSV parece entender que se trata de una partícula introductoria. Es posible que Pedro viera la conexión lógica del modo siguiente: "En vista del juicio futuro que comenzará con la casa de Dios, y puesto que los ancianos son responsables de ella, les exhorto a ustedes ancianos a que sean fieles en la tarea que Dios les ha encomendado". No obstante, ciertos manuscritos omiten completamente esta palabra griega, lo cual puede explicar por qué la NIV no la consigna.

4. Pedro utiliza una palabra griega poco común, *sumpresbuteros*; ver J. R. Michaels, *1 Peter*, 279-80. Sobre los ancianos en la Iglesia Primitiva, ver R. Alastair Campbell, *The Elders: Seniority Within Earliest Christianity* (Studies of the New Testament and Its World; Edimburgo: T. & T. Clark, 1994).Campbell sostiene que, aunque impreciso, el término "anciano" hace referencia principalmente a la posición de los cabezas de familia y al estatus de reconocimiento que estas personas tenían en las primeras congregaciones domésticas.

5. La partícula *sym* no se consigna explícitamente junto al término "testigos" pero está claramente implícita puesto que hay un solo artículo conectando ambos nombres: es "co-anciano y testigo". De lo cual se deduce, pues, que esta misma relación la tienen también los "partícipes". Por otra parte, para Pedro tiene poco sentido apelar a las iglesias en virtud de su relación con ellas si es totalmente diferente de la que tienen los ancianos en ellas.

de los sufrimientos de Cristo,[6] Pedro puede pedirles que soporten las dificultades, el sufrimiento y la persecución apelando al ejemplo de Jesús (2:18-25; 3:18; 4:1, 13). Es decir, tanto Pedro como los demás ancianos predican la relevancia de los sufrimientos de Jesús (como el apóstol ha hecho de manera tan admirable) y soportan el mismo tipo de padecimientos. Puesto que Jesús fue vindicado por Dios, sabe que tanto él como todos los ancianos fieles participarán[7] de "la gloria que se ha de revelar". El apóstol parece estar pensando de nuevo en la importante conexión que ha hecho entre el sufrimiento y la glorificación (*cf.* 4:13) y espera el galardón del anciano (5:4).

Tras establecer los rasgos comunes a todos los ancianos, Pedro pasa a la *exhortación* misma (5:2). Ésta consta de una *exhortación general* ("Cuiden como pastores el rebaño de Dios que está a su cargo") y de varios *ejemplos específicos* de ella ("No por obligación ni por ambición de dinero, sino con afán de servir, como Dios quiere. No sean tiranos con los que están a su cuidado, sino sean ejemplos para el rebaño"). Estos ejemplos comienzan con una expresión general ("velando por él [el rebaño]"LBLA) y pasa a tres ilustraciones que contienen un aspecto negativo y otro positivo.

Los ancianos son responsables de pastorear el rebaño de Dios (5:2). A lo largo de la Biblia, y principalmente porque Israel era una nación formada por comunidades agrícolas, la tarea de los dirigentes se describía metafóricamente como una actividad parecida a la que desarrollaban los pastores. Así como los pastores cuidaban a sus rebaños, los dirigentes de Israel tenían que cuidar a los israelitas. Todo esto se fundamenta en la descripción de Dios como Pastor de su pueblo. Aparte del conocido Salmo 23 (que alude a la relación del Señor con David), tenemos el importante uso que se hace de esta imagen en Isaías 40:11 (Dios/Israel), Jeremías 23:1-4 (los corruptos pastores de Israel serán sustituidos por buenos cuidadores del pueblo); Ezequiel 34:1-10

---

6. Algunos sostienen que Pedro alude aquí a "testigos oculares"; sin embargo, como sostienen otros, el apóstol tiene en mente a alguien que da testimonio de los sufrimientos de Cristo en sus efectos salvíficos y paradigmáticos y que participa de este sufrimiento en su experiencia (así lo entiende J. N. D. Kelly, *Peter and Jude*, 198-99; L. Goppelt, *1 Peter*, 341-42; J. R. Michaels, *1 Peter*, 280-81).

7. Algunos sostienen que Pedro está aludiendo a su experiencia de la Transfiguración (*cf.* Mt 17:6; 2P 1:16–21). Sin embargo, la gloria que describe en este texto es algo futuro.

(Dios rescatará a su pueblo de pastores egoístas); Zacarías 11:4-18 (un pastor abnegado y fiel es sustituido por otro despreocupado e inútil); Mateo 9:35-38 (Jesús nombra nuevos pastores para su pueblo); Juan 10:1-18 (Jesús es el buen pastor); y Juan 21:15-17 (Pedro ha de ser un pastor).

Pedro exhorta a quienes comparten con él la tarea pastoral a que cuiden del rebaño que Dios les ha encomendado. Es casi seguro que el apóstol tiene en mente el papel que desempeñan los dirigentes individuales en una determinada iglesia doméstica, a saber, pastorear aquella comunidad como un grupo asignado por Dios.[8] Sin duda, Pedro pone fin a cualquier sentido de posesión afirmando que se trata del "rebaño de Dios", no del suyo.

Pedro prosigue enumerando, mediante un contraste de pares, ejemplos específicos de lo que el pastoreo debe o no suponer. Esta enumeración comienza con una expresión que resume lo dicho en 5:2a y desarrolla la idea de pastoreo: "Velando por él [el rebaño]" (LBLA).[9] Su ministerio de dirigir aquellas iglesias consistía en

No tenía que ser	Tenía que ser
por obligación,	sino voluntariamente, como Dios quiere (NIV, RV60; LBLA, BTX)
ni por ambición de dinero	sino con afán de servir
no sean tiranos con los que están a su cuidado	sino sean ejemplos para el rebaño

En este pasaje, Pedro enumera algunas de las tareas y características personales de los dirigentes de la Iglesia Primitiva (como lo hace Pablo en sus palabras sobre los ancianos en las cartas pastorales). En la iglesia, el servicio debía realizarse con una motivación adecuada,

---

8. En griego, la expresión es "el rebaño de Dios entre ustedes": o sea, aquella parte de su rebaño que Dios les ha asignado.

9. El término "pastores" traduce la palabra griega *episkopos*, otra popular designación para los dirigentes de la iglesia en las primeras comunidades locales (ver, p. ej., Hch 20:28; Fil 1:1; 1Ti 3:2; Tit 1:7). Quienes quieran ahondar en su estudio, ver L . Coenen, "Bishop, Presbyter, Elder," en *NIDNTT*, 1:188-92 (obispo), 192-200 (anciano), y la extensa bibliografía de las pp. 200-201.

es decir, por propia voluntad;[10] y con un sentido del llamamiento divino, no por un sentir de obligación interna o externa. Como dice E. G. Selwyn: "Especialmente en las cuestiones espirituales existe una enorme diferencia entre el hombre que desarrolla su tarea solo porque tiene que hacerlo, y el que lo hace voluntariamente, como sirviendo a Dios".[11] Si, como tantos piensan, la edad jugaba un papel decisivo en la asignación del ministerio pastoral, entonces la disposición y entusiasmo personal son aún más importantes.

Aparte de la obligación, la ambición crematística es también una indigna motivación para dirigir en la casa de Dios. Jesús no tenía ingresos fijos y, por consiguiente, tenía que confiar en Dios para su sostenimiento diario (Mt 6:11, 25-34; 8:20), y enseñó a sus discípulos que ellos también tenían que vivir por fe (10:8-13). Esta escrupulosidad de la Iglesia Primitiva sobre la reputación y el ministerio no realizado por ambición lleva a Pedro a reflexionar sobre la importancia de este mismo principio: los ancianos no deben servir en las iglesias por ambición,[12] sino llevar a cabo su ministerio con afán de servir. Esta preocupación de Pedro deja posiblemente traslucir un período en que a los ancianos de las iglesias locales se les pagaba un sueldo fijo, aunque puede que él esté pensando en donaciones especiales a cambio de sus ministerios. Es más, sus instrucciones tienen que ver con el impacto social que tenía el modo en que los ministros cristianos se ganaban la vida (*cf.* 2:11-12).

Por último, Pedro insta a los ancianos a dirigir por medio del ejemplo, no por la autoritaria dominación de sus iglesias.[13] Una vez más, el apóstol parece reflejar un dicho de Jesús (Mr 10:42). El poder, hoy como en el primer siglo, es adictivo. Conduce a motivos indignos y

---

10. Ver exposición al respecto en J. R. Michaels, *1 Peter*, 284.

11. E. G. Selwyn, *1 Peter*, 230.

12. Que el apoyo a los obreros itinerantes era un asunto candente puede verse en R. F. Hock, *The Social Context of Paul's Ministry: Tentmaking and Apostleship* (Filadelfia: Fortress, 1980), 52-59. También Pablo se preocupaba por lo que los demás pudieran pensar de que él recibiera dinero. Ver S. McKnight, "Collection for the Saints," *DPL*, 143-47; P. W. Barnett, "Tentmaking", *DPL*, 925-27; J. M. Everts, "Financial Support," *DPL*, 295-300.

13. Pedro utiliza el término *kleroi* para describir la esfera de su ministerio; esto alude muy probablemente a una iglesia concreta. Ver, p. ej., F. W. Beare, *1 Peter*, 200; J. R. Michaels, *1 Peter*, 285-86.

corrompe las decisiones que deben tomarse bajo la dirección del Espíritu. En lugar de buscar encarecidamente los planes de Dios, los dirigentes con ansias de poder se concentran en los suyos, haciendo todo lo que pueden para incrementar su reputación. Pedro insta a los ancianos a liderar por medio del ejemplo, como Jesús mismo lo hizo con ellos (1P 2:18-25). Obsérvese que Pablo había sido un "ejemplo" para sus iglesias de distintas formas (1Co 11:1; Fil 3:17; 4:9; 1Ts 1:7; 2Ts 3:9; 1Ti 3:9; Tit 2:7).

La exhortación de Pedro a los ancianos para que desarrollen sus ministerios con motivaciones adecuadas en su relación con ellos se fundaba en su relación con ellos (5:1); ahora los motiva a una conducta apropiada, apelando a la *promesa* de la corona que recibirán por el fiel desempeño de su vocación (5:4): "Así, cuando aparezca el Pastor supremo, ustedes recibirán la inmarcesible corona de gloria". Aunque Pedro es un "anciano como ellos" (5:1), es no obstante un "pastor" sujeto a la supervisión del propio Jesús (*cf.* 2:25). Una vez más, esta concepción de los demás ancianos como iguales refleja un importante dicho de Jesús: Todos somos hermanos, y hay un solo Maestro (Mt 23:8-12). Cuando Jesús regrese como Salvador y Juez (*cf.* 1P 1:3-5, 9, 13, 20; 2:12; 3:9-12; 4:5-6, 7, 13, 17-19), les dará (*cf.* 1:9) una "corona de gloria" por su fidelidad a él. Es poco acertado pensar que se trata de una corona física; la corona en cuestión es más bien la gloria de ser aceptado por Dios:[14] una recompensa para aquellos ancianos que se conducen como tales sirviendo bajo la autoridad divina a aquellos que Dios ha puesto bajo su cuidado. Hasta entonces, han de servir movidos por el llamamiento de Dios y por la alegría que procede de llevar a cabo su obra.

14. Al "de" en la expresión "de gloria" se le llama genitivo epexegético o aposicional y tiene el sentido de: la corona que es gloria. En español tenemos una expresión parecida cuando hablamos de beber el cáliz de la amargura; el cáliz es en sí la experiencia de la amargura. Quienes deseen considerar una excelente exposición sobre el tema de las recompensas, pueden ver C. L. Blomberg, "Degrees of Reward in the Kingdom of Heaven," *JETS* 35 (1992): 159-72. Blomberg descarta la idea de que los cristianos vayan a distinguirse eternamente unos de otros por algún sistema de recompensas.

Palabras a los jóvenes (5:5a). Pedro se dirige ahora a otro grupo, los "jóvenes", instruyéndolos a que, "así mismo,"[15] estén "sujetos a los mayores". Algunos han sugerido que estos "jóvenes" no son únicamente los más jóvenes de edad, sino que aluden a un grupo más específico dentro de las iglesias: los "candidatos a anciano".[16] Pero no tenemos datos fehacientes de que existiera un grupo de estas características en las primeras iglesias.

¿Se está dirigiendo Pedro con esta expresión solo al colectivo de hombres jóvenes? Es posible, aunque la mayoría de eruditos defienden[17] que está hablando genéricamente de todos aquellos que están bajo la autoridad de los ancianos, tanto hombres como mujeres. Puesto que, posiblemente, Pedro no tiene en mente a un grupo específico de jóvenes que están a la espera de asumir la tarea de ancianos, me parece mejor dar al término "jóvenes" un sentido genérico alusivo *a todos los miembros de las congregaciones domésticas*. Además, si los ancianos eran de hecho los únicos dirigentes de estas congregaciones, entonces los demás integrantes no solo eran los hombres jóvenes, sino que también había mujeres. De hecho, si seguimos esta línea, es probable que quedaran más mujeres que hombres. En cualquier caso, los más jóvenes han de sujetarse a los ancianos. Dividir a las iglesias por edades puede parecernos extraño; sin embargo, en "el mundo antiguo, la división de la sociedad entre personas mayores y jóvenes [...] estaba tan asumida como entre hombres y mujeres, libres y esclavos, etc.".[18]

El consejo a este grupo es que escuchen la sabiduría de los ancianos y vivan de acuerdo con su instrucción; es decir, tienen que "someterse". Como se pone de relieve en 2:13, el término *sumisión* debe entenderse como "vivir conforme a cierto orden constituido", en este caso, el establecido por las directrices de los ancianos. Y puesto que estos últimos ya han sido instruidos para dirigir, no por medio de la domina-

---

15. La expresión "asimismo" conecta 5:5 con 5:1-4; la conexión parece ser que, igual que los ancianos tienen que cumplir una tarea ordenada por Dios, también deben hacerlo los jóvenes. Los ancianos dirigen sus congregaciones, y, del mismo modo, los jóvenes han de vivir en línea con sus instrucciones.

16. Algunos han apelado a Hechos 5:6 o Lucas 22:26. Ver la exposición de L. Goppelt, *1 Peter*, 350.

17. Así lo entiende E. G. Selwyn, *1 Peter*, 233; L. Goppelt, *1 Peter*, 350-51; J. R. Michaels, *1 Peter*, 289.

18. J. N. D. Kelly, *Peter and Jude*, 205.

ción sino a través del ejemplo, podemos asumir que la sumisión no era una tarea onerosa: era más bien algo gozosamente aceptado por quienes querían vivir de acuerdo con la voluntad de Dios. Si era posible que las iglesias adoptaran una posición contra las autoridades gubernamentales (ver en 2:13-17), lo era también que los miembros jóvenes de las iglesias quisieran resistirse a la autoridad de los ancianos.[19]

Palabras dirigidas a todos (5:5b). Por último, Pedro se dirige tanto a los ancianos como a los miembros más jóvenes de las iglesias con estas palabras: "Revístanse todos de humildad en su trato mutuo, porque 'Dios se opone a los orgullosos, pero da gracia a los humildes'". Sean dirigentes o cristianos de a pie, ancianos o jóvenes, han de desarrollar una actitud humilde y respetuosa los unos hacia los otros. Pedro ha dado a entender esto en 3:8-12 y 4:7-11; y ahora lo hace más explícito. Los ancianos no deben adoptar una posición de domino ni los miembros más jóvenes rebelarse contra su autoridad, sino más bien respetarse mutuamente los unos a los otros. Los ancianos llevan a cabo su servicio a modo de liderazgo, mientras que los miembros jóvenes lo hacen de conformidad con las normas de los ancianos.

De nuevo, Pedro fundamenta sus exhortaciones en el intimidatorio juicio de Dios (ver en 4:7, 17-19). Los cristianos de su tiempo deben vivir de acuerdo con la voluntad de Dios y evitar una vida de orgullo y avaricia para no compartir el mismo destino de sus perseguidores paganos.

Construyendo Puentes

La parte principal de este pasaje contiene exhortaciones para los pastores, maestros, ancianos y dirigentes de las iglesias; no se dirige principalmente a los cristianos de a pie (los que solemos llamar "laicos"). Esto no significa que no haya ciertas lecciones para todos, porque las hay. Por ejemplo, los padres pueden aprender, a partir de este texto, a orientar mejor la atención espiritual de sus hijos, y quienes dirigen estudios bíblicos, con formación académica o sin ella, pueden encontrar en estas exhortaciones lecciones sobre cómo hacerlo. Pero estas son lecciones que se derivan

---

19. Los eruditos han apelado a 1 Clemente 3:3; 44:3-6; 47:6 como prueba de este problema.

de la principal, la cual se dirige principalmente a los pastores y dirigentes de las congregaciones domésticas.

Por ello, el primer paso para trasladar 5:1-4 a nuestro mundo es reconocer que este pasaje va destinado a los dirigentes de la iglesia, a cualquiera que haya recibido la responsabilidad de velar por la espiritualidad de sus miembros. Es decir, se aplica tanto a los que nosotros llamamos "pastores principales" como a los "copastores", a los "pastores de jóvenes", coordinadores de los grupos pequeños, de la escuela dominical o el "pastor de la alabanza". La razón por la que sacamos esta conclusión es que en las iglesias de Pedro no existían estas divisiones de la tarea pastoral; sus palabras se dirigen a aquellos que participan de algún modo en el liderazgo de las iglesias. Al defender esta posición, no estoy argumentando que los pastores y ministros sean de algún modo superiores, sino más bien que Pedro reconocía un "llamamiento pastoral" y daba instrucciones a quienes lo habían recibido.

Esto significa que los creyentes de a pie de nuestro tiempo no verán una relevancia particular en este texto. No obstante, sería sabio que los laicos entendieran los detalles de este tipo de textos, no para usurpar el llamamiento de otros, sino para orar por sus dirigentes, entender e identificarse con este llamamiento y establecer políticas en las iglesias que protejan este tipo de llamamientos. Igual que los pastores han de entender el llamamiento de sus "feligreses" para poder servirlos de manera más efectiva, así también estos últimos han de entender el de los primeros para poder apoyarlos en su vocación.

Volviendo de nuevo a la aplicación general o derivada de este texto a los laicos,[20] sostengo personalmente que este pasaje puede aplicarse de *manera indirecta* a *cualquier situación en la que un cristiano es llamado a servir a los demás para su crecimiento espiritual*. Es importante entender que se trata de una aplicación indirecta (p. ej., el texto no alude directamente a la preocupación de una madre por enseñar a orar a sus hijos) y que sin duda habrá cosas que no son aplicables (p. ej., ¡las madres siempre enseñan gratis a sus hijos!). No

---

20. En mis percepciones de la relación entre pastores y laicado me alineo con la iglesia baja (*low church*) y, por ello, no establezco distinciones radicales entre lo que pueden hacer los pastores y los laicos.

obstante, cualquiera que realice un servicio espiritual para los demás puede aprender cosas sobre el liderazgo en este pasaje. Por ejemplo, cuando alguien que dirige un estudio bíblico se esfuerza al máximo por ayudar a uno de sus "estudiantes", está llevando a cabo un ministerio semejante al de los ancianos. Cuando un cristiano se preocupa por un hermano o hermana que atraviesa un momento difícil y lo visita, este miembro de la iglesia está extendiendo el ministerio pastoral. En este tipo de situaciones, las palabras de Pedro son importantes: este tipo de tareas no deben llevarse a cabo por un sentido de obligación, ganancias económicas, o para obtener más poder, sino de buena gana, con entusiasmo y de un modo paradigmático.

Trasladar el texto sobre "los jóvenes" a nuestro mundo es un asunto importante e intricado: si este texto solo alude a los hombres *jóvenes*, entonces una de dos, o bien se dirige únicamente a los varones jóvenes de nuestras iglesias, o ha de ajustarse a un mundo que ha cambiado con respecto al patriarcado. Sin embargo, antes hemos defendido que este texto se dirige tanto a hombres como a mujeres: a cualquiera que esté bajo el liderazgo de un anciano. La aplicación de este mandamiento a nuestro mundo no es difícil ya que, aunque sin duda ha habido cambios, hay muchos miembros de la iglesia que se encuentran bajo el liderazgo de ancianos. Sin embargo, ¿es apropiado utilizar el término *sumisión*? La respuesta no es sencilla. Si entendemos *sumisión* como *servilismo*, en el sentido de que las congregaciones *siempre* deben ceñirse a los planes y esquemas de los ancianos, entonces este término no es apropiado para nuestro mundo. Pero si entendemos el sentido de este término como "vivir de manera ordenada bajo el liderazgo de los ancianos", entonces sí lo es: los ancianos han de ejercer un liderazgo, y las congregaciones han de seguirlo.

Esto pone el dedo sobre un asunto delicado: liderazgo y autoridad. Nuestra cultura no sintoniza fácilmente con estas ideas. De hecho, la nuestra es una sociedad de personas individualistas e independientes. Por tanto, no solo suena extraño el término *sumisión*, sino que hasta la propia idea de ser dirigido por un consejero espiritual o pastor es difícil de comprender para muchos. No estoy convencido de que nuestra estructura social represente una mejora. Aunque, naturalmente, aprecio la libertad y la independencia que ofrece nuestra cultura, no estoy seguro de que este movimiento del péndulo hacia el otro extremo de la autoridad y el liderazgo sea más saludable que el control absoluto.

Lo que necesitamos es un liderazgo competente; cuando existe este tipo de liderazgo, seguir la iniciativa de los ancianos es saludable y efectivo.[21] Evidentemente es saludable, desde un punto de vista moral, que los niños sigan la buena dirección de sus padres y, del mismo modo, es también satisfactorio y edificante desde un punto de vista espiritual que las iglesias sigan la dirección de los ancianos. Es importante recordar los requisitos de Dios para la vida y el ministerio de los ancianos así como su elevado llamamiento a predicar el evangelio y enseñar la verdad de la Biblia. Hasta que no aceptemos este llamamiento y el hecho de que Dios desea que seamos receptores del llamamiento de esta persona, no seremos lo que él nos ha llamado a ser: miembros de la iglesia.

Aunque afirmamos la importancia del liderazgo y de la autoridad de los ancianos, no hemos de olvidar que existirán diferencias de opinión sobre ciertas cuestiones, algunas de poca trascendencia y otras de mayor calado. Recordemos que vivimos en un mundo caído y que, sencillamente, no estaremos de acuerdo en todos estos asuntos. Así, en ocasiones, un miembro no estará de acuerdo con el pastor y querrá adoptar un curso de acción alternativo. Los miembros de la iglesia deben tomar este tipo de decisiones con humildad, en diálogo con los ancianos y de un modo constructivo.[22] Cuando se gestionan en un espíritu de humildad y prudencia, el efecto de los desacuerdos se minimiza y se reducen las nocivas consecuencias de las divisiones.

Por consiguiente, este "sometimiento" que Pedro demanda de las iglesias no debe entenderse como un respaldo incondicional de todos los ancianos del mundo, sino que presupone un saludable ejercicio de su tarea espiritual; cuando este liderazgo es corrupto, seguirlo sería contrario a la voluntad de Dios (como ejemplificó el propio Pedro al oponerse a los dirigentes judíos en Hechos 4:1-22, o Pablo al resistir a Pedro en Gálatas 2:11-21). De hecho, tengo la sospecha de que Pedro

---

21. Ver la excelente exposición de W. L. Liefeld, "Leadership and Authority in the Church," en *In God's Community: Essays on the Church and Its Ministry*, ed. D. J. Ellis and W. W. Gasque (Wheaton, Ill.: Harold Shaw, 1979), 29-39.
22. Si la sumisión a los ancianos y dirigentes fuera el único principio rector, ¡nunca habría habido una Reforma protestante!

conocía la existencia de ciertas diferencias entre ancianos y "jóvenes" y les instaba a someterse como principio consecuente con el verdadero liderazgo espiritual.[23]

Las últimas palabras de Pedro en esta sección son cruciales para entender la perspectiva de sus instrucciones a ancianos y jóvenes por igual: en cualquier caso, todos han de vestirse de humildad, y cuando esto sea así la iglesia se mostrará hermosa. Es decir, cuando todos se preocupen de servir a los demás, los problemas de liderazgo y autoridad prácticamente desaparecerán. Cuando los ancianos y los cristianos de a pie comparten una misma actitud de servicio, los primeros no serán autoritarios ni los segundos rebeldes.

Significado Contemporáneo

Pedro nos ofrece una lista de motivaciones adecuadas e impropias para la tarea pastoral. Los problemas que afrontaban los pastores de su tiempo no son esencialmente distintos de aquellos a los que se enfrentan hoy. Hay que reconocer que la sociedad de aquel tiempo planteaba menos tentaciones de las que experimentamos hoy, y que nuestros pastores han de hacer frente a desafíos probablemente inimaginables para los ancianos de Pedro. No obstante, no puede decirse que, básicamente, las tentaciones a la avaricia y a la búsqueda de poder hayan cambiado mucho, sino solo sus manifestaciones. Lo que ofrece, pues, nuestro texto es una lista de tres motivaciones erróneas, y los pastores y dirigentes eclesiales de hoy han de considerarla, examinar sus corazones y preguntarse: "¿Por qué sirvo a Dios en la iglesia?".

En primer lugar, ¿eres un líder eclesial motivado a servir en la iglesia por un *sentido de obligación o por tu honda determinación personal*? En una ocasión viajé por Inglaterra con un pastor que me dijo con franqueza que no le gustaba el ministerio. Podía entender el dolor que a veces acompaña a los ministerios dirigidos a personas, porque no siempre es fácil trabajar con seres humanos. Sin embargo, el

---

23. Aunque solo se dirige al aspecto de la predicación de los ancianos, el capítulo de John Stott sobre los problemas contemporáneos con la predicación trata admirablemente el tema de este párrafo; ver su obra *Between Two Worlds: The Art of Preaching in the Twentieth Century* (Grand Rapids: Eerdmans, 1982), 50-91.

siguiente comentario de aquel hombre me cogió por sorpresa. Cuando le pregunté: "¿Por qué entraste, pues, en el ministerio?", me respondió fríamente: "Porque mis padres me lo pidieron y, a día de hoy, no tengo otra opción". Era un hombre de casi sesenta años, sin ninguna motivación personal de servir a los demás en el ministerio de la iglesia de Cristo.

Si podemos confiar en los estudios sobre satisfacción laboral, muchos pastores, educadores cristianos y evangelistas, están llevando esta misma carga. No se sienten realizados siendo pastores ni quieren serlo. Aparte de la obra de la gracia de Dios, por medio de su poderoso Espíritu, tales personas no pueden cambiar. Lo que necesitan es solo tiempo: pasar tiempo con Dios en oración para que él los dirija a dejar el ministerio de la iglesia o encienda de nuevo en sus corazones el fuego para servir.

En estos casos, hay al menos dos problemas: un agotamiento emocional y espiritual, y la tendencia normal para muchos a "enfriarse" después de algunos años de servicio. En nuestro contexto, el término agotamiento se aplica a aquellos líderes que no pueden funcionar con la energía e intensidad que requiere su llamamiento y la descripción de su tarea. Los dirigentes cristianos son llamados a un ministerio de servicio a los demás; lamentablemente, muchos de ellos no saben decir, "no" a las muchas demandas que se hacen sobre su tiempo. Cloud y Townsend lo han expresado de manera perfecta:

> Hechos a imagen de Dios, fuimos creados para asumir la responsabilidad de ciertas tareas. Una de las cosas que se requiere para asumir una responsabilidad es saber qué *forma parte de* nuestras tareas y qué *no*. Aquellos obreros que constantemente asumen responsabilidades que no les corresponden acabarán agotados. Requiere sabiduría saber qué cosas deberíamos estar haciendo y cuáles no. No podemos hacerlo todo.[24]

Naturalmente, los pastores llevan una carga enorme, y algunos creen que el mensaje cristiano de servicio sugiere una ilimitada disponi-

---

24. H. Cloud y J. Townsend, *Boundaries: When to Say Yes; When to Say No To Take Control of Your Life* (Grand Rapids: Zondervan, 1992), 25.

bilidad para cualquier cosa que los demás puedan necesitar (incluso para ayudarles a cortar el césped). Y suena muy arrogante y egoísta que el dirigente cristiano diga que necesita tiempo para el descanso o la renovación. Pero el dirigente sabio establece límites que, aunque en ocasiones puedan tener cierta flexibilidad, permitan un saludable desarrollo personal.

Louis McBurney, un psiquiatra especializado en el trabajo con obreros cristianos, entiende las presiones de las vocaciones ministeriales y ha hecho importantes reflexiones para quienes ministran a los dirigentes que sufren en su ministerio.[25] El abandono laboral es un problema que afecta en el mismo porcentaje a los ministros cristianos que a cualquier otra profesión de nuestra sociedad. Los pastores no inspiran ya el mismo respeto que suscitaban en otro tiempo, dentro de este colectivo los índices de divorcio están subiendo, así como las tasas de abandono del ministerio para desarrollar trabajos "seculares" y los índices de despido de pastores. Estas presiones crean lo que McBurney llama una serie de cinco crisis: crisis de autoridad, de identidad, de prioridad, de integridad y de dependencia. Además, los pastores tienen una lista de tareas imposibles, un imperativo de éxito, inseguridad laboral, ira reprimida y presiones económicas. Y para empeorar las cosas, los obreros cristianos tienden a no dejarse aconsejar, puesto que se les percibe como infalibles (y ellos acaban viéndose a sí mismos de este modo); tienen miedo de que se les exponga como fracasados o que se les rechace; parecen desconfiar de la psicología; suelen carecer de medios económicos para pagarse un terapeuta y no hacen una buena gestión de sus sentimientos.

Aunque aquí no podemos abordar detalladamente estas cuestiones, el minucioso análisis del problema que hace McBurney explica por qué llegan al agotamiento los obreros cristianos y lo que hace que las palabras de Pedro sean especialmente relevantes.[26] ¿Llevan a cabo su tarea, porque lo desean o por un sentido de obligación? En *Marble*

---

25. Ver la obra de L. McBurney, *Counseling Christian Workers* (Resources for Christian Counseling 2; Waco, Tex.: Word, 1986).
26. Otro revelador estudio, escrito hace más de un siglo, es el que consigna C. H. Spurgeon, *Lectures to My Students* (Grand Rapids: Zondervan, 1972), 154-65 ("The Minister's Fainting Fits"). Ver también D. M. Lloyd-Jones, *Spiritual Depression: Its Causes and Cure (*Grand Rapids: Eerdmans, 1965).

Retreat, el centro de consejería que dirige McBurney cerca de Aspen, Colorado, se ayuda a los obreros cristianos a salir de su experiencia de agotamiento y tensión matrimonial. A veces, el obrero cristiano no lleva a cabo su tarea movido por un sentido del maravilloso llamamiento de Dios, sino como una carga que no tiene otro remedio que cumplir. Cuando eso sucede, la persona en cuestión ha de reconocer los síntomas del agotamiento, buscar ayuda y pedirle a Dios que, por su Espíritu, regenere en él/ella una pasión espiritual por el ministerio. Dios puede hacerlo sin ninguna duda.

¿Pero qué sucede con los problemas que enfrentamos casi todos nosotros cuando nuestro entusiasmo se enfría? Se trata de una experiencia frecuente, y en ocasiones hemos de adoptar la actitud de obedecer "a palo seco". Es decir, nos levantamos y cumplimos con nuestras responsabilidades *aunque no tengamos ningún deseo, y lo hacemos por un sentido de obligación delante de Dios*. No es infrecuente que algunos pastores se levanten por la mañana y afronten el día pensando que ojalá pudieran hacer otra cosa. En lugar de dejarse llevar por este pensamiento, estos ministros pueden apartar un tiempo para estar con Dios y pedirle el denuedo de la obediencia para llevar a cabo las tareas ministeriales a pesar de su falta de entusiasmo.

Por otra parte, lo que más necesitan los pastores es el estímulo constante que los lleva a crecer y desarrollarse. No puedes dar nada a los demás si tú estás agotado y árido. El estímulo procede de las disciplinas espirituales, las relaciones personales y el descanso físico. Los psicólogos tienden a "agotarse", porque suelen desarrollar patrones de trabajo excesivo. Los pastores tienen estas mismas tendencias y, lamentablemente, las iglesias tienden a explotarlas. Los pastores necesitan alimentarse leyendo materiales nuevos e interesantes, desarrollando amistad con otros pastores con quienes puedan compartir sus vidas (tanto las alegrías como las frustraciones), orando y meditando para profundizar su conocimiento y experiencia de Dios, asistiendo a retiros y conferencias que los desafíen a ministerios renovados y más profundos, e invirtiendo tiempo en disfrutar el amor y la alegría que procede de sus familias. Los pastores también necesitan tomarse algún tiempo libre, cada semana, cada tres meses y cada año. Cuando trabajan demasiado, pierden la alegría por el ministerio y la disposición a servir. Al poco tiempo acaban desarrollando su ministerio con frialdad o, en el peor de los casos, con un sentido de amarga obligación.

En los últimos meses he recibido varias llamadas de antiguos estudiantes. Uno de ellos me hizo partícipe de la gran alegría que experimentaba sirviendo a Dios en la iglesia. David estaba tan gozoso en el desarrollo de su ministerio como cuando lo había iniciado, casi ocho años atrás. Le pregunté qué había estado haciendo el año anterior y enumeró una serie de cosas: había leído un par de libros nuevos de su autor preferido, disfrutado viendo crecer a sus dos hijas, había cultivado el amor con su alentadora esposa, había seguido a los Philadelphia Phillies, había jugado un poco al golf, asistido a una conferencia en Willow Creek, pasado mucho tiempo leyendo la Biblia y orando, etcétera. Creo que una parte de la alegría que experimentaba en su vida se debía a la variedad de estímulos que estaba disfrutando. No le oí ningún comentario negativo sobre nadie de su congregación, aunque la razón principal por la que me llamó fue pedirme consejo para tratar con un problemático miembro de su iglesia que estaba creando tensiones por un extraño punto de vista sobre la interpretación bíblica.

Contrastemos a David con otro estudiante (cuyo nombre no voy a mencionar), quien, aunque intentaba ser positivo, era evidente que había perdido el entusiasmo. Cuando le pregunté qué estaba haciendo, solo me dijo una cosa: "¡Estoy supervisando el programa de construcción del nuevo templo!". Fue suficiente. En otras palabras, estaba invirtiendo tanto tiempo en la construcción de nuevas dependencias para la iglesia que no tenía tiempo para alimentar su alma. Confesó que apenas tenía tiempo para orar y leer la Biblia; descubrió que esta falta de tiempo afectaba a la relación con su esposa y con sus hijos; no apartaba tiempo para salir de pesca o a pasear en barco y no lograba avivar la llama de sus deseos piadosos. Aunque en estos casos habría que tener en cuenta más cosas de las que aquí podemos considerar (como su edad y su dieta), observé que había perdido el entusiasmo que había tenido en otro tiempo por servir al Señor. Una de las razones de ello, quizá la principal, era una falta de estímulos en su vida. Sus prioridades estaban desordenadas; lo único que realmente le importaba era la construcción de las nuevas dependencias, y se lo dije.

Podemos culpar a los pastores de estas situaciones, y siempre lo hemos hecho, pero también las congregaciones tienen su responsabilidad. Los miembros de las iglesias, comenzando por los comités de liderazgo, han de estar al tanto del programa del pastor y hacer lo que puedan para ofrecerle alimento y edificación. Los ancianos necesitan crecer, y las iglesias deben procurar que se desarrollen. Cuando los consejos de ancianos comienzan a ver el cuidado de los pastores como parte de su ministerio, ellos recompensarán sus esfuerzos con un liderazgo más vigoroso y eficaz.

En segundo lugar, ¿qué es lo que te motiva, como dirigente, a servir en la iglesia? *¿el dinero con que puedas ser retribuido o tu entusiasmo para con el ministerio?* El amor al dinero —dijo Pablo— es "raíz de toda clase de males" (1Ti 6:10). Este tipo de pasión por el dinero es especialmente repulsiva cuando la encontramos en ministerios cristianos. Es cierto, creo, que la mayoría de los pastores, educadores cristianos, pastores de jóvenes, responsables de la alabanza no hacen su trabajo motivados por el dinero. Podemos afirmar esto, porque a la mayoría de quienes desarrollan estas responsabilidades, se les remunera con un salario. Pero hay otros casos en que sí se refleja una motivación por el dinero: por ejemplo, cuando un ministro dice, "¡esto no voy a hacerlo, porque no se me paga para que lo haga!"; cuando incrementa la intensidad de su trabajo al acercarse la votación de los presupuestos de la iglesia; cuando solicita participar en ciertos ministerios extraordinarios que se remuneran con honorarios extra; cuando concede a ciertas personas una prioridad especial, porque tienen dinero, y porque ayudarlas incrementará sus oportunidades; o cuando se desarrollan ministerios especiales que le permiten aumentar sus ingresos.

Creo que en nuestro tiempo, más que en ningún otro, los pastores han de hacer un gran ejercicio de trasparencia y ser inflexiblemente discretos sobre el aspecto monetario del ministerio. Creo también que las iglesias deben preocuparse de la impresión que causan ciertos gastos y salarios. Cuando los pastores cobran salarios que les permiten vivir en casas de ensueño, conducir automóviles de lujo y tomarse extravagantes vacaciones, las iglesias tienen que preguntarse si esto es provechoso para el evangelio de Cristo. De modo que, cuando los pastores se sientan con el consejo de la iglesia que requiere sus servicios, la pregunta que deben plantear no es, "¿cuánto puede pagarme la iglesia?", sino "¿me permitirá ser útil a la causa de Cristo en esta comunidad este salario y el estilo de vida que me permitirá desarrollar?". Al decir estas cosas, hemos de reconocer que el obrero cristiano es digno de su salario, pero hay una diferencia entre *ganar* dinero y *servir* al dinero.

Ancianos y pastores han de examinarse en vista de estas cosas y ser incisivamente honestos consigo mismos. Deben pedirle al Señor, que les haga ver si en algo están motivados por el dinero que pueden ganar. En nuestro mundo, los dirigentes cristianos han de ser ejemplos de responsabilidad económica (no hay nada malo en que inviertan sabiamente algún dinero) y de un estilo de vida sencillo de modo que los que nos miran desde fuera no tengan razones para señalar acusadoramente a las iglesias por el elemento económico del ministerio. Los pastores son personas y, como tales, pueden gastar su dinero como mejor les parezca; sin embargo a diferencia de la mayoría de las personas, los pastores son personajes públicos y todo el mundo sabe cómo gastan el dinero. Por ello, han de ser discretos, sabios y sencillos en sus gastos para el avance del evangelio.

En tercer lugar, ¿qué es lo que te motiva como dirigente a servir a la iglesia, *tu deseo de poder o el impacto que ejerce tu vida en los demás*? Si el amor al dinero es raíz de toda clase de males, el deseo de poder es el terreno en que esta crece y la humedad que la nutre. Algunos dirigentes de la iglesia sirven por un deseo de poder; otros lo hacen porque saben que Dios los llama a servir; un tercer grupo de obreros están en el ministerio, porque quieren que sus vidas tengan un impacto positivo en los demás. La segunda y tercera motivaciones son piadosas, pero la primera es indigna. Naturalmente, el deseo de poder es difícil de discernir. ¿Cómo podemos saber cuándo el deseo de poder y el autoritarismo constituyen la motivación de un pastor?

Una señal segura de tal motivación se pone de relieve cuando un dirigente no consigue que se haga lo que él quiere en un asunto determinado. En estos casos, si el pastor en cuestión se molesta, lamenta, amenaza con abandonar y apela a su autoridad y posición, muestra que no está buscando lo que es mejor para la iglesia, sino fortalecer su dominio.

Otra señal se pone de manifiesto cuando el pastor se siente amenazado por los dones que Dios ha concedido a otra persona o maniobra para restablecer su posición cuando oye comentarios positivos al respecto. Si una madre cristiana expresa su apreciación a su pastor por cierto maestro a quien escucha por la radio, y este se pregunta si ella piensa que dicho maestro está "mejor" dotado que él para enseñar, se pone de relieve que las motivaciones de este ministro están manchadas por la culpa del deseo de poder. El verdadero dirigente cristiano se regocija con la señora en cuestión y no compara su ministerio con el del maestro radiofónico para ver cuál de ellos es mejor.

De igual modo, si un pastor se esfuerza por vestirse de un modo que transmite autoridad y poder, es muy posible que se sienta motivado por estas cosas.

Una cuarta señal de una actitud autoritaria se hace visible cuando un dirigente se niega a delegar responsabilidades y liderazgo. Acaparar todas las decisiones y responsabilidades es una clara señal de que no se confía en la guía de Dios y en la obra del Espíritu. El ministro cristiano responsable es el que forma a los miembros de su congregación y delega de tal manera en ellos que todos desarrollan sus dones y toda la iglesia se moviliza para la tarea (Ef 4:11-16).

Los pastores han de desear servir a Dios, en cualquier cosa que él les mande. Han de reconocer que son pastores bajo su autoridad como explica Pedro (5:1, 4), y que solo sirven para extender el señorío de Cristo. Ellos no tienen poder intrínseco, únicamente desarrollan un servicio temporal en Cristo, porque solo Jesús es el Señor. La alternativa que Pedro presenta a un liderazgo autoritario es un estilo de vida ejemplar. Cuando un dirigente cristiano puede ponerse delante de la iglesia en completa humildad y pedir que los demás le sigan como él o ella sigue a Cristo (*cf.* 1Co 11:1), este líder está haciendo exactamente lo que Dios le ha pedido. Así como nuestros hijos aprenden más de lo que ven en nosotros que de lo que les enseñamos, en el liderazgo cristiano la vida es más importante que el oficio.

1 Pedro 5:6-14

Humíllense, pues, bajo la poderosa mano de Dios, para que él los exalte a su debido tiempo. [7] Depositen en él toda ansiedad, porque él cuida de ustedes.

[8] Practiquen el dominio propio y manténganse alerta. Su enemigo el diablo ronda como león rugiente, buscando a quién devorar. [9] Resístanlo, manteniéndose firmes en la fe, sabiendo que sus hermanos en todo el mundo están soportando la misma clase de sufrimientos.

[10] Y después de que ustedes hayan sufrido un poco de tiempo, Dios mismo, el Dios de toda gracia que los llamó a su gloria eterna en Cristo, los restaurará y los hará fuertes, firmes y estables. [11] A él sea el poder por los siglos de los siglos. Amén.

[12] Con la ayuda de Silvano, a quien considero un hermano fiel, les he escrito brevemente, para animarlos y confirmarles que ésta es la verdadera gracia de Dios. Manténganse firmes en ella.

[13] Saludos de parte de la que está en Babilonia, escogida como ustedes, y también de mi hijo Marcos. [14] Salúdense los unos a los otros con un beso de amor fraternal.

Paz a todos ustedes que están en Cristo.

Sentido Original

Desde un punto de vista lógico, 1 Pedro 5:6-9 es una exposición de 5:5b, donde Pedro insta a los cristianos a ser humildes y cita Proverbios 3:34 en apoyo de sus palabras. Aquí desarrolla el concepto de humildad y añade una exhortación a tener cuidado de las artimañas de Satanás. Casi al final de esta sección (5:10-11) hay una doxología donde alaba al Dios que protege a sus hijos. He incluido 5:12-14 en esta sección por una cuestión de conveniencia; este pasaje es análogo al gran número de cartas de la antigüedad que acaban con un saludo formal.[1]

Podría haber incluido 5:6-7 en la sección anterior, pero esto dejaría dos breves unidades, una exhortación más bien secundaria (5:8-9)

---

1. Ver en 1:1-2, n. 2.

y una doxología, completamente aisladas. Hay que admitir que las exhortaciones de 5:6-9 se dirigen al "todos" de 5:5b. Pero a medida que estas avanzan, el tema del sufrimiento se hace evidente (5:9-10); esto ha hecho que la mayoría de los comentaristas vean 5:6-11 como una sección distinta.[2] Pedro introduce este tema aprovechándose de la palabra "humildad" en 5:5b, creando una conexión verbal con 5:6. En esta sección hay cuatro partes: (1) la exhortación a la *humildad* (5:6-7); (2) la exhortación a la *vigilancia* (5:8-9); (3) la *doxología* (5:10-11); y (4) una serie de *comentarios finales* (5:12-14).

La exhortación a la humildad (5:6-7). Estos dos versículos se parecen sorprendentemente a Santiago 4:6-7, 10.

1 Pedro 5:5b-9	**Santiago 4:6-7, 10**
«Dios se opone a los orgullosos, pero da gracia a los humildes». Humíllense, pues, bajo la poderosa mano de Dios, para que él los exalte a su debido tiempo…	«Dios se opone a los orgullosos, pero da gracia a los humildes». Así que sométanse a Dios.
Su enemigo el diablo ronda como león rugiente, buscando a quién devorar. Resístanlo, manteniéndose firmes en la fe, sabiendo que sus hermanos en todo el mundo están soportando la misma clase de sufrimientos.	Resistan al diablo, y él huirá de ustedes.
	Humíllense delante del Señor, y él los exaltará.

La mayoría de los eruditos ven en este pasaje el reflejo de una tradición eclesial temprana que exhortaba a la humildad a los cristianos en vista de la presencia de Satanás.[3] Los creyentes necesitan la gracia de Dios para conseguir la victoria sobre los ataques del diablo. Mientras que Santiago pone de relieve la importancia de la humildad para tratar con las disputas internas de la iglesia, Pedro entresaca la importancia

---

2. Así lo entiende p. ej., L. Goppelt, *1 Peter*, 355; J. R. Michaels, *1 Peter*, 293-95.
3. Ver L. Goppelt, *1 Peter*, 355-56; J. R. Michaels, *1 Peter*, 293-95 (que señala minuciosas diferencias y similitudes).

de la humildad y la gracia para el creyente que sufre. Los humildes esperan la exaltación que Dios hará de los creyentes en el tiempo del fin (cf. 2:12). "Humillarse 'bajo la poderosa mano de Dios' no es una amonestación ética que hace una virtud de la necesidad, sino algo que emana de la comprensión de que solo Dios puede cambiar la decisiva oscuridad de esta era, que solo él puede 'exaltarte en el tiempo de la visitación' (5:6)".[4]

Los creyentes han de "humillarse" bajo "la poderosa mano de Dios". Pedro parece tener en mente el tema de la persecución escatológica: así como en las plagas del Éxodo se ve la poderosa mano de Dios (ver Éx 3:19; 6:1; 13:3, 9, 14, 16), ahora se manifiesta en la persecución que están experimentando los creyentes de Asia Menor. Sujetándose a Dios y esperando su liberación, pueden esperar la misma poderosa liberación (5:6b) que experimentaron los hijos de Israel. Aunque la palabra que se traduce "a su debido tiempo" puede ser de carácter general (cuando Dios lo considere oportuno), este mismo término se utiliza frecuentemente en 1 Pedro y la literatura cristiana del primer periodo para aludir al día final de la salvación (cf. 1:5, 7, 13; 2:12; 4:7).[5] Es más probable que Pedro esté pensando en una vindicación escatológica del sufriente pueblo de Dios que en alguna forma de recompensa o vindicación en esta vida.

Pedro fundamenta su sumisión a Dios en su tierno cuidado y protección: "Depositen en él toda ansiedad, porque él cuida de ustedes" (5:7). Si Pedro tiene en mente las pintorescas palabras de Jesús (Mt 6:25-34), las lleva ahora a la esfera de la persecución. Siguiendo las palabras de Salmos 55:22 (LXX 54:23), donde el salmista expresa su confianza de que Dios nunca permitirá que el justo caiga y hará, finalmente, justicia con los malhechores, Pedro exhorta a sus iglesias a que expresen una confianza similar en la justicia de Dios. Al entregarle sus temores y preocupaciones expresan su confianza de que él los vindicará y hará justicia. La razón por la que llevan a Dios sus temores es que "él cuida de ustedes". En resumen, estos dos versículos tienen que ver con la persecución y el sufrimiento, y con la apropiada

---

4. R. Schnackenburg, *The Moral Teaching of the New Testament*, trad. De J. Holland-Smith y W. J. O'Hara (Nueva York: Seabury, 1965), 370.
5. Así lo entiende J. N. D. Kelly, *Peter and Jude*, 208; L. Goppelt, *1 Peter*, 357; J. R. Michaels, *1 Peter*, 296.

respuesta cristiana. Los creyentes han de humillarse ante Dios sujetándose a su voluntad, que ahora incluye un cierto sufrimiento; han
de entregarle sus preocupaciones y permitirle que cumpla su promesa
de hacer justicia en su debido momento. Al someterse a la voluntad
de Dios y soportar el sufrimiento por causa de Cristo, los cristianos
se fortalecen con el conocimiento de que Dios se preocupa por ellos
y los ama.

La exhortación a la vigilancia (5:8-9). La actividad de los cristianos sometiéndose a Dios en una esperanzada confianza en su decisivo
triunfo se interrumpe de repente con dos incisivas órdenes: "Practiquen el dominio propio y manténganse alerta". O, como lo traduce
J. R. Michaels: "¡Presten atención! ¡Despierten!".[6] ¿Por qué? Porque
"su enemigo el diablo ronda como león rugiente, buscando a quién
devorar" (5:8). Según se creía, Satanás estaría especialmente activo
en el tiempo del fin (2Ts 2:3-12; 2Ti 3:1-9; Apocalipsis), y teniendo en cuenta que la persecución que sufren los lectores de Pedro es
un presagio de los últimos días, no es de extrañar que el apóstol los
exhorte a estar atentos a la actividad de Satanás. Posiblemente haya
que relacionar el rugir y devorar del diablo con insultos (*cf.* 2:11-12;
Sal 21:14) o, más probablemente, con ataques dirigidos a la muerte
física (2Ti 4:17).[7]

Pedro exhorta a los cristianos a que se enfrentan al diablo, a "resis-
tirlo y a mantenerse firmes en la fe" (5:9). Los cristianos resisten a
Satanás cuando se mantienen firmes ante sus tentaciones a negar al
Señor y reaccionan con fe y valor en medio del sufrimiento. Saber
que "sus hermanos en todo el mundo están soportando la misma clase de sufrimientos" les da fuerzas para adoptar resolutivamente esta
posición. Esta expresión deja claro que Pedro relaciona los ataques de
Satanás (su rugir y devorar) con la persecución física; el apóstol los
exhorta, pues, a permanecer fieles y obedientes. Su ánimo procede del
pueblo de Dios por todo el mundo, ya que los cristianos están sufriendo por todas partes.

La doxología (5:10-11). La carta de Pedro termina con una nota de
oración que el apóstol inicia con una *reflexión teológica*: el Dios al

---

6. J. R. Michaels, *1 Peter*, 292.
7. Ver la extensa exposición en *ibíd.*, 298-99.

que adoran y sirven es un Dios de gracia. Es decir, es misericordioso y perdonador. Su participación en la relación del pacto no se debe a méritos propios; él los ha escogido (1:1-2) para que formen parte de su pueblo (2:9-10) y promete su protección (1:3-8).

Esta reflexión teológica se dirige, a continuación, al *específico llamamiento* que Dios les ha hecho: los ha llamado a "su gloria eterna en Cristo". Desde el comienzo mismo de esta carta, Pedro se ha centrado en la esperanza escatológica de los creyentes, una esperanza que los sustenta en su sufrimiento. Pero esta esperanza no es meramente algo que les permite sobrellevar el sufrimiento, sino, de hecho, el llamamiento de Dios para ellos. Él los hizo su pueblo para que pudieran estar siempre con él y alabarle eternamente.

Este llamamiento lleva consigo una *condición presente* que no es nada agradable: sufrir durante un cierto tiempo. Una vez más, la realidad de la condición social de sus lectores configura la enseñanza y las oraciones de Pedro.

Finalmente, la *oración* de Pedro es una petición de fortaleza para soportar las tentaciones de la carne y permanecer fieles (2:11; 4:4). La oración de Pedro refuerza su promesa de 5:6 en el sentido de que Dios los elevará sosteniendo su vida en el día a día.

Comentarios finales (5:12-14). Pedro concluye su carta de un modo parecido a cómo terminan otras: menciona al amanuense o portador de la misiva (Silvano), resume su intención (de exhortar y dar testimonio), los saluda y les desea la paz de Dios.[8] Durante muchos años, los eruditos han sostenido que la expresión, "con la ayuda de Silvano", alude a la concurrencia de este en la *escritura* de la carta. Esta clase de ayuda, se decía, ayuda a explicar cómo podían hombres "sin estudios ni preparación" (Hch 4:13), como Pedro, escribir cartas que utilizan un lenguaje tan refinado como el de 1 Pedro.[9] Esta idea sería

---

8. La segunda carta de Pedro concluye más con una nota de exhortación y menos en la línea de las cartas habituales. Sobre los distintos elementos formales y sus paralelismos, *cf.* J. R. Michaels, *1 Peter*, 305-6.

9. Así lo entiende, p. ej., E. G. Selwyn, *1 Peter*, 9-17, 241; J. N. D. Kelly, *Peter and Jude*, 214-16; P. Davids, *1 Peter*, 198; C. P. Thiede, *Simon Peter: From Galilee to Rome* (Exeter: Paternoster, 1986), 175-76.

permisible.[10] Por otra parte, en nuestros días algunos sostienen que Silas era meramente el portador de la carta.[11] La acumulación de pruebas literarias apoya la segunda posición, ya que antiguas expresiones parecidas a la que utiliza Pedro en este versículo aluden casi invariablemente al portador de la carta, no a su amanuense.[12]

La intención de Pedro al escribir esta carta era exhortar y la frecuencia de imperativos utilizados demuestra que la cumplió cabalmente (p. ej., 1:13-25; 2:11–3:12; 5:1). Por otra parte, el apóstol sostiene que las cosas que ha escrito dan testimonio de que (*cf.* 5:1) "esta[13] es la verdadera gracia de Dios". El apóstol alude aquí a la veracidad del evangelio que ha predicado (1:10-12) y asume que esto es lo que sus lectores creen firmemente. Los insta únicamente a mantenerse "firmes en ella". Es decir, han de mantenerse firmes por el evangelio y resistir la tentación de sucumbir a la presión del sufrimiento.

Nuestras cartas comienzan con saludos, y la de Pedro acaba con ellos. "Saludos de parte de la que está en Babilonia, escogida como ustedes, y también de mi hijo Marcos". Puesto que Babilonia era una ciudad notoria por su pecado, su nombre se convirtió en una expresión figurativa para aludir a cualquier lugar conocido por su pecaminosidad (*cf.* Ap 14:8; 17:18; 18:2, 10, 21). No obstante, aquí podría utilizarse solo para aludir al lugar al que los cristianos han sido deportados desde su tierra natal de Judea. En este caso, sería la contrapartida de "dispersos" (gr. *diaspora*) en 1:1.[14] La descripción de Babilonia como "escogida" favorece esta segunda idea; curiosamente, el concepto de elección está también presente en 1:1. En cualquier caso, no cabe duda

---

10. Literalmente, el griego dice: "Por medio de Silas, a ustedes, el fiel hermano [...] escribo". La cuestión es lo que aquí significa "Por medio de" (gr. *dia*). *Cf.* 2Ts 2:2, donde esta partícula se utiliza con la clara implicación de que fue escrita, no enviada, "a través de nosotros".

11. Así lo entiende, p. ej., J. R. Michaels, *1 Peter*, 306-7; W. A. Grudem, *1 Peter*, 23-24, 199-200; N. Brox, *Der erste Petrusbrief*, 241-43.

12. Entre las pruebas están, Hechos 15:23; Ignacio, *Romanos* 10:1; *Filadelfos* 11:2; *Esmirnos* 12:1. Eusebio (*Historia eclesiástica*, 4.23.11) sugiere el primer punto de vista que hemos mencionado. Romanos 16:22 es ambiguo ya que, aunque apoya la existencia de un secretario, no utiliza la expresión "por medio de".

13. La palabra "este" (gr. *tauten*) hace referencia a toda la carta o a aquellas partes de la misiva que hablan de la gracia y la verdad de Dios.

14. Así lo entiende J. R. Michaels, *1 Peter*, 311.

de que alude a Roma,[15] y la tradición cristiana primitiva confirma que Pedro escribió desde esta ciudad.[16]

Pedro y Marcos expresan explícitamente sus saludos. A continuación, Pedro insta a sus lectores a saludarse "los unos a los otros con un beso de amor fraternal", forma habitual de saludo en el mundo antiguo (*cf.* Ro 16:16; 1Co 16:20; 2Co 13:12; 1Ts 5:26)[17] y en muchas partes del mundo hoy. Los norteamericanos suelen estrecharse la mano, mientras que en otras culturas las personas se saludan mediante abrazos o besos. A continuación, Pedro les imparte su bendición: "Paz a todos ustedes que están en Cristo".

 Aunque nosotros no subrayaríamos los mismos aspectos que Pedro (la mayoría de nosotros no vivimos en un contexto de sufrimiento), los temas más generales que desarrolla son tan relevantes hoy como entonces: los cristianos han de sujetarse a Dios, esperar su tiempo y rechazar las artimañas del diablo. Por otra parte, necesitan tanto la fortaleza de Dios como su paz.

Cuando los textos son inmediatamente relevantes, no es difícil tender puentes entre el texto del Nuevo Testamento y nuestro mundo. No obstante, incluso en estos casos hemos de definir cuidadosamente los términos para evitar el peligro de interpretar el texto de tal manera que se limite a confirmar nuestra cultura. Así, nuestro texto contiene varios términos críticos que el intérprete moderno puede tomar como referencia; sin embargo, ha de comprobar que la aplicación esté en armonía con el texto antiguo.

Por ejemplo, cuando Pedro promete que Dios "los exaltará (NIV)" (5:6), no podemos aplicar estas palabras a nuestro mundo sugiriendo alguna forma de ascenso laboral que experimentarán los cristianos como recompensa de su fidelidad. Lo que Pedro tiene en mente es la

---

15. *Ibíd.*
16. Ver Eusebio, *Historia eclesiástica*, 2.15.2: "Él [Papías] también dice que Pedro menciona a Marcos en su primera epístola, y que la escribió en la propia ciudad de Roma, algo que, según dicen, él mismo indica haciendo referencia a la ciudad metafóricamente como Babilonia...".
17. Ver la exposición de L. Goppelt, *1 Peter*, 377-78.

vindicación definitiva al final de la historia, no una recompensa presente.[18] La expresión "a su debido tiempo" se parece a las consignadas en 1:5 y 4:17, donde se tiene en mente el final de los tiempos. Por otra parte, todo el mensaje de esta carta se contrasta con una profunda y permanente esperanza de que todas las cosas se arreglarán con la venida del fin.[19] Puede que las palabras de Eusebio sean el mejor ejemplo sobre el sentido de este término en este pasaje. Hablando de los mártires, Eusebio dice, "Estos se humillaron bajo la poderosa mano y al hacerlo han sido ahora grandemente exaltados".[20]

En el mismo sentido, las expresiones que aluden al diablo que anda alrededor, rugiendo y buscando a quien devorar (5:8) han de entenderse como agresiones a la vida física de los cristianos, no a cualquier tipo de tentación. Incluso el término "paz" en 5:14 debería definirse como la salvación de Dios y las consecuencias que lleva consigo. Por mucho que queramos que este tipo de términos signifiquen algo vitalmente relevante para nuestra situación política, comercial o social, es importante que los intérpretes modernos *permitan que el texto diga lo que dijo en su contexto original y no le pidan que diga algo más*.

No obstante, la búsqueda de los diversos matices del texto, estudiando cuidadosamente el significado del autor no nos impide aplicar determinadas ideas de manera más general. Por ejemplo, antes he defendido que la intención de Pedro en 5:6 era mostrar el sometimiento a Dios esperando su último despliegue de salvación en el que vindicará a su pueblo. Pedro habla, sin duda, a un contexto de sufrimiento por causa de Cristo y es evidente que sus palabras se aplican a cualquier contexto en que la iglesia esté sufriendo. Sin embargo, en nuestro contexto, sufrir por causa de Cristo no es tan frecuente. ¿Hemos de poner, pues, a un lado este texto y pasar a otro? No siempre, pero a veces hay que admitir, francamente, que un determinado texto "ya no nos habla" a nosotros. Pero lo que podemos hacer, en ocasiones, es generalizar a partir de una idea específica hasta otra más amplia. Por ello, aunque 5:6 habla de soportar la persecución, podemos también aplicar este

---

18. Ver J. R. Michaels, *1 Peter*, 296.
19. Ver la Introducción, pp. xx.
20. Eusebio, *Historia eclesiástica*, 5.2.5. El término que da origen a la traducción "grandemente exaltado" es *hupsomenoi*, el mismo que se utiliza en el v. 6 para "los exalte".

texto a nuestro mundo en los siguientes términos: puesto que Dios es fiel con su pueblo y se preocupa por cada uno de sus hijos (5:7), podemos esperar que nuestra obediencia actual sea vindicada en el día final por Dios.[21]

Asimismo, aunque en este texto los ataques de Satanás se entienden como sus intentos de hacer que los cristianos se vengan abajo ante la persecución, podemos sin duda inferir que solo es uno de los métodos para distraerlos de la obediencia a la voluntad de Dios. Creo, pues, permisible, en buena lógica deductiva, aplicar este texto a cualquier ataque por parte de Satanás para frustrar los planes de Dios. Sin embargo, puesto que las preocupaciones de Pedro eran serias, seremos más fieles al texto si lo aplicamos a situaciones generales en que se ataca la voluntad de Dios. Por ejemplo, Satanás puede atacar una campaña de evangelización sirviéndose de la maquinaria política de la ciudad para impedir que oigan el evangelio aquellos que, de otro modo, serían difíciles de alcanzar. Convendría limitar nuestras aplicaciones a aquellas situaciones en que encontramos una oposición más amplia a la iglesia (5:9), aunque no niego que los antagonismos personales que experimentan los cristianos forman parte del plan general de Satanás para obstaculizar el plan de Dios.

En otro orden de cosas, dudo que sea importante cambiar nuestra forma de saludo, y pasar de los apretones de manos y los abrazos a los "dos besos en la mejilla" solo porque Pedro instruye a sus lectores a saludarse de este modo. Lo cierto es que todos estamos culturalmente condicionados en uno u otro sentido, y a los norteamericanos nos cuesta aceptar el beso como forma de saludo a personas que ni siquiera conocemos. Simplemente hemos de aplicar este texto a nuestra institución cultural del saludo; cualquiera que sea la forma de salutación culturalmente aceptada, los cristianos han de saludarse afectuosamente los unos a los otros en cualquier lugar del mundo.

---

21. No podemos, sin embargo, convertir la idea del "Día Final" en la de "Cualquier Día", porque ni Pedro ni los demás autores del Nuevo Testamento creen que haya alguna garantía de que la situación vaya a mejorar necesariamente por ser cristiano. Las situaciones mejoran a veces y otras no. Esperar el momento oportuno de Dios es algo crucial.

Finalmente, siempre es sabio trasladar el mensaje de un pasaje del Nuevo Testamento a nuestro mundo, esforzándonos por relacionar el "mensaje general".

Es decir, aunque pueda ser útil tomar un solo versículo (como por ejemplo el que habla del "león rugiente") y aplicarlo de manera relevante a nuestro entorno, tiene mayor utilidad resumir el mensaje esencial de un pasaje y trasladarlo a nuestro marco cultural. He oído con frecuencia mensajes y estudios bíblicos centrados en una cuestión secundaria, por relevante que pueda ser, que descuidan el cuadro general en que este se encuentra. Y, con demasiada frecuencia, este aspecto secundario es el caballo de batalla del predicador. Naturalmente, hemos de ser relevantes, pero nunca a expensas del tema esencial del texto.

Hemos de preguntarnos, por tanto, dónde quiere llevarnos esencialmente Pedro en 5:6-14. La respuesta es sencilla: el apóstol está resumiendo toda su exhortación y siendo, al tiempo, específico. Su mensaje central está claro: han de mantenerse fieles a Jesucristo, a pesar de su condición social y potenciales peligros, viviendo de manera obediente y en comunidad los unos con los otros. Este es el mensaje que queremos relacionar con nuestro mundo, aunque en ocasiones pueda resultar difícil.

La principal exhortación de Pedro sobre la importancia de estar firmes se expresa de varias maneras:

- sometiéndonos humildemente a Dios en una fiel espera

- permaneciendo vigilantes ante las argucias de Satanás y conscientes de ellas

- pidiendo que la capacitación de Dios nos dé fortaleza y solidez

- afirmando una vez más la veracidad de la gracia de Dios.

Toda la carta de Pedro es una exhortación que pretende animar a los creyentes de Asia Menor a permanecer fieles y obedientes, y a ser buenos ciudadanos, y a que en ningún caso perjudiquen la causa de Cristo por su mala conducta. Esto es lo que hemos de aplicar hoy a nuestro mundo: fidelidad al evangelio para que nuestra sociedad pueda ver la gloria de Dios.

Quiero comenzar reflexionando sobre la realidad de que nuestro enemigo, el diablo, está en contra de nosotros. Como dijo David Watson: "Aun entre los cristianos, que ciertamente creen en la existencia del diablo, hay muchas veces una marcada ceguera sobre la realidad de la lucha espiritual y la naturaleza de las tácticas enemigas".[22] Aunque Pedro solo alude una vez a la actividad de Satanás en términos de la persecución de los paganos de Asia Menor (5:8-9), su oposición es, no obstante, real.[23] El propósito de Satanás sigue siendo la destrucción de los cristianos y el impacto del evangelio en nuestro mundo. Esto sitúa el tema de la carta de Pedro, la vida del cristiano en una sociedad incrédula, en un plano más elevado. Hemos de ver nuestra vida como parte de una lucha cósmica (*cf.* Ap 12:1-9). Aunque algunos cristianos entienden de manera un tanto neurótica la presencia de Satanás y las fuerzas diabólicas en las luchas normales de la vida (la ven en pinchazos de neumáticos, semáforos que se mantienen en rojo por espacios inusualmente largos, y elevados precios en el supermercado), una reacción exagerada que le elimine completamente de nuestras vidas es exactamente igual de nociva.

Las principales estrategias de Satanás[24] son: tentarnos a pecar (Gn 3:1-6; Lc 22:31, 32); acusarnos delante de Dios y hacernos temer respecto a nuestra posición ante él (Job 1:6-12; 2:1-7; Zac 3:1-2; Ap 12:10); oponerse de mil maneras a la voluntad de Dios (Mt 13:19; Hch 13:8-10); confundirnos la mente con respecto a la verdad (2Co 4:4; Ef 2:2); incitar actos de idolatría y magia (Hch 8:9-11; 19:13-16; Col 2:8-23); y dominar abiertamente a las personas hasta el punto de poseerlas (Mr 5:1-20). También creo que Satanás puede abrirse camino en la maquinaria política y estructural de la sociedad

---

22. David Watson, *Discipleship* (Londres: Hodder and Stoughton, 1981), 167.
23. Ver S. McKnight, "Knowing Our Enemy: The Devil in Perspective," y "Knowing Our Enemy: Satan's Many Manifestations," *Moody Monthly* 89/10 (1989): 36-43; 89/11 (1989): 32-39.
24. Un clásico spiritual sobre este asunto es Thomas Brooks, *Precious Remedies Against Satan's Devices* (Londres: Banner of Truth Trust, 1968; publicado en 1652).

hasta el punto de convertir la propia sociedad en una herramienta de pecado y opresión (*cf.* Dn 10; Jn 8:44; 1Ts 2:18).[25]

Pero Dios es más fuerte que Satanás, y él puede liberar a aquellos que han sido demonizados (Mt 8:32; 17:18; Mr 5:1-20), y permitir que su pueblo escape de sus tentadoras seducciones (Lc 4:1-13; 1Co 10:13; Ef 6:10-18; Stg 4:7). Aquellos que se esfuerzan por llevar la voluntad de Dios a todos los ámbitos de la vida, procurarán actuar también contra la maquinaria política que se opone a Dios. La confianza diaria que ejercen los cristianos los protege de los ataques de Satanás contra Dios y su pueblo. Podemos vencer la tentación de negar nuestra relación con Jesús cuando somos conscientes de que Dios es el Juez, recordamos que otros han sufrido por nosotros y reconocemos que un día Dios traerá completa justicia, para todos y en todo el mundo.

Un segundo aspecto de esto es que *la gracia de Dios puede sostenernos* en nuestros momentos más difíciles. Pedro asegura a sus lectores que Dios, que los ha llamado por su gracia "los restaurará y los hará fuertes, firmes y estables" (5:10). Pedro entiende que la lucha que afrontan sus lectores no es un mero conflicto social ni una discrepancia religiosa, sino una batalla cósmica donde está en juego la gloria de Dios; por ello eleva una oración que fortalezca a sus iglesias para vivir de manera fiel, honorable y obediente en un entorno hostil.

Si somos tentados, Dios está de nuestro lado (1Co 10:13); si sentimos temor, Dios nos llama a una intrépida obediencia con la promesa de que la confesión traerá su recompensa (Mt 10:32-33). En todas estas cosas, la gracia de Dios pone en marcha y sustenta las energías espirituales que se requieren (Ef 2:8-10). Pedro comenzó su carta informando a sus lectores que eran guardados por el poder de Dios, y que él llevaría a su fin lo que había comenzado en su misericordia (1P 1:3-5). Aun la fe que tienen los cristianos es un don de Dios (Fil 1:29). "Se ha dicho que en el Nuevo Testamento la doctrina es gracia, y la ética, gratitud; y que algo va mal en cualquier forma de cristianismo en que

---

25. Hay una creative presentación de este problema en Os Guinness, *The Gravedigger File: Papers on the Subversion of the Modern Church* (Downers Grove, Ill.: InterVarsity, 1983).

esto no se cumple de manera experimental y en la práctica".[26] Por ello, lo que Pedro está diciendo, y lo que también nosotros necesitamos oír, es que el Dios de gracia que nos ha llamado nos preservará mediante nuestra confianza y obediencia.

Una de las características más ennoblecedoras de este texto es su testimonio en el sentido de que el Dios que nos ha llamado a su gloria eterna es, sin duda, un Dios de gracia. Al margen de cuál sea nuestro llamamiento —vivir victoriosos en medio de alguna cultura moderna y cristianizada o desarrollar nuestra vida en el calor del sufrimiento— el Dios de gracia, nos llevará hasta el fin que él desea. No tenemos que ganarnos este estado final, porque, como Dios de gracia, él ha querido dárnoslo. No hemos de afanarnos por nada, puesto que, como Dios de gracia, él nos ha prometido gloria eterna. Cuando nos sintamos tentados a abandonar las tareas que Dios nos ha encomendado, hemos de recordar que nuestro generoso Dios, que nos ha comisionado para la realización de dichas tareas, nos dará fuerza y poder hasta el fin.

En tercer lugar, Pedro sabe que los cristianos de Asia Menor son completamente responsables de sus acciones, y, por ello, los exhorta a humillarse confiadamente ante Dios (5:6), a entregarle sus temerosos corazones (5:7), a estar atentos a las astutas argucias de Satanás y, cuando las detecten, resistirse a sus tentaciones (5:8-9, 12). Esta es su responsabilidad ante Dios y la nuestra: soportar la tentación cuando tengamos que hacerle frente; encomendar el corazón a Dios y esperar su vindicación cuando experimentemos la realidad de la persecución; deshacernos de la ansiedad, viviendo en vista de los cuidados de Dios, cuando experimentamos el temor que viene con las tensiones.

Por consiguiente, al acercarnos al final de una maravillosa carta, también se nos confronta con el mismo llamamiento a vivir de manera responsable en nuestro mundo. Dios quiere que vivamos en nuestra sociedad de manera honesta, de modo que estemos libres de cualquier acusación y podamos tener el mayor impacto posible en nuestro mundo. Se nos llama a vivir una vida santa, absteniéndonos del pecado y una vida de amor y servicio a nuestros hermanos y hermanas de la familia cristiana. Se nos llama a vivir a la luz del juicio de Dios,

---

26. J. I. Packer, *Knowing God* (Downers Grove, Ill.: InterVarsity, 1993), 137.

asegurándonos que en aquella ocasión él aprobará todo lo que hacemos. Nuestra identidad no debe estar vinculada a nuestra posición social, sea baja (como la de las iglesias de Pedro) o alta (como la de muchas congregaciones de nuestro tiempo), sino en que somos la familia de Dios y estamos relacionados con él. Como tales, hemos de servirnos unos a otros con los dones que Dios nos ha concedido y vivir mutuamente de un modo ordenado y amoroso. Aunque tengamos que llevar a cabo muchas correcciones para leer la carta de Pedro en nuestro tiempo, los cristianos estamos arraigados al mundo de Pedro por la común salvación que transforma nuestra conducta (1:3–2:10), participamos del mismo desafío de vivir con discreción en nuestra sociedad (2:11–3:12) y de un modo digno de la familia de Dios (3:13–5:11). Cuando vivimos así, las personas lo glorificarán en el día de su visitación (2:12).

Nos agradaría recibir noticias suyas.
Por favor, envíe sus comentarios sobre este libro
a la dirección que aparece a continuación.
Muchas gracias.

Vida@zondervan.com
www.editorialvida.com